Renate und Jan Lipinsky

Die Straße, die in den Tod führte

Zur Geschichte des Speziallagers Nr. 5
Ketschendorf/Fürstenwalde

Die Herausgabe dieses Buches wurde gefördert durch Spenden der Mitglieder und Freunde der Initiativgruppe Ketschendorf sowie durch Fördermittel des Ministeriums des Innern, Bonn, und durch den Landkreis Oder-Spree.

Renate und Jan Lipinsky

Die Straße, die in den Tod führte

Zur Geschichte des Speziallagers Nr. 5
Ketschendorf/Fürstenwalde

Herausgeber
Initiativgruppe Internierungslager Ketschendorf e.V.
Speziallager Nr. 5

Kremer-Verlag

Fotonachweis Titelseite
Heinz Köhler, Frankfurt/Oder

Anschrift des Herausgebers
Initiativgruppe Internierungslager Ketschendorf e.V.
Speziallager Nr. 5
Mühlenstraße 26, 15517 Fürstenwalde, Tel. 0 33 61/30 78 73
1. Vorsitzender Reinhold Rösner

Kremer-Verlag
51375 Leverkusen, Paul-Klee-Straße 44
Telefon und Fax 0214/93742

Satz und Umschlagentwurf: Satzstudio Noe, Köln
Druck: Heggendruck Leverkusen

Printed in Germany 1998

ISBN 3-9803049-9-X

Liebe Leserinnen, liebe Leser,

50 Jahre nach Öffnung der Lagertore halten Sie mit diesem Buch ein Dokument deutscher Geschichte in den Händen, das die schrecklichen Ereignisse von damals dem Vergessen entreißen will. 53 Jahre nach Kriegsende zeichnet dieses Buch die Geschichte des NKVD-Speziallagers Nr. 5 in Ketschendorf/Fürstenwalde nach. Es wurde sofort nach Kriegsende durch die sowjetische Besatzungsmacht eingerichtet, die hier Menschen ohne ordentliches Gerichtsverfahren, ohne Einzelfallprüfung pauschal als „Nazitäter" festhielt. Gerade durch dieses Vorgehen machte sich die neue Gesellschaftsordnung schuldig und unterschied sich in den Auswirkungen für den einzelnen nicht von der gerade besiegten Nazidiktatur – gleichwohl sich politische Grundaussagen der Systeme einer Gleichsetzung entziehen.

Der besondere Wert des vorliegenden Materials besteht einerseits in der Detailtreue und Genauigkeit und andererseits in der Authentizität der persönlichen Schilderungen. Betroffen machen beispielsweise die detaillierten Aufzeichnungen über die Essensrationen oder Beschaffenheit der Kleidung. Sie sind noch heute ein Beleg für die katastrophalen und unmenschlichen Lagerbedingungen. Andererseits sind die sehr persönlichen Augenzeugenberichte, die ca. 50 Überlebende zu Papier gebracht haben, uns Nachgeborenen so eindrücklich, wenn von Fluchtversuchen oder auch der solidarischen Hilfe der Lagerinsassen untereinander die Rede ist. Hier werden Schicksale greifbar, bleibt Geschichte nicht allgemein.

Den Autoren des Buches ist es zu verdanken, daß das nun vorliegende Buch über eine Faktenaufzeichnung, die an sich schon eine wichtige Trauer- und Erinnerungsarbeit ist, hinausreicht. Betrachtungen zum Thema „Schuld oder Unschuld" und zum Umgang mit der Vergangenheit der NKVD-Lager in der DDR gestatten dem Leser eine eigene kritische Interpretation.

Daß dieses umfangreiche Werk jetzt der interessierten Öffentlichkeit vorgestellt werden kann, reiht sich ein in die seit dem Frühjahr 1990 von der „Initiativgruppe Internierungslager Ketschendorf" ins Leben gerufene Tradition des Erinnerns und Mahnens. Nach 40 Jahren Verdrängen und Totschweigen rückt auch durch dieses Buch, ebenso wie durch die jährlich öffentlichen Gedenkveranstaltungen, ein Kapitel der jüngeren deutschen Geschichte wieder nachdrücklich in unser Bewußtsein, das sich hier unmittelbar vor unserer Haustür ereignet hat. Ich wünsche mir, daß die vom Lager Ketschendorf ausgehende Mahnung und Warnung, die in diesem Buch für die folgenden Generationen fixiert ist, stets präsent bleibt. Wir als die Generation der Kinder und Enkel sind aufgefordert, demokratische Strukturen als gesellschaftlichen und individuellen Wert zu begreifen und zu schützen und das Vergangene in ehrendem Andenken zu bewahren.

Manfred Reim
Bürgermeister der Stadt Fürstenwalde

Inhaltsverzeichnis

1. Zu diesem Buch

Dennoch bleibe ich stets an dir; /
denn du hältst mich bei meiner rechten Hand,
du leitest mich nach deinem Rat /
und nimmst mich am Ende mit Ehren an.
Wenn ich nur dich habe, /
so frage ich nichts nach Himmel und Erde.
Wenn mir gleich Leib und Seele verschmachtet, /
so bist du doch, Gott, allezeit meines Herzens Trost
und mein Teil.
Psalm 73, 23–27.

Aus tiefster Not, mit Empörung über die Gottlosen und doch mit letzter Gewißheit schreit der alttestamentliche Beter zu Gott, dem Herrn. Diese scheinbar völlige Verlassenheit, die Menschen- und oft auch Gottesferne aus den Zeiten des biblischen alten Bundes, spiegelt auch die auf Dauer tödliche Realität der sowjetischen Speziallager in Deutschland nach dem Ende des Zweiten Weltkriegs wider. Doch selbst dem menschenverachtenden NKVD-System gelang nicht, worum sich der deutsche Diktator jahrelang bemüht hatte: Haß und Feindschaft zwischen *den* Deutschen und *den* Russen zu säen.

Nach über 50 Jahren will das vorliegende Buch an diese schlimmen Jahre erinnern und sie zugleich ein Stück weit erhellen: *sine ira et studio* – unparteiisch, wie es schon der Römer Tacitus forderte, aber doch mit Leidenschaft für die Sache und die Menschen im besten Sinne des Wortes.

Seit dem Ende der kommunistischen Diktatur in Deutschland bemühten sich die Überlebenden und Angehörige Verstorbener des sowjetischen Speziallagers Nr. 5 Ketschendorf/ Fürstenwalde um wahrheitsgemäße und nun auch öffentliche Erinnerung. Sie waren dazu auch zu finanziellen Opfern bereit. Moskauer Archive machten NKVD/MVD-Akten teilweise zugänglich, die sich unter anderem mit finanzieller

Hilfe des bundesdeutschen Innenministeriums auswerten ließen. Zeitzeugen bemühten bereitwillig ihr Gedächtnis, um die Dokumente zu ergänzen und zugleich ihre eigene Vergangenheit nicht in Vergessenheit geraten zu lassen. Schließlich fand sich ein hilfreicher Verleger. All dies ermöglichte das vorliegende Buch.

Es führt einmal mehr zu der traurigen Erkenntnis, welche Grausamkeiten Menschen anderen Menschen antun, und dokumentiert, wieviel Grausamkeiten Menschen ertragen können. Es tröstet zugleich durch sein Zeugnis von hilfreichen Kameraden selbst in bitterster Not. Hunger, Krankheit, Isolation und Tod – weder Überlebende noch Angehörige können diese traurige Wirklichkeit vergessen. Das Buch will sie faßbar machen, indem es sie mit Berichten der Lagerinsassen und zugleich vor dem Hintergrund des gesamtsowjetischen Lagersystems schildert. Als aufrichtiges Zeugnis warnt es deshalb vor den zwangsläufigen Folgen jeder Diktatur; denn jedes politische System, das angeblich hehre, womöglich humanistische Ziele propagiert, zeigt seine wahre grausame Fratze völliger Menschenverachtung dadurch, daß es für diese Ziele über Leichen geht, indem es das Rechtssystem außer Kraft setzt, das den Einzelnen vor Willkür schützt, und indem es zugleich aus ideologischen Gründen Menschen zu Rassen- oder Klassenfeinden erklärt. Mitgefühl, ja Mitleiden für alle Opfer nur allzu menschlicher Unmenschlichkeiten sollen daher nicht verschwiegen werden.

Die Wahrheit verlangt es zwar, selbst bei primärer Betrachtung kommunistischer Diktatur in Deutschland, Verfehlung und Schuld unter dem vorausgegangenen Nationalsozialismus zu sehen, einzugestehen und zu verurteilen. Sie führt aber auch zu der klaren Erkenntnis, daß die linke Diktatur mit dieser dunklen Seite der rechten Diktatur nicht fertig wurde, wohl auch gar nicht fertig werden konnte und wollte. Statt dessen fügte sie ihr eine weitere dunkle Seite hinzu. Unrecht läßt sich jedoch nicht durch Unrecht bestrafen,

Schuld schon gar nicht auf Kosten Unschuldiger sühnen. Beide Diktaturen in ihrer zwangsläufigen Unmenschlichkeit zu sehen, ist somit Teil dieser Suche nach Wahrheit. Wenn die Erinnerung mahnend, aber auch vergebend um eine solch vorurteilsfreie, aber nicht urteilslose Darstellung der Vergangenheit ringt, fließt daraus die Kraft für die Bewältigung der Gegenwart und für die Gestaltung der Zukunft.

Während der Arbeit an diesem Buch raubten manche Erinnerungen und Berichte, die die zum Teil verdrängte, jedoch unvergessene Vergangenheit wieder erschreckend präsent werden ließen, durch ihr grausiges Zeugnis Überlebenden und Bearbeitern den ruhigen Schlaf. Erinnerungen an unsere Besuche seit der frühen Jugend in der DDR wurden wieder lebendig: Stacheldraht und Willkür begegneten uns schon an der Grenze. Freunde oder Verwandte führten uns nach Buchenwald, das nur der „antifaschistischen" Opfer der nationalsozialistischen Diktatur gedachte. Andere konfrontierten uns mit dem „Gelben Elend" in Bautzen, einem von der SED weiter genutzten Gefängnis. Wir erhielten so einen nur äußerlichen und doch unvergessenen Eindruck von fortbestehenden kommunistischen Gefängnis-, ja Lagermauern und der spürbaren Angst der Deutschen in der DDR: „Doch laß Dir ja nichts davon anmerken, schau nicht zu lange hin, zeige nicht darauf, rede nicht laut davon…".

Wir begegnen daher allen von sowjetischen „Organen" Verschleppten und deren Angehörigen, die nicht nur die Speziallagerzeit überlebten, sondern sich auch in den folgenden, oft dadurch noch erschwerten Jahren ihre versöhnungsbereite Menschlichkeit bewahrten, mit großem Respekt. Das letztlich unbeschreibliche Leid und der Tod so vieler mahnen zu stillem Gedenken.

Bonn, im September 1998
Renate und Jan Lipinsky

2. Einleitung

Die bedingungslose Kapitulation des Deutschen Reiches trat am 09. Mai 1945 in Kraft. In Europa endete der Zweite Weltkrieg nach knapp sechs Jahren blutiger Kämpfe mit der totalen Niederlage der deutschen Wehrmacht und der nationalsozialistischen Diktatur. Gemeinsam hatten die alliierten sowjetischen, US-amerikanischen, britischen und schließlich auch französischen Truppen mit ihren übrigen Verbündeten unter ungeheuren menschlichen und materiellen Verlusten den Sieg errungen. Endlich schien das millionenfache Sterben an der Front, in den Konzentrationslagern und unter den westalliierten Bomben vorbei.

Mit Kriegsende standen alle Alliierten auf deutschem Boden. Sie errichteten Besatzungszonen. Noch wahrten gemeinsame Kriegs- und Nachkriegskonferenzen nach außen die Einheit der Anti-Hitler-Koalition. Doch mit dem Verschwinden des allen gemeinsamen nationalsozialistischen Gegners traten die politischen, ideologischen und damit auch gesellschaftlichen und wirtschaftlichen Unterschiede unter den Siegermächten immer deutlicher hervor. Westliche Demokratie und sowjetkommunistische Diktatur stießen nun direkt und immer unversöhnlicher aufeinander. Eine gemeinsame gesamtalliierte Besatzungsherrschaft scheiterte an unvereinbaren politischen und wirtschaftlichen Vorstellungen über die Lösung der gegenwärtigen Probleme und über den zukünftigen Wiederaufbau Deutschlands.

Besonders deutlich spürte schon bald die deutsche Bevölkerung diese unüberbrückbaren Gegensätze. Denn jede Besatzungsmacht bemühte sich, ihr Herrschafts- und Regierungssystem in den von ihr besetzten Teil Deutschlands zu übertragen. Zwar konnten alle ehemaligen Alliierten auf gemeinsam beschlossene Direktiven und Richtlinien zur Demokratisierung, Demilitarisierung und Entnazifizierung zurückgreifen, doch inhaltlich unterschied sich deren Umsetzung von Anfang an radikal.

Begrifflich-definitorische Grundlage

Der vorrückenden Roten Armee waren direkt auf dem Fuße Truppen des Volkskommissariats für Innere Angelegenheiten (NKVD) gefolgt. Deren Personal übernahm und überwachte schon während des noch andauernden Krieges und erst recht mit dessen Ende den Aufbau der Inneren Verwaltung und damit die Errichtung der kommunistischen Diktatur in der Sowjetischen Besatzungszone Deutschlands (SBZ). Maßgeblich bestimmte dieser Teil der Sowjetischen Militäradministration in Deutschland (SMAD)[1] unter Generaloberst Ivan Serov[2] den Kurs des neu erwachenden politischen Lebens. Bei dem Vorgehen des NKVD gegen ehemalige und gegenwärtige Gegner des von ihm propagierten und nun auch in einem Teil Deutschlands errichteten diktatorischen Systems griffen seine Einheiten auf langjährige Erfahrungen, aber auch konkret auf erprobtes Personal[3] des sowjetischen Terror- und GULagsystems zurück. Erst in den deutschen Provinzen östlich der Oder, bald auch in Mitteldeutschland bis zur Elbe überzog daher ein Netz von Operativen Sektoren und Gruppen mit ihren Gefängnissen und schließlich auch Speziallagern das besetzte Gebiet, um von Anfang an nicht nur Nationalsozialisten, sondern unter dem Deckmantel der „Entnazifizierung" oder der „antisowjetischen Agitation" auch Gegner des kommunistischen Systems aufzuspüren, zu verhaften und zu „vernichten". Unverkennbar errichtete der NKVD mit Hilfe bewaffneter Gewalt, aber auch deutscher Kollaborateure, Denunzianten und Spitzel, den westlichsten Außenposten des GULag.[4] Er konnte sich dazu als Legitimation und um das tatsächliche Ausmaß der gesellschaftspolitischen Veränderungen zu verschleiern, auf gesamtalliierte Vorgaben berufen. Doch die Wirklichkeit seiner geheimpolizeilichen Terrormaßnahmen, seiner massenweisen Verhaftungen, seiner zahlreichen Hafteinrichtungen fast in jedem größeren Ort und auch seiner Willkürjustiz unterschied sich radikal von westalliiertem Vorgehen.[5]

Auf der Grundlage von direkten Befehlsvorgaben[6] des Moskauer Volkskommissars für Innere Angelegenheiten, Lavrentij Berija, und seines Stellvertreters Generaloberst Ivan Serov, der die Umsetzung in Deutschland überwachte, schuf der NKVD auf dem Gebiet der SBZ ein System von zeitweise 10 größeren Speziallagern, mehreren größeren Spezialgefängnissen und zahllosen kleineren operativen Hafteinrichtungen. Er war dazu ständig und unmittelbar der sowjetischen Führung in Moskau unter Stalin Bericht und Rechenschaft schuldig. Die sowjetischen Speziallager unterschieden sich von Anfang an vollkommen von den westlichen Internierungslagern in Errichtung, Betreiben, Belegung, Existenzdauer, in ihrem Personal und dem Prinzip der totalen Isolation von der Außenwelt, damit auch durch die generell fehlende Information der Angehörigen und schließlich sogar in ihrem Umgang mit täglichem Leid und Tod ihrer Insassen, in Verlegungstransporten und letztlich auch in ihrer Auflösung. Sie versammelten fast fünf Jahre und durch ihre Nachfolgeeinrichtungen, die DDR-Haftanstalten, noch weit in die 1950er Jahre hinein, verschiedenste Personen- und Altersgruppen. Über Schicksal und damit über Leben und Tod dieser weiterhin sowjetischen Gefangenen entschieden auch nach 1950 allein Moskauer Stellen.

All den Gefangenen des NKVD war gemeinsam, daß keiner ein westlichen Maßstäben genügendes Verhaftungs-, Untersuchungs- und Gerichtsverfahren erlebte. Überprüfbare Haftbefehle, Benachrichtigung der Angehörigen binnen einer bestimmten Frist nach der Verhaftung, Verteidiger während des Gerichtsverfahrens, um nur einige Selbstverständlichkeiten aufzuzählen, kannte der NKVD nicht. Seine Gefangenen sind deshalb nur unter dieser Prämisse als „Verhaftete" und eher als „Verschleppte", „Gefangene", „Festgehaltene", oder als „Spezialkontingent" zu bezeichnen. Der letzte Begriff, der aus den sowjetischen Akten stammt, weist dabei wohl mit Absicht eher auf eine seelenlose Masse als auf menschliche Individuen hin. Entsprechend menschenunwürdig war die Behandlung durch das sowjetische Personal. Eigentlich verlangt die grausame Lagerrealität zwar eine Distanzierung von der kalten Nüchternheit oder verharmlosenden Beschönigung derartiger Begriffe (unter anderem „Färbung" (okraska) für die Schuldeinstufung durch den NKVD; „Baderaum" (banja) bzw. „Krankenhaus" (bol'nica) für die primitive Desinfektion bzw. das mangelhaft ausgestattete Lazarett. Aber sie werden dennoch – stets in Anführungszeichen – gebraucht, um möglichst genau die russischen Formulierungen und damit auch den oft schönfärbenden Geist der Akten wiederzugeben.

Die Gefangenen dürfen schon aus den genannten Gründen jedoch nicht als im Zuge einer vorläufigen Vorbeugehaftmaßnahme „Internierte"[7] oder scheinbar nach ordentlichem Gerichtsverfahren eingelieferte „Häftlinge" bezeichnet werden. Auch durch die Wortwahl darf nicht noch nachträglich eine pauschale Vor- oder Nachverurteilung dieser vom NKVD Verhafteten erfolgen. Gerade dieser ohne genaue Einzelfallprüfung pauschal diffamierenden Tendenz leistet allerdings die zum Teil einseitige Hervorhebung der angeblich in den Speziallagern einsitzenden und bewußt nicht näher qualifizierten „NS-Funktionsträger" noch Vorschub[8], um kommunistisches Unrecht erklärend, rechtfertigend und verharmlosend zu relativieren.[9] Selbst der NKVD gab jedoch in seinen Akten zu, daß für die Beschuldigung „NS-Aktiv" schon reine Parteimitgliedschaft ausreichte, die ja zum Teil durch zwangsweise Gleichschaltung ehemals selbständiger Organisationen erreicht worden war. Zu über 70% faßte der NKVD darunter zudem die niederste Funktionsebene der Zellen- und Blockleiter zusammen. Da er keine Einzelfallprüfung vornahm, hätte er daher in letzter Konsequenz alle Parteigenossen in Speziallager verschleppen müssen. Seine Auswahl erfolgte jedoch eher willkürlich, und vor allem beschränkte der NKVD die Verhaftungen nicht auf diesen nationalsozialistischen Personenkreis.

Der pauschalen Behauptung von den „NS-Funktionsträgern", die mit mehr oder weniger großer Mehrheit die Lager gefüllt hätten, ist daher entschieden zu wehren. Denn sie grenzt an Verunglimpfung der wenigen noch Lebenden und erst recht der vielen in den Lagern und an den Folgeschäden Verstorbenen, die sich nicht unter diesen Begriff subsumieren lassen. Zweifellos verschleppte der NKVD – allerdings eher zufällig als systematisch und gezielt – auch solche Personen nach Ketschendorf, die persönliche Schuld auf sich geladen oder sogar Verbrechen begangen hatten. Ja, selbst diejenigen, die aus den verschiedensten wirtschaftlich-materiellen, persönlich-familiären Gründen, aus beruflichem Ehrgeiz, aus Angst oder auch nur aus Bequemlichkeit zu mehr oder weniger willfährigen „Mitläufern" der nationalsozialistischen Diktatur wurden, mußten sich nach ihrer Mitverantwortung, nach schuldhaftem Verhalten fragen und fragen lassen. Gründliche juristische Untersuchungen hätten dies damals jeweils im Einzelfall prüfen, Straf- oder Sühnemaßnahmen verhängen und so auch persönliches Umdenken voller Reue und Scham fördern können und müssen. Doch genau dies unterblieb in der SBZ durchweg und ist heute nur noch schwer und oft kaum mehr möglich.

Einerseits ließen die langen Stunden, Tage, Wochen und Monate, ja Jahre völliger Beschäftigungslosigkeit in den Speziallagern sicherlich genug Muße, um über vergangene Taten und Unterlassungen nachzudenken. Doch andererseits machte der NKVD von Anfang an deutlich, daß ihm an einer Einzelfallprüfung, damit an der Ermittlung persönlicher Schuld und entsprechender Sühne, an einem Aufdecken persönlicher Verstrickungen und für die Zukunft läuternder „Umschulung" überhaupt nichts lag. Seine Verschleppungen auch Jugendlicher und Kinder, ja die erneute Verhaftung sogar ehemaliger Opfer des NS-Regimes, ließen von Anfang an das angeblich strenge Vorgehen gegen führende Nationalsozialisten unglaubwürdig, ja zur Farce werden – zumal ausgerechnet letztere mancherorts in Freiheit blieben, während Jugendliche in den Lagern verschwanden. Führende Posten in der deutschen Lagerhierarchie, mit denen der NKVD ehemalige Polizeioffiziere betraute, sorgten darüber hinaus eher für eine Tradierung von NS-Gedankengut im Lageralltag als für einen klaren Bruch mit demselben. Unter anderem auf Terrorherrschaft zielende, nationalsozialistische Ideen glichen dabei kommunistischen Vorstellungen. Doch vor allem durch die völlig fehlenden juristisch-rechtsstaatlichen Überprüfungen, Gerichtsverfahren und Verurteilungen sowie besonders durch die menschenverachtende langjährige Lagerhaft konnten sich selbst wirklich Schuldige später wegen der Unverhältnismäßigkeit ihrer ‚Bestrafung' als Opfer darstellen. Denn kaum jemand[10], den der NKVD seit 1945 nach Ketschendorf verschleppte, hatte nach damaligem Recht die Todesstrafe verdient. Doch die menschenverachtenden Lebensbedingungen im Speziallager Nr. 5 ‚vollstreckten' gerade diese Strafe. Trotzdem setzte das sowjetkommunistische Unrechtssystem ihnen sogar völlig Unschuldige aus. Dadurch disqualifizierte sich die sowjetische Besatzungsmacht von Anbeginn in ihrem nur angeblich zukunftsträchtigen, „antifaschistischen" Umgang mit der nationalsozialistischen Vergangenheit. Ihre Speziallager dienten entgegen offizieller Propaganda nicht der Bestrafung von deutscher Schuld, sondern der Etablierung der eigenen kommunistischen Diktatur. Um Wahrheit ringende Forschungen dürfen daher Leid, aber auch Schuld, Opfer, aber auch Täter, Gemeinsamkeiten, aber auch Unterschiede der beiden großen nationalsozialistischen und kommunistischen Diktaturen auf deutschem Boden nicht verschweigen.

Wegen des zuvor Gesagten verbietet es sich aber auch, der sowjetischen Propaganda zu folgen und kommunistische Verbrechen durch den Hinweis auf eine angeblich gesamtalliierte Verantwortung gleichsam zu legitimieren. Denn viele der plötzlich vom NKVD Verhafteten mußten fast fünf Jahre in Speziallagern dahinvegetieren, ohne je eine wirkliche juristische Schuldprüfung oder gar eine Gerichtsverhandlung zu erleben. Erst 1948 setzten nach drei Jahren Totalisolation unvollkommene und anscheinend willkürliche Entlassungen ein. Durchgehend blieb jeglicher Kontakt zur Familie, zu Freunden außerhalb des Stacheldrahts verboten. Selbst über den Tod informierte der NKVD auch nach Auflösung der Lager die Angehörigen nicht, obwohl diese mit der zunehmenden Zahl der Heimkehrenden immer sehnlicher auf ihre Familienmitglieder oder zumindest auf letzte Gewißheit warteten. Neben der gerade in den ersten beiden Jahren weit überwiegenden Personengruppe des „Spezialkontingents" nahm bald besonders in den Speziallagern Sachsenhausen und Bautzen die Zahl der sogenannten „Verurteilten" zu, die durch Schnell-, Schein- und Willkürjustiz der Sowjetischen Militärtribunale (SMT[11]) hauptsächlich wegen antisowjetischer statt nationalsozialistischer Vergehen abgeurteilt worden waren. Doch darf auch ihre Bezeichnung nicht darüber hinwegtäuschen, daß ihnen damit ein rechtsstaatlicher Prozeß verwehrt blieb. Sie hatten ihr Urteil nicht in einem freiheitlich-demokratischen Verfahren, sondern in einem kommunistisch-totalitären Scheinprozeß erhalten.

Internierte der westlichen Besatzungsmächte gelangten in völligem Gegensatz zum sowjetischen „Spezialkontingent" zwar anfänglich ebenfalls aus zeitbedingter und tatsächlich gesamtalliierter Furcht vor nationalsozialistischer Partisanentätigkeit, die Reichspropagandaminister Goebbels noch kurz vor Kriegsende propagiert hatte, oder um das Verschwinden höherrangiger NS-Funktionäre zu verhindern, vorläufig bis zur Festigung der Besatzungsherrschaft in westalliierte Internierungslager. Doch dort besserten sich nicht zuletzt auf Druck der jeweiligen demokratischen Öffentlichkeit die Lebensumstände rasch. Die Sterblichkeit blieb gering. Sterbenskranke wurden nach Hause entlassen. Kontakt, ja sogar Besuche der Angehörigen oder kirchlicher Vertreter waren teilweise möglich. Auch sorgte oft ein umfangreiches kulturelles und Bildungsprogramm mit Vorträgen, unter anderem zur westlichen Demokratie für tatsächliche Umschulung und Aufklärung. Doch vor allem setzten

rasch Einzelfallprüfungen ein, die den vorbeugend internierten „Security Suspects", vor allem unter Werwolf-Verdacht
verhaftete Jugendliche und Volkssturmangehörige, sowie der
untersten Mitläuferebene die Entlassung und Freiheit brachten.[12] Deshalb ist die klare, auch begriffliche Trennung zwischen sowjetischen „Speziallagern" und westlichen „Internierungslagern" unabdingbar.

Speziallager Ketschendorf: Gedenken trotz Tabuisierung

Eines der ersten dieser eng mit dem GULag verbundenen
Speziallager in Deutschland errichtete der NKVD bei
Kriegsende südöstlich von Berlin in Ketschendorf, einem
heutigen Ortsteil von Fürstenwalde/Spree. Es erhielt die
Ordnungsnummer „5" und bestand fast genau zwei Jahre bis
Ende April/Anfang Mai 1947. Während seiner Existenz
bemühte sich das sowjetische Volkskommissariat (NKVD),
das ab 1946 wieder Ministerium für Innere Angelegenheiten
(MVD) hieß, um Totalisolation. Es breitete damit einen möglichst undurchdringlichen Schleier des Schweigens über Hunger, Krankheit, Leid und tausendfachen Tod. Das von der
UdSSR herangezogene, gestützte und bis zuletzt abhängige
SED-Regime in der DDR setzte diese Tabuisierungspolitik
getreu den Vorgaben des „großen sozialistischen Bruders"
fort. Auch in Ketschendorf sollten ertragenes Leid und Tod
totgeschwiegen oder zumindest relativierend und verfälschend verharmlost sowie die Spuren verwischt werden.
Deutsche Kommunisten verboten Überlebenden des sowjetischen Unrechtssystems nach deren Entlassung, von den vergangenen Jahren Zeugnis abzulegen. Damit nahmen sie
ihnen die Möglichkeit, das Durchlittene thematisieren und
verarbeiten zu können. Außerdem bespitzelten, benachteiligten und bedrohten sie sie weiter. Dadurch bewiesen die
DDR-Behörden allerdings gleichzeitig deutlich, daß sie sich
der Unrechtmäßigkeit der Lagerbedingungen durchaus
bewußt waren.

Kaum war die Mauer in Deutschland gefallen und das Ende der kommunistischen Diktatur offensichtlich, bildete sich vergleichsweise rasch und maßgeblich dank privater Initiative Überlebender im März 1990 in Fürstenwalde die „Initiativgruppe Internierungslager Ketschendorf e.V.". Seither organisierte sie öffentliche Gedenkveranstaltungen für die so lange Jahre offiziell aus dem Gedächtnis getilgten Toten. Sie bemühte sich auch um Einrichtung und Ausgestaltung einer Gedenkstätte über den Massengräbern, um Sammlung von Zeugnissen über das Speziallager sowie um Vermittlung von Auskünften an Familien, die über 50 Jahre nach Kriegsende immer noch nach ihren vom NKVD verschleppten Angehörigen suchen.

Nur wer überlebte und nach seiner Entlassung in den Westen flüchtete, konnte über die schlimmen zurückliegenden Jahre sprechen. Aus dieser Zeit stammen die ersten, auch schriftlich festgehaltenen Erinnerungen von Zeitzeugen, die sich oftmals durch ihre zeitliche Nähe zu den gerade erst durchlittenen Speziallagern auszeichnen. Im Auftrag bundesdeutscher Regierungsstellen wurden sie gesammelt. Sie liegen teilweise auch für Ketschendorf im Rahmen selbständiger Publikationen oder als unveröffentlichte Manuskripte vor.[13] Die vielen, die ihrer Familien wegen in der SBZ und späteren DDR blieben, gewannen jedoch erst nach dem Zusammenbruch des Kommunismus und der dadurch ermöglichten Wiedervereinigung Deutschlands die Freiheit, sich zu erinnern und öffentlich des nach Kriegsende erlittenen Leids zu gedenken.

Quellen und Literaturlage: zwischen papierenen Akten und persönlicher Erinnerung

Durch verschiedene Aufrufe und rege Korrespondenz entstand im Laufe der Jahre bei der Initiativgruppe eine etwa vier Aktenordner umfassende Sammlung von Erlebnisberichten, Einzelmitteilungen, Briefen und weiterem dokumentarischen Material. Sie ergänzt und korrigiert die seit 1990 entstandene wissenschaftliche[14] und biographische[15] Literatur über das Speziallager Ketschendorf in vielen Punkten. Denn besonders letztere konnte ja stets nur einen überwiegend subjektiven, inhaltlich und zeitlich beschränkten und dadurch teilweise ungenauen Bericht über das Lager liefern. Das lange offiziell verordnete und überwachte Verschweigen bewirkte allerdings, daß sich seit dem Ende der DDR fast nur noch diejenigen zu Wort melden konnten, die in sehr jugendlichem Alter 1945 verhaftet und nach Ketschendorf gekommen waren. Für die knappe Hälfte der Gefangenen, die nach sowjetischen Tabellen schon bei ihrer Verhaftung über 45 Jahre alt waren und nur zu einem geringen Teil die Totalisolation überlebten, kam der Zusammenbruch der kommunistischen Diktatur 1989/1990 zu spät.

Dafür standen seit 1992 der Wissenschaft erstmals sowjetische Akten zur Verfügung, die daten- und zahlenmäßig konkretere Darstellungen erlaubten. Zuvor hatten sie sich allein auf die Erinnerung stützen können, die sich zumal mit zunehmendem zeitlichen Abstand von dem Geschehen in manchen Tatsachen zwangsläufig verwischte. Die Dokumente sind Teil der Aktenfonds 9401 und 9409 im Staatsarchiv der Russischen Föderation (GARF) in Moskau. Sie entstanden in den Jahren von 1945 bis 1950 und spiegeln deshalb die zeitgenössische Lagerverwaltung wider. Das Findbuch für den Fond 9409 verzeichnet speziell für das Speziallager Nr. 5, das die sowjetischen Dokumente meist in „Fjurstenwal'de" lokalisieren, rund 50 Akteneinheiten der Ketschendorfer Registraturabteilung.[16]

Diese und weitere Dokumente ermöglichten es, Mindestzahlen für Belegung, Verlegungstransporte und Verstorbene zu dokumentieren. Dabei scheinen die 14täglich zeitgenössisch von der Lagerleitung Ketschendorfs erstellten tabellarischen Berichte weitgehend glaubwürdig zu sein. Sie bedürfen jedoch weiterer Überprüfung und Gegenüberstellung mit westlichem Zahlen- und Namenmaterial.[17]

Die sowjetischen Dokumente ermöglichten zudem das Auffinden von Namen des Lagerpersonals, die Entdeckung zahlreicher Moskauer Befehlsvorgaben, deren Umsetzung und Verwirklichung das offensichtlich durchweg nicht verurteilte Ketschendorfer „Spezialkontingent" dann am eigenen Leibe verspürte, sowie die Einordnung des Speziallagers Nr. 5 in das vom NKVD in der SBZ errichtete Terror-System. Dennoch blieben nicht zuletzt durch die nach wie vor nur unvollständige Freigabe und mangelhafte Zugänglichkeit des sowjetischen Materials viele Fragen offen. So sind besonders die Totenzahlen umstritten. Unter anderem mit Hilfe des schicksalsklärenden Deutschen Roten Kreuzes, das sowjetische Totenlisten computergestützt auswertet, ließ sich jedoch immerhin eine namentlich belegte Mindestgröße ermitteln.

Überdeutlich kristallisierte sich zudem der radikale Unterschied zwischen den in den sowjetischen Vorschriften enthaltenen formalen Vorgaben und der in den Erlebnisberichten überlieferten realen Wirklichkeit heraus, die den Lageralltag prägte. Durch die Gegenüberstellung beider Quellen traten die verharmlosende Diktion oder auch die Ignoranz mancher NKVD-Direktiven und -Berichte offen zutage. Sie zeugten zudem von Unfähigkeit oder vielleicht eher menschlicher Gleichgültigkeit des Führungspersonals, für das Menschenleben kaum eine Rolle spielten.

Problematisch für eine Gesamtdarstellung des Speziallagers Nr. 5 bleibt – neben den längst noch nicht vollständig zugänglichen Akten – die insgesamt nur geringe (ungefähr 50 Stück) und sowohl quantitativ als auch qualitativ sehr unterschiedliche Zahl der Erlebnisberichte, die überwiegend von damals jugendlichen Insassen stammen. Diese aus der Erinnerung vorgenommenen Aufzeichnungen sowie weitere Briefe ergänzen sich einerseits aus unterschiedlicher Perspektive und mit unterschiedlichen Schwerpunkten in der Berichterstattung in vielen Punkten mosaiksteinartig zu einem Gesamtbild. Andererseits offenbaren auch sie bereits eine große Spannbreite an mitunter völlig unterschiedlich erfahrener Lagerrealität. Je nachdem, wo und mit wem die einzelnen Gefangenen untergebracht waren, ob sie einem Arbeitskommando angehörten oder nicht, ob es sich um Frauen, Jugendliche oder ältere Männer handelte, unterschieden sich oft ihre Erinnerungen.

Die zwangsläufige Konzentration auf die Aufzeichnungen Jugendlicher brachte schließlich die weitgehende Einschränkung auf ihre Sicht der Lagerrealität mit sich. Die besonderen Nöte von Familienvätern, deren ganz andersartige psychische Belastung, aber auch die geringere physische Belastbarkeit mit zunehmendem Alter kommen längst nicht so ausgiebig zur Sprache, wie es dem überwiegenden Anteil dieser Altersgruppe an der Gesamtbelegung entspräche. Schließlich fehlten damit auch weitgehend Zeugnisse derjenigen Personen, die überhaupt ihres Alters wegen in der nationalsozialistischen Diktatur hatten Schuld auf sich laden können. Doch gerade diese ,Schuldfrage' liefert einen der brennendsten Streitpunkte nicht nur in der aktuellen Diskussion um wissenschaftliche Forschung und Gedenken, sondern auch für viele Überlebende und Angehörige.

Weitere quellenkritische Probleme ergaben sich aus zum Teil ungenauen, unterschiedlichen, manchmal auch gegensätzlichen Angaben der Überlebenden. Das betraf beispielsweise die Numerierung der Lagerhäuser, die jeweilige Art und chronologische Abfolge ihrer Nutzung, aber auch so spezielle Dinge, wie Arbeit und Bestandsdauer des Beerdigungskommandos oder die Anzahl der Tage, die Gefangene nach ihrer gescheiterten Flucht als Strafe im Bunker zu verbringen hatten, oder das genaue Datum des Abtransports aus Ketschendorf. Oftmals reichte für genaue Zahlen, Daten oder Namen, zumal nach 50 Jahren, das Gedächtnis nicht mehr aus. Auch fehlten in den Berichten mitunter Informationen über alltägliche Abläufe, die Überlebenden selbstverständlich und klar erscheinen, jedoch Außenstehenden uneinsichtig sind. Manchmal benannten sie auch Vorgänge zu knapp oder zusammenhanglos bzw. ohne genaues Datum, um sie Dritten verständlich darstellen zu können. Gerade die Zeitzeugen bleiben deshalb als Leser zu Ergänzungen aufgerufen.

Gründe des Datenschutzes ließen schließlich die Nennung mancher Namen nicht zu, obwohl gerade in dieser Konkretisierung und Personifizierung nackter Zahlen und Fakten ein großer Wert für ein dauerhaftes, überzeugendes aber auch lebendiges und glaubwürdiges Zeugnis in Gegenwart und Zukunft liegt. Alle Tatsachen, die mitunter nicht mit namentlicher Erinnerung belegt sind, gehen jedoch auf Briefe oder Erlebnisberichte zurück, die im Archiv der Initiativgruppe in Fürstenwalde liegen.

Gliederung des Buches

Unter Beachtung all dieser Probleme und Verwendung möglichst aller bekannten und aussagekräftigen Informationen beschreibt das vorliegende Buch das Speziallager Nr. 5 Ketschendorf/Fürstenwalde von 1945 bis 1947. Es nimmt abschließend auch die darüber hinaus reichenden Folgen für Verhaftete und deren Angehörige in den Blick. Nach der Beschreibung der formalen sowjetischen Befehlsgrundlage, auf der die Einrichtung der Speziallager in Deutschland fußte, treten zu Beginn die Verhaftungen in den Blickpunkt, mit denen für fast alle Verschleppten die Jahre in den Händen des NKVD/MVD begannen. Verhaftungsgründe, Kellergefängnisse, Verhöre und eine systematische Auflistung bisher greifbarer Haftstationen auf dem Weg in das Lager Ketschendorf stehen im Vordergrund.

Nach einem kurzen Überblick über die Einrichtung und das Wachpersonal des Speziallagers Nr. 5 steht dann im umfangreichsten sechsten Kapitel der dortige Alltag im Mittelpunkt. Die Darstellung verbindet sowjetische (Revisions-)Akten mit deutschen Erlebnisberichten und schildert den Leidensweg unter den Augen der sowjetischen Bewacher und deutschen Lagerleitung von der Einlieferung durch die überbelegten und mangelhaft ausgestatteten Quartiere über Fluchtversuche, Bunkerhaft und Lazarett oft bis in den Tod. Größere Abschnitte behandeln die Lagerbelegung, die sie nach Nationalitäten, Arbeitstauglichkeit, Geschlecht und Alter, aber auch nach weniger oder mehr Schuldbeladenen differenzieren, sowie den Tagesablauf mit Hunger, mangelnder Hygiene, dem Kampf gegen das verordnete Nichtstun und Krankheiten. Ein Kapitel zu den Verlegungen nach und aus Ketschendorf, unter anderem in die deutschen Ostprovinzen jenseits der Oder, aber auch zu Deportationen von Sowjetbürgern und deutschen Arbeitstauglichen in die Sowjetunion sowie zu Transporten im Zuge der Lagerauflösung schließt diesen zentralen Mittelteil ab.

Die folgenden Kapitel behandeln einerseits die Versuche von Verschleppten und deren Angehörigen, die totale Isolation zu durchbrechen, andererseits die Reaktionen der politischen und kirchlichen Öffentlichkeit in der SBZ/DDR nicht zuletzt auf das Ringen um Todeserklärungen, aber ebenso die anhaltende Benachteiligung in der DDR sowohl von Entlassenen als auch von deren Familien. Die nach der Lagerauflösung entstandene Problematik um die Gräber der zahlreichen Toten, die für die DDR-Machthaber offiziell nicht existierten, wird ebenfalls thematisiert. Abschließend schildert ein kurzer Abschnitt das Entstehen der Initiativgruppe Ketschendorf, die nach dem Ende der DDR erstmals ein öffentliches Gedenken im Speziallager Nr. 5 und besonders auf dessen Gräberfeld ermöglichte.

Aus dem Wunsche der Überlebenden, noch zu ihren Lebzeiten und mit Hilfe ihres Gedächtnisses, aber auch unter Nutzung der seit 1992 teilweise zugänglichen sowjetischen Akten[18] ein möglichst wahrheitsgetreues Bild des Speziallagers Nr. 5 Ketschendorf zu zeichnen, entstand im Auftrag und in enger Zusammenarbeit mit der Initiativgruppe das vorliegende Buch.

Es versucht systematisch und möglichst erschöpfend, sowjetische kalt-nüchterne Dokumente und deutsche oft betroffen-persönliche Erinnerung zu sammeln, sie einander gegenüberzustellen und dadurch die zwei Jahre der Existenz des Speziallagers sowie die sich unmittelbar daran anschließenden Ereignisse, unter anderem rund um das Gräberfeld, zu dokumentieren. Dabei fand bei russischen Wörtern und Abkürzungen die wissenschaftliche Umschrift Verwendung. Ungereimtheiten, die sich aus den Erlebnisberichten ergaben, konnten weitgehend in Besprechungen mit dem Vorstand der Initiativgruppe geklärt werden. Deshalb führt die vorliegende Darstellung offensichtlich fehlerhaft erinnerte Einzelheiten nicht mehr auf. Doch insgesamt bleiben einige Punkte aus den unveröffentlichten Erinnerungen, der bisherigen Literatur und den sowjetischen Akten umstritten.

So entstand ein Manuskript, das einen vorläufigen Kenntnisstand beschreibt. Es stellt sich damit der wissenschaftlichen Diskussion, hoffentlich bald weiteren sowjetischen Akten und vor allem den oft so unterschiedlichen Erinnerungen der noch lebenden Zeitzeugen, um zu Kritik und Ergänzungen herauszufordern.

Gerade die Nachgeborenen will es zu Kampf und Widerstand gegen jede Diktatur mahnen.

3. „Säuberung von feindlichen Elementen" – Einrichtung der Speziallager

Das sowjetische Terrorregime hatte schon 1939 mit der Besetzung Ostpolens kurzfristig und seit 1944 für viele Jahrzehnte die westliche Landesgrenze überschritten, um der Welt, soweit sie ihrer habhaft werden konnte, die kommunistische Vorstellung von „Frieden und Brüderlichkeit" aufzuzwingen. Hitlers vertragsbrüchiger Angriff auf die Sowjetunion am 22. Juni 1941 sowie Stalins erst dadurch bedingter Eintritt in die „Antihitlerkoalition" schufen Anfang 1945 die historisch einmalige Möglichkeit, sowjetkommunistische Expansion, nun im sechsten und letzten Jahr des 2. Weltkriegs als „Befreiungsmission" zu deklarieren und zu legitimieren. Nur scheinbar im Einklang mit gesamtalliierten Zielen gelang es Stalin, eigene terroristische Machtausdehnung durch angeblich alleinige Bekämpfung des „Hitlerismus" im Rahmen des noch Jahrzehnte später in der DDR sowjetisch verfälschend hochgehaltenen „Antifaschismus" zu rechtfertigen. Systematisch übertrug er dazu das eigene politische System voller Willkür, Unrecht und Terror von sowjetrussischem auf deutschen Boden. Seit dem Jahreswechsel 1944/45 häuften sich daher mit dem Vorrücken der Roten Armee auf ostdeutsches Gebiet Befehle und Bestimmungen des NKVD zur Errichtung von Lagern, die sogenannte „feindliche Elemente" aufnehmen sollten. Da die sowjetkommunistische Diktatur bereits seit Jahren nicht nur durch den GULag Erfahrungen mit dem Aufbau und der Einrichtung von Gefängnissen und Lagern für die Opfer von Massenverhaftungen hatte, fehlten ihr auch 1945 die Spezialisten nicht.

Lavrentij Berija, Volkskommissar für Innere Angelegenheiten und als Generalkommissar für Staatssicherheit zugleich der oberste Verantwortliche für NKVD und NKGB, erließ bereits am 11. Januar 1945, einen Tag vor der sowjetischen

Großoffensive, den NKVD-Befehl Nr. 0016[19] mit Maßnahmen zur Säuberung des Fronthinterlandes der Roten Armee von „feindlichen Elementen". Berija beauftragte darin die Frontbevollmächtigten des NKVD, beim Vorrücken der Roten Armee die notwendigen tschekistischen Maßnahmen durchzuführen, um diese „Elemente" zu ergreifen. Konkret sollten sie deshalb „Spionage-Diversions-Agenturen der deutschen Aufklärungsorgane, Terroristen, Mitglieder unterschiedlicher feindlicher Organisationen und banditisch-aufständische Gruppen" unabhängig von deren Nationalität und Staatsbürgerschaft ausfindig machen und arretieren. Diese typisch sowjetischen Formulierungen und für totalitäre Regime typisch unscharfen und damit eher allumfassend auslegbaren Schlagwörter, die nicht präzise definierten, was bzw. wen sie konkret meinten, deuteten bereits das mögliche Ausmaß der bald einsetzenden Verhaftungen an. Außerdem sollten die Frontbevollmächtigten ihr Augenmerk auf „illegale Radiostationen, Waffenlager, illegale Druckereien und andere material-technische Stützpunkte" richten, die für (sowjet-)feindliche Arbeit bestimmt waren, um den nationalsozialistischen Gegner oder – wie es der Befehl umfassender formulierte – den „Feind" an seiner „subversiven Zersetzungsarbeit" zu hindern. Als weitere Gruppen, die zu inhaftieren waren, zählte Berija auf: „Kommando-operatives Personal der Polizeiorgane, Führungspersonal der Gefängnisse und Konzentrationslager, Militärkommandanten, Staatsanwälte, Untersuchungsführer, Mitglieder der Militärgerichte und der Gerichte, Leiter der Gebiets-, Bezirks-, Kreisräte und der Behörden, Bürgermeister, Mitglieder faschistischer Organisationen, Leiter großer Wirtschafts- und Verwaltungsorganisationen, Zeitungs- und Zeitschriftenredakteure, Autoren antisowjetischer Veröffentlichungen, Kommandanten und Mannschaftsbestand der Armeen, die in der UdSSR gekämpft hatten, Angehörige der ‹Russischen Befreiungsarmee› [Vlasov-Truppen, die Verfasser] sowie jedes weitere verdächtige Element". Berija verlangte ausdrücklich eine genaue Untersuchung, da sich der deutsche Geheimdienst sorgfältig maskiert habe. Insgesamt waren die extrem weit auslegbaren Kategorien der Aufzählung je nach Bedarf auf jeden beliebigen Menschen anwendbar. Schließlich gab es im Dritten Reich nur wenige, die nicht spätestens im Zuge der zwangsweisen Gleichschaltung und Mitgliederüberführung einer nationalsozialistischen Organisation angehört hatten, angefangen von den Pimpfen im Alter von zehn Jahren bis zum greisen Volkssturmangehörigen. Neben der offiziell möglicherweise anfänglich auch beabsichtigten „Entnazifizierung" ging es offensichtlich gleichzeitig und je länger um so ausschließlicher um die Ausschaltung von Sowjetgegnern, die durchaus nicht immer Nazis gewesen waren, bzw. um die Rekrutierung jugendlicher Zwangsarbeitskräfte. Besonders die Hinzufügung der „weiteren verdächtigen Elemente" und die Bemerkung zum „maskierten" deutschen Geheimdienst öffneten dem NKVD Tor und Tür, um jeden x-beliebigen Menschen zu verhaften. Falls er kein Mitglied einer „faschistischen Organisation" gewesen war, so konnte er doch wenigstens ein dem NKVD ‚verdächtiges Element' sein. Bezeichnenderweise erwähnte Berija nicht, worauf sich ein entsprechender Verdacht gründen mußte. Auch ging es offenbar nicht um die tatsächliche, persönliche Schuld eines Menschen, sondern einzig um die formale Zugehörigkeit zu einer Gruppe. Mit keinem Wort erwähnte dieser Befehl zudem die Untersuchung der gegenüber den Verhafteten erhobenen Vorwürfe, was jedem durch rechtsstaatliche Maßstäbe geprägten Vorgehen Hohn spricht. Auch die späteren Verhaftungen ließen ebensolche Überprüfungen vermissen. Schon dieser frühe Befehl forderte von den SMERŠ-Organen, die Bevollmächtigten des NKVD zusammen mit je 150 Čekisty bei der Durchführung der entsprechenden Maßnahmen zu unterstützen. Insgesamt sollten die Bevollmächtigten 31.099 Personen sowie zu deren Verstärkung weitere 27.900 Personen für die operative Arbeit zur Verfügung stellen.

In dem NKVD-Befehl Nr. 0061 vom 06. Februar 1945[20] erweiterte Berija noch seine bisherigen Anordnungen gegen feindliche, terroristische Aktivitäten zum einen durch die Forderung, die „gestellten Terroristen" sofort zu „vernichten", sowie zum anderen durch die Order, die zu physischer Arbeit fähigen deutschen Männer im Alter zwischen 17 und 50 Jahren zwangsweise zu mobilisieren. Zugleich regelte er den Abtransport dieser Arbeitsbataillone. Ein weiterer Befehl Nr. 0062 gleichen Datums verlangte, 150.000 Arbeiter in die Belorussische SSR, 200.000 Arbeiter in die Ukrainische SSR und 150.000 in die RSFSR zu schicken.[21] Er enthüllte damit als entscheidenden Grund für die völlig willkürlichen Verhaftungsgründe den immensen Bedarf an billigen Arbeitskräften in der UdSSR. Noch im Sommer 1945 befanden sich solche „Mobilisierte" auch im Speziallager Ketschendorf.

Schon zwei Wochen später, am 22. Februar 1945, ergänzte Berija mit dem NKVD-Befehl Nr. 00101 die Vorschriften, die bisher allein die zu verhaftenden Personengruppen und -zahlen betrafen, durch Überlegungen zu deren Unterbringung; denn der rasche Vormarsch der Roten Armee verlangte eine entsprechende Konkretisierung.[22] Die Bevollmächtigten des NKVD sollten daher die von ihnen laut Befehl Nr. 0016 Verhafteten in NKVD-Lager nach der folgenden Ordnung einweisen:

in Kriegsgefangenenlager „den Kommando- und Mannschaftsbestand der deutschen Armee und anderer mit der UdSSR kämpfender Staaten, den Kommando- und Mannschaftsbestand des Volkssturms, den Kommando- und operativen Bestand der Polizeiorgane, der Gefängnisse und Konzentrationslager, Militärkommandanten, Militäruntersuchungsführer, Militäranwälte und Mitglieder anderer Kampforganisationen";

in Internierungslager des GUPVI des NKVD der UdSSR „Zivilisten, die nicht Staatsbürger der UdSSR waren, Mitglieder verschiedener feindlicher Organisationen, Leiter der

Gebiets- und Bezirksräte und Behörden, Bürgermeister, Leiter großer Wirtschafts- und Verwaltungsorganisationen, Zeitungs- und Zeitschriftenredakteure, Autoren antisowjetischer Veröffentlichungen sowie das übrige feindliche Element"; in Überprüfungs-Filtrations-Lager des NKVD sowjetische Staatsbürger. Die mobilisierten Arbeitsbataillone waren zu den Arbeitseinsätzen zu deportieren.

Allerdings befanden sich trotz dieser auf dem Papier verlangten Trennung in der Realität auch in Ketschendorf, einem der im Februar noch sogenannten „Internierungslager", unter anderem Polizisten, Angehörige der Vlasov-Truppen sowie Zivilrussen. Die Bevollmächtigten erhielten außerdem den Auftrag, die deutschen Kriegsgefangenen, Internierten und Arbeitsbataillone einer operativ-tschekistischen Behandlung sowie die „feindlichen Elemente" unter den sowjetischen Bürgern einer Überprüfung zu unterziehen und Untersuchungsakten über sie anzulegen. Angehörige der Roten Armee, die in Gefangenschaft geraten waren, fielen dazu unter die Verfügungsgewalt von Organen des SMERŠ, Zivilisten unter diejenige von NKVD und NKGB. Berija befahl zudem eine strenge Registrierung der internierten und mobilisierten Kontingente jeder Nationalität sowie ihre „agenten-aufklärerische Behandlung", um die „aktiven feindlichen Elemente" zu ermitteln. Gleiche Forderungen galten auch der Lagerführung der Überprüfungs-Filtrations-Lager. Mit der Vorschrift, „aktive feindliche Elemente" zu ermitteln, belegte er, daß es auch inaktive gab, wobei unklar blieb, warum sie dann als feindlich angesehen und verhaftet werden konnten. Im letzten Punkt seines Befehls verlangte Berija von den Kriegsgefangenen-, Internierten- und Überprüfungs-Filtrationslagern, zunächst 100.000 von der Front kommende Personen und zum 15. März 1945 weitere 100.000 Personen aufzunehmen. Schon am 22. Februar scheinen sich damit 100.000 Personen in den Händen des NKVD befunden zu haben. Binnen dreier Wochen rechnete Berija mit der Verdoppelung ihrer Anzahl.

Immer noch gut drei Wochen vor Kriegsende, am 18. April 1945, erfuhr der Befehl Nr. 0016 durch den für fast alle verschleppten Deutschen entscheidenden NKVD-Befehl Nr. 00315 eine weitere Änderung bzw. Präzisierung.[23] Berija führte nun unter Punkt 1 folgende zu verhaftende Personen an:

„a) Spionage-, Diversions- und terroristische Agenten deutscher Abwehrorgane;

b) Beteiligte aller Organisationen und Gruppen, die von der deutschen Führung und den Abwehrorganen des Gegners zur Zersetzungsarbeit im Hinterland der Roten Armee zurückgelassen wurden;

c) Betreiber illegaler Radiostationen, Waffenlager oder Untergrunddruckereien, wobei material-technische Stützpunkte, die für feindliche Arbeit bestimmt waren, beschlagnahmt werden sollten;

d) aktive Mitglieder der nationalsozialistischen Partei;

e) Führer faschistischer Jugendorganisationen auf Gebiets-, Stadt- und Kreisebene;

f) Mitarbeiter der Gestapo, des SD und anderer deutscher Straforgane;

g) Leiter administrativer Organe auf Gebiets-, Stadt- und Kreisebene sowie Zeitungs- und Zeitschriftenredakteure und Autoren antisowjetischer Veröffentlichungen".

Gemäß dem Befehl Nr. 0061 sollten bei Terror- und Diversionshandlungen Ertappte sofort „vernichtet" werden. Berija wiederholte zudem seine Forderung vom 22. Februar, den „Kommando-politischen- und Mannschaftsbestand der Armee des Gegners und paramilitärischer Organisationen: ‹Volkssturm›, ‹SS›, ‹SA›, den Personalbestand der Gefängnisse und Konzentrationslager, der Militärkommandanturen[24] sowie der Organe der Militärstaatsanwaltschaft und des Gerichts" in Kriegsgefangenenlager einzuweisen. Den Kommando- und Mannschaftsbestand der „Russischen Befreiungsarmee" dagegen sollten weiterhin die Überprüfungs-Filtrationslager aufnehmen. Neu war, daß die Bevollmächtigten die Gefangenen, die bei der Säuberung des Hinterlandes der vorrückenden Roten Armee verhaftet worden waren, nicht länger in die UdSSR deportieren sollten. Nur in Einzelfällen, bei Verhafteten von besonderem operativem Interesse, durften sie, mit Genehmigung des NKVD, einen solchen Transport durchführen.

Im 6. Punkt seines Befehls ordnete Berija die Einrichtung der notwendigen Anzahl von Gefängnissen und Lagern an, bestimmte für die Bewachung der Lager die Begleittruppen des NKVD, die den Frontbevollmächtigten zur Verfügung standen, und verlangte von seinem Stellvertreter im NKVD Černyšov und den Frontbevollmächtigten, ihm innerhalb von fünf Tagen eine Auflistung der Gefängnisse und Lager mit ihren jeweiligen Standorten zur Bestätigung vorzulegen. Die Frontbevollmächtigten sollten außerdem die Materialien aller Verhafteten durchsehen, um Invalide, Kranke, Arbeitsunfähige, Alte über 60 Jahren und Frauen zu entlassen, die nicht unter den 1. Punkt desselben Befehls fielen. Auch die von den Fronten, der sowjetischen Bezeichnung für Heeresgruppen, in NKVD-Lager Eingewiesenen galt es daraufhin zu überprüfen und, falls sie unter den 1. Punkt fielen, in „Internierungslager" einzuweisen. Die Arbeitsfähigen sollten daraufhin in der Industrie zum Einsatz kommen, während die anderen ordnungsgemäß die Lager verlassen könnten.

Die beiden stellvertretenden Volkskommissare des Inneren und der Staatssicherheit, Černyšov und Kobulov, ergänzten acht Tage später den NKVD-Befehl Nr. 00315 mit ihrer Direktive Nr. 74/60 vom 26. April 1945[25], die sich mit der Filtration der Gefangenen beschäftigte. Denn die Insassen aller NKVD-Lager sollten überprüft werden. Dazu forderten die stellvertretenden Volkskommissare die Bildung von operativen Gruppen aus qualifizierten Mitarbeitern des NKVD und NKGB sowie die Überprüfung durch Verhöre, die auf vorhandenen Materialien fußten, durch Befragung der Mitgefangenen und durch nachrichtendienstliche Arbeit unter ihnen oder durch verstärkte operative Methoden. Der Überprüfung lagen die Aufzeichnungen, die die Frontbevollmächtigten in das Lager gesandt hatten, sowie die erst im Lager entstandenen Materialien und schließlich die persönlichen Akten und andere Informationen zugrunde. All diese Materialien dienten dazu, eine Untersuchungsakte mit einer kurzen Schlußfolgerung über die Person und mit Verdachtsmomenten anzulegen, um die Zugehörigkeit zu einer Kategorie nach Befehl Nr. 00315 festzustellen. Alle Gefangenen, die unter den 1. Punkt dieses Befehls fielen, waren dazu in den „Internierungslagern" festzuhalten bzw. dorthin zu überführen, wenn sie in anderen Lagern saßen. Die Gefangenen der Kategorie des 3. Befehlspunkts waren in Kriegsgefangenenlager zu überführen. Die Bevollmächtigten hatten insgesamt zwei Monate Zeit für die Filtration aller Verhafteten, um danach die Personen zusammen mit ihren Kontroll-Akten zur weiteren Agentenbearbeitung an die operativen Abteilungen der Lager zu übergeben.

Am 10. Mai 1945, kurz nach der bedingungslosen Kapitulation, ergänzte der NKVD-Befehl Nr. 00461 seinen Vorgänger Nr. 00315 und sprach zum ersten Mal administrative Maßnahmen zur Einrichtung der Lager an.[26] Bisher hatte noch ein Provisorium geherrscht, obwohl bereits viele Menschen in Haft saßen. Berija ordnete an, die Gefängnisse und Lager nach einer beigelegten Liste an den dort aufgeführten Standorten einzurichten. Unter denjenigen der 1. Belorussischen Front erschienen hier auch erstmals neben ostdeutschen Ortsbezeichnungen die Standorte „Fjurstenval'de" (Fürstenwalde) und Werneuchen, die somit zu den ersten Lagerorten auf dem späteren Gebiet der SBZ zählten. Aufgrund der Anweisung Berijas dürfte der NKVD sich bereits ungefähr am 23. April 1945 für diese Orte entschieden haben. Die sowjetischen Akten bezeichneten auch künftig das Speziallager Nr. 5, das anfangs verschiedene operative Gruppen auch mit der Ziffer „9" belegten, fast durchweg mit der Ortsbezeichnung Fürstenwalde. Zugleich sollten für die Leitung der Lager, abhängig von ihrer Größe, drei bis sieben Offiziere und Mitarbeiter aus dem Verfügungsbereich der Frontbevollmächtigten sowie zwei Personen, die sich mit der Leitung der operativen Registrierung und Statistik befaßten, abgeordnet werden. Insgesamt veranschlagte der Kommissar für Staatssicherheit 3. Ranges, Obručnikov, als Vertreter des NKVD, in einer Anlage zu diesem Befehl pro Lager Personal in der Größenordnung zwischen 46 und 69 Mitarbeitern. Darunter waren ein Lagerleiter, drei bis fünf Personen der Registraturabteilung, sieben bis acht der Versorgungsabteilung, vier bis sechs der Transportgruppe, drei bis vier der Finanzabteilung, ein Lagerkommandant, 19 bis 34 Wachsoldaten sowie fünf Personen der medizinischen Abteilung, darunter zwei Ärzte. Gleichzeitig sollte die Registrierung des „Kontingents", getrennt von der allgemeinen der „Verbrecher", zentral durchgeführt werden. Die Unterscheidung zwischen „Kontingent" und „Verbrechern", die der Befehl verlangte, offenbarte erneut, daß selbst der NKVD bei einem Teil der Verhafteten gar nicht mit einer tatsächlichen, feststellbaren Schuld bzw. Straftat rechnete. In einer weiteren Anlage forderte der Oberst der Staatssicherheit, Kuznecov, als Chef der „Ersten Spezialabteilung des NKVD der UdSSR", in einer „Einstweiligen Instruktion" die Erfassung der Daten aller Verhafteten jeweils in einer Registratur-Kontroll-Akte.[27] Diese Angaben lieferten bald die Datengrundlage bei der Einlieferung von Gefangenen aus den Gefängnissen der operativen NKVD-Einheiten oder aus anderen Lagern, zum Beispiel nach Ketschendorf. Auf Kuznecovs Erlaß fußten später auch Serovs entsprechende Vorschriften in seiner „Einstweiligen Verfügung" vom 27. Juli 1945.

Außerdem sollten für jeden Verhafteten nach den Vorgaben vom Mai eine Karteikarte sowie zwei daktyloskopische Karten angelegt werden. Berija ordnete schließlich noch in diesem Befehl die Gewährleistung des entsprechenden Wachpersonals, der Finanzierung und der Lebensmittelversorgung der Lager nach den Normen für Kriegsgefangene an und ver-

langte eine regelmäßige Berichterstattung auf genau vorge-
schriebenem Wege.

Im Zuge dieses Befehls übernahm wohl auch die in den
Monaten nach der Kapitulation erst in Fürstenwalde, dann in
Berlin sitzende „Abteilung" die Zuständigkeit für die erst
acht[28], dann zehn Speziallager und zwei größeren Gefängnisse des NKVD. Generaloberst Serov übermittelte jeweils ihrer
Führung unter Oberst S.M. Sviridov, dann Oberst Cikljaev
und schließlich Oberst V. Sokolov, als Sprachrohr Berijas,
die Befehle der Moskauer Führung. Über ihn war sie direkt
Berija und damit auch Stalin Rechenschaft schuldig.[29] Folgerichtig lud sie als „Abteilung Lager des NKVD" zur Umsetzung des letztgenannten Befehls Berijas zur aktenmäßigen
Erfassung der Gefangenen am 21. Mai 1945 alle Lagerleiter
unter anderem auch zu einer Beratung zum Personalbestand
ein.[30]

Knapp zwei Monate nach Kriegsende löste Berija dann
mit dem Befehl Nr. 00780 vom 04. Juli 1945 den Apparat
der nicht länger benötigten Frontbevollmächtigten auf. Er
ernannte jedoch sogleich I.A. Serov, den ehemaligen Frontbevollmächtigten der 1. Belorussischen Front, zum Bevollmächtigten des NKVD der UdSSR für die sowjetischen
Besatzungstruppen in Deutschland,[31] um den nahtlosen Fort-
bestand des Bewachungssystems zu gewährleisten. Von diesem Zeitpunkt an hatte I.A. Serov die Befehlsgewalt über die
Speziallager. Er sollte zudem die operative Arbeit in dem von
sowjetischen Truppen besetzten Teil Deutschlands organisieren und leiten, um „Spione, Diversanten, Terroristen sowie
Organisationen und Gruppen zu ermitteln und zu liquidie-
ren, die der UdSSR feindlich gesinnt und entweder von der
deutschen Abwehr zur Untergrundarbeit gegründet und
zurückgelassen oder ganz neu entstanden waren". Auch diese
Formulierungen deuteten erneut auf den Kampf nicht nur
gegen Nationalsozialisten, sondern vor allem gegen Feinde
des neuen totalitären Regimes hin, das nur angeblich einen

Teil Deutschlands befreien wollte, um ihn tatsächlich in den Machtbereich der eigenen sowjetischen Diktatur einzugliedern. „Kriegsverbrecher, Mitarbeiter der Gestapo sowie anderer deutscher Straforgane, die Gebiets-, Stadt- und Kreisleiter nationalsozialistischer Organisationen, der Kommando-politische Bestand paramilitärischer Organisationen: Volkssturm, SS, SA und auch der Gefängnisse, Konzentrationslager, Militärkommandanturen und anderer paramilitärischer Einrichtungen des faschistischen Staatsapparates" waren festzunehmen. Außerdem ging es um die weitere Suche nach illegalen Waffenlagern oder Radiostationen. Generaloberst Serov war darüber hinaus verantwortlich für die Überpüfungs-Filtrationslager sowie für die Kriegsgefangenen. Berija sicherte ihm die nötigen Truppen, unter anderem diejenigen des SMERŠ, zur Unterstützung dieser Arbeit zu und setzte die Befehle Nr. 0016 und Nr. 0061 außer Kraft.

Generaloberst Serov, als Stellvertreter Berijas, war seit dem 04. Juli 1945 damit auch zugleich direkter Vorgesetzter der „Abteilung Speziallager", die etwa zum gleichen Zeitpunkt[32] nach Berlin/Hohenschönhausen in das Gebäude einer ehemaligen Gerberei in der Genslerstraße verlegt wurde.[33] Bereits am 27. Juni 1945 hatte Oberst Sviridov in seiner Funktion als Leiter der „Abteilung" die Kategorien des 1. Punkts von Befehl Nr. 00315 ausdrücklich wiederholt. Darunter fallende Personen waren nämlich in ein Speziallager einzuweisen. Er hatte gleichfalls die Personengruppen bestätigt, die in Kriegsgefangenen- bzw. Überprüfungs-Filtrations-Lager gehörten.[34] Auch spätere Befehle bezogen sich als Grundlage für die Einlieferung in ein Speziallager immer wieder auf die Kategorien des Befehls Nr. 00315. Sie wurden 1946 allerdings mit dem Zusatz ergänzt, daß die Verhafteten „verbrecherische Handlungen" laut diesen Kategorien ausgeübt hätten.[35] Nach der Verhaftung mußten weiterhin (und damit in Wirklichkeit erstmalig) Spitzel durch „operative Behandlung" nach einem tatsächlichen Grund und einer

Schuldzuweisung suchen, um ein Untersuchungsverfahren zu rechtfertigen. Einerseits war somit dem NKVD die Grundlosigkeit der Verhaftung in vielen Fällen bewußt. Andererseits erstaunt dies zumindest formale Bemühen angesichts der sonst ungerechtfertigten Maßnahmen des NKVD, der nicht davor zurückschreckte, völlig Unschuldige aufzugreifen, ihnen absurde Verbrechen vorzuwerfen, sie zu verurteilen oder gleich zu erschießen. Offensichtlich sollten bei einer Festsetzung über einen längeren Zeitraum, zumindest für die Akten formaljuristisch stichhaltige Gründe vorliegen, um vielleicht auch eine Verurteilung nach sowjetkommunistischen ‚Rechtsmaßstäben' zu ermöglichen. Die unleugbare Tatsache, daß trotz Rechtsbeugung, Spitzelsystem und militärischer Schnell- und Scheinjustiz die überwiegende Mehrzahl der Verschleppten (in Ketschendorf sogar 100 Prozent der Insassen) als „Spezialkontingent" ohne Urteil blieb, belegt entweder, daß selbst der NKVD nicht über ausreichendes kompromittierendes Material verfügte oder daß möglicherweise ihm selbst die eigenen Verhaftungsmethoden zu absurd waren, um die Gefangenen auch noch zu verurteilen.[36] Das spezifisch sowjetische Unrechtssystem trat erneut offen zutage; denn trotz nicht vorhandener Verurteilungsgründe entließ der NKVD das „Spezialkontingent" nicht, sondern es verblieb in den Lagern und verstarb zu rund einem Drittel elendiglich. Mancher Ketschendorfer fand sich sogar ohne Urteil später in anderen Lagern wieder, um 1948 oder 1950 ohne jedwede Entschuldigung plötzlich entlassen oder aber in den Waldheimer Prozessen durch deutsche Handlanger nach sowjetischen Vorgaben noch nachträglich ein Willkürurteil zu erhalten. Das mußte nun auch die fünfjährige unrechtmäßige Totalisolierung legitimieren. Diese Leidensjahre voller Tod, Krankheit, Ungewißheit auch der Angehörigen, voller Hunger und sowohl körperlichem als auch seelischem Schmerz hatten mit der Gründung der „Abteilung Speziallager" nicht nur, aber überwiegend für Deutsche[37] auf dem Gebiet der SBZ 1945 in verschiedenen

Lagern begonnen. Neben Fürstenwalde (Ketschendorf, Nr. 5) entstanden bald Nr. 1 Mühlberg, Nr. 2 Buchenwald, Nr. 3 Hohenschönhausen (Berlin), Nr. 4 Bautzen, Nr. 6 Frankfurt/Oder (später Jamlitz), Nr. 7 Oranienburg (Sachsenhausen), Nr. 8 Torgau (Fort Zinna, später Seydlitz-Kaserne), Nr. 9 Fünfeichen (bei Neubrandenburg) und Nr. 10 Torgau (Fort Zinna). Das Speziallager Nr. 6 nahm zunächst nur Sowjetbürger auf, allerdings nach seiner Verlegung nach Lieberose (Jamlitz) im November 1945 auch Deutsche. Neben diesen Lagern unterstanden der „Abteilung" direkt auch die beiden Gefängnisse Nr. 5 Strelitz und Nr. 6 Lichtenberg. Nach zahlreichen Todesfällen, Deportationen und Entlassungen blieben 1949 wegen sinkender Neuverhaftungszahlen noch die drei Speziallager Sachsenhausen, Buchenwald und Bautzen übrig, neben denen ausgewählte MVD-Gefängnisse auch über die offizielle Auflösung der „Abteilung Speziallager" 1950 hinaus fortbestanden.

In 14täglichen Abständen mußten die einzelnen Lager Meldungen an diese „Abteilung" verfassen, damit sie nach Moskau regelmäßig zusammenfassend Bericht über die Gefangenenentwicklung erstatten und der dortigen „Ersten Spezialabteilung des Innenministeriums" alle archivwürdigen Dokumente zur Aufbewahrung übersenden konnte.

4. Sowjetisch-deutsche Zusammenarbeit – Verhaftungen[38]

Grundsätzlich waren Verhaftungen nur möglich, weil Deutsche mit der sowjetischen Besatzungsmacht kooperierten, indem sie Namenslisten angeblich schuldhaft Belasteter, ehemaliger Soldaten der Wehrmacht, Anhänger des alten und Gegner des neuen Systems oder einfach mehr oder weniger herausragender NSDAP-Mitglieder erstellten. Sie allein oder als Begleitung von Mitarbeitern des NKVD suchten Personen, deren Wohnort sie kannten, auf und holten sie ab. Sie denunzierten aber auch willfährig Mitbürger aus den verschiedensten, zum Teil niedersten Motiven.

Die Verwendung des Begriffs ‚Verhaftung‘ darf dabei nicht die Tatsache verdecken, daß diese sowjetischen Aktionen in der SBZ, wie auch später in der DDR, bestenfalls formal (Existenz eines zum Teil äußerst primitiven Haftbefehls), nie aber juristisch-inhaltlich rechtsstaatlichem Vorgehen entsprachen. ‚Verhaftungen‘, die direkt oder indirekt sowjetische Organe vornahmen, unterschieden sich vielmehr in ihrer juristischen Grundlage, konkreten Ausführung und vor allem durch ihre Folgen entscheidend von einer Verhaftung durch Behörden eines gewaltenteilig organisierten, freiheitlichen Rechtsstaats.

Als Grundlage für die Verhaftungen durch den NKVD und die spätere Einweisung in das Lager Ketschendorf dienten in der Regel die Kategorien des 1. Punkts von Befehl Nr. 00315 (siehe Kapitel 3, S. 32). Allerdings ergriffen die sowjetischen Häscher längst nicht alle Personen, die unter diese Kategorie fielen und andererseits auch viele, auf die deren Beschreibung nicht paßte.

Den Verhaftungen lagen von Fall zu Fall sehr unterschiedliche Anlässe von Willkür über Absicht bis Zufall, von gezielter sowjetischer Suche bis fahrlässiger deutscher Zuarbeit zugrunde. Der NKVD begründete sie dann nachträglich for-

mal, je nach Verlauf der Verhöre, mit einer der sieben Schuldkategorien.

Verschiedene Anlässe führten zur Verhaftung. Die Abwei-
sung der Umwerbung eines sowjetischen Offiziers[39] konnte
genügen. Sehr häufig kam es zu Denunziationen, möglicherweise durch Leute, die sich daraus Vorteile erhofften, die der
Besatzungsmacht treu ergeben zuarbeiteten oder die in Verhören unter Zwang oder fahrlässig Namen genannt hatten.[40]
Auch hatten Bürgermeister und Landräte im Auftrag des
NKVD für das Erscheinen aller Personen zu sorgen, die zur
SS, SA, NSDAP oder Gestapo gehört hatten und registriert
werden sollten. Die sowjetischen Behörden wollten sodann
eine bestimmte Anzahl von Personen verhaften. Deshalb
erstellte teilweise ein Ausschuß unter Leitung des Bürger-
meisters eine entsprechende Namensliste, die er dem verantwortlichen NKVD-Offizier vorlegte. Mit der Bestätigung dieser Aufstellung erging gleichzeitig der Befehl, die betreffenden Personen verhaften zu lassen und dem NKVD zu übergeben.[41] Die nachträglich kaum noch zu rekonstruierenden,
jedoch dringend klärungsbedürftigen Kriterien für die Auflistung der Personen, sind kaum nachvollziehbar und deuten
auf persönliche Willkür. Beispielsweise gehörte keines der in
Haidemühl aufgelisteten Mädchen einer der vom NKVD
gesuchten Organisationen an, während andere höhere Partei-
mitglieder in Freiheit blieben.[42] Da die Mädchen zudem aus
völlig unterschiedlichen Familien stammten, also auch eine
rein ‚kommunistische' Auswahl der ‚Kapitalisten' nicht
zutraf, scheinen tatsächlich Willkür und Zufall die Verhaftungen geprägt zu haben. Sie fußten allerdings maßgeblich auf
der vorbereitenden Mitwirkung und Auswahl der deutschen
Behörden. Bei anderen Verhaftungen war die Beteiligung
Deutscher, zum Beispiel der Bürgermeister, Hilfspolizisten,
übrigen Amtsdiener oder auch Denunzianten jeder Art notwendig.[43] Daneben griff die sowjetische Besatzungsmacht
auch wahllos Menschen auf, wie es mit acht Feldarbeiterin-

nen geschah, die eines Morgens ein sowjetischer LKW, der sie
eigentlich zur Arbeit bringen sollte, im Lager Ketschendorf
ablud.[44] Der NKVD verschleppte auch Arbeiter von der
Straße weg, Personen, die von einem Fest kamen, Frauen aus
ihren Wohnungen oder Familienangehörige, wenn der eigentlich Gesuchte nicht zu Hause war. Letztere ließ er allerdings
selbst dann nicht wieder frei, wenn sich der ursprünglich
Gesuchte stellte.

Dieser Menschenraub sollte scheinbar Transportzahlen oder
Lager auffüllen, wobei allein die stimmige Anzahl, nicht eine
vorliegende Schuld, den Ausschlag gab. Selbst Häftlinge der
ehemaligen Konzentrationslager blieben nicht verschont,
wenn sie zufällig einem NKVD-Trupp begegneten, der auf
der Suche nach neuen Gefangenen war, oder wenn sie als
Kommunisten das neue „Arbeiter- und Bauernparadies"
nicht so ideal begrüßten, wie der „große sozialistische Bruder" es vorschrieb.[45] Auch die systematische Ausschaltung
ganzer Berufsgruppen könnte eine Rolle gespielt haben, um
eigene neue „proletarische" Machtapparate aufzubauen. Beispielsweise gelangte die gesamte Belegschaft eines Stahl-
werks nach Ketschendorf, ohne Rücksicht darauf, daß einige
gar nicht Mitglied in der NSDAP gewesen waren.[46] Mit fortschreitender Zeit standen zunehmend Gegner des neuen
sozialistischen Systems auf den Verhaftungslisten, selbst
wenn sie eine kommunistische Vergangenheit hatten. Es handelte sich meist um jüngere Personen, die überwiegend nach
Aburteilungen durch die SMT zu Opfern sowjetischer Willkürjustiz wurden. Als Verurteilte füllten sie allerdings nicht
mehr das bereits aufgelöste Speziallager Ketschendorf, sondern warteten vor allem in Bautzen und Sachsenhausen oftmals auf ihre Deportation in die UdSSR. Ihr jugendliches
Alter, damit ihre bessere Arbeitstauglichkeit, ließen sie dafür
geeignet erscheinen und könnten auch bereits einen Grund
für ihre vorherige Verhaftung und entsprechend hohe Strafen
geliefert haben.

Nur für eine kurze Befragung

Die Verhaftungen von Deutschen, die später ins Speziallager Ketschendorf gelangten, fanden vorwiegend in den Monaten nach Kriegsende statt, hielten aber auch im darauffolgenden Jahr an. Manch einen ergriffen die Häscher des MVD erst Mitte Oktober 1946.[47] Auch die Mitgliedschaft in FDGB und FDJ schützte nicht vor ihnen. Die Verhaftungen erfolgten nachts, aber auch tagsüber, auf sehr unterschiedliche Weise. Die einen wurden zu Hause, andere auf dem Feld, andere von der Arbeitsstelle oder der Schule abgeholt. Einige erhielten eine Vorladung zum Amt, zur Stadt- oder Gemeindeverwaltung, um angeblich ihre personellen Daten vervollständigen oder überprüfen zu lassen. Dort erwarteten sie statt dessen bereits die NKVD-Mitarbeiter, die wieder andere auf dem Rückweg aus amerikanischer oder britischer Gefangenschaft inhaftierten. Die Personen, die die Leute abholten, sprachen dabei oft von „einer kurzen Überprüfung", „einer halbstündigen Vernehmung", „ein paar Stunden", „ein paar Tagen", oder sie deuteten ebenso verharmlosend und in scheinbar gesamtalliierter Übereinstimmung an, daß die Gesuchten für eine „einige Wochen dauernde Umschulung" einbehalten würden. Bei den meisten wurden daraus Jahre. Viele kamen nie wieder zurück.

Schon am 15. Juni 1945 hatte vermutlich Serov angesichts der willkürlich-plötzlichen Verschleppung zahlreicher Deutscher an alle Leiter der Berliner Operativen Gruppen des NKVD eine Verfügung „über die Versorgung des Spezialkontingents mit Kleidung, Schuhwerk, Wäsche, Bettwäsche und Toilettenartikeln" erlassen. Auf sie berief sich Oberst Sviridov am 20. Juni gegenüber dem Lagerleiter von Nr. 7.[48] Er stellte allerdings sofort warnend klar, daß ein Fehlen dieser Utensilien, die eigentlich für jeden Verhafteten vorgeschrieben waren, nicht zur „Verweigerung der Aufnahme" führen dürfe, wenn operative Einheiten Gefangene an ein Speziallager überstellten. Die betroffene Lagerleitung solle nur jeweils mit einem Dokument in dreifacher Ausfertigung festhalten, welche Dinge fehlten, um darüber auch die „Abteilung" zu informieren. Die Begründung für diese Verfügung offenbarte bereits im Sommer 1945 sehr deutlich, daß der NKVD sich durchaus bewußt war, wie mangelhaft seine Gefangenen von Anfang an ausgestattet waren. Denn das „Spezialkontingent" betrete das Lager oft nur im „Sommeranzug, mit zerrissenem Schuhwerk, weder versorgt mit Oberbekleidung und Unterwäsche noch mit intaktem Schuhwerk, gar nicht zu reden von Bettwäsche und Toilettenartikeln". Als fast zwingende Folge dieses Mangels stand den Verantwortlichen schon im Sommer klar vor Augen, daß er „Erkrankungen verschiedenster Art, darunter ansteckende", hervorrufen könne. Deshalb forderten sie, die laut Befehl Nr. 0016 Verhafteten mit ein bis zwei Paar Unterwäsche, intakten Schuhen, Oberbekleidung, auch Mantel oder Joppe, Kopfbedeckungen, Bettwäsche einschließlich einer Decke entsprechend auszurüsten. Zusätzlich zu dieser vorgeschriebenen Mindestausstattung sollten die NKVD-Angehörigen vor Ort auch ein Handtuch, Taschentücher, Seife, Zahnbürste und -pulver bzw. -pasta erlauben.

Doch die Umsetzung dieser Verordnung blieb offensichtlich aus; denn schon am 19. August erneuerte Serov seine Verfügung.[49] Sviridov sah sich acht Tage später ebenfalls veranlaßt, die Leiter der Operativen Sektoren des NKVD in Deutschland nochmals zu ermahnen, auf die ausreichende Bekleidung der Gefangenen zu achten. Er zählte nun sogar einen „Übergangs- oder Wintermantel, zwei Paar Ersatzwäsche, zwei Laken, eine Decke, ein Kopfkissen, zwei bis drei Paar Strümpfe, zwei bis drei Handtücher" dazu. Doch all diese Vorschriften, die auf dem Wissen von der gesundheitlichen Gefährdung der mangelhaft bekleideten Gefangenen beruhten, setzte die NKVD-Führung nicht mit der nötigen Härte durch. Vorsichtig kann deshalb im Blick auf die streng hierarchische sowjetische Befehlsstruktur durchaus auf höchster Führungsebene ein von Anfang an nur mangelhafter

Durchsetzungswillen zur Verwirklichung der die Gefangenen schützenden Vorschriften vermutet werden.

In der Realität durften nämlich die Verhafteten nur in den seltensten Fällen wärmere Kleidung, eine Decke oder ähnliches mitnehmen. Vielmehr gelangten sie über unterschiedliche Zwischenstationen mit den Kleidungsstücken nach Ketschendorf, die sie bei der Verhaftung zufällig getragen und die ihnen das Wach- und Verhörpersonal noch nicht abgenommen oder gegen solche schlechterer Qualität eingetauscht hatte. Wer also im Sommer in die NKVD-Gefängnisse gelangt war, der hatte von vornherein in der kalten Jahreszeit geringere Überlebenschancen. Nur wenige durften sich noch etwas mitnehmen, sofern bei der Verhaftung eine Hausdurchsuchung stattfand. Manchem konnten die Angehörigen etwas zukommen lassen, wenn sie – was eher die Ausnahme war – rechtzeitig vom Aufenthalt ihrer verschleppten Familienmitglieder erfuhren. Manchmal forderten Sowjetrussen sogar Verwandte direkt auf, warme Kleidungsstücke für den Verhafteten zusammenzupacken, woran sie sich dann selbst bereichern konnten. Es kam auch vor, daß der Betroffene gleich bei seiner Verhaftung die Anweisung erhielt, warme Kleidung und Eßgeschirr mitzunehmen. Vielfach konnten diese „Besitztümer" jedoch nicht über die verschiedenen NKVD-Stationen bis hinein ins Lager gerettet werden, sondern wechselten bereits zuvor zwangsweise ihren Besitzer, obwohl Kleidung und Eßgeschirr für den mehrjährigen Lageraufenthalt dringend notwendig gewesen wären.

Personal in sehr unterschiedlicher Zusammenstellung holte bei den Verhaftungen meist gezielt die Gesuchten ab. In der Regel kamen mindestens zwei, oft drei Bewaffnete in Uniformen der Roten Armee oder der Spezialtruppen des NKVD, zum Teil mit einem Offizier oder mit einem Dolmetscher und einem deutschen Polizisten, manchmal zwei Russen in Zivil oder ein NKVD-Mitarbeiter, manchmal ein Zivilist mit Sowjetstern, zwei russische Soldaten mit einem russischen Offizier oder drei sowjetische Soldaten. Ihre Waffen erstickten jeden Fluchtgedanken im Keim. Ohnehin dachte kaum jemand daran, waren doch die meisten von ihrer Unschuld und raschen Wiederfreilassung überzeugt. Mitunter bestellten auch Beamte die gesuchte Person zur sowjetischen Kommandantur. Für die NKVD-Behörden gab es außerdem die Möglichkeit, Menschen einfach auf der Straße auf einen LKW zu laden und in ein Lager zu bringen oder eine Großrazzia[50] durchzuführen, in deren Verlauf sie mehrere 100 Jungen und Männer zusammentrieben. Von ihnen hielten sie schließlich 40 vorläufig und anscheinend willkürlich einen 17jährigen Jungen auch noch am nächsten Tag und damit für lange Jahre fest.

Aber auch Deutsche beteiligten sich an diesen sowjetischen Aktionen. Ein Hilfspolizist führte Verhaftete zur sowjetischen Behörde, zwei Deutsche oder auch zwei Beamten in Zivil holten Personen ab. Deutsche Polizei und sogar der Bürgermeister persönlich brachten ihre Landsleute zur sowjetischen Behörde oder zitierten sie in ihre Amtsstube, wo NKVD-Mitarbeiter sie in Empfang nahmen. Da oft schon kurz nach dem Einmarsch der Roten Armee in Moskauer Augen politisch Zuverlässige als Bürgermeister eingesetzt worden waren, überrascht nicht, daß sie sich in willfährigem, vorauseilendem Gehorsam häufig an den Festnahmen beteiligten. So sah die Tochter eines Festgenommenen zweimal einen russischen Offizier mit Dolmetscher beim Bürgermeister ihres Ortes, der zu ihnen sagte: „Es können noch mehr aus Wulkau weg"[51].

Viele Deutsche gelangten ohne jedes Verhör sofort in den Gefängnis-Keller des NKVD. Einige erlebten zunächst mehrere Vernehmungen und durften wieder heimkehren, bevor die Sowjets sie endgültig festhielten. Deutsche waren sich dabei auch nicht zu schade, ihren Landsleuten zu drohen.[52] Nur selten folgte eine Woche Haft in der Polizeidienststelle, wie bei einem Deutschen, der ordnungsgemäß in Wittenberge eine Aufenthaltsgenehmigung beantragt hatte und sofort den sowjetischen Behörden gemeldet worden war.[53] Diese wollten ihn umgehend verhaften lassen, da er viele Jahre in Amerika gelebt hatte. Der Polizeibeamte bangte nun um seine Existenz, da er ihn nicht gleich bei der Registrierung festgenommen hatte. Deshalb zitierte er ihn zu sich und hielt ihn für eine Woche in der deutschen Polizeidienststelle in Gewahrsam, bevor er endgültig in den NKVD-Keller gelangte, wohin die Verhafteten in der Regel auf direktem Wege ohne Aufenthalt in deutschem Gewahrsam überstellt wurden.

Mitunter, jedoch insgesamt selten, begleiteten Hausdurchsuchungen die Verhaftungen, oder sowjetische Beamte führten sie später mit dem Verhafteten oder auch ohne ihn durch. Eine solche Aktion schien allerdings eher dem Requirieren brauchbarer (Wert-)Gegenstände als dem Auffinden von Beweismaterial zu dienen. Eine Schmuckschatulle bzw. Familienbilder, die auf diese Weise entwendet worden waren, erhielten einige Verhaftete zwar ordnungs- und vorschriftsgemäß nach Jahren der Lagerhaft zurück. Dies war jedoch längst nicht die Regel. Die Deutschen hatten entsprechendes Glück, die noch mit auf einer Liste bescheinigten Wertsachen Ketschendorf betraten. Generell bereicherten sich jedoch die beim Innenministerium der Sowjetunion beschäftigten Personen bzw. der sowjetische Staat am sachlichen Besitz aller im Lager verstorbenen und oft genug auch schon am Besitz der noch lebenden und vollkommen von ihnen abhängigen Gefangenen.[54]

Insgesamt ahnten die wenigsten Deutschen etwas von der bevorstehenden und folgenschweren Verhaftung, da sie sich keiner Gesetzesübertretung bewußt waren. Mehrere Personen erhielten zwar vorher Warnungen[55], doch nahmen sie sie nicht ernst, da sie keinen Grund kannten, um für längere Zeit inhaftiert zu werden. Selbst vorausgegangene offensichtlich willkürliche Verhaftungen in ihrem Ort bewogen sie nicht zur rechtzeitigen Flucht. Doch wer sollte auch fliehen? Treffen konnte es scheinbar jeden. Besonders für die Jugendlichen war eine Entscheidung zur Flucht allein wegen ihres Alters nur schwer möglich. „Ich selbst [Jahrgang 1930, die Verfasser] war dann auch geflüchtet in die sogenannten Westzonen, aber wir waren halbe Kinder. Ich traf dann viele Jungs aus Ketschendorf [...] aber wie gesagt, wir waren Kinder. Und ich hielt es zwei Jahre aus in der Fremde."[56] Flucht kam besonders für solche Personen nicht in Frage, deren Vater oder Bruder noch nicht aus dem Krieg zurückgekehrt waren und die ihre Mutter oder jüngeren Geschwister nicht im Stich lassen wollten. Selbst wenn sie geflohen wären, hätten die NKVD-Mitarbeiter womöglich ihre Angehörigen mitgenommen, was durchaus vorgekommen ist und für diese schlimme Folgen hatte. Doch wie gesagt, die meisten Betroffenen dachten gar nicht an Flucht; denn sie konnten sich nicht vorstellen, unschuldig lange Zeit, manchmal zehn Jahre, hinter Stacheldraht verbringen zu müssen. Rückblickend verschlossen damit Deutsche, die gerade eine braune Diktatur überstanden hatten, vor der Bedrohung durch die rote Diktatur die Augen.

In den Kellern des NKVD

Gleichsam überall in der SBZ, wo eine größere Menschenmenge beisammen wohnte, gab es schon bald nach Kriegsende NKVD-Gefängnisse. Wie mit einem engmaschigen Netz, aus dem es kein Entrinnen mehr gab, hatten die Operativen Sektoren und Gruppen mit ihnen den sowjetisch besetzten Teil Deutschlands überzogen. Oft bestanden sie nur aus einem beschlagnahmten Haus, in dem in den oberen Stockwerken die Verhöre stattfanden, während im Keller die Gefangenen warteten. Viele kamen zunächst in einen solchen provisorisch zum Aufbewahrungsort umfunktionierten Keller oder Verschlag direkt am Ort ihrer Festnahme. Von dort transportierte sie der NKVD meist zusammen mit anderen weiter. Sowie sie das Gefängnis betraten, mußten sie Gürtel, Hosenträger, Schnürsenkel und alle Wertsachen abgeben. Auch Papier, Schreibwerkzeuge, Messer oder ähnliches durften sie nicht behalten.

Die Wachmannschaften nutzten an manchen Orten brutal ihre Macht über die Gefangenen aus, manchmal waren sie unfreundlich, doch manchmal zeigten sie auch Mitleid. Überlebende beschreiben zahlreiche sogenannte „GPU-Keller". Da bisher sowjetisches Aktenmaterial zu diesen frühen Stationen willkürlicher Haft fast völlig fehlt, können allein zeitgenössische Erinnerungen ihre Existenz und ihr Aussehen belegen sowie von der menschenunwürdigen Unterbringung zeugen.

Die „Kellergefängnisse" bescherten vielen Ketschendorfern ihre ersten, oft brutalsten Erfahrungen mit dem sowjetischen Unrechtssystem. Mitten in deutschen Städten und Ortschaften pferchte der NKVD seine Gefangenen zusammen. Unter unbeschreiblichen sanitären Mißständen und bei unzureichender Ernährung sahen sie, zum Teil in ständig beleuchteten Kellern stehend oder ohne Decke auf Stroh, einer Pritsche oder auf dem blanken Boden liegend, mitunter bereits kahlgeschoren, voller Angst den meist nächtlichen Verhören entgegen. Oft, aber nicht immer, waren diese von Schlägen bis zur Bewußtlosigkeit, folternden Mißhandlungen oder von Drohungen mit Erschießen begleitet. Selten konnten die Angehörigen noch Essen oder Kleidung bringen, die teilweise das Wachpersonal für sich behielt. Allerdings bewahrten einige sowjetische Soldaten ihre Menschlichkeit und zeigten Mitleid und Hilfsbereitschaft gegenüber den Gefangenen, von denen bereits einige in den Kellern verstarben.

„Wir sind über Ihre Vergangenheit hinreichend informiert, wir brauchen keine Nachforschungen!"[57]

Die Verhöre erfolgten meist nachts, um den Gefangenen den Schlaf zu rauben, der tagsüber verboten war, und sie dadurch rascher mürbe und bereit zu machen, die russischsprachigen ‚Geständnisse' zu unterschreiben. Einzelhaft diente denselben Zwecken, aber auch Zellen mit mehreren Personen konnten Schwierigkeiten bereiten, da immer wieder einige

Gefangene andere bespitzelten, um sich ihre eigene Lage zu erleichtern. Außerdem fiel es sehr schwer, auf oft engstem und überbelegtem Raum zusammengepfercht für mehrere Tage aushalten zu müssen. Hinzu kamen noch unmögliche hygienische Bedingungen, die zum allgemeinen Unwohlsein beitrugen. Die Verhöre führte vorwiegend ein sowjetischer Offizier durch, meistens ein Oberst oder Hauptmann. Sehr selten vernahmen Deutsche im Beisein eines russischen Dolmetschers und eines sowjetischen Offiziers die Gefangenen. Die Festgenommenen mußten generell ihre Tätigkeit in nationalsozialistischen Organisationen benennen, wobei dem NKVD allein schon die entsprechende Mitgliedschaft als Haftgrund ausreichte. Viele jugendliche Verhaftete hatten noch am Volkssturm teilgenommen oder Wehrertüchtigungslager besucht, was ihnen nun zum Verhängnis wurde, selbst wenn sie gar keinen Kampfeinsatz mehr erlebt hatten. Fast alle waren in der HJ oder im BDM gewesen und lieferten damit dem NKVD willkommene Haftgründe, der auf diese Weise fast jeden der Zusammenarbeit mit den Nationalsozialisten bezichtigen konnte, weshalb er eine Erläuterung der Aufgaben in der Hitlerjugend und eine damit möglicherweise verbundene Entkräftigung der Vorwürfe gar nicht wünschte: „Wenn der Major sagen, Du Faschist, dann Du Faschist, karascho?"[58] Die pauschale Automatisierung und Dummheit der Fragen bzw. die Unkenntnis der Vernehmungsoffiziere über NSDAP-Strukturen bezeugt ein damals 18jähriger Junge, den der sowjetische Offizier fragte, ob er zur NS-Frauenschaft gehört habe.[59]
Die nationalsozialistische Propaganda kurz vor Kriegsende, die mit Werwolforganisationen drohte, die den Partisanenkampf aus dem Hinterland gegen die alliierten Sieger aufnehmen und bis zum „Endsieg" fortsetzen sollten, änderte zwar nichts mehr an der deutschen Niederlage, da die kriegsmüden Deutschen sie nicht über die Kapitulation hinaus befolgten. Doch dem NKVD lieferte sie einen weiteren willkommenen und gerade für Jugendliche verhängnisvollen

Verhaftungs- und Anschuldigungsgrund; denn jeder hätte dem Werwolf angehören können, selbst wenn die meisten noch nie etwas von diesen Hirngespinsten des Reichspropagandaministers Goebbels gehört hatten. Pauschal warfen daher die Vernehmungsoffiziere den Verhafteten Werwolftätigkeit, oft zusammen mit Waffenbesitz vor. Zumindest der letzte Vorwurf traf manchmal – längst nicht immer – sogar zu. Doch allein der Besitz einer oft gar nicht mehr funktionstüchtigen Pistole ließ noch nicht auf verbrecherische Handlungen gegenüber den Siegermächten schließen. Denn manch eine Waffe hatten 14- bis 16jährige beim Spielen entdeckt und eben dazu auch benutzt. Sie wurde ihnen nun zum Verhängnis, weil der NKVD angebliche, versteckte Waffenlager fürchtete, die die Verhöre befehlsgemäß aufdecken sollten.

Oft kamen dabei gleich mehrere Beschuldigungen zusammen, zum Beispiel sowjetische Offiziere oder Soldaten erschossen, Brücken gesprengt oder Waffenlager eingerichtet zu haben, ohne daß sich der NKVD die Mühe machte, sie auch zu beweisen. Die Vorwürfe erinnerten vielmehr stark an das Vokabular und die ebenso phantastischen Anschuldigungen der sowjetischen Schauprozesse in den dreißiger Jahren und dienten wohl eher dazu, dem Vernehmungsoffizier selbst die Gefährlichkeit der vor ihm sitzenden Jugendlichen, Frauen und Männer glaubhaft zu machen. Beispielsweise warf er einem zum Zeitpunkt der Gefangennahme erst 15jährigen Jungen vor, den Werwolf organisiert und Munitionslager angelegt zu haben, um angeblich Brücken sprengen und russische Soldaten überfallen zu wollen.[60] Außerdem habe er im Auftrag des amerikanischen Geheimdienstes im Westen Spionageaufträge gesammelt. Da häufig neben Sabotage auch Spionage als üblicher Vorwurf diente, war es offensichtlich bereits 1945 aus Moskauer Sicht mit der nach außen noch propagierten alliierten Gemeinsamkeit nicht mehr weit her, und sowjetische Verhaftungen dienten demnach nie nur der „Entnazifizierung". Vielmehr galten dem NKVD all jene, die in westalliierte Gefangenschaft geraten und von dort entlassen worden oder auch nur im Westen stationiert gewesen waren oder gar im westlichen Ausland gelebt hatten, als potentielle und nach NKVD-Maßstab damit bereits als überführte Spione. Als beispielsweise ein Deutscher, der lange Jahre in den USA gearbeitet hatte und als Zivilinternierter zurück nach Deutschland gekommen war, versuchte, sich bei seinen Verwandten in Wittenberge niederzulassen und dazu eine Aufenthaltsgenehmigung beantragte, ließ ihn der NKVD als „gefährlichen Spion" verhaften.[61] Einem anderen Deutschen warf der Vernehmungsoffizier vor, ein Werwolforganisator zu sein, drei russische Offiziere getötet und die Oderbrücke gesprengt zu haben. Als der Verhaftete darlegte, zur Zeit der angeblichen Sprengung als Soldat im Westen gewesen zu sein, war damit ein „besserer" Anklagepunkt gefunden. Die bisher frei erfundenen Vorwürfe ließ der Offizier unter den Tisch fallen und beschuldigte den Deutschen statt dessen, amerikanischer Spion zu sein.[62]

Immer wieder fragten die NKVD-Mitarbeiter in den Verhören nach Ausbildern in den Wehrertüchtigungslagern, nach Funktionsträgern in den nationalsozialistischen Organisationen, nach hauptamtlichen Parteimitgliedern und selbstverständlich nach Auftraggebern und Handlangern der angeblichen Spione und Werwölfe. Sie orientierten sich mit ihren pauschalen Vorgaben für die Verhaftung bestimmter Personengruppen an den NKVD-Befehlen Nr. 0016 und Nr. 00315 von Januar und April 1945, wobei die Einlieferungsakten des Speziallagers Ketschendorf weitgehend letzteren aufführten. Sie zollten formal zwar der Entnazifizierung ihren Tribut, nutzten jedoch gleichzeitig die Möglichkeit, unter alliiertem Deckmantel bereits angeblich gefährliche westliche Spione oder antisowjetische Gegner auszuschalten.

Das Verhör schien manchmal gar nicht den Verhafteten zu betreffen, sondern sollte allein weitere Namen von ihm erpressen.[63] So fragte ein Vernehmungsoffizier nach den Namen von „großen Faschisten". Da diese jedoch nicht mehr vor Ort wohnten, verlangte er Namen von „kleinen Faschisten". Als er auch hierauf keine zufriedenstellende Antwort erhielt, wollte er einfach nur noch Namen haben.[64] Es ging ihm offensichtlich nicht um eine wirkliche „Entnazifizierung", sondern eher um die Erfüllung einer bestimmten Verhaftungsquote. Auf die Frage nach anderen Personen nannten die meisten Gefangenen aus Vorsicht deshalb nur Namen von Verstorbenen oder von Bekannten, die in den Westen geflüchtet waren, um niemanden zu belasten. Wenn der Name eines Deutschen fiel, der noch im Ort lebte oder schon im NKVD-Keller saß, so zeitigte dieser ‚Verrat' schlimme Folgen. Eine solche Aussage, selbst wenn sie unter schwersten Mißhandlungen erpreßt worden war, gab der NKVD als Wahrheit aus und verschleppte auch diese Person bzw. hielt sie weiter fest.

Meistens mußten die Gefangenen ein in Russisch abgefaßtes Protokoll des Verhörs unterschreiben, das angeblich nur das während der Vernehmung Gesagte aufzeichnete. Sie durften keine zusätzlichen Bemerkungen, zum Beispiel „unterzeichnet ohne Kenntnis der russischen Sprache", hinzufügen. Mitunter skizzierte der Dolmetscher zuvor kurz den Inhalt des Protokolls, wobei seine mangelnde Deutschkenntnis oder auch Feindseligkeit die Deutschen nicht sicher sein ließen, den tatsächlichen Wortlaut erfahren zu haben. Nur wenige Betroffene weigerten sich trotz der Drohungen und Schläge erfolgreich, das Dokument zu unterschreiben, während der NKVD andere gar nicht dazu aufforderte. Einige faßten die zwangsweise Unterschrift unter das Protokoll als Verurteilung auf, von der sie nicht das Geringste verstanden hatten. Der langjährige Aufenthalt im Lager unterstützte diese Fehleinschätzung sicherlich dadurch, daß sich viele Menschen einen Gefängnis- oder Lageraufenthalt ohne Urteilsspruch nicht vorstellen konnten. Doch sie hatten es eben nicht mit einem Rechtsstaat zu tun, sondern mit einer totalitären Macht, die keine Begründung für Verhaftungen, Lageraufenthalte, Verurteilungen oder Ermordungen für nötig hielt.

Manche Deutsche gelangten sogar ohne jedes Verhör nach einer unterschiedlich langen Zeit im NKVD-Gefängnis direkt nach Ketschendorf. Vielen waren bis zu ihrer Entlassung die Haftgründe völlig unbekannt. Sie versuchten auch danach vergeblich, die juristisch haltlose und rational kaum verständliche Willkür der sowjetischen Diktatur zu verstehen.

Durch die oftmals unzureichende Sprachkenntnis der Dolmetscher war von vornherein nicht nur eine korrekte Übersetzung des zwangsweise zu unterschreibenden Protokolls, sondern bereits zuvor des gesamten Verhörs ausgeschlossen. Daran hatten allerdings die NKVD-Mitarbeiter auch gar kein Interesse, denn sie wollten in jedem Fall Geständnisse für alle möglichen Anschuldigungen hören, suchten sie doch offensichtlich nicht unbedingt wirklich Schuldige, sondern Personen, denen sie angebliche Schuld anlasten konnten.[65]

Der Dolmetscher gab deren Antworten mitunter völlig anders weiter, so daß am Ende das Protokoll keineswegs den Sinn des Gesprächs widerspiegelte. So wenig Wert legte der NKVD demnach auf eine ernsthafte Untersuchung und Befragung. Andere Deutsche sahen sich auch in ihrer „Erwartung getäuscht, daß ich hier richtig verhört werde oder daß etwas stattfindet – wenigstens eine Art Gespräch – bei dem ich für meine Darstellung Gehör finde."[66]

Der NKVD machte sich bezeichnenderweise nie die Mühe, die pauschalen Anschuldigungen wirklich zu beweisen oder individuelle Schuld zu ermitteln. Ihm reichte die Behauptung: „Wir sind über Ihre Vergangenheit hinreichend informiert, wir brauchen keine Nachforschungen!"[67] Sein Ziel war es nicht, nur tatsächliche, gefährliche Täter oder Naziverbrecher zu finden, vielmehr erfand er sie großzügig, wenn es keine gab oder er ihrer nicht habhaft werden konnte. Die Unfähigkeit des neuen diktatorischen Systems, mit der personellen Hinterlassenschaft des alten tatsächlich zukunftsweisend ‚aufzuräumen', zeigte sich auch darin, daß der NKVD viele bedeutendere Nationalsozialisten aus unerfindlichen Gründen nicht festnahm, um statt dessen massenhaft unwichtigere Personen zu verhaften. Diese scheinbar wahllosen und willkürlichen Verhaftungen erzeugten ein dem Besatzungsregime willkommenes Klima der Angst und Unsicherheit. Wer einmal in die Fänge des NKVD geraten war, kam kaum wieder frei. Denn per definitionem konnten sich dessen um das Wohl des Sowjetstaats bemühte Schergen nicht irren. Zudem hätte der Verhaftete der offiziellen Propaganda von ,Befreiung, Humanität und Brüderlichkeit' äußerst abträgliche Informationen aus eigener Hafterfahrung preisgeben können. Das Schicksal einer Person, die ihre Unschuld nach mehreren Vorladungen zum Amt anhand einer Unterschriftensammlung zu beweisen suchte und erst daraufhin tatsächlich inhaftiert wurde[68], zeigt dies. Selbst die sowjetischen Dolmetscher gaben in einigen Fällen zu, daß keine Beweise vorlagen. Dennoch blieb die betreffende Person in Haft.[69] Auch Bescheinigungen des Antifaschistischen Aktions-Ausschusses, daß keine politische Betätigung vor 1945 und kein Eintrag in den Listen der NSDAP oder ihrer Gliederungen vorlagen, bewirkten nichts. Eine solche, erst 1949 ausgestellte, führte immerhin ein halbes Jahr später zur Feststellung des Todes der betreffenden längst verstorbenen Person durch das Amtsgericht. Als Sterbedatum setzte es den 30. April 1946 fest![70] Bei mündlichen Nachfragen gab mitunter auch die SED, als Partei der deutschen Kommunisten willkommener und langjähriger Handlanger der sowjetischen Besatzungsmacht, zu, daß ein Verhafteter zu Unrecht und unschuldig im Lager gesessen habe. Doch auch er war längst tot, was die SED-Vertreter zwar mündlich, aber nicht schriftlich zugeben wollten, so daß sich die ohnehin leidgeprüfte Familie auch noch fünf Jahre lang darum bemühen mußte, ihren Angehörigen für tot erklären zu lassen.[71]

Brutalität zur Wahrheitsfindung?

Unschuldsbeteuerungen oder gar die Weigerung, das Protokoll zu unterschreiben, nützten nichts und lösten häufig

Schläge oder schwere Mißhandlungen aus, denen nur die Bereitschaft, alles zuzugeben, ein Ende setzte. Die Vernehmungsoffiziere benutzten Gummi- oder Holzknüppel, Stahllineale, (Reit-)Peitschen, Gewehrkolben, Pistolenknäufe oder ihre Fäuste und Füße und schlugen auf alle Körperteile ein, wobei sie die Gefangenen mitunter zwangen, sich vorher auszuziehen. Um Geständnisse zu erpressen, ersannen sie auch noch grausamere Foltermethoden, die sie wohl schon in langjähriger kommunistischer Erfahrung gegenüber den angeblichen „Volksfeinden" beim ‚Aufbau des Arbeiterparadieses' auf sowjetischem Boden erprobt hatten. Neben den brutalen Schlägen, die bis zur Ohnmacht führen konnten, zwangen die Vernehmungsoffiziere die Gefangenen zum Beispiel mit dem Steißknochen auf der Stuhlkante oder stundenlang auf einem Flaschenhals zu sitzen, stundenlang zu knien, den Finger in den Türspalt zu stecken, der langsam zugemacht wurde oder in kaltem Wasser zu stehen. Auch stießen sie die Gefangenen nach dem Verhör rücksichtslos die Treppe hinunter in den Keller. Manche Frauen mußten brutale Vergewaltigungen über sich ergehen lassen. Diese Foltermethoden hatten oft nicht nur eine verzweifelte Geständigkeit der Betroffenen, sondern für sie auch dauerhafte gesundheitliche und seelische Schäden zur Folge.

Drohungen waren an der Tagesordnung und erstreckten sich auf angekündigte Transporte nach Sibirien, auf Lagerhaft, langen Gefängnisaufenthalt, auf Leib und Leben der Angehörigen oder auch auf Tod durch Erschießen. Wie bereits ihre zaristischen Vorgänger nach dem Dekabristenaufstand zu Zeiten Dostoevskijs inszenierten die NKVD-Offiziere sogar Erschießungsszenen.[72] Sie holten dazu einen Deutschen, der hartnäckig die Unterschrift unter sein ‚Geständnis' verweigert hatte, plötzlich aus seiner Zelle und brachten ihn mit einem LKW unter Bewachung von drei Soldaten zum Strand von Bad Saarow. Dort befahl ihm der NKVD-Offizier, die Wahrheit zu sagen, während die drei Soldaten mit der Maschinenpistole im Anschlag aufgestellt warteten. Als der Deutsche dennoch an seiner vorigen Aussage festhielt, trieben ihn seine Bewacher unter Schlägen zurück auf den LKW.

Angesichts dieser lebensbedrohlichen Brutalität unterschrieben viele die Protokolle aus Angst und in der Hoffnung, endlich in Ruhe gelassen zu werden. Sie nahmen damit haarsträubende Verbrechen auf sich, die sie niemals verübt hatten. „Tag und Nacht Verhöre und Prügel mit dem Ochsenziemer. Ich [der Berichterstatter war zu dem Zeitpunkt 16 Jahre alt, die Verfasser] mußte auf dem Bauch liegen, einer der Zivilisten stand auf meinen ausgebreiteten Armen und hielt mir ein Handtuch, wie Zügel angelegt, zwischen die Zähne. Dazu laute Musik. Mehrmals jeden Tag diese Prozedur. Vorwurf: ich hätte einen sowjetischen Offizier erschossen, eine Brücke gesprengt (welche wurde nicht gesagt), einen Granatwerfer, eine Kiste Handgranaten sowie einen Karabiner besessen, eine Gruppe gebildet und Aufträge zur Sabotage gegeben. Als meine Kraft nicht mehr ausreichte, habe ich alles, dessen man mich beschuldigte, wider besseres Wissen zugegeben. Ich mußte ein 12seitiges Protokoll unterschreiben."[73] Vor dem darauffolgenden Militärtribunal stritt der Jugendliche unter Hinweis auf seine schweren Verwundungen diese Vorwürfe wieder ab. Die Verhöre begannen erneut, bis er schließlich ein Protokoll über Werwolfverdacht unterschrieb.

Noch einmal davongekommen!?

Offensichtliche Willkür herrschte nicht nur bei den Verhaftungen, sondern auch bei den seltenen Fällen der Freilassungen. So durften die bei einer Großrazzia festgenommenen 40 Männer und Jungen nach einem Tag bis auf einen 17jährigen wieder heimkehren. Einen anderen Deutschen entließ der NKVD nach vier Wochen, da er eine schwere Verletzung am Bein hatte. Vermutlich gingen die Sowjetsoldaten von seinem baldigen Tod aus.[74] Explizit erlebte dies ein schwer an

Typhus Erkrankter, der schon nicht mehr gehen konnte, als er abgeholt werden sollte. Ein Russe sagte: „Der ist schon kaputt".[75] Leider galt jedoch diese Bemerkung längst nicht für alle Verletzten und Kranken; denn es gab viele, die trotzdem nach ihrer Verhaftung in ein Lager kamen. Unverständlich sind auch die beiden Freilassungen eines Jugendlichen, dessen ebenso unschuldige Freunde in sowjetischem Gewahrsam blieben und die er in Ketschendorf wiedertraf, nachdem er kurze Zeit später wieder festgenommen und mit inzwischen vermehrten Anschuldigungen konfrontiert worden war.[76] Auch andere Verhaftete erlebten Entlassungen Dritter, obwohl kein Grund bestand, die einen freizulassen und die anderen, die sich ebenso wenig hatten zuschulden kommen lassen, festzuhalten und für viele Jahre in Speziallager zu verlegen.

Stationen auf dem Weg ins Lager

Die NKVD-Behörden sammelten die Gefangenen verschiedener kleiner Kellergewahrsame meist in größeren Gefängnissen, bevor sie in das Speziallager Ketschendorf kamen. Wenn es sich nur um zwei oder drei Gefangene handelte, so gelangten sie mitunter mit einem Auto zu ihrem nächsten Gefängnisort. Sehr häufig fanden die zahlenmäßig oft größeren Transporte aber auf einem offenen LKW statt, auf dem sich die Gefangenen weder bewegen noch miteinander sprechen durften. Sie saßen zum Teil dicht gedrängt zwischen den gespreizten Beinen ihres Hintermannes oder mußten stundenlang in der Hocke oder stehend verbringen. Besonders im Winter waren diese langen Fahrten nicht nur eine zusätzliche Tortur, sondern führten außerdem zu oft folgenschweren Erkältungskrankheiten. Mit Maschinenpistolen bewaffnete Soldaten, denen oft Hunde zur Verfügung standen, bewachten den Transport. Falls der NKVD eine noch größere Anzahl von Personen verlegte und die Infrastruktur vorhanden war, nutzte er auch Viehwaggons der Reichsbahn, in die er die

Gefangenen pferchte. Schlimmer waren allerdings für die bereits gesundheitlich angeschlagenen und unzureichend bekleideten Deutschen oft kilometerlange, einige Tage dauernde Fußmärsche. Starke Bewachung verhinderte auch hier jede Fluchtmöglichkeit.

Beispielhaft belegt die folgende, alphabetisch nach dem ersten Haftort geordnete Auflistung die sehr unterschiedlichen Haftstationen, die die deutschen Gefangenen des NKVD durchliefen, ehe sie Ketschendorf erreichten. Die Geburtsjahrgänge belegen einmal mehr die große Anzahl Jugendlicher unter den ausgewerteten Erinnerungen, während die unterschiedlich genau vorliegenden Daten zeigen, daß von den Berichterstattern die Mehrheit im Juli, August und Oktober 1945 verhaftet wurde, obwohl Verschleppungen in den Monaten vorher und nachher keine Seltenheit waren. Allerdings scheint die einzige Verhaftung aus dem Jahr 1946 eher eine Ausnahme gewesen zu sein, da das sowjetische Innenministerium das Speziallager Ketschendorf ja bereits im Frühjahr 1947 auflöste. Derart relativ spät Verhaftete erhielten meist auch ein Urteil wegen antisowjetischer Tätigkeit, oft nach Artikel 58 des Russischen Strafgesetzbuches, und verschwanden in anderen Speziallagern.

[*?] 23.05.1945: Verhaftung von 17 Männern (Ort unbekannt) – Ketschendorf, Keller der Kommandantur – am 26.05.1945 per LKW ins Lager

[*?] 23.12.1945: Angermünde, Gartenstraße – Eberswalde/ Amtsgericht – Ketschendorf

[*ca. 1929]: Bad Freienwalde (ca. zwei Wochen) – mit drei LKW ins Gefängnis Eberswalde – tags darauf Ketschendorf (Jänike)

[*1929] 13.06.1945: Bahnhof von Bad Saarow (drei Wochen) – über Beeskow nach Ketschendorf (Rösner)

[*1930] 14.07.1945: Bahnhof von Bad Saarow (mit mehreren Jugendlichen, eine Woche) – Beeskow (eine Woche) – per LKW mit 20 Personen nach Ketschendorf (Gliesche)

[*1930] 14.07.1945: Bad Saarow, Ulmenstraße 14 (zwei Wochen) – per LKW nach Fürstenwalde, Sembritzkistraße – Anfang August 1945 Sammeltransport nach Ketschendorf (Rothe)

[*1929] 10.07.1945: Beeskow, Marktplatz – am 28.07.1945 mit 25 weiteren Personen nach Ketschendorf (Sprecher)

[*?] 10.07.-28.07.1945: Beeskow, Marktplatz (mit 18 bis 20 Personen) (Senger)

[*1915] 06.10.1945: Beeskow, Marktplatz (mit vielen anderen ca. zwei Wochen, ohne Verhör) – per LKW nach Ketschendorf (Förste)

[*1930] 25.10.1945: über Beeskow nach Ketschendorf (Vater)

[*1928] 25.10.1945: Beeskow, Marktplatz (mit sieben anderen Jungen zwischen 14 und 16 Jahren) – am 02.11.1945 nach Ketschendorf

[*1922] 06.05.1945: Berlin/Charlottenburg, Polizeigefängnis Kaiserdamm – am 10.05.1945 nach Ketschendorf (Schwermer)

[*?] 19.07.1945: Berlin/Pankow – nachts mit einer anderen Frau auf einem LKW nach Hohenschönhausen – nach ca. einer Woche mit einem Fußmarsch von 1000 Männern und 52 Frauen nach Ketschendorf

[*1905] Anfang Juli 1945: Brandenburg – am 18.07.1945 nach Ketschendorf (Colbow)

[*1924] Juli – September 1945: Brandenburg (vier Personen) – nach Ketschendorf (Scholtz)

[*1930] 21.06.1945: Cottbus/Gerichtsgefängnis (bis Ende Juli) – mit ca. 100 Personen, davon fünf Frauen, zweitägiger Fußmarsch nach Spremberg (30 Kilometer) – weiterer Marsch nach Königswartha (60 Kilometer) – per Leiterwagen nach Bautzen (pro Tag 300 g Brot und eine warme Mahlzeit, die das Wachpersonal von der Bevölkerung eintrieb) – Fußmarsch zurück nach Cottbus – zwei Tage später Marsch über Lieberose – Friedland – Beeskow nach Ketschendorf (Ankunft am 06.08.1945) (Nattke 1964)

[*1887] Ende Mai 1945: Eberswalder Gefängnis – in Ketschendorf bereits am 17.09.1945 verstorben (Tobuschat)

[*1928–31] August 1945: Eberswalder Gerichtsgefängnis –
Anfang September per LKW nach Ketschendorf (Pollack)
[*1896] spätestens Dezember 1945: Eberswalder Gefängnis –
in Ketschendorf Juni 1946 verstorben (Menschig)
[*?] 30.07.1945: Forst (ein Tag) – am 31.07.1945 nach Guben
– etwa am 04./05.08 1945 nach Cottbus, Gerichtsgefängnis –
ungefähr am 11./12.08. 1945 nach Ketschendorf (von Poncet)
[*1922] 12.10.1945: Frankfurt/Oder, Gelbe Presse, evtl. Villa
des Bildhauers Fürstenberg (mit acht Freunden) – am
08.11.1945 per LKW nach Ketschendorf[77]
[*1929] 26.11.1945: Friedersdorf – (noch am gleichen Tag)
nach Storkow (Große)
[*?] Juli 1945: Fürstenwalde, Fichtestraße (ca. eine Woche) –
nach Ketschendorf
[*1926] Anfang Juni 1945: Fürstenwalde, Sembritzkistraße
(drei bis vier Wochen) – ungefähr Anfang Juli nach Ketschendorf (Gill)
[*1927] 27.06.1945: Fürstenwalde, Sembritzkistraße (mit insgesamt fünf Mädchen in einer Zelle) – am 05.07.1945 nach
Ketschendorf (mit mehreren Mädchen und Männern)
(Schulz)
[*1929] 19.10.1945: Fürstenwalde, Sembritzkistraße (einige
Tage mit mehreren Jugendlichen) – per LKW nach Frank-
furt/Oder, Gelbe Presse (einige Tage) – Ende Oktober nach
Ketschendorf (Bürger)
[*1908] ab September 1945: Greiffenberg (in einem Bauern-
haus im Hohlweg) – Ende November nach Angermünde
(Migotti)
[*?] 26.09.1945: Großenhain/Sachsen, Flughafengelände (mit
15 Personen, drei Wochen) – nach Halle, Dehlau (erstmals
warmes Essen) – nach ungefähr zwei Wochen am 12.10.1945
per LKW nach Ketschendorf: Ankunft am 13.10.1945 (Müller
1964)
[*?] 24.10.1945: Großräschen, ehemaliger Klempner (eine
Nacht, mit 15 Mann) – per LKW nach Calau, Vier-Familien-
haus – am 04.11.1945 auf einem Traktoranhänger nach Cott-

bus/Gerichtsgefängnis – am 14.11.1945 per LKW nach Ketschendorf (Schwartz)

[*?] August 1945: Zweitagesmarsch von Hohenschönhausen (1000 Gefangene) nach Ketschendorf. (Hilscher)

[*1929] 24.08.1945: Joachimsthal (bis Anfang September) – Angermünde (bis Ende September) – nach Eberswalde – Anfang Oktober nach Ketschendorf (Baumann)

[*1925] 28.06.1945: Ketschendorf, Stall in der Kurt-Wendt-Straße – nachts nach Fürstenwalde, Sembritzkistraße (acht bis zehn Tage) – nach Ketschendorf (mit mehreren Mädchen und Männern, ohne ein Protokoll unterschreiben zu müssen) (Marschhausen)

[*?] Juni 1945: Ketschendorf, Langewahler Straße – nach Fürstenwalde, Sembritzkistraße (nach vier Wochen wegen schwerer Verletzung entlassen)

[*1928] 17.07.1945: Ketschendorf, NKVD-Zentrale – Beeskow – Bad Saarow (insgesamt vier Wochen) – nach Ketschendorf (Grasnick)

[*1926] 15.10.1946: Kyritz, Villa in der Schulze-Kersten-Straße (ungefähr eine Woche) – etwa am 21.10.1946 mit einem anderen Gefangenen per Auto nach Brandenburg – am 16.11. mit 15 Mann zum Güterbahnhof und per Viehwaggon nach Fürstenwalde – wieder nach Brandenburg (Ankunft am 17.11.) – am 04.12.1946 per LKW mit 15 Mann zum Güterbahnhof und per Viehwaggon nach Fürstenwalde, Bahnhof von dort per LKW nach Ketschendorf[78]

[*?] 05.08.1945: Zuchthaus Luckau – über Lübben in die Strafanstalt Cottbus – 13.08.1945 Fußmarsch mit 160 Personen nach Peitz (am 14. August von der Bevölkerung Mehlsuppe und Brot erhalten) – Lieberose (Wachmannschaft trieb mittags von der Bevölkerung Suppe und Kaffee ein) – Friedland 15. August (von der Bevölkerung Pilzsuppe erhalten) – Alt-Golm (Kartoffelbrei, in den Nächten filzten Soldaten stets einzelne Gefangene) – am 16.08.1945 Ketschendorf (Hoffmann)

[*1925] August 1945: Zuchthaus Luckau – mit mehreren jüngeren Jugendlichen über Cottbus nach Ketschendorf (Eysen)

[*1909] 30.07.1945: Luckenwalde (einige Tage) – im August nach Ketschendorf (Lachmann)

[*1929] 16.08.1945: Luckenwalde, Wilhelm-Liebknecht-Straße (innerhalb kurzer Zeit verschwanden neun Jugendliche zwischen 21 und 16 Jahren) – Luckenwalde, Burg 29a – am 29.08.1945 per LKW nach Potsdam, Lindenstraße – vier Wochen später per LKW nach Ketschendorf (Walter)

[*1902] 05.10.1945: Luckenwalde, Burg 29a (eine Woche, mit vier Personen) – per LKW nach Potsdam, Lindenstraße (eine Woche) per LKW nach Ketschendorf (Hannemann)

[*1929] 26.08.1945: Märkisch-Buchholz (fünf Tage) – Beeskow (drei Tage) – nach Ketschendorf

[*1928] 25.07.1945: Müncheberg – Fürstenwalde, Sembritzkistraße (bis Mitte August) – etwa am 15.08.1945 nach Ketschendorf (Reeke)

[*?] 30.07.1945: Noßdorf – Freilassung in Guben, Mittelstraße, am 04.08.1945 – am 09.08.1945 erneute Verhaftung – Freilassung in Guben am 17.08.1945 (Abtransport Mitgefangener nach Cottbus, von wo aus sie in einem dreitägigen Fußmarsch nach Ketschendorf gelangten) – am 24.10.1945 erneute Verhaftung – Cottbus – Forst, Gerichtsgebäude – am 02.11.1945 zurück nach Cottbus – am 05.11.1945 per LKW stehend nach Ketschendorf (mit 50 Mann, ein Stück Brot und ein paar Pellkartoffeln als Verpflegung)[79]

[*1928] Juli 1945: von Peitz bei Lieberose per Fußmarsch ohne Verpflegung nach Lübben, Waschhaus (einige Tage Aufenthalt, mit 30 Personen, pro Tag nur eine Scheibe Brot, eine Gurke und einen Becher Wasser als Verpflegung) – per Auto nach Cottbus, Gefängnis – zu Fuß nach Bautzen – zu Fuß wieder nach Cottbus – zu Fuß nach Ketschendorf (jeweils ohne Verpflegung) (Zöllner)

[*1929] 06.10.1945: Potsdam-Eiche, Unteroffiziersgebäude (zwei Tage) – per LKW am 08.10.1945 nach Potsdam, Wohnhaus – am 21.10.1945 auf offenem LKW nach Ketschendorf (mit drei Gefangenen) (Schulze)

[*1925] kurz nach dem sowjetischen Einmarsch Frühjahr

1945: Rangsdorf, Privathaus – am 20.05.1945 nach Ketschendorf (Roch)
[*1927] 11.07.1945: Rhönsdorf (zehn Männer) – Altes Lager – Jüterbog, ehemaliges Gefängnis – Luckenwalde, Burg 29a – Potsdam, Villa Ingenheim (Schmidt)
[*1928] Schönebeck (ungefähr acht Tage) – LKW nach Brandenburg, Luckaustraße (Nehls)
[*ca. 1929] 16.10.1945: Seelow, Karl-Marx-Straße 47 – am 28.10.1945 nach Frankfurt/Oder, Gelbe Presse – am 31.10.1945 nach Ketschendorf in einen Keller – am 10.12.1945 nach Seelow auf einen Dachboden – am 28.12.1945 nach Eberswalde, Gefängnis – am 22.02.1946 auf offenem LKW nach Ketschendorf (bei -5°C mit 65 Männern und einer Frau, wegen einer Panne mußten die Gefangenen das letzte Wegstück zu Fuß zurücklegen) (Spey)
[*1925] 03.11.1945: Welzow, Raum des Feuerwehrdepots (zwei Tage) – am 05.11.1945 per LKW nach Spremberg (eine Nacht, mit mehreren Personen) – per LKW nach Cottbus, Gefängnis – am 10.11.1945 nach Ketschendorf (Fischer)[80]
[*1893] 20.08.1945: Wittenberger Polizeidienststelle (sieben Tage) – Wittenberger NKVD-Zentrale (sieben Tage) – per LKW nach Brandenburg (fünf Tage) – Fußmarsch zum Güterbahnhof (mit anderen Gefangenen) und Fahrt per Waggon nach Ketschendorf (24 Stunden) – Rücktransport eines einzelnen Gefangenen, der ungefähr 27 Tage später per LKW Ketschendorf erreichte (Nitze)
[*?] 18.05.1945: Zerbst – nach Ketschendorf (N.N. [1950b]).

Die ausgewerteten Erlebnisberichte, die v.a. von damals Jugendlichen stammen, belegen, daß nach Ketschendorf relativ viele aus nächster Umgebung mit unterschiedlichen Transportmitteln, jedoch oft mit einem LKW, gelangten. Die unverständliche teilweise Rückkehr der Gefangenen zu einem vorherigen Haftort scheint wiederum die Willkür oder Desorganisation der Besatzungsmacht zu zeigen oder steht gerade bei den Gewaltmärschen für völlige Rücksichtslosigkeit gegenüber den schwachen und zum Teil durch Mißhandlungen verletzten Gefangenen. Tote wurden dadurch ganz bewußt in Kauf genommen. Meistens lag zwischen der ersten Haftstation und dem Speziallager noch mindestens ein Gefängnis. Am häufigsten war diese Zwischenstation in Cottbus, gefolgt von Beeskow, dann Fürstenwalde, Sembritzkistraße, und schließlich Frankfurt/Oder, Gelbe Presse. Durchschnittlich verbrachten die Gefangenen zwei Wochen in Haft, bevor sie das Lager Ketschendorf erreichten. Allerdings kamen einige schon nach zwei Tagen, andere erst nach viereinhalb Monaten dort an.

Diese deutschen Erlebnisberichte ergänzen sowjetische Akten, die in der Regel für jeden nach Ketschendorf eingelieferten Gefangenen belegen, welche operative NKVD-Einheit ihn überstellte. Manche bezeichneten dabei anläßlich der Überstellung von Deutschen, aber auch Rotarmisten, das Speziallager mit der Ziffer „9"[81] oder auch mit der „Nr. 43" bzw. als „Lager für Kriegsgefangene".[82] Neben Operativen Gruppen schickten auch SMERŠ-Einheiten ihre Gefangenen nach Ketschendorf, wie zum Beispiel Kiselev, der als Leiter der SMERŠ-Abteilung des Lagers der 69. Armee verhaftete Rotarmisten überstellte.[83] Žuravlev übersandte als Leiter der OKR-SMERŠ dagegen von ihm noch genauer bezeichnete „festgehaltene Verbrecher" gemäß Befehl Nr. 0016 mit ihren Untersuchungsmaterialien zum weiteren Gewahrsam in das Lager. Andere operative Einheiten beriefen sich bei der Lagereinlieferung auf Verhaftungen nach „NKVD-Befehl Nr. 198 (18. April 1945)"[84] oder auch nur allgemein auf Festgenommene gemäß „Befehl des Genossen Berija, die der Einweisung in ein Speziallager des NKVD unterliegen".[85] Häufig begegnet in den Akten auch die Formel, die beispielsweise der Leiter der Abteilung SMERŠ der SMA Sachsens am 10. März 1946 gebrauchte, als er „Materialien der vorläufigen Untersuchung für Staatsverbrecher, die laut NKVD-Direktive Nr. 00315 in ein Lager gehören"[86], übersandte. Mitunter forderten die operativen Einheiten explizit den Lagergewahrsam „zur weiteren Überprüfung"[87] oder auch „Filtration"[88], Beispielsweise übersandte Euchanov, der Leiter des SMERŠ-Lagers Nr. 211, für 181 Verhaftete laut Befehl Nr. 198 die Registratur-Kontroll-Akten. Unter ihnen befanden sich ehemalige Polizisten, Angehörige der Russischen Befreiungsarmee und der deutschen Wehrmacht. Zusätzlich machte der NKVD-Mitarbeiter Zelenki am 27. Juni 1946 auf die besondere „soziale Gefährlichkeit" einer von ihm überstellten Person aufmerksam und verlangte besondere Wachsamkeit.[89]

Nach kürzerer oder einige Stunden dauernder Wartezeit vor den Toren des Lagers verschwanden die Gefangenen danach für viele Jahre hinter Stacheldraht, ohne daß ihre Angehörigen davon wußten. Viele verließen das Lager nicht mehr lebendig, sondern nur noch als Leiche auf einem der Transportkarren zu den Massengräbern; denn die brutale Zeit in den NKVD-Gefängnissen hatte bereits bei vielen die Gesundheit ruiniert. Während des Lageraufenthalts blieb nun keiner mehr von den katastrophalen hygienischen Zuständen, der mangelhaften Ernährung und der Hoffnungslosigkeit verschont. Der Alptraum der Ungewißheit über das eigene Schicksal und das Ergehen der Angehörigen, aber auch das Trauma des Ausgeliefertseins, der täglichen Konfrontation mit Krankheit, Schmerzen und Tod schien kein Ende zu nehmen und haftete bzw. haftet den Überlebenden auch nach der Entlassung weiter an.

5. Zur völligen Isolation – Einrichtung des Speziallagers Nr. 5 Fürstenwalde

Mit seiner „Einstweiligen Verfügung" vom 27. Juli 1945[90] befahl Generaloberst Serov die Einrichtung der Speziallager völlig isoliert von der Zivilbevölkerung, ohne einen Zugang für Außenstehende sowie mit entsprechenden Warnschildern, die die Aufschrift trugen „Betreten und Durchfahrt verboten". Eine feste Umzäunung bzw. ein drei Meter hoher Stacheldrahtzaun schirmten die Gebäude für die Insassen von der Außenwelt ab. Zusätzlich sollte innen und außen eine verbotene Zone vorgelagert sein, begrenzt von drei bis fünf Meter breitem, anderthalb bis zwei Meter hohem Stacheldraht. Wachtürme sollten außerhalb der Umzäunung alle 100 Meter sowie an jeder Ecke stehen. Um eine bessere Überwachung auch nachts zu gewährleisten, sollten Lampen die Lager beleuchten. Deren Eingang schützten speziell angefertigte und durchgängig bewachte Tore.

Gut ein Jahr später erhielten die sowjetischen Lagerleiter am 30. Oktober 1946 eine weitere „Einstweilige Verfügung" Generaloberst Serovs[91], in der er zusätzlich anordnete, eine Vorzone mit Räumen für die Aufnahme der Gefangenen und deren Leibesvisitation zu bauen. Sie sollte einen Raum für den verantwortlichen Diensthabenden des Lagers enthalten und rund um die Uhr mit einem Wachposten belegt sein. Die Posten auf den Türmen sollten sich sowohl untereinander wie auch mit dem Wachgebäude und dem Diensthabenden des Lagers entweder telefonisch oder durch Signalverbindung, zumindest jedoch mit Pfeifen verständigen können. Männliche und weibliche Speziallagerinsassen mußte ein Zaun oder eine Drahtumzäunung voneinander trennen. Insgesamt dienten alle diese Vorschriften dem obersten Ziel der Lagereinrichtung, nämlich der völligen Isolierung der Kontingente von der Außenwelt sowie der Verhinderung jeder Fluchtmöglichkeit.

Eines der auf diese Weise eingerichteten Speziallager sollte laut Befehl Nr. 00461 in Fürstenwalde liegen. Es entstand etwas außerhalb der Stadt, in der Ketschendorfer Arbeitersiedlung der Deutschen Kabelwerke von 1940. Diese Siedlung lag direkt an einem Bahngleis, was dem NKVD die Einlieferung der Gefangenen mit Eisenbahnwaggons erleichterte. Allerdings führte auch die Autobahn von Frankfurt/Oder nach Berlin in ungefähr 500 Meter Entfernung daran vorbei. Das sollte vor allem den späteren DDR-Behörden in ihrem Bemühen um Tabuisierung der Lagervergangenheit arges Kopfzerbrechen bereiten.

Nachdem der NKVD sich vermutlich bereits am 23. April den Lagerstandort ausgewählt hatte, handelte er schnell. Da die sowjetischen Akten bereits für den 01. Mai 1945 27 Insassen des Lagers aufführen, kann vermutet werden, daß es bereits vor der deutschen Kapitulation zumindest provisorisch und auf dem Papier bereits in Ketschendorf bestand. Bewohner der zur Siedlung gehörenden Ein- und Mehrfamilienhäuser mußten deshalb Anfang Mai innerhalb von zwei bis drei Stunden ihre Wohnungen räumen, wobei sie nur das Notwendigste mitnehmen durften. Eine Familie, die von 1940 bis 1945 in dieser Siedlung gewohnt hatte und nun plötzlich ihre Wohnung verlassen mußte[92], zog zunächst ein paar Häuser weiter zu Bekannten, deren Haus aber der NKVD im Juli ebenfalls beschlagnahmte, um es für sein Wachpersonal zu nutzen. Die Vertreter der deutschen Verwaltung und die sie begleitenden sowjetischen Soldaten erklärten den Bewohnern der Siedlung zwar, daß sie innerhalb von zwei Tagen zurückkehren könnten.[93] Dies glich jedoch, wie schon die beruhigenden Aussagen bei den Verhaftungen, einer bewußten Irreführung; denn bereits am folgenden Tag flogen die Möbel aus den Fenstern, um die Siedlung endgültig zum Lager umzufunktionieren. Die ersten Deutschen, die der NKVD nach Ketschendorf einlieferte, mußten noch mithelfen, die ehemaligen Wohnungen vollständig leer zu räumen, um Platz für die eigene Unterbringung zu schaffen. Später schafften Gefangene die halbzerstörten Überreste des Mobiliars in einen Panzergraben nahe den Wohngebäuden, den sie daraufhin einebneten.[94]

Für die befehlsgemäße Einrichtung des Lagers waren zwei sowjetische Dolmetscher sowie ein Baltendeutscher (möglicherweise der spätere deutsche Lagerkommandant Ka.) und eventuell ein Kölner zuständig.[95] Die Gefangenen mußten unter ihrer Aufsicht Geschirr sortieren, es entweder beseitigen oder in die sowjetischen Unterkünfte bringen, während sie die Bücher als Toilettenpapier verwendeten. Auch beim Aufbau der Absicherungsanlagen wirkten die ersten eingelieferten Gefangenen mit. Sie mußten die Einzäunung des Speziallagers vornehmen und Bäume fällen, um für die Wachposten freies Sicht- und Schußfeld zu schaffen.[96] Außerhalb des umzäunten Lagergeländes richteten sich gleichzeitig die sowjetischen Wachmannschaften und der Lagerleiter in den requirierten Siedlungshäusern ein.

Anfänglich bestand das Speziallager nur aus den Häusern I bis VI, die sich um die Küchenbaracke gruppierten. Davon waren die Häuser II sowie IV bis VI mit Gefangenen belegt, während in Haus I die Kanzlei arbeitete.[97] Die Frauen waren in Haus VI, Eingang 1 untergebracht.[98] Der Zugang zu diesem sogenannten „kleinen Lager" befand sich zwischen den Häusern I und VI. Doch wegen der vielen Neueinlieferungen im Sommer 1945 erweiterte die Leitung das umzäunte Gebiet bald um einige Häuser, in denen bis dahin Wachpersonal gewohnt hatte. Spätestens seit September 1945 bestand das Männerlager aus 14, das Frauenlager aus 3 Häusern mit jeweils 4 Eingängen.

Als verantwortlichen Lagerleiter berief Generaloberst Serov Major Konstantin Pavlovič Andreev, der spätestens seit dem 11. Mai in Ketschendorf seine Führungsaufgabe wahrnahm.[99] Vermutlich war er noch am 11. Januar 1945 als Kommissar der Staatssicherheit der 4. Ukrainischen Front für die Aufrechterhaltung der ununterbrochenen Verbindung mit dem

Plan des Speziallagers Nr. 5
Ketschendorf bei Fürstenwalde

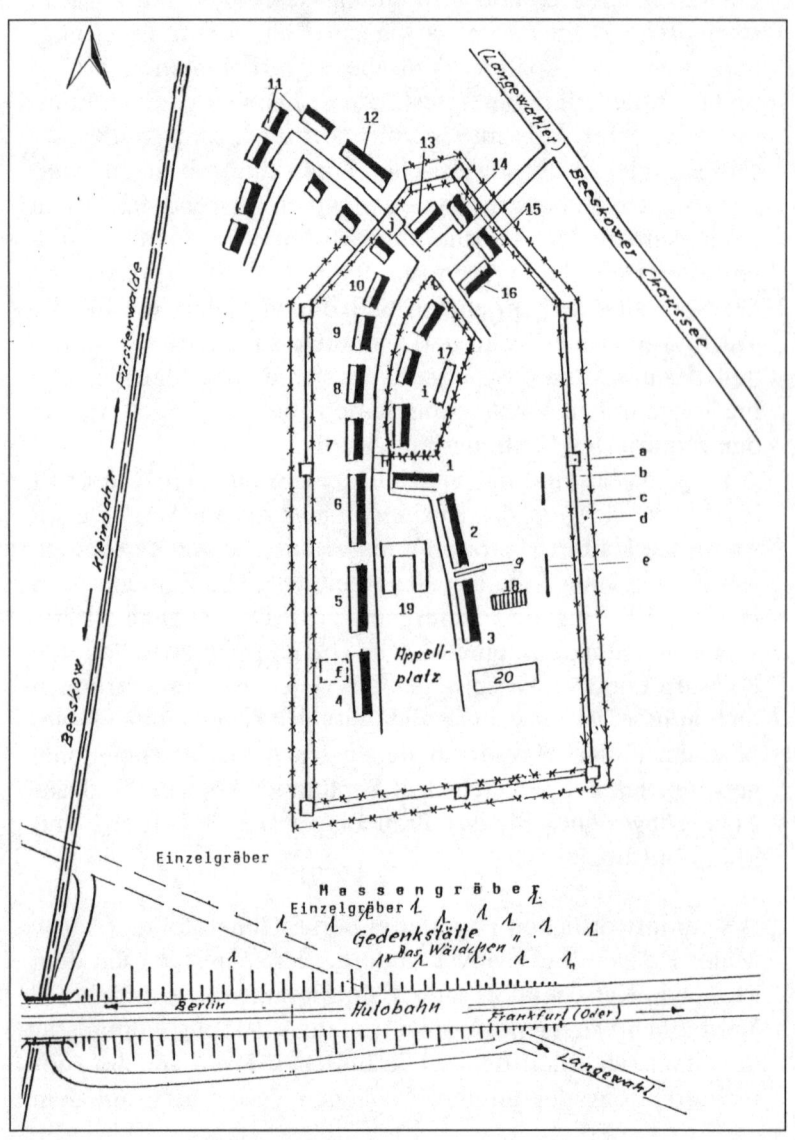

Legende

Haus

1	– Jugendliche bis 16 Jahre
2	– Männer
3	– Lazarett
4–6	– Männer
7-8	– Jugendliche über 16 Jahre
9–10	– Männer
11	– Häuser der sowjetischen Wachmannschaften
12	– Sowjetische Kommandantur
13	– Werkstatt und Bunker (Karzer)
14	– Deutsche Lagerleitung
15	– Vlasov-Soldaten
16	– Ostarbeiter bzw. Emigranten
17	– Frauenlager (international)
18	– Leichenbunker (halb in der Erde)
19	– Küchenbaracke
20	– Kranken- bzw. Siechenbaracke

a	– Wachtürme mit Scheinwerfer
b	– Bretterzaun ca. 2 m hoch
c	– Zwei Stacheldrahtzäune
d	– Laufgang für Wachposten und Hunde
e	– Latrinen (wurden laufend verlegt)
f	– Holzplatz
g	– Waschplätze (wärmere Jahreszeit)
h	– Doppelschleuse bei der Einrichtung des Lagers (nur die 6 großenHäuser)
i	– Latrine im Frauenlager
j	– Doppelschleuse und Lagereingang (Ende 1945)

Moskauer Zentrum verantwortlich gewesen[100] und hatte sich seit Mai 1945 in der Verfügungsgewalt Serovs an der 1. Belorussischen Front befunden. Anfang 1946 rückte Hauptmann Vaškevič, der vorher als stellvertretender Leiter im Graudenzer Gefängnis tätig gewesen war, zum Stellvertreter Andreevs auf.[101] Es gab, wie in den anderen Speziallagern auch, jeweils eine Registratur-, Wirtschafts-, Sanitäts-, Finanz-, Operativ, Wach- und Kadergruppe. Einige ihrer Leiter lassen sich benennen.[102] Der Registraturgruppe stand 1946, eventuell in Vertretung, Unterleutnant Konstantinov, 1947 Inspekteur Leutnant Jankin und ebenfalls 1947 als Chef Hauptmann Demenev, der Wirtschaftsgruppe Hauptmann Djukov, der Sanitätsgruppe 1945 Hauptmann Kiškin, 1946 Hauptmann Rudenko (im Januar 1947 war Oberleutnant Govenko sein Stellvertreter bzw. Arzt), der Operativgruppe als Chef Leutnant Dubuvinov vor. Lagerkommandant war Leutnant Lomov.[103] Oberst Sviridov überwachte auch für Ketschendorf die geforderte, regelmäßige Berichterstattung an die „Abteilung Speziallager". Aufgrund verzögerter Berichte verlangte er deshalb bereits am 04. Juli 1945 von Major Andreev, die Registraturgruppe direkt seiner persönlichen Kontrolle zu unterstellen und keine weitere Verzögerung in der operativen Buchführung mehr zuzulassen, um nicht strenge Strafmaßnahmen herauszufordern; denn am 20. Juni 1945 waren die Registraturdaten seines Lagers nicht rechtzeitig bei der „Abteilung" eingegangen. Dies dürfe nicht mehr vorkommen.[104] Diese ernste Mahnung in strengem Ton erfolgte vor dem Hintergrund, daß Sviridov ja ebenfalls zu regelmäßigen Berichten nach Moskau verpflichtet war. Er fürchtete nun, daß säumige Lagerleiter, ihm die benötigten Angaben erst so spät lieferten, daß er die gesetzten Fristen nicht mehr hätte einhalten können. Dem zweifellos dadurch ausgelösten scharfen Verweis der Moskauer Führung wollte der Leiter der „Abteilung" auf diesem Wege unbedingt vorbeugen.

6. Tod auf Raten – Alltag im Speziallager

6.1. Einbahnstraße durch die Schleuse – Einlieferung

In seiner „Verfügung" vom 27. Juli 1945 erließ Generaloberst Serov neben Vorschriften zur Lagereinrichtung auch Instruktionen für die Aufnahmeprozedur der Gefangenen. Der Chef des Lagers bzw. sein Stellvertreter, der Leiter der Registraturabteilung, der verantwortliche Wachhabende sowie der Lagerkommandant sollten sie in persönlicher Zuständigkeit beaufsichtigen und durchführen. In seiner späteren „Verfügung" vom Oktober 1946 präzisierte Generaloberst Serov diesen Personenkreis. Eine Kommission sollte nun den Empfang der Gefangenen vornehmen, die aus dem Lagerleiter oder seinem Vertreter, aus jeweils einem Vertreter aller Lagergruppen, dem verantwortlichen Wachhabenden und dem Kommandanten bestand. Diese Kommission nahm seither die Etappierungs- oder Verlegungsliste[105], die die Namen der Gefangenen, ihre persönlichen Daten und Anschuldigungen bzw. Verhaftungsgründe (laut „Einstweiliger Verfügung": „Verbrechen") aufzählte, zusammen mit den jeweiligen Registratur-Kontroll-Akten entgegen. Die beiden „Einstweiligen Verfügungen" Generaloberst Serovs verlangten bei der Ankunft des Transports von dessen Leiter sowie von dem Vertreter der Ketschendorfer Kommission zudem ein Übergabe- bzw. Aufnahmeprotokoll. Es sollte Datum, Herkunft, Anzahl sowie Bestimmungsort der Gefangenen und alle zusätzlichen Vorkommnisse, wie zum Beispiel Flucht, Tod oder Krankheit, die sich unterwegs ereignet hatten, beinhalten. Falls sich die Gefangenen über eine „ungesetzliche" Behandlung auf dem Transport beschwerten, mußte darüber laut Vorschrift eine Akte angelegt werden, die der Chef der Abteilung der Transportkompanie sowie in Kopie auch die „Abteilung Speziallager" des NKVD erhielten. Diese Worte der Anweisung klingen fast zynisch; denn nach der brutalen

Behandlung der Gefangenen in den NKVD-Gefängnissen hätte es sicherlich kaum jemand gewagt, noch zusätzlich durch eine Beschwerde den erneuten Zorn der Bewacher auf sich zu lenken. Nach ihren bisherigen Hafterfahrungen konnten die Deutschen auch kaum erkennen, was in sowjetischen Augen einer „ungesetzlichen" Behandlung entsprach. Selbstverständlich machte sich zudem niemand die Mühe, sie über ihre Rechte aufzuklären, die sie zumindest auf dem Papier de iure, in den seltensten Fällen jedoch de facto besaßen.

Die Aufnahme in das Lager erfolgte generell auf der Grundlage der hierzu laut Vorschrift unbedingt nötigen persönlichen Registratur-Kontroll-Akte. Schon die Anlage Nr. 3 zum NKVD-Befehl Nr. 00461 hatte im Mai 1945 als „Einstweilige Instruktion" verlangt, daß diese Akte aus einem Fragebogen sowie einem Beschluß über den Arrest und die Einlieferung in ein NKVD-Gefängnis-Lager bestehen sollte. In ihr sollten die Daten, der Grund für die Einweisung sowie die bei der Verhaftung beschlagnahmten Dokumente enthalten sein. Serovs „Einstweilige Verfügung" griff dies nochmals auf und forderte zusätzlich, daß der Chef der operativen Gruppe des NKVD oder SMERŠ, den vorgenannten Beschluß bestätigte. Außerdem sollte das Protokoll der Leibesvisitation, des Verhörs und ein Paket mit persönlichen Dokumenten vorliegen. Seit Oktober 1946 verlangte Generaloberst Serov noch zudem ein Blatt mit der Auflistung der in der Registratur-Kontroll-Akte vorhandenen Dokumente. Den Beschluß über den Arrest mußte nun der operative Arbeiter (Untersuchungsführer) unterzeichnen. Zusätzlich sollten ihn entweder der Bezirkschef der Operativen Gruppe, der Chef des Oper-Sektors, der Chef der Aufklärungsabteilung oder ihre jeweiligen Vertreter zusammen mit dem Staatsanwalt genehmigen und mit den entsprechenden Stempeln versehen. Das Protokoll der Leibesvisitation sowie der Personalbogen des Gefangenen waren weiterhin nötig. Außerdem mußte ein Beschluß über die Einlieferung und Aufbewahrung im Speziallager des MVD vorliegen, den die obengenannten Personen ebenfalls abzusegnen hatten. Er sollte die Daten des Gefangenen, den Grund seiner Einlieferung mit dem Hinweis auf die ‚Schuldkategorie' nach Befehl Nr. 00315, Punkt 1 sowie ein Paket mit den persönlichen Dokumenten enthalten.

Diese Anordnungen könnten erklären, warum das Lager die Aufnahme einiger Gefangener verweigerte und sie wieder in Gefängnisse zurückschickte. Möglicherweise stimmte etwas in ihren Akten nicht. Allerdings hatte Sviridov bereits am 25. August 1945[106] gefordert, daß die Gefangenen trotzdem aufgenommen werden müßten, wenn sie nicht unter Punkt 1 des NKVD-Befehls Nr. 00315 fielen, wenn ihre Akten unvollständig oder sie selbst krank seien. Ähnlich wie bei der unzureichenden Kleidung der Eingelieferten sollte die betreffende Lagerleitung nur einen Aktenvermerk über die ‚Mängel' der überstellten Person vornehmen.

Bei der Einlieferung in das Lager mußten die NKVD-Mitarbeiter die Gefangenen nochmals gründlich durchsuchen und auch darüber ein Protokoll anfertigen, das sie der Registratur-Kontroll-Akte beifügten. Generaloberst Serov betonte, daß Wertsachen nicht ins Lager eingeführt werden dürften, sondern ein Dokument über sie und andere abgenommene Besitztümer mit der Unterschrift des Besitzers und des Empfängers die Akte erweitern sollte. Der Leiter der Finanzgruppe des Lagers erhielt daraufhin die Wertsachen zur Aufbewahrung, während die anderen Dinge in einer speziellen Kammer deponiert wurden. Die „Verfügung" Generaloberst Serovs von 1945 erwähnte allerdings nicht, daß der Gefangene eine Quittung erhalten sollte, um seinen Besitz bei seiner Entlassung nachweisen und zurückfordern zu können, obwohl Serov an anderer Stelle diese Quittung als das einzige Dokument bezeichnete, das die Gefangenen während ihres Lageraufenthalts bei sich haben durften.

Erst 1946 forderte der Generaloberst ausdrücklich die Übergabe der Quittung an den Besitzer. In einigen Fällen funktionierte dieser ordnungs- und befehlsgemäße Umgang mit dem

Besitztum der Eingelieferten tatsächlich. Doch den meisten Überlebenden nahmen die NKVD-Mitarbeiter ihr mehr oder weniger wertvolles Hab und Gut ohne Quittung ab. Ihren Besitz sahen sie auch später bei der Entlassung – so sie diese überhaupt erlebten – nicht wieder.

Wichtiger als die Finanzgruppe war für das Überleben der Gefangenen in den kommenden Lagerjahren zweifellos die Sanitätsgruppe. Das „medizinische Personal" sollte die Eingelieferten auf Läusebefall und Krankheiten untersuchen, um die Erkrankten unverzüglich im Lazarett oder in einer speziellen Quarantänebaracke zu isolieren. Alle Gefangenen mußten zudem ihre Kleidung desinfizieren lassen und sich selbst in dem „Baderaum" [gemeint ist die Desinfektion, die Verfasser] waschen. Diese Anordnung präzisierte Generaloberst Serov ein Jahr später, indem er verlangte, alle Neuankömmlinge generell erst 21 Tage in Quarantäne zu schicken, bevor sie die Unterkünfte aufsuchen durften. Auch hier klafften papierene Vorschrift und bittere Realität weit auseinander. Tatsächlich erfolgten die Untersuchungen nur sehr oberflächlich. Zudem gab es in den Unterkünften mehr als genug Ungeziefer. Die Desinfektion bewirkte vor allem einen noch rascheren Verschleiß unersetzlicher Kleidungsstücke. Sie verminderte somit die winterlichen Überlebenschancen. Die Plätze im Lazarett reichten bei weitem nicht aus, so daß ansteckende Krankheiten auch außerhalb grassierten. Angesichts der fehlenden primitivsten Waschutensilien, wie zum Beispiel Seife, verwundert dies nicht.

Fast alle Gefangenen machten ihre erste Bekanntschaft mit dem Lager Ketschendorf im speziell angelegten und gesicherten Eingang, der sogenannten „Schleuse". Sie diente dazu, die Eingelieferten einzeln durchsuchen zu können. Hier übergab der Transportführer die Gefangenen mit ihren Akten dem Lagerpersonal, das deren Personalien überprüfte und sie neu registrierte, um nicht zuletzt diejenigen zu ermitteln, die auf dem zu anstrengenden Transport bzw. Fußmarsch verstorben waren.

Die neu eingelieferten Gefangenen mußten bei ihrer Ankunft in kleinen Gruppen in dem speziell gesicherten Eingang, für den Generaloberst Serov ebenfalls in seiner „Einstweiligen Verfügung" besondere Vorschriften erlassen hatte, antreten oder wurden einzeln aufgerufen. Dadurch konnten die sowjetischen Wachleute sie und ihr Gepäck genau durchsuchen, sofern sie überhaupt solches besaßen. Seit August/September bestand der Eingang aus einer Zugangsschleuse, die sich aus zwei Toren zusammensetzte. Zwischen ihnen lag ein ungefähr 20 Meter langes Straßenstück.[107] Die Soldaten nahmen den Gefangenen bei der Aufnahmeprozedur Gürtel, Hosenträger, Schnürsenkel, Metallgegenstände, Bänder, Schreib- und Schneidwerkzeuge, Wertgegenstände und doppelt vorhandene Decken oder ein zweites Paar Schuhe auf sehr rüde Weise ab.[108] Auch Bettwäsche oder Fotografien von Angehörigen konnten auf diese Art verschwinden. Manchmal klopfte das diensthabende Wachpersonal auch alle ab, um ihnen dann alles, was nicht niet- und nagelfest war, abzunehmen, unter anderem auch das mitgebrachte Eßgeschirr.[109] Das hatte der Eingelieferte zuvor noch auf Geheiß des ihn verhaftenden NKVD-Offiziers mitgenommen und brauchte es unbedingt, um überhaupt bei der „Essensauskellung" die dünne Suppe erhalten zu können. Der Besitz von Briefmarken brachte einem Betroffenen sogar Peitschenschläge ein. Mitunter mußten sich die Gefangenen entkleiden, damit die Wachsoldaten ihre Kleidung nach eingenähten Gegenständen durchsuchen und sie selbst nichts mehr dicht an den Leib gepreßt ins Lager schmuggeln konnten. Diese Durch- und Untersuchungen nahmen sowohl Personal in Ärztekitteln[110] bzw. eine russische Ärztin[111] als auch sowjetische Soldaten oder Zivilrussen[112] vor. Von den letztgenannten zeigte einer Mitleid, indem er dem Eingelieferten wenigstens die Fotografie der Ehefrau ließ, während andere den Gefangenen alle Fotos abnahmen.

Auf Anordnung Generaloberst Serovs sollte zwar weibliches Wachpersonal die Leibesvisitation der Frauen in einem getrennten Raum durchführen. Da er im Lagereingang Ketschendorfs jedoch fehlte[113], mußten Frauen und Mädchen die Durchsuchung mit den Männern zusammen und auch vor den Augen der sowjetischen Bewacher über sich ergehen lassen.[114] Doch auch weibliche NKVD-Mitarbeiter zeigten mitunter Mitleid. Eine Bewacherin ließ der neu Eingelieferten entgegen der Vorschrift ihren Ring, als diese sagte: „Der ist von Mama".[115]

Trotz dieser herausragenden ersten Amtshandlung im Lager, der mit der Durchsuchung verbundenen Registrierung, erinnerten sich nicht alle Betroffenen an sie.[116] Einzelne mußten sie erst am Tag nach ihrer Einlieferung bei der Kommandantur außerhalb des Lagergeländes absolvieren, wo ihnen auch Fingerabdrücke abgenommen wurden.[117]

Doch in der Regel erreichten die Gefangenen erst nach der Registrierung durch das zweite Eingangstor den eigentlichen Lagerbereich, wo sie meistens der deutsche Lagerkommandant in Empfang nahm, um sie über Vorschriften und Verbote der Lagerordnung zu informieren, die ihr Leben in den kommenden Monaten und Jahren prägen und bestimmen sollten. Die Gefangenen durften laut Generaloberst Serovs „Einstweiliger Verfügung" weder Schneid- oder metallische Stechwerkzeuge, noch Karten- oder Glücksspiele und Dokumente, außer der Quittung über die abgenommenen Dinge und Wertsachen, besitzen; sie durften nicht singen, lärmen und sich an verbotenen Plätzen aufhalten, nicht in andere Unterkünfte gehen, keine alkoholischen Getränke zu sich nehmen, keinen Briefverkehr pflegen oder Zusammenkünfte abhalten. Demgegenüber war der Besitz notwendiger persönlicher Dinge, wie Toilettenartikel, Löffel, Schüssel und Krug erlaubt; auch durften sie sich frei auf dem entsprechenden Lagergelände bewegen sowie Dame oder Schach spielen.[118]

In der Realität bedeutete diese papierene, verharmlosend-wohllautende Vorschrift, daß selbst der unerläßliche Besitz von aus Nägeln und Draht gefertigten Nadeln zum Flicken der schnell verschleißenden, jedoch unersetzlichen Kleidung unter Strafe stand; daß Werkzeug verboten war, um durch handwerkliche Tätigkeit der Langeweile zu entgehen und den alltäglichen Überlebenskampf wenigstens kurzfristig zu vergessen oder auch nur die Figuren für das aus russischer Tradition einzig und allein erlaubte Schach- oder Damespiel herzustellen. Ohnehin klingt diese Erlaubnis angesichts der von Unterernährung und Krankheiten gezeichneten, um das eigene Schicksal und das ihrer Familien besorgten Deutschen sehr zynisch. Verboten war nicht nur jedes Dokument, das aus der namenlosen ‚Masse Mensch' wieder Personen und Individuen gemacht hätte. Verboten war zugleich jedes Blatt Papier, das den Gefangenen erlaubt hätte, dem abstumpfenden, verordneten Nichtstun durch Schreiben oder Malen wenigstens zeitweise zu entfliehen. Da auch der Besitz von dennoch zum Beispiel aus Kohle gefertigten Stiften unter Strafe stand, liegt die Vermutung nahe, daß der NKVD nichts so sehr fürchtete, wie eine von ihm unkontrollierte, ja unkontrollierbare Meinungsäußerung, die womöglich der Nachwelt als selbständiges Zeugnis hätte zur Verfügung stehen können.

Verboten waren offiziell sogar Lieder, zum Beispiel zu besonderen Festtagen wie Weihnachten, vielleicht gerade weil fast jeder einige Verse auswendig konnte und dies ein in Not und Bedrängnis Trost und Stärkung stiftendes, einigendes Band zwischen den Deutschen hätte knüpfen können. Doch gerade diese in sowjetischen Augen bedrohliche ‚Einigkeit der Unterdrückten' war unerwünscht. Deshalb konnte auch jeder Gesprächskreis, der durch Vorträge aus dem Gedächtnis oder durch Diskussion wenigstens die geistige Beweglichkeit erhalten und die Gedanken vom nagenden Hunger und der lebensbedrohlich tristen Realität ablenken wollte, bestraft werden. An Alkohol kamen die mangelernährten Totalisolierten anders als das Personal ohnehin nicht heran. Jede laute Meinungsäußerung konnte als verbotener ‚Lärm' bestraft werden. Fraglich ist schließlich, was der NKVD unter den notwendigen „Toilettenartikeln" verstand und woher die Gefangenen sie nehmen sollten, da das sowjetische Personal sie den meisten doch spätestens bei ihrer Aufnahme ins Lager bereits gestohlen hatte. Die Lagerleitung kümmerte sich noch nicht einmal um Toilettenpapier oder Seife, geschweige denn Zahnbürsten, Binden oder funktionstüchtige Rasierklingen. Der alltägliche Überlebenskampf der Betroffenen mußte sich auch hier durch Improvisation, Tausch gegen die doch selbst so dringend benötigten Nahrungsmittel selbst behelfen oder – sicherlich nicht ohne Absicht – mit ernsten gesundheitlichen, für viele tödlichen Schäden für die sowjetische Mißachtung primitivster menschlicher Bedürfnisse zahlen.

Tatsächlich spürten die Gefangenen während ihres Lageraufenthalts noch eine Vielzahl von zusätzlichen Verboten, wobei die Strafen in keinem Verhältnis zur Übertretung der Vorschriften standen und bereits bei dem kleinsten Vergehen mit lebensbedrohlicher Bunkerhaft drohten. „Er zählte uns die Verbote, wonach eigentlich nur noch das Atmen gestattet war, auf und erklärte uns, daß bei einer Flucht die gesamte Hundertschaft erschossen würde."[119]

In einigen Fällen konnten die Betroffenen nach der ‚Vergatterung' gleich den ihnen zugeteilten Zug und ihre Behausung aufsuchen[120], andere durchliefen erst die Desinfektion mit Entlausung, während dritte zunächst einige Wochen in Quarantäne verbrachten, wo sich seit Oktober 1946 alle neu Eingelieferten drei Wochen aufhalten sollten. Direkt neben der Schleuse gehörte im Männerlager ein Haus zum Quarantänebereich. Es war zwar durch Stacheldraht von den übrigen Gebäuden getrennt, aber da die neu Eingelieferten sich ungehindert mit den ‚Alten' über den Zaun hinweg unterhalten konnten, war von strikter Verhinderung der Ansteckungsgefahr keine Spur. Für das Frauenlager schien kein gesondertes Zimmer oder Gebäude Quarantänezwecken gedient zu haben, obwohl Generaloberst Serov dies ebenfalls gefordert hatte. Wenn bis zum Ablauf der drei Wochen unter den neu Eingelieferten keine Krankheiten auftraten, verteilte die Lagerleitung sie auf die Häuser.

Manchmal gingen die Gefangenen jedoch erst am Tag nach der Einlieferung zur Desinfektion. Längst nicht alle durchliefen damit Aufnahme, Entlausung-Desinfektion und Quarantäne vorschriftsgemäß hintereinander. Mitunter mußten bereits bei der Aufnahme in das Lager die Kopf-, Achsel- und Schamhaare abrasiert und die Gefangenen mit einem Desinfektionsmittel eingestäubt werden.[121] Andere brauchten sich erst ein paar Tage oder zwei Monate nach ihrer Einlieferung die Haare abrasieren zu lassen. Die Entlausung gleich zu Beginn des Lageraufenthalts hinterließ bereits einen nachhaltig grauenvollen und wahrhaftigen Eindruck über das Lagerleben: „Ich zog weiter in die Entlausung am Ende des Lagers in den Keller eines Hauses, das als Lazarett genutzt wurde. Hier hatte ich einen ersten, entsetzlichen Eindruck. Nackte, abgezehrte Gestalten saßen da und warteten auf ihre dünne, schon angerissene Kleidung, die sich in der Hitze einer Kammer befand. Es waren Gefangene, die schon seit Wochen und Monaten, vielfach dem frühen Sommer, dem Hunger ausgesetzt und in der Mehrheit von Krankheit und den Wirkungen der unmenschlichen Lagerbedingungen gezeichnet waren. Alle männlichen Jugendlichen waren geschoren, am Kopf und am Körper. Wer von den Neuangekommenen noch nicht glatzköpfig war, so auch ich, verlor hier seine Haare. Der Anblick der Gestalten in dieser Entlausung zählte zu den nachhaltigsten Eindrücken, die ich in der ersten Zeit gewann. Nie zuvor sah ich so etwas. Ich fand Ähnliches später nur in Bildern aus Nazi-KZs wieder."[122] Insgesamt zeugt die unterschiedliche Behandlung von keiner sehr strengen Beachtung der sanitär-hygienischen Vorschriften.

Spätestens nach der Zeit im Quarantänehaus erhielten die Gefangenen schließlich den Befehl, die ihnen zugewiesene Unterkunft aufzusuchen. Dort kamen sie in Kontakt mit schon früher Eingelieferten, mit denen sie schon während der

Quarantänezeit verbal über einen Zaun hinweg Kontakt hatten aufnehmen können und die sie mitunter von früher kannten, da sie aus dem gleichen Heimatort stammten.

Lagerrevision des NKVD

Am 03. Oktober 1945 verlangte Volkskommissar Berija in seiner Direktive Nr. 477 einen Bericht über die Einrichtung und Belegung der Lager und Gefängnisse des NKVD. Deshalb erarbeitete Oberst Klejmenov einen „Plan zur Untersuchung der Lager und Gefängnisse des NKVD".[123] Eine Kommission sollte genau die Lageranlage mit der Aufnahmekapazität, die Wachmannschaften, das Lagerregime und die Isolation von der Zivilbevölkerung, den sanitären Zustand und die Wirtschaft des Lagers beschreiben. Abschließend sollte sie ihre Schlußfolgerungen, die sie aus der vorgefundenen Situation zog, und ihre Vorschläge zur Verbesserung des Lagerregimes dem Bericht hinzufügen.

Aus diesem Grund inspizierten befehlsgemäß Oberst Klejmenov, Oberst Sviridov als Leiter der zentralen Berliner „Abteilung Speziallager", Hauptmann Kogan, der eventuell zuvor in Organen der SMERŠ Erfahrungen gesammelt hatte, mit dem Lagerleiter, Major Andreev, am 27. Oktober 1945 auch das Speziallager Nr. 5. Sie orientierten sich dabei genau an dem zuvor von Klejmenov erarbeiteten Plan, um alle dort im einzelnen beschriebenen Lagerbereiche zu untersuchen. Ihre Ergebnisse faßten sie in der dort ebenfalls vorgegebenen Reihenfolge in einem Bericht[124] zusammen, der zweifellos im Anschluß auch Serov und damit der Moskauer NKVD-Zentrale vorgelegen haben dürfte. Ketschendorf verfügte demnach über die nötige Infrastruktur, wie Lagerräume für Lebensmittel, Küche, „Baderaum" [gemeint ist die Desinfektion, die Verfasser], Desinfektionskammer [gemeint ist wohl die Kammer zum Erhitzen der Kleidung, die Verfasser], Waschküche und „Krankenhaus". Die Stromversorgung, die für die nächtliche Beleuchtung des Lagers besonders wichtig war, lief über das städtische Netz. Allerdings war eine kleine eigene Stromstation für den Notfall vorhanden.

Die Berichterstatter der Revisionskommission stellten Ende Oktober 1945 weiterhin fest, daß das Speziallager zwei Kilometer von Fürstenwalde und damit auch zwei Kilometer von der nächsten Eisenbahnstation entfernt lag. Es war deshalb von der Außenwelt total isoliert. Innerhalb der Außenzäune bestimmte Stacheldraht das Bild. Er riegelte beispielsweise außer dem Quarantänebereich auch die drei Häuser des Frauenlagers hermetisch vom übrigen Lagergelände ab, was der Bericht positiv erwähnte. Diese speziell abgetrennte Zone (Häuser XVII/ 1-3), den sogenannten „Frauenzwinger", durften die weiblichen Gefangenen nur mit besonderer Genehmigung verlassen, zum Beispiel für Arztbesuche sowie zur Entlausung und Desinfektion, die nur im Männerlager möglich waren. Von ihren männlichen Leidensgenossen durften nur Handwerker diesen abgesonderten Lagerteil betreten. Anders als bei den Männern lebten hier alle Altersstufen gemeinsam. Die Ausländerinnen mußten allerdings einen eigenen Eingang benutzen.[125] In einem Zimmer hausten dort Französinnen mit einer Engländerin sowie in den drei übrigen Zimmern ehemalige russische Ostarbeiterinnen, Russinnen und russische Emigrantinnen.

Die Lagerleiterin des Frauenlagers wohnte mit ihrer Stellvertreterin in Haus XVII/1, Eingang 3, in der Küche mit zwei oder drei anderen Frauen. In demselben Haus, Eingang 1, lag auch ein Raum für die Schneiderinnen, die den sowjetischen Bewachern Kleidung nähten.[126] Auch im Männerlager gab es einen solch abgesonderten Bereich für die Personen, die leitende Funktionen im Lager innehatten und über erheblich bessere Unterkünfte und Verpflegung verfügten. Gewöhnliche Gefangene durften ihn nicht betreten.

Überbelegte Massenquartiere

Generaloberst Serov hatte in seinen „Einstweiligen Verfügungen", nach denen sich der Lageraufbau richtete, verlangt, Werkstätten in einer „besonderen Arbeitszone" zu betreiben. Tatsächlich befanden sich jedoch in Haus I im 1. Eingang des Männerlagers in der Erdgeschoßwohnung rechts die Arbeitsräume der „Friseure". Außerdem belegte in demselben Haus im 2. Eingang im Erdgeschoß rechts der Hauskommandant ein großes Zimmer allein oder mit höchstens einer anderen Person.[127] In Haus II befand sich außerdem vermutlich seit Herbst 1946[128] noch eine Ambulanz.[129] Haus III diente als Lazarett, mit einer Entlausungskammer bzw. Desinfektionsabteilung im Keller.[130] Noch ein weiteres Lazaretthaus[131] bzw. ein Krankenrevier hinter Haus III[132] scheinen bald hinzugekommen zu sein.[133] Hinter Haus IV lag der Holzplatz, wo die Gefangenen für den Winter Brennmaterial sägten und hackten. In einem weiteren Gebäude direkt am Lagereingangstor befand sich die deutsche Lagerkommandantur. In ihrem Keller lagen die völlig abgedunkelten Räume für verschärften ‚Strafvollzug' des sogenannten „Bunkers" oder „Karzers".[134] Die deutsche Kommandantur lag an der Straße nach Langewahl in Haus XIV.[135] Außerdem arbeiteten die Betriebshandwerker bis August 1945 in einer Wohnung in der oberen Etage von Haus XV an der Langewahler Chaussee. Danach zogen sie in die Häuser IX und X um.

Ab September 1945 waren insgesamt drei Häuser (I, VII und VIII)[136] mit Jugendlichen belegt. Die Angehörigen der Vlasov-Armee, kriegsgefangene Offiziere und Angehörige nichtdeutscher Nationalitäten lagen separat ab September 1945 in den Häusern XV und XVI.

Zusätzlich zu den für das Speziallager Nr. 5 requirierten steinernen Siedlungshäusern hatten die Gefangenen im Männerlager weitere Gebäude, wie die Küchenbaracke, einen Leichenbunker (ein halb in die Erde getriebener, überbauter Stollen, in dem die Leichen bis zur Bestattung lagen), sowie dort und im Frauenlager in der Nähe des Stacheldrahtzauns eine Latrine errichtet. Wenn deren Gruben überliefen, mußten die Lagerinsassen sie verlegen. Die u-förmige Küchenbaracke stand auf dem Platz in der Mitte zwischen den Häusern I bis VI gegenüber von Haus I. Sie setzte sich aus drei flachen Holzgebäuden mit kaum geneigten Dächern zusammen. In ihr befanden sich das in dem Revisionsbericht vom Oktober 1945 erwähnte Lebensmittellager, sowie die Arbeitsplätze für Kartoffelschäler, für die Brennholzversorgung der Küche sowie ein Lagerplatz für Küchengefäße. Direkt beim Haupteingang der Baracke lagen die Kochstellen. Links davon war die Brotausgabe und hinter den Kochstellen der Eingang für die „Essenholer". Die Küche unterstand zwar der sowjetischen Lagerleitung, doch als Köche fungierten ausschließlich Lagerinsassen.

Der Kommissionsbericht vom Oktober 1945 berechnete für das Speziallager bei Fürstenwalde eine Aufnahmekapazität von insgesamt 10.000 Personen.[137] Zum damaligen Untersuchungszeitpunkt befanden sich bereits 8619 Insassen, davon 540 Frauen bzw. 1283 Russen in Ketschendorf. Sie waren vorschriftsmäßig militärisch organisiert und in 50er-Züge zusammengefaßt worden. Laut Bericht schliefen sie in ihrer Kleidung auf Holzpritschen, von denen damals nicht genug vorhanden waren. Die Überlebenden berichten allerdings frühestens 1946 von Holzpritschen.

Die erwähnte maximale Belegungsgröße wurde tatsächlich während des knapp zweijährigen Bestehens nie überschritten, jedoch schon einen Monat später, im November 1945, fast erreicht. Sie war überhaupt nur durch die Überbelegung von insgesamt 17 ein- bzw. zweistöckigen Gebäuden zu erreichen, die vorher als Ein- und Mehrfamilienhäuser genutzt worden waren. Die Aufnahme einer solch hohen Personenzahl führte dazu, daß alle (!) Räumlichkeiten vom Keller bis zum Dachboden, mit Beton oder lockeren Holzdielen als Fußboden, mit einer Badewanne über oder unter den Betroffenen, als Schlafplatz dienen mußten. Bei den Frauen und Jugendlichen war das allerdings nicht der Fall. In Haus VI, in dem zuvor 18 Familien gewohnt hatten, hielten sich beispielsweise eng zusammengepfercht nun 1650 Personen auf.[138] In

einer einzigen Wohnung, die nur für eine Familie bestimmt
gewesen war, ‚lebten' deshalb ungefähr 90 Männer.

Generaloberst Serov hatte zwar gefordert, alle Wohngebäude
in der Lagerzone zu numerieren und „mit Liegebetten, zweistöckigen Pritschen oder Pritschen nach dem Waggonsystem
[gedacht war wohl an zum Teil tagsüber hochklappbare Gestelle, die Verfasser], Tischen, Bänken, Regalen für Geschirr
und Toilettenartikel sowie mit anderem, notwendigen Inventar" auszustatten. Allerdings fehlte in der Realität bis zur
Dezimierung der Lagerbelegung durch die hohe Sterblichkeit und stagnierende bis rückläufige Neuzugänge einfach
der Platz für solches Inventar[139], was allerdings auch später
so gut wie gar nicht vorhanden war.

Das einzige, was der NKVD von dieser papierenen Anordnung somit problemlos und ohne jeden materiellen Aufwand
umsetzen konnte, war die Durchnumerierung der Häuser.
Von „Liegebetten", die Generaloberst Serov verlangt hatte,
konnte jedenfalls keine Rede sein, auch wenn das Wachpersonal nach einiger Zeit Pritschen zur Verfügung stellte. Sieben Jugendliche schliefen daher beispielsweise auf blankem
Zement unter einer Kellertreppe. Fast durchgängig stand
zunächst nur der Fußboden als Schlafstatt zur Verfügung. In
„Ketschendorf bei Frankfurt/O schliefen wir auf dem bloßen
Boden, ohne Pritschen, ohne Stroh".[140] Auf ihm lag Mann
neben Mann ohne Zwischenraum eng beieinander. In den
etwa 20 Quadratmeter großen ehemaligen Wohnräumen hielten sich auf diese Weise ungefähr 20[141], 25 bis 30[142] oder gar
35[143] Personen auf. Mitunter mußten sich sogar 40 bis 50
Jugendliche ein solches Zimmer teilen. Selbst noch kleinere
Räume pferchten oft über 20, Küchen immerhin zwischen
10 bis 16 Personen zusammen. Diese Belegungsdichte zwang
die Gefangenen dazu, nachts eng nebeneinander wie ‚Sardinen
in der Büchse' alle auf der gleichen Seite zu liegen. Ein
Umdrehen war unmöglich, ohne daß alle aufwachten. Deshalb mußte derjenige, der Wache hielt, die Schlafenden jede
oder jede zweite Stunde zum gemeinsamen Umdrehen

wecken. Seine Kameraden konnten ihn dabei gleichzeitig ablösen.

Da Decken fast durchweg fehlten, quälten sich die Schläfer besonders im Keller nachts auf dem feucht-kalten Betonfuß-boden. Dauerhafte gesundheitliche Schäden blieben nicht aus. Auch die Übernachtungen auf dem sehr zugigen Dach-boden zogen zwangsweise chronische Krankheiten nach sich. Doch nicht nur fehlende Decken, sondern auch die oft völlig unzureichende eigene Kleidung machten sich nachts, beson-ders im Winter, bemerkbar. Wer ohne Mantel am zugigen Fenster liegen mußte oder die Außenwand zu spüren bekam, durchlitt frierend qualvolle Nächte[144] und landete meist nach kurzer Zeit im Lazarett, für die meisten die letzte Station vor dem Leichenbunker.

Im Keller platzte auch manchmal ein altersschwaches, ver-stopftes Abwasserrohr, so daß die Jauche in den Raum floß und ihn ca. 20 Zentimeter hoch anfüllte. Da die ‚Bewohner' ihre nun bestialisch stinkende Unterkunft jedoch nachts nicht verlassen durften, drängelten sich auch die, die vorher auf dem Boden geschlafen hatten, auf die Pritsche zu den anderen. Erst am nächsten Tag konnte der Schaden behoben werden.[145] Mitunter durften die Bewohner diese Keller, die nur ein kleines Kellerfenster erhellte und belüftete, am Tag nur für eine Stunde oder wochenlang gar nicht verlassen, wenn sie dort in Quarantäne lagen.

In dem von den Männern abgeriegelten Frauenlager herrsch-ten ähnlich beengte Zustände. Nachts konnte sich ebenfalls die gesamte Zimmerbelegschaft beim Schlafen nur zusam-men umdrehen. Denn etwa 500 Frauen teilten sich drei Häu-ser mit jeweils vier Eingängen. Hier gab es ungefähr ab dem Winter 1946 dünne Decken für jede Person, nachdem die Frauen sich zuvor zum Teil zu viert die mitgebrachten Decken hatten teilen müssen[146].

Erst im Laufe des Jahres 1946 trafen schließlich aus rauhen, ungehobelten Schalbrettern gezimmerte, zwei- bis dreistöcki-ge Holzpritschen im Lager ein. Die Frauen erhielten als erste bereits Anfang 1946 diese Schlafstätten. In den Kellern dienten den Männern jetzt Lattenroste als Schlafunterlage.

Dabei lagen häufig bei den Frauen zwei Personen auf einem 60 Zentimeter breiten und zwei Meter langen Brett. Aus Platzgründen mußten sie sich daher versetzt, jeweils mit dem Kopf neben den Füßen der Bettnachbarin hinlegen. Einige schliefen dort auch deshalb zu zweit, um sich gegenseitig zu wärmen. Diese Holzpritschen beherbergten schon bald allerlei Ungeziefer, wie Wanzen, Flöhe und Läuse, die den Gefangenen nicht nur den Schlaf erheblich erschwerten, sondern auch Krankheiten übertrugen. Außerdem brachen die Behelfspritschen leicht oder rutschten von ihren Auflagen. Je nach Absturzhöhe zeitigte dies für die auf ihnen Liegenden, aber auch für die darunter Schlafenden böse Folgen. Erst im Spätsommer 1946 soll schließlich auch jeder männliche nach Ketschendorf Verschleppte eine eigene, wie auch immer beengte Schlafstätte erhalten haben.[147]

In den meisten Räumen gab es ansonsten keinerlei Inventar, höchstens einmal eine Holzbank oder ein Tischchen, da dafür bei voller Belegung ohnehin kein Platz gewesen wäre. In einigen Zimmern stand ein kleiner Ofen, der sich im Winter bei strengem Frost je nach Holzzuteilung einmal täglich heizen ließ. Dies reichte allerdings nicht aus, um den Raum wirklich zu erwärmen; denn selbst bei extremer Kälte erhielten die Gefangenen nur fünf Stückchen Holz. Sie verheizten deshalb trotz Verbots die Dielen aus dem Dachboden des Hauses, Wärmeverkleidung und Torfmull, kurz: alles, was sie finden konnten.

Zerschlissene Kleidung

Die meisten Gefangenen betraten das Speziallager Ketschendorf, entgegen den Anweisungen des NKVD, nur mit den Kleidern, die sie auf dem Leibe trugen. Falls die Gefangenen noch Wechselwäsche über die zurückliegenden Gefängnisstationen gerettet hatten, nahmen die sowjetischen

Bewacher sie ihnen oft noch am Lagereingang ab. Glücklich konnte sich deshalb derjenige schätzen, der bei seiner Verhaftung nicht zu sommerlich gekleidet gewesen war; denn sonst sanken die Überlebenschancen mit einbrechender Kälte drastisch. Die Tag und Nacht getragene Kleidung verschliß im Laufe der Zeit immer mehr, wozu das Erhitzen während der Entlausung noch zusätzlich beitrug. Als einzige Möglichkeit blieb bald nur, sich von den Verstorbenen Ersatz zu beschaffen oder von denen, die etwas mehr besaßen, ein Kleidungsstück gegen Brot zu tauschen. „Aus erbeuteten Kleiderresten – am besten aus Hemdenstoff – können ‹Fußlappen› geschnitten werden, wenn die Strümpfe voller Löcher und nicht mehr zu tragen sind."[148] In seltenen Fällen tauchten auch aus russischen Beständen Leinenuniformen auf.[149] Besonders die Lagerprominenz konnte sich mit diesen Tauschobjekten zusätzliche Brotrationen sichern.

Einige Gefangene liefen daher auch in winterlicher Kälte draußen beim Appell nur noch in Pantoffeln herum oder banden sich Bretter an die Füße. Andere trugen völlig durchgelaufene und durchlöcherte Schuhreste. Mitunter mußten sie sich für einen Einsatz im Arbeitskommando von einem Kameraden Schuhe leihen, da sie selbst keine mehr besaßen.[150]

Manchmal sah der Verantwortliche bei der Desinfektion die dünne Kleidung eines Gefangenen und forderte ihn auf, sich aus den Kleiderbeständen Verstorbener, die noch in der Entlausung lagen, bessere Teile auszusuchen.[151] Den wenigsten Lagerinsassen bot sich allerdings eine solch glückliche Gelegenheit, ihre Kleidung und vor allem ihre Schuhe zu tauschen. Sie konnten sie höchstens etwas ausbessern oder umändern.

Auch bei diesem elementarsten Bedürfnis eines Menschen, seinen Körper vor der Kälte zu schützen, offenbarte der NKVD seine menschenverachtende Lagerpolitik. Da er die Wäsche der Verstorbenen seit dem Spätsommer 1945 aufbewahrte, wäre es ein leichtes gewesen, sie den noch Lebenden zur Verfügung zu stellen. Doch dies lag offensichtlich nicht in seinem Interesse. Nur selten und nicht vor dem Jahr 1946 bekamen einige etwas aus diesen Beständen, was sie sich dann für ihre Zwecke zurechtstrickten oder passend nähten.[152]

Essen fassen, aber wie?

Bei der Einlieferung erhielten wenige Gefangene meist nur kurz nach der Lagereinrichtung aus den Beständen der aufgelösten Wohnungen ein Weckglas[153], um darin die tägliche Wassersuppe empfangen zu können. Die meisten anderen mußten sich erst im Lager ein solches überlebensnotwendiges Gefäß besorgen. Zunächst konnten sie dazu auf die von den ehemaligen Wohnungsbesitzern zurückgelassenen Utensilien zurückgreifen. Wegen der hohen und immer weiter wachsenden Gefangenenzahl reichten diese jedoch bei weitem nicht aus. Neben Weckgläsern und Konservendosen fanden daher bald auch Ofenkacheln, Tee- oder Kaffekannen, Blumenvasen, Radkappen, Zählerkästen von elektrischen Stromzählern, Lampenschirme, die mit einem Stück Holz abgedichtet wurden, Aschenkästen von Öfen, Spucknäpfe, Futternäpfe für Kaninchen, Senf- und sogar Nachttöpfe als Eßgeschirr Verwendung.

Der NKVD kümmerte sich auch hier nicht um die Ausstattung der Festgehaltenen mit diesen lebensnotwendigen Dingen, obwohl Generaloberst Serov in seinen „Einstweiligen Verfügungen" vom „Geschirr" der Gefangenen sprach. Benötigte jemand ein neues oder überhaupt ein erstes Gefäß, so mußte er sich – ähnlich wie zum ‚Kleidererwerb' – Brot- oder Zuckerrationen vom Munde absparen, die er doch dringend selbst als Kalorienzufuhr benötigt hätte, um sie bei findigen ‚Doppelbesitzern' einzutauschen. Generaloberst Serov hatte zwar im Oktober 1946 jeglichen Handel im Lager untersagt, doch bezeichnenderweise nicht mitgeteilt, woher die Insassen denn sonst ihre lebensnotwendigen Utensilien bekommen sollten. So dienten Eßgeschirre vor allem der Verstorbenen als Tauschartikel[154], was wiederum die Ansteckungsgefahr erheblich vergrößerte. Als Eßbesteck fungierte ein geschnitzter Löffel, die sogenannte „Stalinkelle", die allerdings aufgrund der wässerigen Suppe nur in den Fällen wirklich nötig war, wo das Gefäß kein Trinken ermöglichte.

Erst wenn die Gefangenen sich ihr Eßgeschirr ergattert hatten, bestand jedenfalls für sie die Möglichkeit, an der ‚vollen' und selbst dann zu mageren Verpflegung teilzuhaben, die ja größtenteils aus Wasser bestand. Im Laufe des Jahres 1946 sollen dann schließlich Eßschüsseln an die noch lebenden Gefangenen ausgegeben worden sein[155], die kein anderes Gefäß besaßen.

6.2. „Hauptaufgabe: Verhinderung von Fluchten" – gut ausgerüstete Bewachung

Schon anderthalb Monate nach der bedingungslosen Kapitulation Deutschlands unterstanden mindestens sechs Lager dem NKVD in Berlin; denn nach dem 15. Juni 1945 hielt ein Kompaniechef in einer erklärenden Notiz fest, daß der Personalbestand seiner Einheit auf Befehl des Leiters der Operativen Gruppe des NKVD in Berlin für die Bewachung der Lager Landsberg, Frankfurt, Schwiebus, Fürstenwalde, Werneuchen und Berlin zuständig sein sollte.[156] Von diesen frühen Standorten blieben nur Fürstenwalde-Ketschendorf und Berlin-Hohenschönhausen als Speziallager in der SBZ bestehen. Die zentrale Berliner NKVD-Einheit schien damals noch eine gewisse Zuständigkeit für die Lager besessen zu haben, die etwa im Juli an die extra dafür geschaffene „Abteilung Speziallager" überging.

Speziell für Ketschendorf war der 1. Zug der 5. Kompanie des 221. Konvoiregiments, einer speziellen Truppengattung des NKVD zur Bewachung und Eskortierung von Gefangenen, unter dem gleichzeitigen Garnisonschef Leutnant Plochich zuständig. Die Revisionskommission unter der Leitung von

Oberst Klejmenov, Oberst Sviridov und Hauptmann Kogan teilten am 27. Oktober 1945 mit, daß die Bewachung Ketschendorfs mit einem Personalbestand von 43 Leuten und ausreichender Bewaffnung für ihre Aufgabe gut ausgerüstet war.[157] Die äußere Lagerbewachung oblag damals rund um die Uhr sechs Posten auf fünf Türmen sowie am zentralen Eingangstor. Nachts verstärkten weitere vier Posten sowie zwei Patrouillenpaare deren Aufmerksamkeit. Wachhunde sowie eine Telefon- oder Signalverbindung zwischen den Posten fehlten zwar, aber die gesamte Lagerzone war nachts elektrisch beleuchtet. Zur Verbesserung und damit zugleich zur Verschärfung der Sicherheitsvorschriften schlug deshalb die Kommission vor, zwischen den Wachtürmen und den Diensträumen eine Telefon- oder Signalverbindung einzurichten. Auch Hunde scheinen im Laufe der nächsten Monate zusätzlich die Totalisolation des Lagers sichergestellt zu haben.

Generaloberst Serov verlangte zudem wenig später persönlich vom Kommandeur des 322. Konvoiregiments, bis zum 30. Dezember 1945 durch die Entsendung weiterer Leute die Sicherung auch Ketschendorfs zu verbessern, da der Offizier trotz der Erweiterung des Lagers die Bewachung nicht verstärkt hatte, weshalb sie offensichtlich nicht mehr ausreichte.[158] Dies läßt darauf schließen, daß zum Jahresende eine andere NKVD-Einheit als im Oktober die Zuständigkeit für das Speziallager Nr. 5 übernommen hatte. Sie schien den verschärften Sicherheitsvorschriften nicht mehr zu genügen, sondern hatte sogar drei Soldaten im Vergleich zu ihrer Vorgängerin einsparen wollen. Ein Rechenschaftsbericht zur Einsatzstärke dieses 322. Regiments belegt, daß im Frühjahr 1946 in Ketschendorf nur noch 40 Soldaten stationiert waren, was einen Fehlbestand von zehn Bewaffneten bedeutete.[159] Dieser Personalmangel blieb das ganze Jahr über bestehen. Im Dezember 1946 bemängelte Oberst Sviridov in einem Schreiben an Generaloberst Serov daher erneut insgesamt fehlendes Wachpersonal für die ihm unterstehenden zehn

Lager sowie das eine Gefängnis. Denn von den erforderlichen 900 Personen seien tatsächlich nur 526 vorhanden.[160] Er konnte auf diese Weise zugleich einen Teil seiner Verantwortung für die Fluchten, die trotz strenger Isolation ab und an glückten, auf die Moskauer Sparpolitik abwälzen. Auch mitunter verzögerte oder teilweise unzutreffende Registraturarbeiten ließen sich durch den Verweis auf fehlendes Personal entschuldigen.

Das „Spezialkontingent" selbst kam so gut wie nie in direkten Kontakt mit dem sowjetischen Wachpersonal, da weitgehend Mitgefangene innerhalb des Lagers die Aufsicht ausübten. Die Eingesperrten sahen die Wachposten meist nur von innen mit ihren Maschinengewehren das Lager umstehen oder umkreisen. Sie wußten, daß diese Bewaffneten schon bei einer Berührung mit dem ersten Stacheldrahtzaun Warnschüsse mit scharfer Munition abgeben würden. So schossen sie sofort auf einen verzweifelten Lagerinsassen, der sich nachts vom Dach eines Hauses in den Tod stürzen wollte, weil sie einen Fluchtversuch vermuteten.[161] Die besondere Aufmerksamkeit des NKVD-Personals erfuhren andere Gefangene bei tatsächlichen Fluchtversuchen oder auch unbeabsichtigt durch Unachtsamkeit beim Abtransport. Dazu mußten sie in Reih und Glied antreten, wobei sich einer versehentlich in die falsche Marschrichtung drehte. Sofort griff ihn ein Wachhund an und biß zu.[162] Ansonsten verhielten sich die Wachmannschaften jedoch offenbar nach der Einlieferung korrekt gegenüber dem „Spezialkontingent".[163] Im Bunker erlitt manch ein Eingesperrter jedoch durch sie eine erniedrigende, rücksichtslose und brutale Behandlung. Einer bezog sogar direkt von dem sowjetischen Lagerkommandanten Prügel, da er sich durch Klopfzeichen mit seinem Nachbarn verständigen wollte. Der Name des Lagerkommandanten, Leutnant Lomov, blieb jedenfalls einigen Gefangenen nur deshalb im Gedächtnis, weil er für Ordnung und Disziplin in Ketschendorf zuständig war.

Dessen Vorgesetzter, Lagerleiter Major Andreev, betrat dagegen selten das eingezäunte Gelände. Die Insassen kannten ihn nur vom Sehen als „hühnenhaft, großgewachsen und dick"[164]. Er soll ein Deutschenhasser gewesen sein, der nur Ausdrücke wie „Schwein" für seine Gefangenen gebrauchte.[165] Häufiger erschienen Hauptmann Rudenko und Hauptmann Kapova, um ihre ärztlichen Kontrollen durchzuführen. Im Quarantänehaus sorgten zudem Rotarmisten selbst für die Verpflegung der Gefangenen, denen sie Brot und Suppe brachten. Im übrigen Lager nahmen Deutsche diese Aufgabe wahr.

Nach der „Einstweiligen Verfügung" Generaloberst Serovs war das „Spezialkontingent" generell verpflichtet, die jeweiligen Forderungen der Administration und des Lagerschutzes zu erfüllen und „höflich" zu sein, während sich die Bewacher des Lagers gegenüber den Gefangenen „höflich, aber fordernd" verhalten sollten. Längst nicht immer entsprach der alltägliche Umgangston diesem Ideal.

Insgesamt beschränkte sich der Kontakt zu den einfachen sowjetischen Wachsoldaten neben den Sanitär-Untersuchungen weitgehend auf solch unangenehme Prozeduren wie Zählappelle und zusätzliche überraschende „Filzungen", um offiziell verbotene Gegenstände, wie Stifte, Nadeln oder auch Fluchthilfewerkzeug zu beschlagnahmen. Nach dem Fluchtversuch von drei Männern Ende Oktober 1945 ordnete beispielsweise Oberst Sviridov die spezielle Überprüfung aller Unterkünfte an, um Schaufeln oder Schippen sicherzustellen. Von Zeit zu Zeit und in unregelmäßigen Abständen suchten unabhängig von diesem besonderen Fall die sowjetischen Bewacher dazu plötzlich die Lagerunterkünfte auf. Zu viert nahmen sie sich ein Zimmer vor. Zwei von ihnen stürmten hinein und veranlaßten die Bewohner, einzeln und ohne ihr bewegliches ‚Besitztum' hinauszugehen. Dabei beobachteten die Soldaten sie genau. Draußen nahmen die beiden anderen Bewacher die Gefangenen in Empfang. Sie mußten sich ausziehen, damit sie und ihre Kleidung genau abgetastet werden konnten. Währenddessen durchsuchten drinnen die Soldaten das Zimmer, indem sie alle Gegenstände genau inspizierten, die Bretter aus den Pritschen rissen und alles durcheinander auf einen Haufen in die Mitte warfen. Durch dies Herausreißen der Pritschen verloren die dünnen Gestelle ihre ohnehin mangelhafte Stabilität. Da die Bretter unterschiedlich lang waren, dauerte es zudem lange, bis die Gefangenen sie nach der „Filzung" wieder auf die passenden Gestelle gelegt hatten. Außerdem beschädigten die Bewacher durch ihr rüdes Vorgehen einige für die Besitzer wertvolle und kaum ersetzbare ‚Besitztümer'; denn wild durcheinander lagen neben verbogenen Löffeln auch eingerissene Decken und verbeultes oder sogar zerbrochenes Eßgeschirr.[166] Falls der NKVD bei diesen „Filzungen" einen verbotenen Gegenstand entdeckte, trug dieser seinem Besitzer Arrest im Bunker oder auch ein Verhör mit Schlägen bei den sowjetischen Wachmannschaften außerhalb des Lagers ein.

Manchmal führte der NKVD derart plötzlich auch „HygieneKontrollen" durch. Dazu inspizierte beispielsweise eine sowjetische Frau im Offiziersrang mit einem bewaffneten Soldaten jeden Eingang in jedem Haus. In den verschiedenen Zimmern untersuchte sie zudem stichprobenartig das Besitztum einiger Insassen auf den Pritschen, also Decke, Mantel, Mütze, Konservendose und Löffel, soweit diese Dinge überhaupt vorhanden waren. Falls sie rostige Stellen in einer Dose entdeckte, schlug sie dem Besitzer das Gefäß an den Kopf und rief: „Verdammte deutsche Schweine! Du holen neue Dose, karascho?"[167], ohne allerdings hinzuzufügen, wo es diese Utensilien gab. Auch das Vorhandensein von Spinnweben kommentierte sie entsprechend.

Im Frauenlager führten in der Regel zwei sowjetische Frauen mit einer Vertreterin der deutschen Lagerleitung diese „Hygiene-Kontrollen" durch. Entweder wurden alle oder aber stichprobenartig nur einige Gefangene dafür um so gründlicher untersucht. Hier ging es weniger um Rostspuren als um Ungeziefer. Die Betroffenen mußten sich ganz ausziehen, damit die Kontrolleure jedes Kleidungsstück genau betrachten konnten. Falls sie dabei eine Kleiderlaus fanden, schimpften sie die Betreffende aus und schickten sie zur Strafentlausung[168], ohne die unzureichenden sanitären Zustände vor Ort irgendwie zu ändern. Eine sowjetische Ärztin, die die Gefangenen als „Ringelnatter" bezeichneten, weil ihre Zöpfe wie ein Kranz um den Kopf lagen, behandelte auch die Lazarettschwestern gehässig und beleidigend.[169]

Eine andere Art von Kontrolle übte allerdings die sowjetische Ärztin Hauptmann Kapova aus, die die Gefangenen auch „Pferdemähne"[170] nannten. Sie erschien zum ersten Mal im Spätsommer 1945[171] in Ketschendorf, rauchte mitunter Pfeife und fiel sofort dadurch auf, daß sie beim Appell die Reihen abschritt und einige Frauen genauer betrachtete. Daraufhin inspizierte sie die Unterkünfte. Zuerst ging sie bezeichnenderweise zu der Frau, die im Lager ein Kind entbunden hatte und besorgte ihr Zusatzverpflegung sowie einige Kleidungsstücke und Decken aus dem Nachlaß Verstorbener. Bei ihren Zimmerbesuchen legte sie anders als die übrigen NKVD-Mitarbeiter keinen Wert darauf, in strammer Haltung begrüßt zu werden. Als sie die jeweils doppelt belegten Pritschen sah und erfuhr, welch großer Platzmangel herrschte, bemühte sie sich um Linderung dieser Not. Außerdem durfte ein psychisch krankes Mädchen sich etwas von ihr wünschen. Dadurch erhielt die Zimmerbelegschaft bereits am nächsten Tag eine Kiste als zusätzliche Sitzmöglichkeit neben den Pritschen.[172]

Wie schon in den NKVD-Kellern offenbarten sich somit auch in den Lagern die unterschiedlichen Charaktere des sowjetischen Personals. Manche taten einfach ihre Arbeit, andere nutzten mit sadistischer Freude ihre Machtposition aus, dritte bemühten sich jedoch, ihre Arbeit zum Nutzen aller zu verrichten. Ähnliches traf auch für die deutsche Lagerleitung zu, wenngleich hier bei den Überlebenden noch eindeutiger die negativen Erfahrungen mit deren Vertretern überwogen.

Deutsche Handlanger

Von einer ‚Solidargemeinschaft aller Gefangenen im Leid‘, die die gemeinsame lebensbedrohliche Totalisolation hätte begründen und erwarten lassen können, war jedenfalls keine Spur. Der NKVD hatte getreu der alten römischen Weisheit des *divide et impera* (teile und herrsche) für diese allgegenwärtige Differenzierung den Grund gelegt; denn für die innere Organisation, Verwaltung und Ordnung des Speziallagers zog er jeweils zu einem geringen Teil dessen Insassen mit heran. Der Lagerleiter oder sein Stellvertreter sollten dafür, laut einer „Einstweiligen Instruktion" Oberst Sviridovs[173], diejenigen Arbeitskräfte auswählen, die ihre Arbeit am gewissenhaftesten erledigten und sie getrennt von den anderen Insassen unterbringen. Diese besondere Unterkunft lag im Männerlager im vorderen Teil in den Häusern XIII und XIV. Hier bewohnten beispielsweise zwölf, manchmal sogar nur vier bis sechs[174] Personen ein Zimmer mit Pritschen, auf denen Strohsäcke lagen. Der „Lagerprominenz" stand außerdem richtige Kernseife zur Verfügung, und sie durfte regelmäßig das intakte Bad benutzen.[175]
Die führenden Angehörigen der deutschen Lagerverwaltung verfügten neben der besseren Unterbringung und Verpflegung, neben ausreichend Heizmaterial und zufriedenstellendem Schutz vor Ungeziefer zudem über eine Schreibstube mit einem Schreiber. Für ihren persönlichen Gebrauch unterstanden ihnen außerdem zwei Bedienstete, die ihnen täglich ihr Zimmer putzen mußten, weil die sowjetische Vorschrift das von allen Gefangenen verlangte.
Der Schreiber nahm jeweils die Personalien derjenigen auf, die neu in dem Haus eintrafen, in dem auch er saß. Er verglich zusätzlich täglich die Listen, die er von der Lagerleitung bekam, mit der tatsächlichen Belegschaft, um die Belegungsliste unter anderem für die Zählappelle immer auf dem neuesten Stand zu halten. Bei jedem Neuzugang oder Abgang notierte er die Namen aller Hausbewohner in latei-

nischen und kyrillischen Buchstaben oft unter Zuhilfenahme von drei bis vier anderen Insassen, um die Liste rechtzeitig fertig zu haben.[176]

An der Spitze der deutschen Lagerhierarchie stand im Speziallager Ketschendorf der Baltendeutsche Ka., der als verlängerter Arm des NKVD galt, jedoch den Insassen gegenüber kaum in Erscheinung trat.[177] Sie sahen ihn oft nur als sehr ernste, schon etwas ältere Person mit einem halbsteifen Hut, einem sauberen Anzug und einem Mantel mit Pelzkragen durch das Lager gehen und respektierten ihn.[178] Er stellte dank seiner Russischkenntnisse den Kontakt zur sowjetischen Leitung sicher und gab die erhaltenen Anordnungen an seinen Stellvertreter und damit zugleich an sein ausführendes Organ, den Kommandanten der Gefangenenverwaltung weiter. Diesen Posten hatte der ehemalige Polizeioffizier Sch. aus Berlin inne. Er mußte die ständige Verbindung zu allen Unterkünften gewährleisten und war für die ‚Begrüßung‘ der neu Eingelieferten zuständig. In absteigender Hierarchie waren ihm die „Hauskommandanten, Zugführer, Stubenältesten oder Gruppenführer" und schließlich an niedrigster Stelle die einfachen Gefangenen untergeordnet.

Diese ausgewählte und vom NKVD eingesetzte deutsche Lagerverwaltung handelte auf Befehl des sowjetischen Kommandanten und war ihm Rechenschaft schuldig. Die Gefangenen mußten deshalb sowohl die sowjetischen Bewacher als auch die deutsche Lagerpolizei pflichtgemäß in strammer Haltung grüßen. Letzterer gehörten vorwiegend ehemalige Polizeikräfte der Hitlerzeit an, die ihre Privilegien, die mit ihrer besonderen Rolle einhergingen, weitgehend zum Nachteil der Mitgefangenen ausnutzten. „Aber die Deutschen waren viel schlimmer als die Russen. [...] Da wurden nur welche genommen, die früher schon bei den Nazis solche Aufseherposten gehabt hatten."[179] Zu den uniformierten „Lagerprominenten"[180] gehörten beispielsweise B., ein Sprecher des „Großdeutschen Rundfunks" sowie S., ein

Kriegsgerichtsrat der Nationalsozialisten. Diese Auswahl wirft ein weiteres deutliches Licht auf die Art von „Entnazifizierung", die die sowjetische Sieger- und Besatzungsmacht mit Hilfe der Lager angeblich in gesamtalliierter Übereinstimmung erreichen wollte. Sie erhellt auch schlaglichtartig die Vorstellungen des NKVD von „gewissenhaften Bediensteten", so wie sie Oberst Sviridov gefordert hatte; denn gerade die von sowjetischer Seite ausgewählten und erneut mit Kontrollfunktionen beauftragten Polizeikräfte hätten eine „Entnazifizierung" oder „Umschulung" sicherlich nötiger gehabt als unschuldige Jugendliche oder manche andere Lagerinsassen. Der NKVD betraute dennoch gerade diese ‚erfahrenen Kräfte' mit verantwortlichen Positionen, die ihnen zugleich überlebenswichtige Privilegien sicherten. Er bevorzugte damit dieselben Personen zu Aufbau und Aufrechterhaltung seiner Macht, die zuvor bereits dem nationalsozialistischen System gedient hatten. Dies mochte pragmatische Gründe haben, offenbarte jedoch zugleich einmal mehr die enge Verwandtschaft der beiden totalitären Systeme. In Wirklichkeit ging es auch den neuen sowjetkommunistischen Machthabern nicht um das Schaffen einer so oft beschworenen ‚besseren Welt'. Sie erstrebten vielmehr allein Sicherung und Ausbau ihrer Macht, egal mit welchen Mitteln und mit wessen Hilfe. Deshalb kamen ihnen die NS-Polizeikräfte nur gelegen, um Ruhe und Ordnung innerhalb des Stacheldrahts herzustellen und zu wahren. Den entsprechenden Umgang mit Untergebenen, der sich in nationalsozialistischer und kommunistischer Diktatur kaum unterschied, hatten sie noch vor Kriegsende zur Genüge gelernt. Der Chef dieser auch als „Lagerschutz" bezeichneten Lagerpolizei war ebenfalls Sch.. Auch diese Personengruppe lebte vom übrigen „Spezialkontingent" getrennt.

Der gut gekleidete und wohlgenährte Sch. scheint der Schrecken des Lagers und ein schlimmer Menschenschinder gewesen zu sein, der seine privilegierte Stellung ausnutzte und mit Genuß seine Machtposition ausspielte: „Er schnauzte die umstehenden Leute an. Macht, daß ihr wegkommt, sonst geht ihr gleich in den Bunker! Eins, zwei! Im ersten Moment dachte ich, daß es ein Umschulungslager wäre und dieser Kerl ein KPD-Bonze. Gefehlt: Er war der stellvertretende Lagerkommandant. Ein Häftling wie wir."[181] Dieser Mann arrangierte sich nicht nur mit den Besatzern und nutzte seine Macht gegenüber Mitgefangenen schamlos aus. Er besorgte sich sogar noch die Goldzähne und Kronen von den Leichen, bevor das Beerdigungskommando sie aus dem Lager schaffte. Anschließend schmuggelte er dieses Edelmetall in einem Eimer mit doppeltem Boden aus Ketschendorf hinaus.[182]

Neben seiner ohnehin schon bessergestellten Position erlaubte er sich zudem noch rücksichtslose Späße auf Kosten der Gefangenen. So verunsicherte er durch Lügen die mit ihm Eingesperrten, die nach jeder Parole von einer Lagerauflösung, Entlassung oder Befreiung wie nach einem lebensrettenden Strohhalm griffen und um so mehr verzweifelten, wenn sie sich nicht erfüllte: „Doch plötzlich drang eine recht laute Stimme in das Gewirr der Fragen, durchbrach alle Gespräche der anderen Kameraden: ‹Die Russen ziehen ab!› [...] Mit schadenfroh-hämischem Grinsen blickte er auf die verhungerten Gestalten vor sich, selbst im Vorteil ausreichender Ernährung. Belustigt nahm er wahr, wie sich seine Worte langsam in vielseitiger Diskussion über die Menschenmenge verteilten. Er hatte offensichtlich seinen Spaß daran."[183] Dieser stellvertretende Lagerkommandant mißhandelte sogar seine Mitgefangenen und zeichnete für manch eine Bunkerstrafe verantwortlich. Später, als er, wie andere Ketschendorfer auch, nach Sachsenhausen als ‚gemeiner' Gefangener gelangte, brachte ihm dies allnächtliche Prügel von seinen ehemaligen ‚Untergebenen' ein. Schließlich verlegte der NKVD seinen ‚willigen Vollstrecker', um ihn vor dem verständlichen Zorn seiner von ihm in Ketschendorf so schikanierten Lagerkameraden in Sicherheit zu bringen.[184]

Die Leiterin des Frauenlagers, eine ehemalige Frauenschafts-
führerin mittleren Alters, benahm sich völlig anders als ihr
Pendant im Männerlager. Sie versuchte, alle Probleme gütlich zu regeln und trat den Gefangenen gegenüber sehr müt-
terlich, ausgeglichen und vertrauenerweckend auf. Außerdem
bemühte sie sich, Unheil, das durch die sowjetischen Bewacher drohte, abzuwenden, sofern es in ihrer Macht stand.
So beobachtete beispielsweise eine Gefangene kurz nach
ihrer Einlieferung in Ketschendorf, wie eine Frau ihrem Ehemann ein Stück Brot über den Zaun warf. Dabei wurde der
Mann erwischt und abgeführt. Der sowjetische Sergeant verlangte nun von der eingelieferten Gefangenen, die betreffende Frau zu denunzieren. Sie redete sich zwar damit heraus, daß sie erst kurz im Lager sei und sich deshalb das
Gesicht der betreffenden Person nicht gemerkt habe. Doch
der Sergeant nahm ihr dies nicht ab und wollte sie selbst
als abschreckende Strafmaßnahme in den Bunker stecken.
Davor bewahrte sie nur die Lagerleiterin, da sie zum einen
versprach, daß so etwas nicht mehr vorkommen werde, und
zum anderen drohte, mit dem Kommandanten zu sprechen.
Daraufhin ließ der Sergeant die Sache auf sich beruhen.[185]
Die Lagerleiterin ermahnte danach mit deutlichen Worten
die Zugführerinnen, ihr derartige Ereignisse unverzüglich zu
melden, um ihr selbst die sonst drohenden Konsequenzen zu
ersparen.
Die unterschiedliche Behandlung der Deutschen je nach
ihrer Wichtigkeit durch ihre Mitgefangenen war zum Beispiel
in der „Rasierstube" beim „Friseur" in Haus I offensichtlich.
Während der dortige Ordner die einfachen Gefangenen
anschnauzte, „scharwenzelte er liebedienerisch"[186] um die
„Lagerprominenz" herum, die zudem bessere Klingen erhielt.
Neben diesem zwar regelmäßigen, aber nicht ständigen Kontakt mit der „Lagerprominenz" gab es andere fast alltägliche
Begegnungen. Da jedes Haus als eine Kompanie zählte, standen ihm die Hauskommandanten vor, die oft ebenfalls vor

ihrer Verhaftung Polizeioffiziere oder Wehrmachtsangehörige gewesen waren. Sie trugen zum Teil noch ihre alte Uniform. Der Hauskommandant mußte täglich bei der Lagerleitung Bericht erstatten und erhielt dort zugleich die aktuellen Anordnungen. Nach seiner Rückkehr informierte er darüber seine Zugführer. Meist handelte es sich um organisatorische Dinge, wie Termine für die Entlausung, Säuberung der Gebäude, das Essenholen. Aber es ging auch um alltägliche Verhaltensregeln, wie zum Beispiel das Sammeln von je zehn Personen im Hausflur, um zur Latrine gehen zu können. Den Anweisungen des Hauskommandanten und der täglichen Hauswache mußten die Gefangenen unbedingt Folge leisten. Die Zugführer waren ihrerseits jeweils für 50 Personen, bei den Frauen jeweils für einen Eingang verantwortlich. Sie regelten den Verpflegungsempfang, achteten auf pünktliches Antreten und den reibungslosen Ablauf bei den Appellen, meldeten Krankheiten, sorgten für Sauberkeit in den Zimmern sowie für die Einteilung der Nachtwachen. Wenn sich, wie so häufig, ein Zug auf mehrere Zimmer verteilte, stand noch jedem Zimmer ein Stubenältester vor, der dem jeweiligen Zugführer untergeordnet war. Oft oblag letzterem daher die Rechenschaftspflicht über zwei jeweils ungefähr mit 25 Personen belegte Zimmer. Zugführer und Stubenälteste wohnten mit den übrigen Gefangenen zusammen. Die meist sehr wässerigen Reste in den Essenskübeln, die die „Essenholer" täglich pro Haus heranschafften, die nach der Verteilung verblieben, wurden dann nach einem festen System zimmerweise als Nachschlag verteilt.

Außerdem gab es pro Haus einen sogenannten „Arzt" oder „Sanitäter". Er war mit oder ohne medizinische Kenntnisse dafür zuständig, die Krankheit von Zimmerinsassen festzustellen und damit ihre Lazaretteinweisung zu ermöglichen.[187] Zudem arbeitete in jedem Gebäude ein oft 14- bis 16jähriger „Läufer" bzw. „Melder", der noch gut zu Fuß war und zusätzliche Anordnungen der sowjetischen Lagerleitung an die Hauskommandanten überbrachte. Er holte auch Gefangene im Auftrag des NKVD aus ihren jeweiligen Zimmern zu Verhören oder Untersuchungen ab.[188]

Alle diese ‚Lagerbediensteten‘ sorgten für den reibungslosen Ablauf des alltäglichen Lebens und für die genaue Einhaltung der sowjetischen Befehle. Wie schon bei den Verhaftungen fand der NKVD somit auch im Lager gerade für die verantwortlichen Positionen unter den Deutschen willige Helfershelfer, die sich durch ihre Tätigkeit Vorteile erhofften und auch bekamen. Von ihrem Charakter und dessen Festigkeit auch unter extremen Bedingungen hing es ab, ob sie ihre kleinen Privilegien auf Kosten ihrer Leidensgenossen oder auch zu deren Vorteil einsetzten.

Negative Beispiele gab es leider zuhauf; denn die Lagerverwaltung steckte oft mit den Hauskommandanten unter einer Decke, so daß sie zusammen viele Leute in den Bunker brachten, um deren Essensrationen selbst zu verzehren. Im Haus VI verschwand sogar zu jeder Mahlzeit vor der Essensausgabe ein großer Kübel mit dicker Suppe, der teilweise von den Verantwortlichen gegessen, teilweise in den Ausguß geschüttet wurde.[189] Als ein Mann diesen Diebstahl aufdecken wollte, schleppten ihn die Diebe auf den Dachboden, um ihn dort aufzuhängen und dabei einen Selbstmordversuch vorzutäuschen. Er konnte zwar entkommen, wurde aber kurz darauf als „Verrückter“ ins Lazarett gesteckt.

Zumindest ein Hauskommandant nutzte seine derart herausgehobene Position allerdings nicht zu Ungunsten der Gefangenen aus, sondern bemühte sich um gewissenhafte, d.h. menschliche Machtausübung.[190]

Das genaue Gegenteil davon war Polizeimajor Kn., der sich wie sein Vorgesetzter Sch. als Leuteschinder, ja als „Bestie von Mensch“ aufführte, die viele Menschenleben auf dem Gewissen hat. Denn er behandelte als Hauskommandant der Jugendhäuser I, VII und VIII die ihm untergebenen in A- und B-Züge unterteilten Jugendlichen in gnadenlos militärischer Manier.[191] Zu den A-Zügen gehörten dabei jeweils die unter

16jährigen, während die B-Züge aus 16- bis 19jährigen bestanden.

Als Hauskommandant der Jugendhäuser setzte der NKVD zwar nur Erwachsene ein. Doch die Auswahl der Zugführer bzw. Stubenältesten erfolgte unter den Jugendlichen entsprechend ihren Funktionen in der Hitlerjugend. Die Zugführer setzte der Hauskommandant ein und wechselte sie auch wieder aus. In jedem Zug sorgten nochmals fünf Gruppenführer für die Aufgabenverteilung der Eingangs- und Pumpenwache, sowie der Zimmer-, Treppen- und Toilettenreinigung, die die Züge bzw. Gruppen in regelmäßigem, zyklischem Wechsel vorzunehmen hatten.

Als besondere Aufgaben mußten die Gefangenen nacheinander Stubendienste zum Reinigen ihrer Unterkünfte und Wachdienste wahrnehmen. Dazu gehörte jeweils ein Posten vor jedem Haus. Lager- oder auch Hauskommandant kontrollierten häufig diese Wachposten, die ihnen beispielsweise melden mußten: „Haus I, Eingang II, auf Posten keine besonderen Vorkommnisse."[192] Jedes Vergehen der Wachhabenden konnte Bunkerstrafe zur Folge haben. Die Posten konnten allerdings auch ihre Kameraden vor einer Kontrolle warnen.

In allen Häusern mußte nachts zudem immer ein Gefangener im Hausflur stehen und Wache schieben, um bei einer Kontrolle, wie sie in den ersten Monaten oftmals stattfand, beispielsweise zu berichten: „Ich melde: Haus XVII, Eingang II keine Unruhe, keine Vorkommnisse – alle Häftlinge in den Zimmern!"[193]. Wenn gerade zu diesem Zeitpunkt in der Toilette Licht brannte, mußte der Posten dem Kontrollierenden zufriedenstellend erläutern können, wer sich dort aufhielt und ob die betreffende Person verdächtig war. Diese Wache, die im Frauenlager anscheinend im Eingang stand, wurde dort alle zwei Stunden abgelöst. Nach einer fest eingeteilten Ordnung mußte hier jede Frau etwa alle zwei Wochen auf diese Weise ihren Postendienst versehen.

Vergehen haben bittere Folgen

Insgesamt war der Lageralltag schon lebensbedrohlich genug. Dennoch ermöglichten sowjetische Vorschriften noch ein verschärftes Regime, denn die „Einstweiligen Verfügungen" Serovs verlangten bei Verstößen gegen Forderungen der Lageradministration spezielle Strafen, die in abgesonderten Gebäuden, dem Bunker, zu verbüßen waren. Gründe, um Personen dorthin einzuliefern, fand die Lagerleitung mehr als genug: Diebstahl, Besitz offiziell verbotener Dinge wie Papier, Bleistift oder auch scharfer, schneidender Gegenstände, Abhalten von oder Teilnahme an Vorträgen, religiöse Betätigung, Wachvergehen, Kontakte zwischen Männern und Frauen oder gar zur Außenwelt, Beschädigung des Lagerinventars oder irgendeine Nichtbeachtung eines der zusätzlichen Ver- oder Gebote, die neben denjenigen der „Einstweiligen Verfügungen" im Lager galten.

So durften beispielsweise in Ketschendorf die Männer die Küche nicht betreten oder in andere Gebäude gehen, was auch schon Serov verboten hatte. Sie durften auch die Zeit vor und nach den Mahlzeiten nur hinter ihrem eigenen Haus verbringen[194], ihre Unterkunft dazu nur geschlossen, ja das Haus nicht ohne Befehl verlassen und außerhalb der Unterkünfte nicht in Gruppen mit mehr als drei Personen zusammenstehen.[195] Offensichtlich befürchtete der NKVD sonst ‚konspirative Absprachen, Zusammenrottung' oder Planung von Fluchtversuchen. Auch war jeglicher Kontakt zwischen Erwachsenen und Jugendlichen im Männerlager untersagt.[196] Der Besitz von Geld[197] oder von Papier und Schreibwerkzeug war ebenfalls absolut verboten.

Diese zusätzlichen Verbote verstärkten noch die von Oberst Sviridov aufgezählten Anordnungen Serovs, der dem „Spezialkontingent" immerhin zugebilligt hatte, sich frei auf dem jeweiligen Lagergelände zu bewegen. Sie dienten dazu, das Lagerleben für die Gefangenen noch unerträglicher zu machen.

Da Sviridov als Leiter der Berliner „Abteilung Speziallager"
Treffen zwischen Männern und Frauen ebenfalls verboten
hatte, mußten deshalb bei Gesprächen über den Stacheldraht
hinweg immer andere Mitgefangene aufpassen, um ein Ent-
decken zu verhindern. Warf jemand dabei Brot über den
Zaun, um dem anderen die Überlebenschance zu verbessern,
und ließ sich dabei erwischen oder fiel einem verräterischen
Denunzianten oder Lagerspitzel zum Opfer, brachte ihm
seine Menschlichkeit verschärften Arrest für fünf oder zehn
Tage ein, den der NKVD auch über den hungrigen Empfänger des Brots verhängte.[198]

Für die Ehepaare, Väter und Söhne oder Töchter, die mitunter
im gleichen Speziallager einsaßen, bedeutete das strenge Kon-
taktverbot eine schwere Bürde. Jedes auch noch so kleine Vergehen gegen die ursprünglichen oder gegen die zusätzlichen
Anordnungen konnte den Haus- oder Lagerkommandanten
sowie die sowjetischen Bewacher veranlassen, drei bis 21, mitunter auch mehr Tage Arrest zu verhängen.

Trotz dieser verbotenen Kontaktaufnahme zwischen Männern und Frauen, selbst wenn es sich um Verwandte oder
Ehepaare handelte, gelangen unter ständigem Risiko einige
Gespräche. Beispielsweise durch Zeichen und Botschaften
von Haus zu Haus, durch kurzes Beisammensein getrennt
durch den Zaun, durch Sichtkontakt, wenn die Frauen zum
Duschen ins Männerlager gingen oder dank der Vermittlung
von Kameraden aus Arbeits-, hier besonders des Lazarett-
kommandos. Doch stets drohte den Beteiligten dabei der all-
bekannte Bunker. Fast nie waren sie wirklich zu zweit. Wie
schlimm war es, wenn der andere lange nichts mehr von sich
sehen ließ, vielleicht krank war oder gar nur wenige Meter
entfernt mit dem Tode rang, ohne daß es erlaubt war, ihm zu
helfen oder wenigstens in den letzten Minuten bei ihm zu
sein.

Zehn Tage Arrest gab es beispielsweise schon für den
Diebstahl einiger Kartoffeln, die ein Junge von einem
LKW entwendet hatte. Ein besonders schweres Vergehen

bestand darin, sich in der Nähe des Stacheldrahtzauns auf-
zuhalten, was für die Bewacher bereits auf einen Fluchtversuch hindeutete und 30 Tage schweren Arrest zur Folge
hatte.

Im Männerlager befand sich der Bunker, in den die Bestraften daraufhin verlegt wurden, im Gebäude des deutschen
Lagerkommandanten.[199] Bei den Frauen diente wahrscheinlich anfänglich noch der Bunker des Männerlagers als Straf-
ort, später der Kellerverschlag des Hauses, aus dem die jeweilige ‚Delinquentin‘ stammte, mit einem Wachposten an der
Treppe als Arrestzelle. Gitterbleche sowie von außen Holz-
abdeckungen verschlossen und verdunkelten die Fenster.
Dort verlebten die Gefangenen in völliger, halb unterirdi-
scher Dunkelheit je nach Strafmaß Einzel- oder Gruppen-
haft. Sie mußten ohne Decke auf dem Betonfußboden schlafen. Bei normalem Arrest bekamen sie als Verpflegung etwa
300 g Brot, meist noch weniger, sowie eine warme Mahlzeit
pro Tag. Bei verschärftem Arrest erhielten sie jedoch außer
den 300 g Brot nur noch jeden zweiten Tag eine warme
Suppe.[200] Je länger dieser Arrest dauerte, desto näher rückte
damit der Gefangene dem Tod; denn den Bunker hatte er ja
schon sehr geschwächt betreten, nur um nun noch stärker zu
hungern, zu frieren und der Dunkelheit ausgesetzt zu sein.
Die Verhängung mehrerer Tage Arrest kam so mitunter der
Todesstrafe gleich. Als ein Bunkerinsasse daher nach mehr-
monatigem Aufenthalt dort wegen zweier Fluchtversuche ins
Lazarett eingeliefert wurde, glich sein Kopf bereits einem
Totenschädel, über den sich die Haut nur noch pergamentar-
tig spannte.[201]

Besonders der stellvertretende Lagerkommandant Sch.
sowie Hauskommandant Kn., der für die Jugendlichen zuständig war, scheuten dennoch nicht davor zurück, diese
lebensbedrohliche Strafe zu verhängen und damit ihre deutschen Mitgefangenen in vielen Fällen in den Tod zu schicken.
An einem Tag gelangten dadurch mitunter bis zu 30 Jugendliche in den Bunker.[202]

Trotz der dortigen Wachen bemühten sich die übrigen Leidensgenossen, den Bestraften Essen zukommen zu lassen, obwohl ihnen dafür dieselbe Strafe drohte. Im Frauenlager geschah das mittels eines Schlauchs, durch den sie dünne Suppe in den Keller pumpten, was allerdings nicht immer funktionierte. Außerdem versuchten sie, eine Schüssel mit Essen über die Kellertreppe hinunterzutragen, während eine weitere Gefangene den Posten ablenkte.[203] Mitunter gaben auch Ausländerinnen, die im Arrest besseres Essen erhielten, der deutschen Mitgefangenen von ihrer Verpflegung ab.[204] Im Männerlager bestand die Möglichkeit, durch die Kübelträger, die die Kübel des Bunkers im Abort entleeren mußten, den dort Einsitzenden heimlich etwas zukommen zu lassen.

Längst nicht alle tatsächlichen Vergehen, soweit der extreme Hunger sie nicht überhaupt weitgehend erklärte und auch teilweise entschuldigte, gelangten allerdings zur offiziellen Anzeige. Wer einen Lagerkameraden zum Beispiel um ein Stückchen Brot bestahl, das dieser sich zurückgelegt hatte, fiel schnell unter die radikale Selbstjustiz der Zimmergenossen. Sie brandmarkten ihn mit einem Schild als Dieb, zwangen ihn mit einer schwarzen Kuhdecke über dem Kopf für alle sichtbar im Eingang zu stehen, teilten ihm die schlechteste Schlafstelle der jeweiligen Unterkunft zu, beachteten ihn längere Zeit nicht oder zwangen ihn über einen längeren Zeitraum, die Stube zu putzen.[205] Manchmal schlugen sie ihn sogar lazarettreif, wobei die dann nötige Verlegung wegen der sanitären Zustände auf der entsprechenden Krankenstation tödliche Folgen haben konnte.

Als ein Gefangener einmal beim Appell seinen Mantel als gestohlen meldete und ihn tags darauf einem sowjetischen Offizier auch genau beschrieb, bemühte sich dieser tatsächlich, ihn wieder aufzufinden. Es gelang ihm binnen weniger Tage, nicht nur das Kleidungsstück, sondern auch den Dieb ausfindig zu machen. Er forderte daraufhin den Bestohlenen auf, den Übeltäter zu verprügeln. Als der Betroffene sich weigerte, tat der Offizier es höchstpersönlich. Den Gefangenen entließ er nach der Rückgabe des Mantels mit den Worten: „Nun Du nicht mehr frieren."[206]

Doch alle kleineren Vergehen, die immer wieder zu einigen Tagen Bunkerstrafe führten, verblaßten selbst mit ihren gesundheitlichen Folgen vor den Strafen, die mit einer Flucht oder einem Fluchtversuch einhergingen, wenn der NKVD sich der Beteiligten bemächtigen konnte, weil das Ziel der Speziallager ja die völlige Isolation ihrer Insassen war. Die katastrophalen Zustände in den sowjetischen Hafteinrichtungen sollten möglichst nicht an die Öffentlichkeit dringen. Deshalb hatte das Personal kein Interesse, sich wegen geflohener Gefangener in peinlichen Nachfragen und Überprüfungen sowie durch „Spezialmitteilungen" in Berlin und Moskau verantworten zu müssen.

Fluchtversuche

Schon bei der Auswahl des Lagerstandorts hatten deshalb die NKVD-Mitarbeiter darauf geachtet, daß sich keine Siedlungen in unmittelbarer Nähe befanden. Ein erster Stacheldrahtzaun, gefolgt von einer dichten Bretterwand von 2,80 Metern Höhe, die einige Rollen Stacheldraht krönten, dahinter noch ein weiterer 50 Zentimeter niedrigerer, aber damit immer noch übermannshoher, durch Spiraldraht der Marke „Bruno" verstärkter, äußerer Stacheldrahtzaun sowie die „verbotenen Zonen" vervollständigten die gänzliche Abgeschiedenheit und Totalisolation des Lagers.

Hinter dem Bretterzaun erkannten manche Gefangene – wohl erst seit 1946 – zudem eine Hundelaufzone.[207] Außerdem vermuteten einige noch zusätzlich einen äußeren, elektrischen Stacheldrahtzaun.[208] Sie bemerkten auch, daß die Zone zwischen den Stacheldrahtzäunen und der Bretterwand sorgfältig geharkt wurde, um Fußspuren sofort sichtbar zu machen. Über dem Bretterzaun hing alle drei Meter eine Lampe zur Beleuchtung des Schußfelds.[209] Diese Anlagen, die an diejenigen der späteren innerdeutschen Grenze erinnern, ließen einem Fluchtversuch kaum eine Erfolgschance. Zudem wußten die Gefangenen offensichtlich gar nicht genau, was sie jenseits des Bretterzaunes noch alles an Hindernissen erwartete.

Dennoch versuchten bereits in den ersten Monaten des Lagerlebens einige von ihnen auszubrechen. Laut sowjetischen Angaben der „Spezialmitteilung" Oberst Sviridovs an Generaloberst Serov[210] hatten drei Berliner ihre Flucht vereinbart und sich dafür eine kleine eiserne Schaufel sowie einen Spaten besorgt. Am 26. Oktober 1945 nach dem abendlichen Appell drangen sie in den Abort ein, der nur zwei Meter[211] vom Zaun entfernt lag. Zwei gruben daraufhin unter dem beleuchteten Zaun einen Tunnel, während der Dritte Schmiere stand. Nachdem sie erfolgreich den inneren Stacheldrahtzaun und die Bretterwand untergraben hatten, kroch einer von ihnen in die „verbotene Zone" hinaus, um nun auch den äußeren Zaun zu untertunneln. Dort bemerkte ihn allerdings morgens um 7.15 Uhr der wachhabende Rotarmist Petr Atmanov[212]. Er gab sofort vier Schüsse auf ihn ab, allerdings ohne zu treffen. Die drei Gefangenen verließen daraufhin rasch die Lagerumzäunung bzw. das Latrinenhäuschen, in dem sie sich verborgen gehalten hatten, um sich in den Häusern zu verstecken. Die sowjetischen Soldaten entdeckten sie jedoch nach einer sorgfältigen Überprüfung des Lagergeländes. Der NKVD leitete daraufhin gegen die drei Berliner eine Untersuchung ein, um sie mit dem dadurch angesammelten Belastungsmaterial anschließend dem SMT-Tribunal zu übergeben.

Der Leiter der „Abteilung Speziallager", Sviridov, schickte aufgrund dieses ersten und gescheiterten Fluchtversuchs sofort seinen Stellvertreter, Hauptmann Kozjulin[213], sowie den leitenden Operativen NKVD-Bevollmächtigten der

„Abteilung", Hauptmann Kapranov, ins Lager Ketschendorf. Dort sollten sie die Verstärkung der Bewachung und die Verschärfung des Regimes veranlassen. Zudem mußten die Soldaten alle Gebäude und die Sachen der Insassen durchsuchen, um verbotene Gegenstände (zum Beispiel Werkzeug) zu beschlagnahmen. Der aufmerksame Rotarmist Atmanov erhielt zudem eine Belobigung sowie als Auszeichnung ein wertvolles Geschenk.

Die Kommission, die direkt nach dem Fluchtversuch das Lager inspizierte, schlug darüber hinaus vor, die Registrierung und Aufbewahrung der „scharf schneidenden Gegenstände" zu verbessern, die das „Spezialkontingent" vor allem während der Anfangszeit der Lagereinrichtung für besondere Arbeiten erhalten hatte.

Den Erinnerungen der Gefangenen zufolge scheint trotz dieser zusätzlichen Sicherheitsbestimmungen die Abortanlage auch danach wegen ihrer relativen Nähe zum Zaun noch häufiger Fluchtversuchen gedient zu haben. So entschlossen sich vier Jugendliche aus Haus I schon knapp zwei Monate später im Dezember 1945, eine weitere Flucht zu wagen. Sie wollten ebenfalls einen Tunnel unter dem Zaun graben und sich dabei immer abwechseln. Einer von ihnen begann mit der Arbeit wiederum nach dem abendlichen Zählappell. Doch Hauskommandant Kn. erwischte ihn beim Graben, da einer aus der Vierergruppe das Vorhaben verraten hatte.[214] Bis auf den Verräter verbrachten daraufhin die im Zuge der Spezialuntersuchung ermittelten drei Jugendlichen, im Alter von 16 bis 17 Jahren 246 Tage[215] im Bunker. Da zwei von ihnen keine Decke besaßen, lagen sie nur auf Brettern. Darunter legten sie Mauersteine, um etwas Gefälle zu haben. Als Verpflegung erhielten sie nur 200 g Brot sowie einen halben Liter Suppe. Ein Jugendlicher konnte ab und zu durch die Kübelträger von einem Kameraden mit zusätzlichem Essen versorgt werden. Nach diesem langen Aufenthalt im Bunker, den erst eine Inspektion von Offizieren aus Karlshorst [gemeint waren vermutlich Angehörige der Berliner „Abteilung", die Verfasser] beendete, blieb den Jugendlichen nur der Weg ins Lazarett. Einer von ihnen mußte dort an Krücken erst wieder laufen lernen. Ein anderer starb schon acht Tage nach seiner ,Befreiung'.[216] Als die beiden Überlebenden aus dem vierwöchigen Lazarettaufenthalt zurück in ihre Häuser kamen, halfen ihnen die Kameraden mit Teilen des eigenen kargen Essens aus, damit sie körperlich wieder etwas zu Kräften kommen konnten.[217]

Sechs andere Gefangene unternahmen 1946 einen weiteren Fluchtversuch.[218] Auch sie versuchten, durch einen Stollen zu fliehen, den sie nach einer Entleerung des Aborts zu graben begannen. Diese Arbeit konnten sie unbemerkt wochenlang fortsetzen. Einige hatten dazu Holz vom Arbeitskommando mitgehen lassen, aus dem sie Werkzeug und Bretter zum Abstützen der Stollenwände anfertigten. Da zu diesem Zeitpunkt der NKVD ihre Unterkünfte glücklicherweise nicht durchsuchte, konnten sie ihre Werkzeuge unbemerkt aufbewahren. Die Erde, die sie ausgruben, schütteten sie unauffällig in die Grube und verteilten sie um die Häuser herum, da dort ohnehin kein Grün mehr wuchs. Nachdem sie bereits einen ein Meter hohen und zwei bis drei Meter unter der Erdoberfläche gelegenen Stollen gegraben hatten, der zehn Meter hinter dem dritten und letzten Lagerzaun endete, wollten sie nur noch einige Tage ihre Arbeit fortsetzen, um dann in der Nacht außerhalb der Scheinwerferkegel ,aufzutauchen' und in ein bis zwei Nachtmärschen in den Westsektor Berlins zu entkommen. Doch ehe sich dieser hart erschuftete Traum erfüllte, verriet einer der Lagerspitzel für eine extra Portion Brot die ihm bekannten Beteiligten an dieser Aktion. Der NKVD mißhandelte sie daraufhin solange, bis sie die Namen auch der übrigen Kameraden preisgaben. Alle erhielten 150 Tage Arrest mit einem Verpflegungssatz von nur 150 g Brot täglich sowie dreiviertel Liter Suppe an jedem zweiten Tag. Vier der sechs Insassen verhungerten im Bunker, während die anderen beiden nach 120 Tagen aus dem Arrest freikamen.

Nur eine Flucht, die vermutlich auf ähnliche Weise ablief, scheint gelungen zu sein. Denn eines Tages herrschte große Aufregung im Lager. Niemand durfte seine Unterkunft verlassen, da angeblich einige Gefangene durch einen Tunnel von der Latrinengrube aus geflohen waren. Am nächsten Tag teilten die Bewacher zwar den Gefangenen, wohl zur Abschreckung, offiziell mit, die Geflohenen wieder aufgegriffen zu haben. Die verbliebenen Insassen bekamen sie jedoch nicht zu Gesicht.[219] Möglicherweise hatten sie es also tatsächlich geschafft. Dabei könnte es sich um die vier Personen handeln, die auch laut einem sowjetischen Dokument am 15. April 1946 aus Ketschendorf flüchteten.[220]

Neben diesen relativ gut belegten Geschichten kursierten im Lager noch Berichte über einen Fluchtversuch von drei Jugendlichen, die während des Zählappells neben der Schleuse den Bretterzaun übersteigen wollten. Ein Spitzel habe sie jedoch angeblich für ein halbes Brot als Belohnung verraten, weshalb sie die sowjetischen Bewacher auf der anderen Seite des Zauns schon erwarteten.[221] Auf ganz ähnliche Weise sollen ebenfalls nach dem Verrat eines Lagerspitzels drei Jungen 30 Tage Arrest im Bunker erhalten haben. Einer von ihnen soll dort verstorben sein, während die anderen herausgetragen werden mußten.[222]

6.3. Eine gemischte Gesellschaft – das Ketschendorfer „Spezialkontingent"

Das Findbuch des Moskauer GARF weist für das sowjetische Speziallager Ketschendorf 14täglich Bestands- und Verlegungslisten für die Zeiträume vom 01. Mai bis zum 28. August 1945, vom 01. Januar 1946 bis zum 13. April 1947, außerdem Lagerregistrierungsbücher vom 25. Juni 1945 bis zum 21. März 1946 (tatsächlich reichen sie jedoch bis zum 20. März 1947) sowie Registraturakten für Sowjetbürger vom 28. August bis zum 28. Dezember 1945 aus. Insgesamt läßt sich so fast die gesamte Zeit des Lagerbestehens mit unterschiedlichen zeitgenössischen Akten abdecken.

Den vier Registrierungsbüchern für das „Spezialkontingent" des „NKVD-Speziallagers Nr.5 Fürstenwalde" zufolge hätten das Lager vermutlich mindestens 10.412 Personen durchlaufen, wenngleich die Belegungszahl bereits im November 1945 eindeutig größer war, als die damals im Journal verzeichnete Zahl der Personen.[223] Auch der Suchdienst des Deutschen Roten Kreuzes in Berlin errechnete aus den ihm vorliegenden sowjetischen Akten für das Speziallager Nr. 5 einen Durchlauf von ungefähr 10.400 Personen.

Für die meisten Verschleppten gibt das erste Buch als Verhaftungszeit April/Mai 1945 sowie als verhaftende Stelle Organe des SMERŠ an. Einige verstarben bereits von Mai bis August 1945. Bei vielen ist der Februar 1946 bzw. der Januar 1947 als Todesdatum vermerkt. Diese Angaben der Registrierungsbücher decken sich mit denjenigen der 14täglichen Rechenschaftsberichte. Im Zuge der Auflösung erscheint bei vielen folgerichtig der Januar 1947 als Verlegungsdatum des Abtransports nach Jamlitz, Buchenwald oder Mühlberg bzw. Sachsenhausen oder Fünfeichen. Bei manchen fehlte allerdings das Datum des nur mit dem Zielort bezeichneten Übergabetransports.

Wechselnde Belegung

Während die Lagerregistrierungsbücher primär der Ketschendorfer Registraturgruppe für interne Zwecke dienten, verlangte die „Abteilung Speziallager" in Berlin von all ihren Lagerleitern 14täglich Rechenschaftsberichte. Mit ihrer Hilfe erstellte sie Gesamtübersichten über die vom NKVD Verhafteten und in Speziallager auf deutschem Boden Verschleppten, um diese nach Moskau zu melden. Diesen und damit auch den Ketschendorfer Berichten lagen tabellarische Übersichten der Lagerregistraturgruppe bei. Sie erfaßten jeweils den Zeitraum bis zum vorigen Bericht, also in der

Regel bis zum vorangehenden 13. bzw. 28. des Monats. Die Tabellen verzeichneten dabei häufig neben der Bestandsgröße des Lagers auch die Anzahl der Frauen, der verschiedenen Nationalitäten sowie der verstorbenen Gefangenen. Sie gewährten dadurch Einblicke in die Lagergröße und erklärten deren Schwankungen durch Verlegungen zwischen den Lagern. Da allerdings das Aktenmaterial bis heute noch nicht vollständig zugänglich ist, bleiben manche Fragen offen. So hält die russische Regierung nach wie vor die zentrale alphabetische Gefangenenkartothek zurück. In ihr dürften alle vom NKVD in Deutschland in Lager verschleppten Personen erfaßt sein. Ihre Auswertung durch das Deutsche Rote Kreuz würde dessen mühsame schicksalsklärende Arbeit erheblich erleichtern.

Die ansteigenden Zahlen der Toten zur Jahreswende 1945/46 sowie besonders im Hungerwinter 1946/47 bestätigen jedoch bereits bisherige Forschungserkenntnisse und Erinnerungen Überlebender. Die Zahlen in den Klammern mit † weisen im folgenden die in diesem Zeitraum meist seit dem Vorgängerdatum, laut NKVD-Berichten, Verstorbenen aus. Angaben der Transporte in das oder aus dem Lager Ketschendorf erscheinen kursiv und enthalten, soweit aus den Akten ersichtlich, die Anzahl der verlegten Personen. Mitunter ergaben sich aus unterschiedlichen Akten voneinander abweichende Angaben, die die Tabelle nebeneinander ausweist. Mit Fragezeichen versehen sind dabei die Zahlen, die meist aus Tabellen der „Abteilung Speziallager" stammen und von den mit Hilfe des DRK korrigierten Ziffern der 14täglichen Rechenschaftslegung abweichen.[224] Auf die Problematik der Totenzahlen geht das Kapitel 6.6, S. 206 ff., auf die der Transporte das Kapitel 7., S. 213 ff. näher ein.

	Speziallager Nr. 5: Belegung, (Totenzahlen), *Transporte*
01.05.1945	27 Deutsche
29.05.1945	2750: 110 Frauen bzw. 2499 Deutsche; (3 † bis Ende Mai)
09.06.1945	3511: 137 Frauen bzw. 3499 Deutsche bzw. 121 Mobilisierte, (5 †)
12.06.1945	*aus 5 in 2 (Posen): 1000*
19.06.1945	1567: ca. 97 Frauen, (11 †) *aus 5 in 2 (Posen): 978*
29.06.1945	2406 oder 2394: 151 Frauen
30.06.1945	*aus 5 in Schneidemühl: 1500*
09.07.1945	2936: 169 Frauen bzw. 2648 Deutsche, (13 †)
13.07. 1945	*aus 5 in 6 (noch Frankfurt): 754*
18.07.1945	2884: 182 Frauen, (18 †)
21.07.1945	*aus 5 in 6: 600*
28.07.1945	2607: zusätzlich 11 Mobilisierte, (21 †)
29.07.1945	*aus 3 in 5: 1084*
29.07.-15.08.1945	*aus 5 in 3: 8*
31.07.1945	3703
13.08.1945	4696: 296 Frauen, (26 † seit 28.07.)
15.08.1945	4707
28.08.1945	5601: 341 Frauen, (60 † seit dem 13.08.)
28.08.-13.09.1945	*aus 5 in 3*
September 1945	*aus 4 in 5: 72*
01.09.1945	5612
13.09.1945	6386: 376 Frauen bzw. 630 Sowjetbürger, (30^{225} bzw. 50? † seit dem 28.08.)
17.09.1945	*von SMERŠ in 5: 475*
28.09.1945	7061: 6389 Deutsche *aus 9 in 5: 170*
02.10.1945	*aus 9 in 5: 196*
04.10.1945	*aus 4 in 5: 79*
04.10.-31.12.1945	*aus 8 in 5*
07.10. 1945	*aus 6 in 5*
12.-25.10.1945	*aus 7 in 5: 170*
13.10.1945	7939: (91 †)
13.-28-10.1945	*aus 4 und 6 in 5; aus 5 über 7 in 6*
25.10.1945	*aus 5 in 9: 854*
27.10.1945	8619: 540 Frauen bzw. 1283 Russen, [Kommissionsbericht]
28.10.1945	8623: 561 Frauen, (110 † seit dem 13.10.)
13.11.1945	9395: 7510 Deutsche, 1885 Ausländer: 917 Russen, 423 Ukrainer, ca. 327 Polen sowie andere Nationalitäten, (202†) *aus 9 in 5: evtl. ehemalige Kriegsgefangene*
26.11. 1945	*aus 5 in 6*

28.11.1945	8088: 523 Frauen, (148 †) *aus 5 in die UdSSR: 1955 meist sowjetischer* *Staatsangehörigkeit; aus 3 in 5*
30.11.1945	7860[226]
10.12.1945	*aus 9 in 5: 65 sowjetischer Staatsangehörigkeit und 2 Polen*
13.12.1945	8114: 538 Frauen, (122 † seit dem 28.11.)
28.12.1945	8239 bzw. 8209?[227]: 559 Frauen, (227 †) *aus 9 in 5*
13.01.1946	8092: 565 Frauen, (256 †)
28.01.1946	8021, (153 †)
13.02.1946	7836, (268 †)
28.02.1946	7658 bzw. 7836[228], (278 †)
13.03.1946	7442, (271 bzw. 270? †)
28.03.1946	7286: 587 Frauen, (276 bzw. 277? †) *aus 9 in 5: 70*
13.04.1946	7087: 521 Frauen, (297 bzw. 299? †) *aus 2 in 5*
13.-28.04.1946	*aus 5 in die Verfügung sowjetischer Organe: ca. 20*
16.04.1946	*aus 5 in 6: 980 oder 1000[229] in die Verfügung des NKGB;* *aus 5 in die UdSSR: 576*
28.04.1946	5972: 518 Frauen, (178 bzw. 183? †)
11.05.1946	*aus 7 in 5*
13.05.1946	5861: 516 Frauen, (163 †)
28.05.1946	5783: 534 Frauen (171 bzw. 161? †) *aus 6 in 5: 10 Sowjetbürger zwecks Deportation in UdSSR;* *aus 7, verschiedenen Oper-Gruppen, der „Abteilung",* *Kreis-SMERŠ-Gruppen in 5; aus 5 an Kreis- SMERŠ*
28.05.-13.06.1946	*aus 4 in 5: 52; aus 7 in 5: 14 „Weiße Emigranten"*
29.05.-14.06.1946	*aus 6 in 5: 64*
05.06.1946	*aus 6 in 5: 9; aus 9 in 5*
06.06.1946	*aus 6 in 5: 3 Russen; aus 3 in 5*
08.06.1946	*aus 6 in 5: 2; aus 2 in 5*
10.06.1946	*aus 6 in 5: 4; aus 4 in 5*
11.06.1946	*aus 6 in 5: 7; aus 7 in 5: 15*
13.06.1946	5919: 547 Frauen bzw. 5238 Deutsche, 681 Ausländer: 380 Russen, 145 Ukrainer, (139 †)
13.-28.06.1946	*aus 6 in 5; aus 5 an die Abteilung MGB der UdSSR*
15.06. 1946	*aus 5 in die UdSSR (Station Rybinsk, Ankunft am* *8.07.1946: 576 Sowjetbürger, darunter 68 Frauen)*
28.06.1946	5260: 480 Frauen, (93 †)
13.07.1946	5200: 483 Frauen, (76 bzw. 80? †)
28.07.1946	5151: 483 Frauen, (91 †)
13.08.1946	5064: 488 Frauen, (135 †) *aus 3 in 5*
28.08.1946	5100: 493 Frauen, (78 bzw. 75? †)
13.09.1946	5108: 496 Frauen, (38 †)

28.09.1946	5103: 498 Frauen, (20 †)
13.10.1946	5125: 500 Frauen, (23 †)
28.10.1946	5130: 502 Frauen, (9 †)
01.-15.11.1946	*aus Oper-Gruppe MGB in 5: 5*
13.11.1946	5119: 504 Frauen bzw. 4524 Deutsche bzw. 362 Kriegs-gefangene, neben 4757 Spezialkontingent, (16 †)
28.11.1946	5107: 503 Frauen, (12 bzw. 11? †)
28.11.-13.12.1946	*aus 4 in 5: 8*
04.12.1946	*aus 5 in 69: 199*
08./09.12.1946	*aus 4 in 5; aus 9 in 5; aus 5 in 69: 9*
12.-27.12.1946	*aus 1 in 5: 4*
13.12.1946	5092: 508 Frauen, (8 †) *aus 9 in 5: 25*
16.12. 1946	*aus 6 in 5*
22.12. 1946	*aus 2 in 5*
28.12.1946	5089[230]: 513 Frauen bzw. 4795 Deutsche, 294 Ausländer: 134 Russen, 61 Ukrainer, 8 Belorussen, 17 Letten, 7 Litauer, 3 Esten, je 2 Aserbaidschaner, Armenier und Juden[231], 1 Georgier, (31[232] bzw. 36? †)
13.01.1947	5053: 511 Frauen bzw. 4760 Deutsche, (37 †: 35 Deutsche)
16.01.1947	*aus 5 in 6: 1200: 580 Männer, 433 Frauen, 187 Jugendliche, von denen am 18.01. nur 1199 eingeliefert werden*
21.01.1947	*aus 5 in 1: 1190[233] dort sind am 25.01. 1190 angelangt, 9 † auf dem Transport (oder dort am 27.01. nur 1155 angelangt?)*
25./29.01.1947	*aus 6 in 5: 361*
28.01.1947	2758: 80 Frauen bzw. 2500 Deutsche, (51 †)
28.01.-13.02.1947	*aus 5 in 6: 16*
29.01. 1947	*aus 5 in 6: 250*
31.01.1947	*aus 5 in die UdSSR: 662*
13.02.1947	2050: 81 Frauen, (35 †)
28.02.1947	2031 bzw. 2050?[234]: 81 Frauen, (18 †) *aus 5 in 9: 1540 oder 1570[235]*
03.03.1947	*aus 5 in 7: 327 oder 337[236]*
10.03.1947	*aus 5 in 9: 1595, von denen 25 während Transports und Übernahme verstarben*
13.03.1947	90: 10 Frauen, (35 bzw. 34? †)
13.03.-28.03.1947	*aus 5 in 4: 3*
28.03.1947	87: 10 Frauen *aus 5 in 7: 27 Russen*
13.04.1947	60: 10 Frauen
24.04.1947	*aus 6 in 5: 361[237]*
28.04.1947	60
12.05. 1947	*aus 5 in 2: 60*
13.05.1947	/

Die höchste Belegung von Fürstenwalde läßt sich demnach am 13. November 1945 mit 9395 Personen nachweisen. Bis April 1946 befanden sich 7000 bis 8000, bis Januar 1947 über 5000 Gefangene im Lager. Die Zahl der Frauen blieb seit dem 17. Oktober 1945 bis zum 13. Januar 1947 mit über 500 relativ konstant. Sie erreichte am 28. März 1946 ihren Höchststand mit 587 Personen. Da das Frauenlager nach der anfänglichen Ausweitung nicht mehr vergrößert wurde, herrschte zu diesem Zeitpunkt in seinen Häusern auch die größte Enge. Durchgängig lag allerdings der Frauenanteil an der Gesamtlagerbelegung im Jahr 1945 zu Zeiten hoher Belegungsdichte nur bei etwa 6,3%. Da anschließend die Zahl der männlichen Gefangenen größtenteils durch Tod und weniger durch Verlegungen kontinuierlich abnahm, die Frauenstärke jedoch konstant blieb, erhöhte sich ihr Anteil an der Gesamtbelegschaft bis auf 10,1% im Januar 1947. Erst die Verlegung der meisten Frauen nach Jamlitz im Januar 1947 ließ die Belegschaft stark schrumpfen. Nur ein prozentual recht starkes weibliches Aufräumkommando schien anschließend bis zur offiziellen Auflösung in Ketschendorf verblieben zu sein.

Durchweg befanden sich nur Angehörige des „Spezialkontingents" in Ketschendorf, die nicht verurteilt waren. Bisher ließen sich lediglich am 13. November 1946 auch Kriegsgefangene nachweisen. Da sich kein entsprechender Einlieferungstransport auffinden ließ, könnten sie aus einer Umregistrierung von Angehörigen paramilitärischer Organisationen wie SA, SS, aber auch Volkssturm resultieren.[238] Die meisten von ihnen dürften noch im Dezember in das Kriegsgefangenenlager Nr. 69 nach Frankfurt/Oder verlegt worden sein.

Mannigfaltiges Nationalitätenspektrum

Im Speziallager Ketschendorf versammelte der NKVD zwar überwiegend Deutsche. Fast von Beginn an befanden sich dort aber auch im Vergleich zu den meisten anderen Speziallagern, abgesehen von Frankfurt/Oder (Nr. 6), relativ viele Ausländer. Mindestens von Ende Mai 1945 bis zum 28. März 1947 lassen sie sich nachweisen. Durchschnittlich lag ihr Anteil nach vorliegenden sowjetischen Dokumenten bei 10% und erreichte einen Höchststand am 13. November 1945 mit 20,1%. Unter ihnen stellten Russen meist knapp die Hälfte der Gefangenen, gefolgt von Ukrainern. Insgesamt überwogen eindeutig Sowjetbürger. Der NKVD konzentrierte sie gezielt in Ketschendorf vor ihrer anschließenden Deportation, obwohl die Speziallager nach Befehlen des Volkskommissars für Innere Angelegenheiten, Berija, eigentlich nur für nichtsowjetische Zivilisten vorgesehen waren.[239] Über ihre Lebensumstände und weiteren Schicksale fehlen allerdings entsprechende Informationen völlig.

Bereits am 15. September 1945 zählte ein Bericht die in Ketschendorf einsitzenden Sowjetbürger auf und kam auf insgesamt 630 Personen (9,9% der Gesamtbelegung).[240] Darunter befanden sich unter anderem 297 Russen (47,1% der Ausländer), 164 Ukrainer (26%), 43 Litauer (6,8%), 30 Letten, 25 Belorussen, 24 Georgier, 10 Kabardiner, 7 Rußlanddeutsche, 6 Tataren, 5 Osseten, 3 Aserbaidschaner, je 2 Moldauer und Usbeken, je ein Baschkire, Tschuwasche, Este, Jude, Kasache, Mari, Tschetschene und Udmurte. Der NKVD wies demnach die einzelnen oder, mit Blick auf die Balten, auch nur die aus Moskauer Sicht sogenannten „Sowjetnationalitäten" im Detail aus. Abgesehen von den Angehörigen der Vlasov-Truppen und den von den Nationalsozialisten zwangsweise rekrutierten Ostarbeitern und Ostarbeiterinnen dürfte es sich hier auch um gefangene Rotarmisten handeln. Doch auch russische, sogenannte „Weiße" Emigranten, die wegen der bolschewistischen Oktoberrevolution ihre Heimat verlassen hatten, griff der NKVD wieder auf und verschleppte sie ebenfalls nach Osten in den GULag.[241]

Ein Bericht vom 13. Juni 1946[242] zählte noch unter anderem Polen, Niederländer, Franzosen, Österreicher, Tschechen, Schweizer, Armenier, Kalmücken, Griechen, Jugoslawen,

Turkmenen, Amerikaner, Belgier, Brasilianer, Inder, Rumänen, Ungarn, sowie je einen Abchasen, Briten, Chinesen, Spanier, Iraner, Italiener, Argentinier und Perser[243] auf. Nur teilweise erklären sich diese Ausländer durch tatsächliche oder gepreßte „Kriegsfreiwillige" aus mit dem Reich verbündeten Staaten. Andere zählten eher zu den Kriegsgegnern. Manche waren Bürger alliierter Staaten und vielleicht zuvor bereits unter Hitler in deutsche Gefangenschaft geraten. Einige Monate später, am 15. November 1946[244], hatte die Anzahl dieser Ausländer (unter anderem noch ein Däne) stark abgenommen.

Die deutschen Insassen hatten jedoch kaum Kontakt zu ihren ausländischen Leidensgenossen, die weitgehend getrennt von ihnen lebten. Einige erinnerten sich hauptsächlich an die Angehörigen der Vlasov-Truppen oder an Ostarbeiter, die zahlenmäßig zweifellos den größten Teil der Ausländer stellten, sowie an Franzosen.[245] Allerdings schätzten sie eine sehr viel höhere Zahl von Vlasov-Soldaten als die Akten vermuten lassen. Ihrem Gedächtnis zufolge befanden sich ungefähr 1000[246] dieser unglücklichen Menschen in Ketschendorf, die als „Volks-/Heimatverräter" auf die Deportation warteten. Auch russische Emigrantinnen sahen einem solch ungewissen Schicksal entgegen. Sie hatten im Deutschen Reich geheiratet und bereits Kinder mit ihrem deutschen Ehepartner. Dennoch sollten sie ebenfalls in die UdSSR deportiert werden.[247] Einmal mehr offenbarte der NKVD damit die Unmenschlichkeit des kommunistischen Herrschaftssystems. Er riß Familien für immer auseinander, raubte Kindern ihre Eltern und verschleppte Menschen, ohne daß irgendeine Straftat vorlag, in ein Land, in dem sie nicht leben wollten.

Den Gefangenen blieben ebenso jüdische Insassen im Gedächtnis, die zum Teil vorher schon im KZ gesessen hatten. Einige Österreicher schließlich versuchten anscheinend, sich durch ihre Landesfarben, die sie in Bändern in ein Knopfloch steckten, von den anderen Insassen abzuheben.[248] Möglicherweise spekulierten sie dadurch auf eine im Vergleich zu den übrigen Deutschen bessere Behandlung oder gar raschere Entlassung.

Schuld oder Unschuld

Nach dem bereits erwähnten Bericht vom Juni 1946 verteilten sich die Nationalitäten der insgesamt 5919 Gefangenen auf unterschiedliche ‚Schuldkategorien‘; denn der NKVD wies jedem Gefangenen pauschal eine solche, von ihm sogenannte „Färbung“ zu. Diese Kategorien fußten weitgehend auf dem Befehl Berijas Nr. 00315. In den Tabellen vermerkte sie das Lagerpersonal allerdings nur stichpunktartig mit einigen Zusätzen. Die dortigen Prozentangaben geben jeweils den Anteil der „Färbung“ an dem Gesamtbestand der Gefangenen wider.

Kategorien nach Befehl 00315	13.06.1946: davon verschiedene Nationalitäten	15.11. 1946: davon verschiedene Nationalitäten
a) „Spionage-, Diversions- und terroristische Agenten deutscher Abwehrorgane“	109 (1,8%): 69 Deutsche, 7 Polen, 4 Holländer usw.	1333 (26%): 1308 Deutsche, 6 Polen, 4 Österreicher usw.
b) „Beteiligte aller Organisationen und Gruppen, die von der deutschen Führung und den Abwehrorganen des Gegners zur Zersetzungsarbeit im Hinterland der Roten Armee zurückgelassen wurden“	836 (14,2%): 836 Deutsche	452 (8,8%): 452 Deutsche
c) „Betreiber illegaler Radiostationen, Waffenlager und Untergrunddruckereien“	70 (1,2%): 70 Deutsche	93 (1,8%): 93 Deutsche
d) „Aktive Mitglieder der nationalsozialistischen Partei“	2596 (43,9%): 2596 Deutsche	1826 (35,7%): 1826 Deutsche
e) „Führer faschistischer Jugendorganisationen auf Gebiets-, Stadt- und Kreisebene“	313 (5,3%): 313 Deutsche	65 (1,3%): 65 Deutsche
f) „Mitarbeiter der Gestapo, des SD und anderer deutscher Straforgane“	983 (16,6%): 792 Deutsche, 92 Russen, 49 Ukrainer usw.	623 (12,2%): 573 Deutsche, 24 Ukrainer, 5 Russen, 3 Polen usw.

Kategorien nach Befehl 00315	13.06.1946: davon verschiedene Nationalitäten	15.11. 1946: davon verschiedene Nationalitäten
g) „Leiter administrativer Organe auf Gebiets-, Stadt- und Kreisebene sowie Zeitungs- und Zeitschriften- redakteure und Autoren anti- sowjetischer Veröffentlichungen"	562 (9,5%): 562 Deutsche	
g1) „Leiter administrativer Organe auf Gebiets-, Stadt- und Kreisebene sowie Leiter faschistischer Wirt- schaftsorganisationen"		186 (3,6%): 186 Deutsche
g2) „Zeitungs- und Zeitschriften- redakteure und Autoren anti- sowjetischer Veröffentlichungen"		21 (0,4%): 21 Deutsche
zusätzlich zum Befehl 00315		
„Vaterlandsverräter"	392 (6,6%): 230 Russen, 96 Ukrai- ner, 14 Letten, 11 Litauer usw.	123 (2,4%): 72 Rus- sen , 23 Ukrainer, je 7 Tataren u. Let- ten usw.
„Weiße Emigranten"	58 (1%): 58 Russen	
„Übrige"		41 (0,8%): 12 Rus- sen, 7 Polen, 4 Ukrainer, je 3 Fran- zosen, Holländer u. Tschechen usw.
„Kriegsgefangene"		362 (7,1%)
insgesamt	5919: 5238 Deut- sche, 681 Auslän- der: 380 Russen, 145 Ukrainer usw.	5119: 4524 Deut- sche, 362 Kriegs- gefangene (ohne Nationalitätenanga- be) 231 Ausländer: 99 Russen, 51 Ukrainer usw.

In Unterleutnant Konstantinovs Bericht vom 13. Juni 1946 tauchte damit erstmals der Schuldvorwurf des „Vaterlands-verräters" auf, den der Befehl Nr. 00315 noch nicht erwähnt hatte. Denn diese „Färbung" konnte sich ja nicht auf die damals von Berija primär gemeinten Deutschen, sondern nur auf vermeintliche Sowjetbürger beziehen. Unter ihnen befan-den sich neben zahlreichen anderen Sowjetnationalitäten vor allem Russen und Ukrainer.

Eine weitere „Färbung" war sogenannten „Weißen Emigranten" vorbehalten und betraf dadurch nur Russen.

Die übrigen Kategorien entsprachen den schon im Befehl Nr. 00315 aufgeführten Vorwürfen und umfaßten neben ausländischen Nationalitäten auch zahlreiche Deutsche. So fielen unter „Spionage-, Diversions- und terroristische Agenten deutscher Geheimdienste" (1,8%; im November bereits 26%) laut NKVD-Angaben neben Deutschen noch Polen, Holländer, Tschechen, Franzosen, Inder, Schweizer, Österreicher, Griechen, Ungarn und Rumänen, Jugoslawen, Juden, Belgier, Briten, Chinesen, Amerikaner, Spanier, Iraner, Brasilianer, Italiener, Argentinier und Perser.

Zu den „Mitarbeitern der Gestapo, des SD und anderer deutscher Straforgane" (16,6%; im November nur noch 12,2% nach Abnahme der Deutschen und Zunahme der Ausländer) gehörten laut Konstantinovs Bericht neben den überwiegend Deutschen auch Russen, Ukrainer, Belorussen, Polen, Litauer, Letten, Franzosen, Österreicher, Jugoslawen, Schweizer, Holländer, Kabardiner, Chinesen, Juden sowie je ein Belgier, Tscheche, Armenier, Amerikaner, Grieche, Italiener und Brasilianer. Primär dürften sich in dieser Gruppe, wenn überhaupt, Personen befunden haben, die tatsächlich persönlich Schuld hatten auf sich laden können. Insgesamt betrug ihr Anteil jedoch weniger als ein Sechstel der Gesamtbelegung.

Die übrigen pauschalen und erneut an NS-Funktions- bzw. Berufsgruppen statt an tatsächlich nachgewiesener persönlicher Schuld orientierten Kategorien umfaßten nur Deutsche. Es handelte sich aus NKVD-Sicht um „aktive Mitglieder der nationalsozialistischen Partei" (43,9%; im November nur noch 35,7%), „Beteiligte aller Organisationen und Gruppen, die von der deutschen Führung und den Abwehrorganen zur Zersetzungsarbeit im Hinterland der Roten Armee zurückgelassen wurden" (14,1%; im November noch 8,8%), „Führer administrativer Organe auf Gebiets-, Stadt- und Kreisebene" (ergänzt zusätzlich zum NKVD-Befehl Nr. 00315 um „Führer von Wirtschaftsorganisationen") (9,5%; im November 3,6%), „Führer faschistischer Jugendorganisationen auf Gebiets-, Stadt- und Kreisebene" (5,3%; im November 1,3%) sowie „Betreiber illegaler Radiostationen, Waffenlager und Untergrunddruckereien" (1,2%; im November 1,8%). Fast der Hälfte der nach Ketschendorf Verschleppten konnte der NKVD damit noch im Juni 1946 keinen anderen Vorwurf machen als den bloßer Parteimitgliedschaft bzw. unterster ‚Leiter-Funktionen'; denn nichts anderes verbarg sich hinter „NS-Aktiv" wie eine genauere Auflistung vom Oktober 1946 bezeugt. Insgesamt legte der NKVD führende Positionen in der Verwaltung oder in NS-Organisationen nur gut einem Siebtel der Gefangenen zur Last. Fast genauso groß war der Anteil derjenigen, die er extrem auslegungsbedürftig der „Zersetzungsarbeit" beschuldigte. Mit diesem Vorwurf konnte er auch bereits Gegner der neuen, sowjetischen Diktatur in das Speziallager einliefern.

Der Bericht, den vier Monate später Hauptmann Skvorcov und Oberst Sviridov im November 1946 in der Berliner „Abteilung Speziallager" erstellten, beschrieb gesammelt alle Nationalitäten der einzelnen Speziallager nach den üblichen Schuldkategorien, die allerdings leicht verändert formuliert waren. Er belegt – wie die vorigen Zahlen zeigen – Verschiebungen in der Gefangenenpopulation Ketschendorfs. So hatten die Ausländer stark abgenommen. Statt dessen hatten die „Spionage-, Diversions- und terroristischen Agenten deutscher Geheimdienste" drastisch zugenommen, was vermutlich auf die Einlieferung meist jugendlicher, als „Werwolf" bezeichneter Deutscher sowie auf die Umregistrierung von Teilen des „NS-Aktivs" zurückzuführen ist.[249] Zusätzlich zählte dieser Bericht noch „Zeitschriften und Zeitungsredakteure und Autoren anderer antisowjetischer Veröffentlichungen" sowie ausschließlich für einige nicht deutsche Gefangene die noch allgemeinere Kategorie „Übrige" auf. Es bleibt unklar, was die NKVD-Offiziere damit meinten und welcher Schuldvorwurf sich dahinter verbarg. Unter diese „Färbung" fielen jedenfalls Russen, Polen, Ukrainer,

Franzosen, Holländer, Tschechen, Österreicher, Ungarn, je ein Jugoslawe, Rumäne, Däne, Schweizer und Grieche. Außer dem „Spezialkontingent" lebten noch 362 Kriegsgefangene im Lager, obwohl sie nach dem Befehl Nr. 00315 nicht in Spezial-, sondern in Kriegsgefangenenlager eingewiesen werden sollten. Möglicherweise gingen sie auf eine Umregistrierung von Gefangenen vermutlich paramilitärischer Organisationen zurück.

Laut diesem zentralen Bericht der „Abteilung" vom November 1946 befanden sich jedoch weder Verurteilte noch Deutsche in Ketschendorf, die der NKVD wegen angeblichen Waffenbesitzes verhaftet hatte. Dieser Bericht bestätigt, daß selbst nach zum Teil anderthalb Jahren Totalisolation die Sowjetjustiz noch über keinen der zu diesem Zeitpunkt 5119 Insassen des Speziallagers Nr. 5 ein Urteil gefällt hatte. Fehlende Urteile ließen dabei die Gefangenen nicht nur letztlich im Ungewissen, warum sie dort dahinvegetierten. Sie wußten auch nicht, wie lange sie in diesem oder eventuell auch in anderen Lagern bleiben müßten oder ob womöglich noch eine Deportation in die Sowjetunion bevorstand. Dadurch herrschte eine ständige Unsicherheit. Hoffnungen auf Entlassung, die Gerüchte immer wieder schürten, erfüllten sich in der Regel nicht.

In einer Liste hatte Hauptmann Skvorcov von der Berliner „Abteilung Speziallager" vermutlich schon Mitte Oktober 1946 noch genauer die ins Lager verschleppten 2313 „Aktiven NSDAP-Mitglieder" (45,13% der damals 5125 Gefangenen) nach Funktionsgruppen aufgeschlüsselt.[250] Er zählte im einzelnen 1400 Blockleiter (60,5% der NSDAP-Mitglieder), 219 Zellenleiter (9,5%), 183 Ortsgruppenleiter (7,9%), 140 nominelle Mitglieder (6,1%), 120 Propagandaleiter (5,2%), 77 NSV-Mitglieder (3,3%), 62 Kassenleiter (2,7%), 30 Frauenschaftsmitglieder (1,3%), 28 Amtsleiter (1,2%), 19 Organisationsleiter (0,8%), 18[251] Kreisorganisationsleiter (0,8%) sowie 17 politische Leiter (0,7%).

Besonders unter den älteren Insassen gab es einige, die die vom NKVD erwähnten Funktionen unter nationalsozialistischer Herrschaft tatsächlich innehatten. Unter den Frauen waren beispielsweise Frauenschaftsleiterinnen, Frauen, die Lebensmittelkarten ausgegeben hatten, BDM-Führerinnen, einfache Mitglieder dieser Organisationen, aber eben auch solche, die keiner Organisation angehört hatten.[252] Die Auflistung des NKVD offenbart jedenfalls überdeutlich, daß sich hinter der Bezeichnung „NS-Aktiv" überwiegend solche Personen verbargen, die in der NS-Organisation Ämter auf unterster Ebene wahrnahmen. Allein 70% entfielen auf Block- und Zellenleiter. Selbst Generaloberst Serov hatte Anfang 1946 befohlen, ihre weitere Aufnahme einzustellen. Doch trotz der von Oberst Sviridov übermittelten Anweisung ließ der NKVD bezeichnenderweise die Angehörigen dieser Funktionsgruppe, die bereits im Lager saßen, nicht frei, obwohl die Moskauer Führungsspitze sie offenbar nicht mehr für ‚verhaftungswürdig' hielt und damit auch ihre ‚Schuld' wohl kaum noch vermutete.[253]

Schien somit der NKVD unter „NS-Aktiv" offensichtlich anfangs all diejenigen gefaßt zu haben, denen er überhaupt keinen konkreten Vorwurf machen konnte, so bemühte er sich schon bald um deren Umregistrierung. Die anderen „Färbungen", besonders dann, wenn sie zahlenmäßig viele Personen versammelten, waren jedoch wiederum begrifflich so dehnbar und unscharf, daß sie zumal mit fortschreitender Zeit eher antisowjetische als schuldhaft nationalsozialistische Tätigkeit erfaßten.

Tatsächlich lieferte der NKVD auch einige wenige KZ-Aufseherinnen in Ketschendorf ein, die ursprünglich nach dem NKVD-Befehl Nr. 00315 vom April 1945 zwar in ein Kriegsgefangenenlager gehört hätten, jedoch seit der Anweisung Sviridovs vom 24. Oktober 1945[254] auch in Speziallager aufgenommen werden sollten. Außerdem zählten den Erinnerungen zufolge Wehrmachtsangehörige, Angehörige des Volkssturms, der Polizei sowie Mitglieder der SA, der NSDAP und ihrer Unterorganisationen zum „Spezialkontingent".[255]

Die tatsächliche Unschuld oder Schuld der Gefangenen in Ketschendorf läßt sich jedoch nicht mit den vom NKVD formulierten Kategorien messen; denn sie bezeichneten ja allein bestimmte Personengruppen. Die rein formale Zugehörigkeit zu ihnen genügte dem NKVD als Verhaftungsgrund.[256] Neben diesem kollektiven Schuldvorwurf fanden in den Speziallagern in den seltensten Fällen überhaupt Einzelfallprüfungen statt, die allerdings in keinem Fall rechtsstaatlichen Prinzipien genügten, um tatsächlich persönliche Schuld zu ermitteln.

Bezeichnenderweise war daher selbst nach den Unterlagen des NKVD kein einziger Insasse im Speziallager Nr. 5 verurteilt worden; denn Personen, die tatsächlich Kriegsverbrechen oder Verbrechen gegen die Menschlichkeit begangen hatten, hätte der NKVD sicherlich sofort liquidiert oder mit Hilfe der SMT ohne Schwierigkeiten nach entsprechenden Ermittlungen aburteilen können. Doch scheinbar reichten dafür selbst ihm die konstruierten Vorwürfe gegen das „Spezialkontingent" nicht aus. Einige wurden zwar zur weiteren ‚Verhandlung' wieder aus dem Lager abgeholt, doch ihr Schicksal ist weitgehend unbekannt.

Bedenkenswert ist zudem, daß der NKVD gerade die Deutschen als Lager- oder Hauskommandanten einsetzte und unterstützte, die nun ihren Mitinsassen gegenüber ihren schlechten Charakter offenbarten, der auch unter dem Nationalsozialismus ihr Verhalten schon geprägt haben dürfte. Hier hätten womöglich tatsächlich Gründe für eine Anklage bestanden. Doch der NKVD nutzte diese Möglichkeiten nicht, sondern stützte sich vielmehr auf diese Personen. Auch die einzelnen Verhaftungsgeschichten und Verhöre zeigten bereits, in wie vielen Fällen es sich eher um Verschleppungen handelte. Weder „Entnazifizierung" noch „Umschulung" motivierten hier die Einlieferung nach Ketschendorf oder gar das Festhalten hinter dem dortigen Stacheldraht.

So saßen sogar einige ehemalige KZ-Häftlinge[257] im Speziallager Nr. 5, die zum Teil noch ihre typische Häftlingskleidung

anhatten. Bei ihnen schien es geradezu grotesk, nach einer Schuld zu suchen oder sie gar entnazifizieren zu wollen. Besonders deutlich zeigten sich die menschenverachtenden und brutalen Methoden des NKVD, wenn sich zudem sowohl überzeugte Kommunisten als auch Halbjuden oder Juden, die bereits unter dem Nationalsozialismus sehr gelitten hatten, ohne jede Vernehmung in diesem Lager wiederfanden. Auch sie besaßen keinerlei Aussicht, bald entlassen zu werden.[258]
Auch vor der Einlieferung von zwei schwangeren Frauen nach Ketschendorf schreckte der NKVD nicht zurück.
Fraglich ist ebenso, welche ‚Schuldkategorie' der NKVD einem zwölfjährigen Jungen zuschrieb, den er ohne ersichtlichen Grund von zu Hause abgeholt und dem ein sowjetischer Hauptmann heuchlerisch bei der Einlieferung ins Lager versprochen hatte, daß er nach einer Woche wieder nach Hause kommen würde.[259] Ebenso deutlich offenbarte sich die Haltlosigkeit der Vorwürfe des NKVD am Beispiel der Zeugen Jehovas, einer unter Hitler sehr verfolgten Sekte, die den Wehr- und Kriegsdienst radikal ablehnte. „Betroffen vom eigenmächtigen Zugriff sowjetischer Sicherheitsorgane sind auch zwei Frauen, die in Ketschendorf Ende November ankommen. [...] Sie sind überzeugte Anhänger der ‹Zeugen Jehovas›. Jede Woche trafen sie sich zu ihrer ‹Sitzung› mit drei ‹Schwestern› in ihrer Potsdamer Wohnung, die sie beide teilten. [...] Im ‹Auftrag Gottes› wurde dann auch ihrer Meinung nach an einem Novemberabend ihre Zusammenkunft als ‹Verschwörung gegen die sowjetische Besatzungsmacht› bezeichnet."[260]

Suche nach Arbeitstauglichen

Der NKVD verlangte neben solchen Aufstellungen der pauschalen angeblichen Verhaftungsgründe auch regelmäßige Berichte über den körperlichen Zustand des „Spezialkontingents". Major Andreev schickte daher Zahlentabellen an Oberst Sviridov, die er nach Beruf, Alter und Arbeitstaug-

lichkeit aufschlüsselte. Die erstellten Listen der Arbeitstauglichen, die auch Angaben über die Berufe der Betroffenen, manchmal auch über ihre Schulbildung enthielten,
lieferten wohl die Grundlage für die jeweiligen Deporta-
tionstransporte.

Am 15. Dezember 1946 erstellte Oberst Sviridov unter anderem dank dieser Zuarbeit eine Liste aller arbeitstauglichen
Männer und Frauen in den einzelnen Speziallagern, die er
nach dem Alter bis 45 Jahre und ab 45 Jahre unterteilte.[261] Zu
diesem Zeitpunkt waren im Speziallager Nr. 5 demnach von
insgesamt 5092 Insassen 2743 jünger als 46 (53,9%) bzw. 2349
älter als 45 (46,1%) Jahre. Von den jüngeren Männern galten
noch 1665, von den jüngeren Frauen noch 323 als arbeitstauglich, insgesamt also noch 72,5% der unter 46jährigen.
Von den älteren Insassen, die ja fast die Hälfte des „Spezialkontingents" stellten, waren dagegen nur noch 685 Männer
sowie 85 Frauen bzw. 32,8% arbeitstauglich. Der krasse
Unterschied in der gesundheitlichen Konstitution der Betroffenen tritt hier deutlich zutage. Offensichtlich besaßen die
älteren Lagerinsassen und hier vor allem die Männer sehr
viel weniger, und zwar nicht einmal halb soviel physische und
psychische Reserven, als die jüngeren, die sie den seelischen
und körperlichen Strapazen entgegensetzen konnten.

Eine ähnliche Tabelle vom 31. Dezember 1946, die Oberst
Sviridov somit einen halben Monat später über alle Speziallager anlegte, erlaubt eine noch genauere Differenzierung
zwischen Männern und Frauen.[262] Ende Dezember 1946 gab
es ihr zufolge in Ketschendorf insgesamt noch 4576 Männer,
von denen der NKVD nur noch 2200 (48,1%) als arbeitstauglich einstufte. Von den 513 Frauen galten ihm dagegen
noch 408 (79,5%) als arbeitstauglich. Dieser bedeutend
höhere Anteil als bei den Männern erklärt sich nur zum Teil
durch das geringere Alter der weiblichen Gefangenen, die
generell unter den extremen Lagerbedingungen dank biolo-
gischer Konstitution, aber auch dank größerem sozialen
Zusammenhalt weniger stark gelitten zu haben scheinen als

die Männer. Außerdem blieb offenbar die Anzahl der arbeits-
tauglichen Frauen im Monat Dezember gleich, während die
Anzahl der arbeitstauglichen Männer binnen zweier Wochen
nochmals um 150 zurückging. Da es nach der bisherigen
Aktenlage in diesem Zeitraum anscheinend keinen größeren
Transport aus Ketschendorf gegeben hat, läßt sich diese
Abnahme nur mit gerade im Winter rasch zunehmender
Schwäche der Gefangenen erklären. Viele der männlichen
Insassen schien an einem Tag gerade noch arbeitstauglich
zu sein, aber bereits kurze Zeit später selbst in den Augen des
NKVD diese Bedingung nicht mehr zu erfüllen. Ihre Kräfte
schwanden offensichtlich von Tag zu Tag. In dem besonders
kalten Winter 1946/47 und bei der extrem schlechten und
dennoch nochmals herabgesetzten Ernährungsnorm seit dem
04. November 1946 verwundert das nicht. Auf andere, endgültige Weise belegen gerade dies die zeitlich parallel stei-
genden Totenzahlen. Mit Blick auf die unterschiedliche
Arbeitstauglichkeit je nach Alter ergibt sich die begründete
Vermutung, daß überwiegend ältere Gefangene verstarben
und in den Massengräbern im „Wäldchen" verscharrt wurden; denn wer schon dem NKVD nicht mehr als arbeitsfähig
galt, lebte meist bereits an der Schwelle des Todes.

Verschiedene Bevölkerungsschichten

Eng zusammen mit der numerischen Feststellung der Arbeitstauglichen hing die Aufschlüsselung des „Spezialkontingents" nach Berufen. Die Listen, die Major Andreev regelmäßig an Oberst Sviridov schickte, sowie die Tabellen, die
letzterer daraus nach den Informationen der einzelnen Speziallager für seine Moskauer Vorgesetzten erstellte, enthielten deshalb zweifellos auch solche Angaben als Voraus-
setzung und Vorbereitung für mögliche Deportationen. So
befanden sich am 15. Dezember 1946 unter 5092 Gefangenen
im Speziallager Ketschendorf, von denen noch 2758 als
arbeitstauglich galten, 2227 Bergleute[263] (80,8% der Arbeits-

tauglichen), 202 Schlosser (7,3%), 68 Techniker (2,5%), 63 Elektriker (2,3%), 46 Tischler (1,7%) 28 Dreher (1%), 24 Schmiede, 23 Mechaniker unterschiedlicher Ausrichtung, 22 Maler, 19 Ingenieure mit unterschiedlichen Arbeitsschwerpunkten, 18 Maurer, 12 Zimmerleute, 6 Werkzeugmacher.[264] Abgesehen von den Ingenieuren handelte es sich also um Arbeiter und Handwerker, die der NKVD für erwähnenswert hielt. Weder Intellektuelle noch Polizisten zählten seine Berichte auf.

Ein Grund dafür könnte zwar sein, daß erstere wegen eher geistiger Tätigkeit körperlich nicht so widerstandsfähig und daher bereits nicht mehr arbeitstauglich waren. Doch traf dies nachweislich nicht auf die im Lager Ketschendorf eingesperrten Polizisten zu. Durch ihre Aufgaben in der deutschen Lagerverwaltung erhielten sie vielmehr erheblich bessere Verpflegung und hätten demnach auch arbeitstauglich sein müssen. Ebensowenig erwähnte der Bericht Ärzte oder Köche, die ähnlich bessere Verpflegungsmöglichkeiten hatten.

Wahrscheinlicher scheint daher, daß der NKVD ganz bestimmte Berufe suchte oder seine Gefangenen gezielt diesen zuordnete, um sie in die Sowjetunion zu entsprechender Arbeit zu deportieren. Intellektuelle, sofern sie keine wichtigen Wissenschaftler waren[265], zählten offenbar nicht dazu.

In dem MVD-Befehl Nr. 001196 vom 26. Dezember 1946[266] verlangte der damalige Minister für Innere Angelegenheiten der UdSSR, Generaloberst S. Kruglov, schließlich explizit die Zufuhr von 27.500 Deutschen aus den Gefängnissen und Speziallagern des NKVD/MVD in Deutschland. Sie sollten in der Kohleindustrie und für den Bau von Kraftwerken in der Sowjetunion eingesetzt werden. Ein wichtiger Aspekt der Speziallager trat offen zutage. Hätte der NKVD tatsächlich primär nationalsozialistische Helfershelfer einsperren bzw. „umschulen" wollen, wären sicherlich Richter, Lehrer, Polizisten, Wirtschaftsführer unter anderem die Hauptzielgruppe der wenn schon nicht Verurteilten, dann doch als Bestrafung Deportierten gewesen.

Doch bereits der NKVD-Befehl Nr. 00101 vom 22. Februar 1945 hatte der Sowjetunion statt dessen kostenlose Arbeitskräfte beschaffen sollen. Der NKVD schien danach gezielt viele „feindliche Elemente" aus der Arbeiterklasse in seine Speziallager zu verschleppen, die sich für das „Arbeiterparadies" der UdSSR eher eignen mußten. Mitunter schuldbeladene, nationalsozialistische Vergangenheit könnte somit durchaus kein primärer Haftgrund gewesen sein. Speziallager dienten statt dessen je länger je weniger der Bestrafung, als vielmehr der dauerhaften Verunsicherung und Repression und damit der kommunistischen Herrschaftserrichtung und -sicherung. Sie bildeten zugleich ein willkommenes, wenn nicht sogar gezielt geschaffenes Reservoir von Arbeitskräften.

Im Lager Ketschendorf saßen jedenfalls Gefangene nicht nur aus vielen verschiedenen Nationalitäten, sondern auch aus unterschiedlichen Bevölkerungsschichten, wenngleich offensichtlich die einfachen Arbeiter und Angestellten überwogen. Neben den genannten Berufen mußten sich dort zwangsweise hinter Stacheldraht Luftschutzoffiziere, Führungskräfte aus Politik, Kultur, Handel und Industrie, Fabrikbesitzer, Unternehmer, Großgrundbesitzer, Beamte, Lehrer, Angestellte, Zahnärzte, Wissenschaftler, Künstler, Kunstmaler, Schauspieler, Landwirte, Förster, Metzger, Mediziner, Forscher, Pfarrer, Kaufleute, Studenten, Schüler und Lehrlinge, aber auch Geschäfts- und Hausfrauen, Sekretärinnen, Verkäuferinnen und Kindergärtnerinnen aufhalten. Zu ihnen gesellten sich Sendeleiter des Berliner-Rundfunks, Leiter des Militärischen Rundfunks sowie ein Kommentator der U-Bootwaffe.

Alt und jung

Die sowjetischen NKVD-Berichte geben schließlich auch näheren Aufschluß über das Alter der Lagerinsassen. Da sie mit diesen Angaben jedoch offenbar erst mit dem 27. April 1946 einsetzten[267], beschränken sich ihre Aussagen für das Speziallager Ketschendorf auf das letzte Jahr seines Bestehens. Schreiben Major Andreevs verzeichneten beispielsweise folgende Altersstufen, jeweils getrennt für Männer und Frauen:

13. Juni 1946

Alter der Insassen	Männer	Frauen	Gesamt
bis 35	1306 (24,3%)	250 (45,7%)	1556 (26,3%)
35 bis 45	1653 (30,8%)	109 (19,9%)	1762 (29,8%)
über 45	2413 (44,9%)	188 (34,4%)	2601 (43,9%)
Gesamt	5372 (90,8%)	547 (9,2%)	5919

13. Januar 1947

Alter der Insassen	Männer	Frauen	Gesamt
bis 35	1092 (24%)	217 (42,5%)	1309 (25,9%)
35 bis 45	1323 (29,1%)	110 (21,5%)	1433 (28,4%)
über 45	2127 (46,8%)	184 (36%)	2311 (45,7%)
Gesamt	4542 (89,9%)	511 (10,1%)	5053

25. Januar 1947

Alter der Insassen	Männer	Frauen	Gesamt
bis 35	902 (33,7%)	22 (27,5%)	924 (33,5%)
35 bis 45	1113 (41,6%)	27 (33,8%)	1140 (41,3%)
über 45	663 (24,8%)	31 (38,8%)	694 (25,2%)
Gesamt	2678 (97%)	80 (3%)	2758

Diese sowjetischen Tabellen offenbaren, daß zwischen Mitte Juni 1946 und Mitte Januar 1947 über 40% der weiblichen Insassen jünger als 36 Jahre waren. Von ihren männlichen Leidensgenossen waren dagegen über 40% älter als 45 Jahre. Auch die übrigen Altersangaben schwankten in diesem Zeitraum relativ wenig. Weniger als 25% der Männer waren jünger als 36 und etwa 30% zwischen 35 und 45 Jahren alt. Bei den Frauen machten diejenigen zwischen 35 und 45 Jahren dagegen nur 20%, die noch älteren nur etwa 35% aus. Ganz offensichtlich versammelte das Speziallager Ketschendorf noch ab der zweiten Jahreshälfte 1946 zu über 90% männliche Gefangene. Unter ihnen überwogen mit knapper Hälfte die über 45jährigen. Da ihr Anteil im Hungerwinter 1946/47 fast unverändert blieb, obwohl sie zweifellos die meisten Todesopfer stellten, dürften nach wie vor relativ viele Männer über 45 Jahren nach Ketschendorf eingeliefert worden sein. Die Jüngeren unter 35jährigen stellten höchstens ein Viertel der männlichen Belegschaft. Die rund 10% Frauen dagegen waren durchschnittlich erheblich jünger. Hier zählte fast die Hälfte zu den unter 36jährigen, während die Älteren ein gutes Drittel ausmachten. Mit Auflösung des Lagers wurden scheinbar die noch lebenden älteren Gefangenen zuerst verlegt, während die jüngeren länger in Ketschendorf verblieben.

Diese sehr grobe Differenzierung der Altersstufen ermöglichte es dem NKVD, zumindest in diesen Tabellen die Jugendlichen unter 20 Jahren, die in Ketschendorf geborenen Kinder, die über 65jährigen Insassen und noch älteren Greise in größeren Gruppen verschwinden zu lassen und damit ihr mitunter zahlreiches Vorhandensein zu verschleiern, obwohl gerade deren Verschleppung schon rein altersmäßig höchst fragwürdig war. Besonders die Anzahl der Männer unter 35 Jahren scheint ungefähr mit der Gruppe der tatsächlich unter 20jährigen Insassen des Lagers identisch zu sein, da der NKVD etwa 1600 verschleppte Jugendliche zwischen 12 und 18 Jahren in Ketschendorf von 1945 bis 1947 konzentrierte.[268] Einige Jugendliche waren zwar zum Zeitpunkt der Abfassung dieser seit Mitte 1946 vorliegenden Berichte bereits gestorben. Dennoch dürfte die überwiegende Mehrheit der genannten männlichen Insassen bis 35 Jahre in Wirklichkeit aus ihnen und Kindern bestanden haben. Denn in den Jugendhäusern des Lagers versammelte der NKVD ungefähr 350 bis 400 Jugendliche unter 16 Jahre[269] und ungefähr 1150 Jugendliche bis 18 bzw. 20 Jahre. Die höhere Altersgrenze der NKVD-Tabelle ließ jedoch statt dessen noch viel eher an mögliches aktives und schuldhaftes Verhalten zur NS-Zeit denken.

Im Frauenlager lebten dagegen alle Altersstufen zwischen ungefähr 14 bis 65 Jahren zusammen. Es gab hier auch Frauen mit ihren Kindern, so eine zehn- bis zwölfjährige Tochter, einen im August 1945 im Lager geborenen Jungen sowie einen im Januar 1946 geborenen Jungen, dessen Mutter kurze Zeit nach der Geburt verstarb.[270] Tatsächlich berichten ehemalige Insassen zudem von einigen zwölfjährigen sowie einem elf- und einem oder zwei gar nur neunjährigen Kindern.[271] Diese besonders jungen Gefangenen gehörten zwar auch unter den Jugendlichen zur Minderheit. Doch gerade ihr trauriges Schicksal verdeutlicht die menschenverachtenden Methoden des NKVD. Nach juristisch stichhaltigen Verhaftungsgründen zu suchen, ist auch bei ihnen geradezu absurd.

6.4. Tägliches Einerlei – „Ordnung" ohne Sinn

Streng geregeltes Nichtstun

Generaloberst Serov schrieb dem „Spezialkontingent" in seinen „Einstweiligen Verfügungen" vor, sich streng an den festgesetzten Tagesablauf zu halten, die Unterkünfte aufzuräumen, die Böden zu wischen und absolute Sauberkeit in den Räumen und im gesamten Lagerbereich zu wahren. Diese „Tagesordnung" sollte der Lagerleiter per Befehl festlegen, um sie in allen Unterkünften auszuhängen. Sie mußte im Rahmen der Lagerordnung „Aufstehen, Morgentoilette, Frühstück, Appelle, Arbeitszeit, Mittagessen usw." regeln sowie mindestens acht Stunden Schlaf einplanen. Diese verbal beschönigenden Formulierungen der Lagerordnung, die die Überlebenden während ihrer Lagerzeit nicht kannten, werden von ihnen noch heute als blanker Hohn empfunden. Gemessen an diesen Vorschriften bescheinigte der Kommissionsbericht vom Oktober 1945 den Gefangenen eine gute Disziplin sowohl bei der Arbeit als auch innerhalb der Unterkünfte. Im fünften Monat nach der Eröffnung des Lagers beschäftigten sich zwar noch einige Insassen mit dessen endgültiger Einrichtung, mit der Beschaffung von Brennmaterial und wirtschaftlicher Versorgung. Doch die Masse sah sich bereits dem quälend-zerstörerischen Nichtstun ausgeliefert.

Hinter den harmlosen Formulierungen der sowjetischen Vorschriften für einen scheinbar auch im Sinne der Gefangenen genau geregelten Alltag verbarg der NKVD allerdings erneut nur die ihnen nicht entsprechende, menschenverachtende Realität des Speziallagers.

Die Festgehaltenen weckte um sechs Uhr der Schlag eines Eisenklöppels gegen eine Kartusche und zwang sie aufzustehen. Mit dem Anziehen verloren sie keine Zeit, da sie zumal im Winter in all ihren Sachen schliefen und ohnehin keine Wechselwäsche besaßen. Zunächst ordneten sie ihre, anfangs überhaupt nicht vorhandene, Lagerstatt und wuschen sich, sofern das möglich war. Dazu gingen die Männer im Sommer an die „Waschanlage" im Freien, die aus einer angebohrten Rohrleitung bestand. Die Frauen holten sich Wasser in einer Schüssel von einer Pumpe für ihre Zimmer. Mitunter wuschen sich die Gefangenen auch erst nach dem Frühstück. Vorher mußten jedenfalls alle zum Zählappell antreten. Danach, ungefähr um 9 Uhr, kam der Befehl: „Brot und Kaffee fassen!"[272] Die „Essenholer", pro Zug je zwei für Kaffee und Brot, besorgten aus der Küche die Brote, die sie in einer Wolldecke trugen, heißen Zichorienkaffee oder Tee sowie die Zuckerrationen. Solange jedem noch 500 g Brot zustanden, bildeten bei einem Zwei-Kilo-Brot immer vier Personen eine „Brotgemeinschaft".[273] Gemeinsam und vor aller Augen zerteilten die Insassen daraufhin den Laib. Dabei bemühten sie sich um möglichst gleich große Stücke, um niemanden zu benachteiligen. Sie benutzten dazu mitunter dünnen Draht, der aus Elektrokabeln stammte, oder eine selbst hergestellte Brotwaage, da Messer oder scharfe Gegenstände laut Lagerordnung verboten waren. „Die Brotwaage besteht aus einem in Form eines Kleiderbügels zurechtgeschnitzten Stück Holz, an dessen beiden Enden – mit einem Stück Band befestigt – ein angespitztes Holzstäbchen hängt. Der Russe [auch ein Gefangener, die Verfasser] holt aus seiner Hosentasche eine hauchdünne Drahtschlinge, an deren beiden Enden zwei fingerdicke Holzgriffe befestigt sind. Damit beginnt er den ersten Laib Brot zu zerteilen. Das erste als ‹Gewichtseinheit› dienende Stück Brot wird auf der einen Seite der Brotwaage aufgespießt und auf der anderen Seite werden die weiteren zu verteilenden Portionen gewogen und zurechtgeschnitten. Der sogenannte ‹Verschnitt› wird anschließend nach Augenmaß an alle verteilt. Manchmal ergibt sich daraus ein Stück für jeden von der Größe eines Spielwürfels."[274] Die Verteilung der Zuckerration nahm weniger Zeit in Anspruch, da jedem ungefähr ein Holzlöffel zustand. Ihren Anteil drückten die Gefangenen meist in eine große Delle ihrer soeben erhaltenen Brot-"Kuhle". Einige aßen ihre Ration sofort auf, während andere ein Stückchen Brot für den Rest des Tages aufbewahrten und sich damit der Gefahr aussetzten, von ihren halb verhungerten Leidensgenossen bestohlen zu werden. Besonders einige Frauen sparten sich dennoch einige Bissen vom Munde ab, um sie später am Tag zu ihren Männern oder Bekannten über den Zaun zu werfen oder diejenigen Kameradinnen zu unterstützen, die noch einen Mann mitversorgen wollten. Ihre „Kuhle" kauten manche Gefangene möglichst langsam, damit die wenigen vorhandenen Nährstoffe auch ja alle den Körper erreichten. Andere verschlangen jedoch mit Heißhunger sofort die ganze Ration.

Nach diesem kargen „Frühstück", das niemanden sättigte, bemühten sich die Lagerinsassen um Reinigung ihrer Unterkünfte, wie es die „Einstweiligen Verfügungen" verlangten. Dazu richteten die Stubenältesten Reinigungsdienste ein, denen in regelmäßigen Abständen der Reihe nach alle angehörten. Sowohl die Zimmer als auch das Treppenhaus galt es dabei mit primitiven Mitteln sauber zu halten. In gewissen Abständen wurden auch die Pritschenbretter naß abgewaschen, da sie stark von Ungeziefer befallen waren.[275] Dieser Plage konnte das „Spezialkontingent" durch diese einzig mögliche und völlig unzureichende Reinigungsmethode jedoch auch nicht annähernd Herr werden. Vor oder nach dem Frühstück suchten die übrigen nach den sie ständig quälenden kleinen Blutsaugern in den Haaren und der Kleidung. Gegenseitig entlausten sich vor allem die Frauen die Köpfe, um dann jeweils die eigenen Sachen nach Kleiderläusen zu überprüfen. Obwohl sie dazu jedes einzelne Wäschestück gründlich betrachteten, fanden sie längst nicht immer jeden dieser Schmarotzer.[276]

Da sich Wanzen auf den Holzpritschen einnisteten, untersuchten die Frauen diese ebenfalls mit Stricknadeln, die meist ihre männlichen Leidensgenossen aus Fahrradspeichen hergestellt hatten[277], weil sie besonders nachts im Dunkeln ruhigen Schlaf unmöglich machten. Bei vielen hinterließen sie im Gesicht und am Hals ihre Spuren, die nachträgliches Kratzen noch verstärkte.

Einige Gefangene mußten auch an den Vormittagen Wachdienste ableisten. Wenige gehörten einem Arbeitskommando an, sondern die weit überwiegende Mehrheit sah sich bis zum „Mittagessen" mit der je länger um so drückenderen Beschäftigungslosigkeit konfrontiert. Sie stand vor der quälenden Frage, wie sich die Zeit am besten totschlagen und das bohrende Hungergefühl vergessen ließ. Soweit Wetter und Gesundheit es zuließen, bewegten sich daher Männer und Frauen außerhalb der Häuser, um den Kreislauf anzuregen, um sich mit Insassen aus anderen Unterkünften zu unterhalten, oder auch um unauffällig Kontakte zum jeweils anderen Lagerteil zu suchen. Bei diesen Gesprächen konnten sich die alten und neu gefundenen Bekannten und Freunde gegenseitig Mut machen. Sie gaben auch Gerüchte, sogenannte

„Latrinenparolen", weiter über eine baldige Entlassung, über eine nahende Kommission zur Lagerinspektion zwecks Verbesserung der Zustände oder über den Abzug der Bewacher. Diese Parolen stellten sich zwar immer wieder als falsch heraus, verstummten jedoch nicht.

Mitunter verordnete die Lagerleitung den Männern auch vor oder nach dem Mittagessen eine Rasur in den Arbeitsräumen der „Friseure". Dazu händigte der Stubenälteste seinen Zimmergenossen Rasurmarken aus. Mit ihnen fanden sie sich in einer Schlange vor dem Friseurraum ein, der selbst nur für zehn bis zwölf Personen Platz bot. Nach Abgabe ihrer Marke erhielten sie dort eine schon alte und stumpfe Rasierklinge, die sie durch Reiben in der Innenfläche von Trinkgläsern zu schärfen suchten. Mit stumpfer Schere schnitten sie erst die Barthaare etwas ab, seiften die Stoppeln daraufhin mit Lehmseife ein, die kaum Schaum erzeugte, und „rasierten", d.h. rissen sie sich danach aus. „Unsere Gesichter sahen dann auch danach aus! Krebsrot, an unzähligen Stellen blutend, teils durch Riß, teils durch Schnitt verursacht, verließ der so ‹Rasierte› die Marterstätte – und war dennoch zufrieden. Allein wegen des Gefühls der ungewohnten Sauberkeit."[278]

Das wässrige „Mittagessen" brachten die „Essenholer" gegen 12 Uhr und verteilten es aus großen Kübeln vor den Eingängen der Häuser, nachdem sich erst einmal der Hauskommandant und die anderen Privilegierten bedient hatten. Der Suppenrest wurde reihum ausgeteilt, so daß jeder ungefähr einmal in der Woche einen Nachschlag erhielt. Danach blieben die Gefangenen wieder völlig sich selbst, ihrem ungestillten Hunger, ihrer Verzweiflung und ihren trüben Gedanken überlassen, sofern nicht eine Entlausung ihres Zugs oder der Einsatz in Wach- oder Arbeitskommandos anstanden. Einige hielten deshalb ihren in vielen Stubengemeinschaften fest eingebürgerten Mittagsschlaf. Sie wollten auf diese Weise möglichst wenig Kalorien des armseligen Essens verbrauchen oder der Beschäftigungslosigkeit wenigstens eine Weile entfliehen. Andere holten dadurch die Ruhe nach, die die

Wanzen ihnen in der Nacht immer wieder gnadenlos raubten. Dritte mußten Pflichtspaziergänge zu festen Zeitpunkten absolvieren, während die NKVD-Bewacher die Unterkünfte nach verbotenen Gegenständen durchsuchten. Bezeichnenderweise fanden weder in Ketschendorf noch in irgendeinem anderen Speziallager während dieser langen Stunden zwischen Aufstehen und ‚Pritschenruhe' von seiten der Bewacher Versuche einer „Umschulung" oder Aufklärung über die Fehler der Vergangenheit, besonders über die aufgedeckten NS-Verbrechen, statt.

Das „Abendessen" traf ungefähr um 17 Uhr ein.[279] Es bestand aus derselben Wassersuppe wie am Mittag. Danach mußte das gesamte „Spezialkontingent" wiederum zum Appell antreten. Nach 21 Uhr durfte schließlich niemand mehr sein Haus verlassen.[280] Die Nachtruhe begann, außer für die Wachhabenden, die von ihren Lagerkameraden alle zwei Stunden abgelöst wurden.

Diesen tristen, immer wiederkehrenden Ablauf der Tage, deren Stunden sich oftmals schier endlos ins Ungewisse dehnten, unterbrachen immer wieder einmal ganz plötzlich Verlegungen; denn die sowjetische Lagerleitung war bestrebt, möglichst keinerlei engen und bleibenden Kontakt der Gefangenen untereinander zu ermöglichen. Vor allem sollten sich keine echten Gemeinschaften bilden, die für die Betroffenen eine besondere Kraftquelle und für den NKVD eine potentielle Gefahr darstellten. Deshalb befahl er in gewissen Abständen eine Neudurchmischung der gesamten Insassen.

Ein sowjetischer Oberleutnant und ein Sergeant ordneten den Umzug an. Sie erschienen, begleitet vom Hauskommandanten und dessen Schreiber, mit einem Stapel Akten in dem betreffenden Zimmer und riefen die einzelnen Bewohner namentlich auf, um ihnen dabei ihre neue Unterkunft zuzuweisen.[281] So geriet mitunter an einem Nachmittag das ganze Männerlager in Aufruhr, weil viele umziehen mußten. Bei einer Belegung von mehreren tausend Männern bereitete es danach die sowjetischerseits erwünschten Schwierigkeiten, um Kameraden wiederzufinden, mit denen man sich gerade angefreundet hatte. Die kleinere Gruppe der Jugendlichen, die ja nicht mit den Erwachsenen zusammenkommen sollten, sowie die Frauen behielten dagegen eher die Übersicht. Hier entstanden und wuchsen dadurch in Gesprächen über Monate und Jahre hinter Stacheldraht leichter engere Freundschaften als unter den älteren Männern.

Als die Auflösung des Lagers Ketschendorf näher rückte, schien der NKVD dann mit den Verlegungen seine Gefangenen übersichtlich und alphabetisch ordnen zu wollen. Zuvor hatte er sie eher ohne erkennbares System durcheinander gewürfelt. Am Silvesternachmittag 1946 nahm er beispielsweise eine Neuaufteilung der Gefangenen nach ihrem Alter vor. Sie mußten dazu wie üblich mit ihren spärlichen Habseligkeiten wie Decke und Eßgeschirr aus dem Haus treten. Draußen erfuhren sie wo ihre neue Unterkunft lag. Bereits einen Tag später ordneten die Bewacher daraufhin das ganze Lager alphabetisch in neue Züge, wodurch die Betroffenen nochmals umziehen mußten.[282]

Zählen ohne Ende

Deutsche Mitgefangene regelten zwar weitgehend den Alltag innerhalb der Stacheldrahtumzäunung des Speziallagers Ketschendorf. Doch sie taten dies nur nach klaren Befehlsvorgaben des NKVD. Dessen Personal kontrollierte zudem zweimal täglich zumindest die Anzahl des „Spezialkontingents". Mit den beiden „Einstweiligen Verfügungen" von 1945 und 1946 hatte Generaloberst Serov explizit eine entsprechende Überprüfung der Gefangenen gefordert. Sie sollte jeweils zum Zeitpunkt des Wachwechsels stattfinden und vom Lagerleiter sowie den beiden Wachhabenden, demjenigen, der die Wache abgab, und demjenigen, der sie übernahm, durchgeführt werden.

Diese beiden Überprüfungen oder Appelle markierten während der gesamten Lagerzeit für die Insassen neben den Mahlzeiten feste Punkte im Tagesablauf. Sowohl morgens als auch abends mußten sie ihre Räume und Häuser verlassen, um draußen anzutreten. Im Männerlager versammelten sie sich auf einem eigens dafür vorgesehenen Platz hinter der Küchenbaracke vor Haus IV. Dort teilten die jeweiligen deutschen Verantwortlichen zug- bzw. häuserweise den Sowjets die Belegungszahl sowie die Anzahl der Kranken und Verstorbenen mit. Auch für das Lazarett und für den Bunker meldeten sie die entsprechenden Angaben. Wenn wieder einmal eine größere Anzahl von Gefangenen lagerintern verlegt oder auch neu eingeliefert worden war, rief der sowjetische Offizier die Personen namentlich, einschließlich Vatersnamen, auf. Daraufhin mußte jeder seine Anwesenheit bestätigen. Danach forderte der Offizier den Hauskommandanten sowie dessen Schreiber auf, sich zu melden, um sie den Neuankömmlingen bekannt zu machen. Bevor alle wieder abtreten durften, zählten die NKVD-Mitarbeiter nun alle Gefangenen durch. Abschließend mußten sie noch einmal ihre Unterlagen mit dem Ergebnis der Zählung vergleichen.[283]

Der Hauptzählappell fand jeweils abends statt. Dabei mußten alle Insassen des Speziallagers am sowjetischen und deutschen Lagerkommandanten in Fünferreihen vorbeimarschieren.[284] Die Appelle fanden bei jedem Wetter statt. In den ersten Monaten dauerten sie aus reiner Schikane oder da die Soldaten sich oft verzählten und wieder von vorne anfangen mußten bis zu zwei oder drei Stunden.[285] Mitunter waren die sowjetischen Offiziere auch derart betrunken, daß sie gar nicht mehr vernünftig zählen konnten. Es kam außerdem vor, daß sie die Gefangenen übel beschimpften oder ihnen befahlen, Lieder zu singen.[286] Besonders in den Wintermonaten bei strengem Frost, wie zum Jahreswechsel 1946/47 bei minus 20° C, waren diese Überprüfungen für die Angetretenen eine lebensbedrohende Qual, weil ihre bereits arg verschlissene

Sommerkleidung sie kaum noch gegen die eisige Kälte schützte. Sie mußten sich daher gegenseitig stützen. Einige fielen trotzdem vor Erschöpfung um oder starben noch auf dem Appellplatz. Ihre Leichen blieben während der Überprüfung hinter den Reihen der Angetretenen liegen, um noch als Tote mitgezählt zu werden.[287] Einige verstarben auch kurz nach der Rückkehr in die Gebäude an den Folgen der Unterkühlung. Ihre abgemagerten Körper hatten ihr nichts mehr entgegenzusetzen; denn weder wärmere Kleidung, noch Decken oder gar Medizin standen zur Verfügung, um diesen Kältetod auf Raten zu verhindern.

Eine besonders schlimme Situation ergab sich für die Gefangenen, wenn der sowjetische Offizier sich mehrmals verzählte, daraufhin einfach in die sowjetische Wachstube zurückging und die Angetretenen in der Kälte stehen ließ. Dann mußte der Hausälteste mit der deutschen Lagerleitung zusammen so lange nachrechnen, bis sie den Fehler fanden, der zum Beispiel durch einen kurz vorher Verstorbenen, aber noch nicht als tot Gemeldeten entstehen konnte. Sobald sie die Fehlerquelle entdeckt hatten, verständigten sie zwar den sowjetischen Offizier durch den Wachhabenden in der Schleuse. Doch es kam durchaus vor, daß er nun noch einige Zeit auf sich warten ließ.[288]

Erst 1946 gelang die Überprüfung rascher. Das sowjetische Wachpersonal schritt nun die Front der Gefangenen ab, die in Mehrfachreihen Person hinter Person angetreten waren. Dadurch benötigte der NKVD/MVD im Laufe der Zeit nur noch eine Stunde, um die aktuelle Lagerbelegung zu ermitteln.[289] Nur bei extremer Winterkälte oder bei sehr starkem Regen machten die Bewacher jetzt auch einmal eine Ausnahme und ließen sich die Meldung von den Zugführern bringen, so daß das „Spezialkontingent" in seinen Unterkünften bleiben konnte.[290]

Bei den Frauen fand der Appell nicht auf einem gesonderten Platz, sondern vor den Häusern statt. Jeder Zug stand dabei an seinem Eingang. Die jeweilige Zimmerälteste meldete daraufhin der Zugführerin und diese der Lagerleiterin die Zugstärke, die Anwesenheit oder das Fehlen Kranker oder Verstorbener. Die Lagerleiterin zählte abschließend die Züge und meldete die entsprechenden Zahlen ihren sowjetischen Vorgesetzten. Solange diese nicht alle Eingänge abgeschritten hatten, mußten die Angetretenen in Achtungstellung verharren. Auch im Frauenlager konnten diese Appelle recht lange dauern, da der Lagerkommandant oft stundenlang auf sich warten ließ oder weil Fehler beim Zählen auftraten.[291] Vergleichsweise durfte allerdings die schon zahlenmäßig kleinere und damit übersichtlichere Gruppe der Frauen meist früher abtreten als die größere Zahl der Männer.[292]

Immerwährender Hunger

Die vorgeschriebene und erst recht die tatsächliche Versorgung des „Spezialkontingents" läßt sich mit den vorliegenden sowjetischen Akten nur unvollkommen beleuchten. Explizit enthalten sie eine Norm für die Insassen der Speziallager zum ersten Mal Anfang Juni 1945. Für die Monate zuvor sind bisher nur Ernährungsnormen für Kriegsgefangene bekannt.

So bestätigte der Stellvertretende Kommissar der Staatssicherheit der UdSSR Kruglov am 31. März 1945 in seiner Ernährungsnorm für Kriegsgefangene, die sich in den Lagern und Sammelpunkten des NKVD aufhielten[293], daß sie täglich Anspruch hatten auf 600 g Brot, 10 g Weizenmehl der 2. Sorte, 90 g Grütze, 10 g Makkaroni, 30 g Fleisch, 100 g Fisch, 15 g Fett, 15 g Öl, 10 g Tomatenpüree, 17 g Zucker, 2 g Tee-Surrogat, 30 g Salz, 600 g Kartoffeln, 170 g Kohl, 45 g Möhren, 40 g Rote Beete, 30 g Zwiebeln, 35 g Wurzelgemüse, Kräuter und Gurken sowie etwas Lorbeerblattgewürz, Pfeffer, Essig und für den sanitären Gebrauch auf 300 g Haushaltsseife im Monat. Diese Norm sollte nicht für den Offiziersbestand, Kranke, Schwache, Schwerstarbeiter sowie Gefangene der Arrestanstalten gelten und legte gleichzeitig für schwer arbeitende Gefangene 50 g bis 100 g höhere Brotrationen pro Tag fest.

Als Stalin nur wenig später, Mitte April 1945, plötzlich den Stopp der massenhaften Deportationen der Deutschen in die UdSSR verlangte[294], stellte sich jedoch das Problem der Lagereinrichtung und damit auch der Versorgung des immer stärker anwachsenden „Kontingents" in ganz anderem als wohl ursprünglich geplanten Umfang. Der Befehl Berijas Nr. 00461 schrieb dann zwar kurz nach der deutschen Kapitulation die Norm für Kriegsgefangene auch für das „Spezialkontingent" vor. Doch blieb es bei der papierenen Vorschrift; denn die schnelle Errichtung der Speziallager führte dazu, daß sie völlig ungenügend ausgestattet waren. Es mangelte an Trinkwasser, entsprechenden Unterkünften, Inventar, Medikamenten, Kanalisation und nicht zuletzt auch an Essen. In Ketschendorf besserten sich all diese Mängel bis zur Auflösung des Lagers nur wenig. Während der ersten beiden Wochen der Einrichtung des Speziallagers Nr. 5 mußten sich die Neuankömmlinge nicht nur mit dem Lageraufbau beschäftigen, sondern sich auch selbst um ihre Versorgung mit Lebensmitteln kümmern. Sie nutzten dazu die Vorräte aus den verlassenen Wohnungen. Zusätzlich erhielten sie pro Tag eine „Kartoffelsuppe", die aus wenigen kleinen, in heißem Wasser schwimmenden Kartoffelstücken ohne sonstigen Zusatz bestand. Am 04. Mai hatte der NKVD zwar festgelegt, daß die Versorgung der Speziallager mit Lebensmitteln sowie mit Treibstoff, Schmiermittel, Geschirr, Inventar und Brennmaterial von der Verwaltung der jeweiligen Front kostenfrei zu gewährleisten war[295], doch merkten die Gefangenen nichts davon.

Knapp einen Monat später veränderte eine Direktive[296] der Verwaltung für Lebensmittelversorgung (UPS) am 08. Juni 1945 die Ende März bestätigte Norm für Kriegsgefangene bzw. stellte die erste uns bekannte für die Speziallager auf, denn sie galt nun ausdrücklich für das „Spezialkontigent".[297] Brot-, Gemüse-, Salz- und Zuckerrationen blieben gleich, während die Grütz-Zuteilung von 90 g auf 110 g stieg, die entscheidende Fleisch- und Fischration jedoch auf 15 g Fleisch und 50 g Fisch halbiert wurde. Auch die bewilligte Fett- (noch 7 g) und Ölmenge (noch 8 g) nahm um rund 50% ab. Insgesamt sollten die Gefangenen täglich Lebensmittel in der Größenordnung von 1977,6 g erreichen. Insbesondere die geplante Fett- und Eiweißversorgung sowie die Vitaminzufuhr fielen damit bereits auf dem Papier äußerst knapp aus. Eine Differenzierung für zum Beispiel Arbeiter, Kranke und andere sah diese Norm vom Juni anders als diejenige vom März nicht mehr vor.

Die Realität sah jedoch noch trüber und damit für die Gefangenen lebensbedrohlicher aus; denn erst im Laufe des Monats Mai hatten die NKVD-Mitarbeiter in Ketschendorf überhaupt einen Verpflegungsplan für die Festgehaltenen erstellt.[298] Diese erhielten daraufhin täglich ein zwischen 75 g und 300 g leichtes Stück Brot sowie zweimal am Tag einen Liter dünne Kartoffelsuppe, die zunächst aus brutto 200 g Kartoffeln, Ende Juni jedoch nur noch aus 60 g minderwertiger Grütze bestand und weder Fleisch noch Fett enthielt.

In diesen ersten beiden Monaten nach der Errichtung des Lagers Ketschendorf betrug die Ernährung daher pro Person nur 200 bis 600 Kalorien täglich[299], obwohl eigentlich rund 2000 nötig gewesen wären. Zu der Zeit bemühten sich bereits die ebenfalls als Gefangene eingelieferten deutschen Ärzte, den NKVD auf die bevorstehenden fatalen Folgen der Mangelernährung hinzuweisen. Anfang Juni 1945 informierten sie dazu den Lagerleiter, Major Andreev, in einem Vortrag über den tatsächlichen Kaloriengehalt der verabreichten Lebensmittel. Dabei und erst recht in der Folgezeit mußten die deutschen Mediziner allerdings feststellen, daß sie bzw. ihre sowjetischen Kollegen bei ihren Kalorienberechnungen der eintreffenden Nahrungsmittel jeweils von sehr unterschiedlichen Werten ausgingen.[300] Die Mitarbeiter des NKVD interessierten abweichende Ansichten jedoch nicht. Noch viel weniger waren sie auch in den kommenden Wochen und Monaten bereit, zwischen den massenhaft auftretenden Erkrankungen und der Mangelernährung einen ursächlichen Zusammenhang zu sehen. Die sowjetischen Berechnungen fußten dabei entweder auf russischen Tabellen oder auf deutschen, die die SS in den Konzentrationslagern benutzt hatte. Im Vergleich zur Realität setzte der NKVD dadurch generell bzw. im Vergleich zu den SS-Maßgaben in einigen Fällen zu hohe Kalorienwerte an. Obwohl die von ihm benutzten Tabellen noch Qualitätsgrade der Nahrungsmittel unterschieden, die die jeweiligen Kalorienwerte erheblich verändern konnten, berücksichtigte der NKVD in Deutschland in seiner Auslegung generell nur die höchsten dort angeführten Werte; denn nur so konnte er wenigstens formal noch halbwegs den von Moskau befohlenen Normvorgaben genügen.

Diese verfälschende Berechnung blieb ein grundsätzliches Problem. Auch nach den ersten Wochen, in denen die Neueinrichtungen der Lager ganz offensichtlich zu erheblichen Versorgungsschwierigkeiten geführt hatten, hielten diese deshalb an. Zudem gesellte sich zu der einen grundsätzlich falschen Berechnungsgrundlage noch eine weitere fehlerhafte Berechnungsgröße. In kommunistisch-planwirtschaftlicher Manier schien der NKVD die Lebensmittelzuteilung im voraus zu berechnen, ohne die laufend neu eingelieferten Gefangenen durch entsprechend variable und rechtzeitig beantragte Zusatzrationen zu berücksichtigen.[301] Dadurch setzte jeder Neuzugang, sei es durch Ersteinlieferung, sei es durch Verlegung, die ausgegebene Essensration für alle insgesamt im Lager befindlichen Personen herab. Erst wenn das Lager die neue höhere Belegungsstärke gemeldet und die zuständige Verwaltungsstelle sie berücksichtigt hatte, erhielt es daraufhin die benötigte höhere Mindestzahl an Rationen. Gerade zu Beginn, als die Belegungszahl sich durch Neueinlieferungen ständig stark erhöhte, erhielten die Lager dadurch laufend zu wenig Nahrungsmittel.

Die sowjetischen Berechnungen gingen zudem immer von den insgesamt gelieferten Nahrungsmitteln aus, ohne zu bedenken, daß sich sowjetische Offiziere und Soldaten an den Waren bzw. deren nahrungs- und kalorienmäßig besonders wertvollen Teilen bereicherten und dadurch täglich 10% bis 30% der Nahrungsmittel den Gefangenen entzogen. Dies betraf fast alle Erzeugnisse, jedoch vor allem Fleisch, Fett, Mehl, Zucker und mitunter auch Gemüse. Soweit das Personal sie nicht selbst verzehrte, verkaufte es sie weiter an die Zivilbevölkerung außerhalb des Lagers. Dennoch zwangen die NKVD-Angehörigen das deutsche Küchenpersonal, das die angelieferten Waren annahm, auch den Empfang der bereits unter der Hand abgezweigten zu bescheinigen. Wenn sich ein Küchenchef weigerte, diese Bescheinigung auszufüllen, mußte er seinen Posten wegen ‚mangelnder Eignung‘ verlassen. Ehe nun die verbliebene, bereits erheblich minderwertigere Nahrung endlich die Gefangenen erreichte, sicherten sich noch die deutschen Funktionsgefangenen in der Küche ihren Teil. Außerdem entzogen die Angehörigen der deutschen Lagerverwaltung den ‚normalen‘ Gefangenen kostbare Kalorien; denn ihre vergleichsweise bessere Verpflegung sahen die Normen ja nicht vor. Sie erfolgte daher auf Kosten des übrigen „Spezialkontingents". Bezeichnenderweise magerten die Privilegierten selbst nach längerer Haftzeit nicht ab.

Zu all diesen systembedingten Planungsfehlern kam auch noch die im allgemeinen sehr schlechte Qualität der für die Lagerinsassen gelieferten Erzeugnisse hinzu. Oft stellten notgeschlachtete und stark abgemagerte Tiere oder auch nur deren Köpfe, Füße und Eingeweide die kalorienmäßig minderwertige Ernährungs- und Berechnungsgrundlage dar. Abgesehen von dem unangenehmen Beigeschmack und Geruch des schlechten, teilweise schon bei Anlieferung verdorbenen Fleisches oft auch noch kranker Tiere, enthielten 100 g davon nur noch ungefähr 120 bis 140 Kalorien. In der Regel berechnete der NKVD deren Anzahl jedoch vermutlich nach einer Tabelle, die Werte für Fleisch mit Knochen festlegte. Wenn nun eine Lieferung nur von Eingeweiden im Lager eintraf, wog er auch sie und ging dann wegen der hier fehlenden Knochen willkürlich von einer im Vergleich zur Ursprungstabelle viel zu hohen Kalorienzahl aus. Der tatsächliche Kalorienwert lag deshalb auch bei knochenlosem Fleisch durch dessen willkürliche Höherstufung erheblich unter dem vorgeschriebenen. Die Insassen erhielten auf diese Weise höchstens 10 bis 15 g statt der von Serov geforderten 65 g Fleisch. Da entsprechende Lieferungen außerdem sehr unregelmäßig eintrafen, ja mitunter tagelang ganz ausblieben, stand den Verschleppten entgegen der Vorschrift noch nicht einmal täglich diese ohnehin um etwa Dreiviertel geringere Menge zur Verfügung.

Das ebenfalls vorgeschriebene Fett bestand in der ersten Zeit aus geschmacklich schlechtem, eventuell ernährungsmäßig minderwertigem Mineralöl. Erst später gab es einwandfreies Leinöl sowie Butter. Das Mehl galt ebenfalls als minderwertig. Ratten und Mäuse hatten sich bereits daran gütlich getan. Erhöhte Ausmahl- und Ausbackvorschriften schmälerten seinen ursprünglichen Kalorienwert noch mehr. Nicht selten schwammen in der daraus gekochten Mehlsuppe von schlechter Qualität auch noch Maden, so wie sich für Gefangene die Hülsenfrüchte in der Erbsensuppe spätestens im Mund oft als Erbsenkäfer entpuppten.[302] Trotz des minderwertigen Mehls berechnete allerdings der NKVD für 100 g Brot grundsätzlich 230 Kalorien, während die deutschen Ärzte tatsächlich höchstens 200 Kalorien, eher noch 5 bis 10% weniger ansetzten. Das angelieferte Gemüse wie Pferderüben, Rübenblätter, äußere Kohlblätter und verarbeitete Kartoffelschalen enthielt von vornherein fast keine Kalorien mehr und kam in einem halbverdorbenen Zustand ins Lager. Auch die Kartoffeln bestanden immer aus mindestens 15%, oft 20 bis 30% und mitunter sogar 50% Abfall. Diese tatsächliche Minderwertigkeit der Nahrungsmittel berücksichtigten die sowjetischen Ärzte nicht, wenn sie ihre Kalorienberechnung anstellten. So veranschlagten sie für die Grütze, die die Ketschendorfer Gefangenen erhielten, 320 bis 340 Kalorien, während ihre deutschen Kollegen mit höchstens 280 rechneten. Damit bestand ähnlich wie beim Brot zwischen grausamer Realität und papierener Vorschrift, an der sich die sowjetischen ärztlichen Berechnungen orientierten, ein erheblicher, je länger desto lebensbedrohlicherer Unterschied. Die Kluft zwischen Ernährungsvorgabe, falscher Berechnung und tatsächlicher Kalorienzahl tat sich über Tage, Wochen, Monate und Jahre immer weiter auf. Insgesamt verwundert es nach dieser Schilderung der verschiedenen tatsächlichen und über Jahre hinweg tolerierten Probleme nicht, daß die ‚gemeinen' deutschen Gefangenen letztlich oft nur noch eine Wassersuppe fast ohne Einlage erreichte. Die von Anfang an ungenügende Versorgungslage besserte sich auch nicht, als im August 1945 die Gruppe der sowjetischen Besatzungstruppen in Deutschland die Versorgung der Speziallager übernahm.[303]

Problematisch für die Insassen der Lager war dabei nicht allein die mangelhafte Ernährung vor Ort. Vielmehr hatten sie oft schon die schlechten und häufig brutalen Haftbedingungen in den NKVD-Gefängnissen sowie die anstrengenden Transporte und Fußmärsche zu den Lagern erheblich entkräftet. Zu einem großen Teil kamen sie daher bereits krank und geschwächt in Ketschendorf an. Dies scheint auch den NKVD-Behörden aufgefallen zu sein; denn Generaloberst Serov wies am 20. September 1945 seine Untergebenen der Operativen Sektoren auf die Verpflegungsmißstände in den Gefängnissen hin und deutete an, deren Versorgung über die Speziallager vornehmen zu lassen.[304] Der Befehl Nr. 001183 schrieb am 09. Oktober 1945 den Gefängnissen außerdem nochmals Ernährungsnormen vor.[305]

Auch in Ketschendorf schienen sich zeitgleich leichte Verbesserungen einzustellen. Bis Oktober 1945 hatte das „Spezialkontingent" nach deutschen Berechnungen noch ungefähr 1100 Kalorien pro Tag erhalten. Doch seitdem kamen zu der täglichen Brotration in unregelmäßigen Abständen 18 g Zucker sowie 28 g Marmelade[306] hinzu. Von Oktober 1945 bis

Juni 1946 wären demnach pro Person und Tag ungefähr 1200 Kalorien anzunehmen. Sie setzten sich zusammen aus 500 g oft feuchtem Brot sowie mittags und abends aus einer Suppe, die aus ca. 60 g Grütze, 10 g Fett sowie 28 g Fleisch bestand. Dieser Eintopf, der sogenannte „weiße Tod", erregte schon nach kurzer Zeit Ekel und Widerwillen gegen jegliches Essen, was den Körper noch stärker schwächte. An Feiertagen kürzte der NKVD die Norm zusätzlich[307], um eine festliche Stimmung gar nicht erst aufkommen zu lassen. „Zu essen gab es erbärmlich wenig. An den hohen Feiertagen während der ersten Jahre, anscheinend mit Absicht, noch weniger als sonst".[308]

Der Revisionsbericht vom 27. Oktober 1945 stellte fest, daß sich zum Zeitpunkt der Untersuchung ein Lebensmittelvorrat für vier Tage im Lager befand. Nur an Salz mangelte es. Die verantwortliche Kommission trug deshalb Lagerleiter Andreev auf, schnellstens sowohl Salz als auch andere Lebensmittel zu beschaffen, um einen Vorrat für mindestens zehn Tage anzulegen. Dazu hatten Gefangene bereits 100 Tonnen Kartoffeln in der 21 Kilometer entfernten Stadt Storkow zum Abtransport ins Lager vorbereitet. Die Beschaffung von Brennmaterial sicherte das lagereigene Holzfällerkommando in dem drei bis fünf Kilometer entfernten Wald und hatte bereits einen Vorrat für zehn bis zwölf Tage angelegt. Für Transporte standen zwei Ford-LKW sowie ein Maybach-Traktor zur Verfügung. Trotzdem bemängelte die Kommission ungenügende Transportkapazitäten und Treibstoffvorräte.[309]

Trotz der weiterhin bestehenden mangelhaften Berechnung und Ausgabe bekamen die Gefangenen anscheinend einige Kalorien mehr. Doch die immer noch spürbar anhaltende Nahrungsmittelknappheit zeigte sich im Winter 1945/46 deutlich an den stark ansteigenden Sterbefällen.

Obwohl also in den Speziallagern immer noch die Versorgung nicht zum besten stand, sollten sie spätestens ab Januar 1946 nun auch diejenige der Gefängnisse übernehmen, wie es

Generaloberst Serov schon im September des Vorjahres angedeutet hatte.[310]

Trotz der Moskauer Vorgaben scheinen sich jedoch die einzelnen Lagerleiter, vielleicht auch wegen eigener Nahrungsmittelknappheit, nicht beeilt zu haben, ihre Zuständigkeit und damit auch Verantwortung für die Ernährung der Gefangenen auf die Gefängnisse auszudehnen. Am 28. März 1946 mußte Oberst Sviridov von der „Abteilung Speziallager" daher erneut seine untergebenen Lagerleiter anweisen, nach dem Befehl Generaloberst Serovs die operativen Gefängnisse und KPZ des MVD mit zu versorgen.[311] Allerdings erkannte auch er, daß die Zentrale Finanzabteilung des MVD keine Mittel für die zusätzlichen Ausgaben der Speziallager in Höhe von 190.000 Rubel zur Verfügung stellte, die sich durch die erhöhte Belastung und Inanspruchnahme dieser Einrichtungen ergaben. Er verhehlte diese Kritik gegenüber Generaloberst Serov nicht und bat ihn noch am 30. September 1946, die Lager von dieser Versorgungspflicht zu entbinden.[312]

Zwischen den einzelnen NKVD/MVD-Stellen sowie ihren führenden Verantwortlichen in Moskau und Berlin hat es also offensichtliche Kommunikations- oder Kompetenzschwierigkeiten gegeben, um die Verpflegung der Gefangenen zu regeln. Darunter litten sicherlich weniger die Verantwortlichen, als vor allem die Insassen der Gefängnisse und Speziallager. Deren Ernährung besserte sich erst im Sommer 1946, unter anderem auch jahreszeitlich bedingt, als der NKVD sie ungefähr im Juni der ursprünglichen Norm annäherte. Wegen des immer noch chronischen Vitamin- und Eiweißmangels litten nämlich bereits viele deutsche Festgehaltene an zahlreichen Krankheiten, die allein auf die unzureichende Ernährung zurückgingen. Sie halfen sich soweit es ging, indem sie alles Grün aßen, das sie um die Häuser herum finden konnten. Eines Tages brachten schließlich die Wachmannschaften einen LKW Brennesseln ins Lager, die das Küchenpersonal dem Essen beifügte. Diese Aktion trug zusammen mit der Ausgabe von Kartoffeln, Möhren und anderem Gemüse seit Juli 1946 zu einem Rückgang von Skorbut bei. Außerdem erhielt das Lager Kiefernnadeln, um daraus Tee zuzubereiten. Die tägliche Fettmenge wurde verdoppelt, und die arbeitenden Gefangenen erhielten 50 g mehr Brot als die anderen. Dies entsprach allerdings immer noch nicht der Anordnung Serovs, der 100 g mehr für Arbeiter gefordert hatte. Für die Kranken im Lazarett war nun soviel Grütze vorhanden, daß viele die Portionen nicht schafften. Die Verbesserung der Ernährungsnorm sollte laut Lagergerüchten auf eine internationale Intervention gegen die hohe Sterblichkeitsrate zurückgehen.[313] Tatsächlich war nicht die Norm an sich erhöht worden, sondern die Zuteilung der auf dem Papier schon lange existierenden Vorgaben funktionierte besser. Selbst Oberst Sviridov war auf die anhaltend hohe Sterblichkeit bzw. vor allem auf die jeweilige ärztliche Begründung derselben im Lager Mühlberg aufmerksam geworden. In den Akten war ihm gehäuft „Abmagerung" als Todesursache begegnet. Vor dem 21. Juli 1946 beschwerte er sich daher vermutlich bei allen Lagerleitern[314], daß doch niemand an Hunger sterben könne, da die verabreichte Kalorienzahl über 2000 liege. Er kritisierte daher die Ärzte scharf, da sie offensichtlich nicht genügend auf die Menge und Zubereitung der Ernährung sowie auf die Vitaminzufuhr achteten. Schließlich enthalte die vorgeschriebene Norm für das „Spezialkontingent" doch in den 2000 Kalorien alles Überlebensnotwendige, wie unter anderem Eiweiß, Fett und Kohlenhydrate, um ein normales Leben zu gewährleisten. Tod durch Dystrophie könne daher nur eintreten, wenn diese Normvorgaben das „Spezialkontingent" nicht erreichten. Damit durchschaute der Leiter der „Abteilung Speziallager" zwar das Kernproblem der Lebensmittelversorgung, nämlich die Kluft zwischen papierner Vorschrift und tatsächlicher Nahrungsmittelmenge, die die Gefangenen erreichte. Aber eine tiefgreifende Änderung blieb aus. Teilweise könnten die leicht gebesserten Verpflegungsrationen somit auf die Berliner Intervention zurückzuführen sein, da das Personal nun verstärkt darauf achtete. Doch Sviridovs Beschwerde wies bereits als anderen, leichteren Weg auf die Veränderung der Todesursache hin, um das Problem zu lösen. Um weiterhin keine Aufmerksamkeit zu erregen, durften die Lagerakten eben nicht mehr Tod durch „Dystrophie" vermerken... .

Insgesamt lag der Kalorienwert wohl auch im Juli 1946 bis zum 04. November tatsächlich nur bei 1500 bis 1600. Selbst diese nahrhafteren Rationen konnten weitere Hungertote nicht verhindern. Die Insassen verzehrten pro Tag ungefähr 500 g Brot, 300 g Kartoffeln, 60 g Grütze, 20 g Fett, 28 g Fleisch, 20 g Zucker, 30 g Marmelade sowie 200 g Gemüse. Die Qualität des gelieferten Fleisches war nicht mehr ganz so schlecht und die sowjetischen Besatzer zweigten nicht mehr so viel Nahrungsmittel für sich ab. Verstärkt durch wärmeres, sonnigeres Wetter gingen daher viele Erkrankungen wieder zurück.

Manchmal erhielt das „Spezialkontingent" auch einige Tage hintereinander gar kein Fleisch, jedoch statt dessen in unregelmäßigen Abständen Heringe. Diese spülten sie erst unter der Pumpe ab und verzehrten sie dann gemächlich kauend mit Haut und Haar, um dem Körper auch alle wichtigen Bestandteile zuzuführen.[315] Allerdings folgte dieser außergewöhnlichen Portion oft Durchfall auf dem Fuße. Der Körper war solche Nahrung nicht mehr gewohnt; denn ein Hering oder auch eine Zwiebel galten den Gefangenen immer noch als Sonderzuteilung. Sie rechneten aufgrund der bisherigen Lagerzeit nur noch mit einem Stück Brot und 1/2 Liter Kaffee bzw. Tee morgens und mittags sowie abends mit dem üblichen 3/4 Liter Wassersuppe bzw. Grütze. Wochenlang glich diese Suppe gelblich grünem Wasser, mit wenigen Zwiebeln und auf dem Grund etwa einem Millimeter Kleie.[316] Manchen Überlebenden prägten sich auch andere Farben ein. „Es war eine blaue Brühe, darin schwammen einige Grützkörner, an Kartoffeln kann ich mich wenig erinnern. Unsere Brotrationen bekamen wir schon fertig geteilt. Bei einer Essenausgabe hatte ich eine besondere Begebenheit. Bei der Mittagsausgabe wurde mir in meine Schüssel ein großes Stück Fleisch eingekellt. Als ich oben auf meinem Olymp (Bett) saß, wollte ich mir mein großes Fleischstück anschauen und siehe, es war eine Maus. Der Appetit war mir vergangen."[317] Doch am Sonntag, den 03. November, scheint es sogar – gleichsam als Henkersmahlzeit – Gulasch mit Salzkartoffeln gegeben zu haben.[318]

Abgesehen von dieser kurzen Zeit seit Sommer 1946 lag die Lebensmittelversorgung für das deutsche „Spezialkontingent" allerdings weit unter dem lebenserhaltenden Existenzminimum. Auch waren diese ersten positiven Anzeichen nur von sehr kurzer Dauer. Bereits im Mai hatten sich intern drohende Veränderungen angekündigt. Oberst Sviridov wies Serov darauf hin, daß laut einer Mitteilung der GSOVG von Ende April die Versorgung von Personal und „Spezialkontingent" der Lager und Gefängnisse des MVD nur noch bis zum 01. Juni gesichert sei.[319] Die Gruppe der Besatzungsstreitkräfte verlangte deshalb dringend eine Regierungsentscheidung über die weitere Lebensmittelbelieferung. Sviridov warnte daher bereits vor einer Versorgungskrise im Juni, weil die Vorräte in den Speziallagern und Gefängnissen höchstens für fünf bis sechs Tage ausreichten. Insgesamt benötige er Rationen für 270 Offiziere, 665 Sergeanten und Rotarmisten, 50 Offiziersfrauen, 45 weitere Familienmitglieder, 47 Zivilangestellte, 218 Pferde und 83.200 Angehörige des „Spezialkontingents". Abgesehen von dem Einblick in die Personalstärke des Speziallagersystems in Deutschland enthält diese Aufstellung auch einen interessanten Hinweis auf die Rangfolge der aufgezählten Posten: Pferde rangierten vor „Spezialkontingent".

Trotz dieses dringenden Appells scheint die Moskauer Führung die Entscheidung verschleppt zu haben. Am 03. Juli setzte Sviridov daher seinen Vorgesetzten Serov erneut von einer nun doppelten Warnung der GSOVG in Kenntnis, Personal und „Spezialkontingent" der Lager nicht weiter zu versorgen, weil diese Aufgabe laut einer Verfügung Chrulevs vom 26. April die SMAD übernehmen solle. Sviridov bat deshalb dringend darum, letztere entsprechend anzuweisen.[320] Doch erst im Herbst veränderte sich tatsächlich die gesamte Zuständigkeit für die Nahrungsbeschaffung. Im Oktober 1946 konnte die GSOVG schließlich die Versorgung der Speziallager und Gefängnisse auf der Grundlage der Norm vom Juni 1945 an die SMAD übergeben.[321] Kurz darauf sollte sie jedoch einschneidend verändert werden. Die Gründe dafür sind unklar. Überforderung allein der SMAD kann nicht den Ausschlag gegeben haben. Dem sowjetischen Herrschaftssystem entsprechend dürfte die Entscheidung vielmehr auf höchster Ebene beschlossen worden sein.

Schon am 31. Oktober 1946 erhielt Oberst Sviridov von seinem direkten Vorgesetzten, Generaloberst Serov, eine - Bestätigung der vorgeschlagenen Verringerung der Lebensmittelnormen. Sviridov befahl daraufhin allen Leitern der Speziallager und Gefängnisse, die offizielle Verringerung der Nahrungsmittelausgabe unverzüglich vom Zeitpunkt des Erhalts der Mitteilung an durchzusetzen.[322] Der 04. November, der Tag der Bekanntgabe der herabgesetzten Norm in Ketschendorf, blieb den meisten Gefangenen daher nicht ohne Grund im Gedächtnis haften. Die neue Norm sah jetzt auf dem Papier für arbeitende Gefangene 400 g schwarzes Brot (nur noch 57,1% der Norm vom 09. Oktober 1945), 35 g Grütze – Mehl (nur noch 31,8%), 400 g Kartoffeln/ 200 g Gemüse (nur noch 92,3%), 20 g Zucker, 40 g Fleisch – Fisch (nur noch 51,3%), 10 g Fett (nur noch 83,3%), 5 g Kaffeesurrogat, 30 g Salz, 2 g Essig zur täglichen Verpflegung sowie 100 g Seife und 250 g Seifenpulver pro Monat vor. Nicht arbeitenden Gefangenen sollten bis auf 100 g weniger Brot (nur noch 50%) und 5 g weniger Zucker dieselben Portionen wie ihren arbeitenden Leidensgenossen zustehen. Allerdings sah die Normkürzung erneut eine besondere Ernährung der auch aus sowjetischer Sicht Kranken vor. Sie sollten abweichend von ihren Lagerkameraden 200 g Weizenbrot, 300 g Roggenbrot, 80 g Grütze – Mehl, 20 g Zucker sowie 25 g Fett erhalten. Außerdem sollte der Offiziersbestand der Kriegsgefangenen besser versorgt werden, während die gemeinen Soldaten wie die arbeitenden Gefangenen der Speziallager zu verpflegen waren.[323]

Doch auch diese nach wie vor auf Ausgewogenheit zielende Norm stand nur auf dem Papier. Besonders die Brot- und Fleischrationen wurden dadurch fast halbiert. Da sich die Gefangenen hauptsächlich von ersterem ernährt hatten, alles übrige erreichte sie nämlich allzu oft gar nicht, traf sie diese Normkürzung am Lebensnerv. Die Verpflegungs-Wirklichkeit in Ketschendorf sah deshalb ganz anders aus. Das Ernährungs- oder genauer Hungerproblem stellte sich nicht auf dem Papier, sondern in der alltäglichen Realität, wie die hohe und nun nochmals drastisch ansteigende Sterblichkeit deutlich bezeugte.

Durch die radikale Kürzung der Brotration und die Halbierung der übrigen Lebensmittel am 04. November 1946 blieben den Insassen pro Tag nur noch 900 bis 1000 Kalorien. Unter den ohnehin geschwächten Opfern, die im Sommer kaum wieder zu Kräften gekommen waren, stieg dadurch in der anhaltenden kalten Winterzeit in kurzer Zeit die Kranken- und Totenzahl schlagartig an. Als die Betroffenen heftig über die gekürzten Rationen diskutierten, erklärte ihnen Lagerkommandant Lomov, daß die Kürzung auf eine Forderung der deutschen Minister zurückgehe, die keine Besserstellung der Lagerinsassen gegenüber der deutschen Zivilbevölkerung wollten. Die Gefangenen sollten daher nur genauso viel erhalten wie die nichtarbeitende Bevölkerung außerhalb des Lagers.

Schon der vorangehende Befehl Serovs von Ende Oktober entlarvt jedoch in aller Deutlichkeit diese Behauptung als Lüge, ganz abgesehen davon, daß die deutschen Minister gar nicht wissen konnten, wie ‚gut‘ die Lagerinsassen genährt waren, da ja niemand Zutritt zu den Lagern besaß. Zwar

herrschte tatsächlich in dieser Zeit sowohl in der Sowjetunion als auch in der SBZ ein spürbarer Mangel an Lebensmitteln, doch starben außerhalb des Lagers erheblich weniger Menschen an den Folgen des Hungers. Im Unterschied zu
dem „Spezialkontingent" konnten sie sich auf zum Teil aben-
teuerlichste Weise noch etwas dazuorganisieren oder -ham-
stern, ohne auf Gedeih und Verderb der unwilligen Versorgung durch feindselige Dritte ausgeliefert zu sein. Dementsprechend war die Versorgungslage der Zivilbevölkerung, die
zudem nicht so extremer Ansteckungs- und Seuchengefahr
ausgesetzt war wie die auf engstem Raum konzentrierten
Festgehaltenen, deutlich besser als der Lagerkommandant
sie darstellte.

Im Dezember 1946 sahen deshalb auch die neu Eingelieferten die Folgen des Hungers konkret vor sich, als sie den ab-
gezehrten künftigen Lagerkameraden begegneten und ihre
erste Wassersuppe löffelten.[324]

Ende November billigte der NKVD zwar auf Drängen der
deutschen Ärzte den Arbeitern immerhin zusätzlich 50 g
Brot sowie je nach der Schwere der Arbeit täglich oder mehrmals wöchentlich zusätzlich $1/2$ Liter Suppe zu. Ende Januar,
nachdem die Normkürzung bereits zahlreiche Todesopfer
gefordert hatte, erhielten die Gefangenen auch wieder 500 g
Brot. Die Austeilung von Kartoffeln und Grütze erhöhte sich
allerdings nicht. Deshalb blieb der Hunger die ganze Zeit in
Ketschendorf ein stiller und allzu treuer Begleiter, der vielen
Menschen den Tod brachte.

Die Frauen kamen unter diesen extremen Bedingungen besser zurecht, da sie weniger Kalorien zum Überleben benötigten. Trotz ständigem Hunger sparten sie sich oft etwas von
ihrem Brot vom Munde ab und warfen es den Männern oder
Jugendlichen über den Zaun. Doch deren Hunger blieb so
groß, daß er manche Lagerinsassen dazu brachte, anderen
das lebenswichtige Essen zu stehlen. Einige Jugendliche versuchten auch nachts in den Kartoffel- und Gemüsekeller der
Küche einzubrechen, um sich dort etwas zu holen und noch

in der gleichen Nacht zu kochen. Oder sie stahlen bei der Einlieferung Kartoffeln und Gemüse vom Pferdewagen. Wenn einmal Kartoffeln von dem vollbeladenen Wagen fielen, stürzten sich gleich einige darauf, um wenigsten für kurze Zeit ihren Hunger etwas stillen zu können.[325] Wieder andere hatten beim Einlagern von Nahrungsmitteln, wie zum Beispiel Mehl, die Möglichkeit, sich etwas davon abzuzweigen und damit ihre tägliche Wassersuppe anzudicken.[326] Einige bemühten sich, das ständige Hungergefühl zu reduzieren, indem sie aus verbrannten Holzscheiten selbst Kohle herstellten und sie unter das Essen mischten. Die längere Anwendung führte allerdings zu einer äußerst starken, schmerzhaften Verstopfung, so daß sie davon wieder Abstand nahmen.[327] Schließlich rissen manche von ihnen auch älteren Leidensgenossen deren Essensportionen aus der Hand, um das eigene Überleben zu sichern. Solche hungerbedingte Kriminalität, die den *Mensch dem Menschen zum Wolf* werden ließ, kannten einige Frauen nicht[328], obwohl sie im Frauenlager, wenn auch seltener, ebenfalls vorkam.[329]

Ein in Ketschendorf geborener Säugling erhielt dieselbe Kost wie alle anderen Insassen auch. Da seine Mutter ihm jedoch alles, was nur irgend möglich war, geben wollte, zahlte sie selbst mit all ihren Zähnen dafür, die ihr aus Nährstoffmangel ausfielen. Sie filterte die Wassersuppe durch ein Leinenläppchen, um sie dem Kleinen zu der spärlichen Muttermilch zuzufüttern. Einige Kameradinnen unterstützten sie, indem sie ihr mitunter heimlich etwas Essen zusteckten. Auch die Ärztin Kapova besorgte etwas Zusatzverpflegung.[330] Außerdem erlaubten die sowjetischen Bewacher, daß die Melde, die zwischen den Zäunen wuchs, gepflückt und für den kleinen Jungen gekocht werden konnte, um ihm manchmal etwas abwechslungsreichere Nahrung zu verschaffen.[331]

Während also die einen mit dem Hungertod rangen, kosteten die etwas besser gestellten Funktionsgefangenen ihre Macht mitunter weidlich aus. „Das Brot wurde mit einem offenen Pferdewagen ins Lager gebracht. Hungrig standen viele um den Wagen herum, um beim Abladen eventuell ein Krümchen zu erwischen. Wenn das der Lagerkommandant sah, nahm er ein Brot, zerbrach es und fütterte damit die Pferde. Fiel dabei etwas auf die Erde, zertrat er das dann mit seinem Stiefel bzw. trat auf die Hände, die das schnell noch aufheben wollten."[332] Nicht nur die Lagerverwaltung, sondern auch die Arbeiter im Lazarett befanden sich in einer solch verpflegungsmäßig besseren Stellung. Mitunter ließen sie jedoch auch ihre einfachen Leidensgenossen an ihren Vorteilen, zum Beispiel dicksämiger Graupensuppe mit Stampfkartoffeln, teilhaben.[333] Schließlich verschaffte natürlich auch den Küchengehilfen ihr Arbeitsplatz zusätzliche Portionen. Auch bei ihnen hing es von ihrem Charakter, weniger von der vorhandenen Gelegenheit ab, ob und in welchem Ausmaß nur sie davon profitierten oder auch Mitgefangene daran teilhaben ließen.

Boden wischen = Hygiene?

In ihrem Revisionsbericht vom Oktober 1945 stellten die NKVD-Mitarbeiter zwar fest, daß die Gefangenen Sauberkeit und Ordnung wahrten. Doch betraf dies nur reine Äußerlichkeiten, wie das regelmäßige Wischen der Böden. Immerhin hatten selbst die sowjetischen Offiziere in demselben Bericht erwähnt, daß die Insassen beispielsweise in ihrer Kleidung schlafen mußten. Damit gab der NKVD nicht nur den Mangel an Wäsche, sondern auch deren alternativlosdurchgängige Benutzung zu.
Selbst die „Abteilung Speziallager" stellte zudem immer wieder Mängel in der hygienischen Versorgung der Lager fest. So beschwerte sich Oberst Sviridov am 16. Mai 1946, daß die Ketschendorfer Lagerleitung seine Anweisung vom 01. November 1945 über Maßnahmen zum Kampf gegen Bauchtyphus immer noch nicht vollständig umgesetzt hatte. Statt dessen war es im Speziallager erneut zu fünf entsprechenden Erkrankungen gekommen. Auch war selbst in den

Augen der „Abteilung" im Frühjahr 1946 die „sanitäre Bearbeitung des Spezialkontingents" unzureichend. Der Kampf gegen Läuse werde nicht konsequent geführt. Sviridov forderte deshalb, das Trinkwasser abzukochen, gegen Fliegen anzukämpfen und vor dem Essen obligatorisches Händewaschen zu beachten. Auch sollte den Gefangenen nicht seltener als einmal innerhalb von zehn Tagen ein „Bad" möglich sein. Dabei sollten Kleidung und alle persönlichen Sachen jeweils vollständig desinfiziert werden.[334] Da Sviridov diese Ermahnungen häufig wiederholen mußte und tatsächlich Wasser zeitweise kaum zur Verfügung stand, ist zu vermuten, daß die Ketschendorfer Lagerleitung die Vorschriften der „Abteilung" in Wirklichkeit nur schleppend oder gar nicht umsetzte. Tatsächlich sah jedenfalls die alltägliche hygienisch-sanitäre Realität noch bedeutend unmenschlicher aus.

Toiletten

In den ersten Wochen nach der Einrichtung des Lagers im Mai 1945 konnten die Gefangenen noch die Toiletten der Wohnungen benutzen. Doch der rasch und stark wachsenden Belegung waren sie nicht gewachsen und verstopften bald. Die Festgehaltenen mußten deshalb sowohl im Männer- als auch im Frauenlager eine Latrinengrube ausheben. Die Toiletten der ehemaligen Wohnungen durften sie danach tagsüber nicht mehr benutzen. Nur nachts waren sie geöffnet, da nach 21 Uhr die Gefangenen ihre Unterkunft nicht mehr verlassen durften. Sie erfuhren dabei erst abends von der deutschen Lagerverwaltung, welche Toilette jeweils zur Benutzung während der Nacht freigegeben war.[335] Oft kam nur eine einzige in Frage, da bei vielen der Abfluß nicht mehr funktionierte.[336] Deshalb verwundert es nicht, daß sich bei einer Überbelegung von beispielsweise 1650 Bewohnern in einem Haus vor dem einzigen geöffneten Abort lange Schlangen bildeten, da die schlechte Ernährung erhebliche Verdauungsstörungen erzeugte. Auch grassierten Blasen-

und Durchfallerkrankungen. Viele Erkrankte verzichteten daher ganz auf den Schlaf. Sie stellten sich, nachdem sie ihren Darm kurzfristig entleert hatten, gleich erneut hinten in der Schlange an, um wegen ihres Durchfalls rechtzeitig wieder die Toilette betreten zu können. Diejenigen, die es nicht mehr bis dahinein schafften, verrichteten notgedrungen ihr Geschäft, wo sie gerade standen. Treppen und Gänge der Gebäude stanken daher schon bald nach Urin und Kot.[337]

Nur im Quarantänehaus durften die Eingelieferten die Toiletten und das Badezimmer ganztägig benutzen[338], da sie ja nicht mit den anderen Lagerinsassen in Berührung kommen sollten. Letzteren diente tagsüber bald in der Nähe des Stacheldrahtzauns eine große Latrinengrube mit Sitzbalken als Toilette. Um dorthin zu gelangen, mußten sich die Gefangenen am Hauseingang zu jeweils zehn Personen versammeln. Ein Lagerpolizist eskortierte sie danach jeweils hin und zurück.[339] Die offenen Gruben waren etwa 20 Meter lang, vier Meter breit und ungefähr ebenso tief. Im Sommer 1945 umgab sie eine Bretterwand, der im Herbst noch ein Dach aufgesetzt wurde. Viele Gefangene sollen aus Schwäche vom Balken in die Grube gefallen sein.[340] Die offene Latrine förderte besonders in sommerlicher Hitze die Übertragung zahlreicher Krankheitserreger. Wenn eine dieser Gruben voll war, mußten die Lagerinsassen sie zuschütten und eine neue daneben ausheben. Nach einem Fluchtversuch aus dieser Abortanlage wurde sie in größerer Entfernung vom Zaun neu errichtet. Über der Grube stand nun ein Schuppen mit Bretterboden, in den Löcher von ungefähr 30 bis 40 Zentimeter Durchmesser gehauen waren. Diese Anlage sollte vor der Krankheitsübertragung durch Läuse besser schützen, was allerdings nicht der Fall war. In den Löchern versanken allerdings bald die schwachen Kranken bis zu den Kniekehlen. Da sie sich selbst nicht mehr befreien konnten, mußten Männer angestellt werden, um sie herauszuziehen.[341]

Im Frauenlager konnten jeweils zehn Frauen nebeneinander die dortige Latrinengrube benutzen. Sie bestand hinter einer

Bretterwand mit Dach aus einem langen Brett zum Sitzen über einem Erdloch. Auch hier wurde die Latrine später mit Löchern in einem Bretterboden angelegt. Diesen sehr zugigen Ort mußten die Gefangenen auch im Winter aufsuchen. Sie zogen sich dadurch rasch Erkältungen oder andere Krankheiten zu. Da die Grube am Rande ihrer Zone lag, nannten die Frauen sie auch „Stadtrand".

Generell gab es kein Toilettenpapier. Wegen des strengen Papierverbots im Lager war auch keines zu bekommen. So behalfen sich die Insassen mit Tapetenstückchen der Wohnungswände, mit Gras, das allerdings bald verschwunden war, da die Gefangenen es auch aßen, sowie mit dem Futter ihrer Kleidung oder einem kleinen Lappen, den sie sorgfältig auswuschen und hüteten, um ihn möglichst lange benutzen zu können. Doch der Ansteckungsgefahr konnten sie sich dadurch nicht entziehen. Gerade nachts auf den von hunderten und oftmals ernsthaft Erkrankten benutzten Toiletten war die Übertragung gefährlicher Infektionen vorprogrammiert. Nur im Haus für die Quarantäne gab es zumindest Ende 1946 etwa zehn Quadratzentimeter große Stoffetzen, die als Toilettenpapier dienen sollten.[342]

Waschanlage

Die Waschbecken und die Badezimmer, in denen auch Gefangene schliefen, durften ähnlich wie die Toiletten nicht benutzt werden. Zwischen Haus II und III sowie V und VI[343] lag statt dessen eine Waschanlage. Sie bestand aus Holztrögen, über die in durchbohrten Rohren aus einer erhöht stehenden Tonne Wasser floß und in die Tröge tropfte. Wasser aus der Leitung oder aus den Pumpen durften die Festgehaltenen deshalb nicht trinken, da es durch die nur 20 bis 30 Meter entfernten Latrinengruben längst verseucht war, wenn es aus dem Lagerboden kam.[344]

Wasser gab es in Ketschendorf daher überhaupt nur zu bestimmten Zeiten. Während des winterlichen Frostes entfiel, abgesehen von der regelmäßigen Entlausung, sogar jegliche Waschmöglichkeit.[345] Manche gossen sich daher Kaffee über die Hände, um wenigstens den schlimmsten Schmutz loszuwerden.[346] In einigen Zimmern im Männerlager stand allerdings im Winter eine Schüssel, in der sich die Zimmergenossen nacheinander waschen konnten. Diese Methode nutzten die Frauen das ganze Jahr. Sie holten sich von einer Pumpe Wasser und wuschen sich dann schnell nacheinander alle in der gleichen Schüssel. Bis zum Winter 1945/46, als die Entlausung gebaut wurde, konnten sich die Jugendlichen allerdings nur mit Haare schneiden und Läuse suchen sauberhalten.

Zahnpasta fehlte völlig[347], ein Stück Ton- oder Schwemmseife erhielten mitunter neu Eingelieferte bei ihrer ersten Entlausung und die übrigen Gefangenen erst 1946 mehr oder weniger regelmäßig. Ende 1946 gab es bei der Aufnahme in die Quarantäne zusätzlich ein graues Handtuch aus Leinen.[348]

Ihre Kleidung konnten die Eingesperrten dagegen so gut wie gar nicht richtig reinigen. Mitunter wuschen die Insassen ein Hemd, Taschentuch oder vor allem ihre Unterwäsche kalt außerhalb der Häuser[349] und trugen sie solange herum oder legten sie auf nur noch stückchenweise vorhandenen Rasen, bis sie trocken waren. Nur manchmal erhielten sie dazu Waschpulver, das sie ebenfalls für das Wischen der Böden benutzen mußten.[350] Erst ab 1946 erhielten die Gefangenen schließlich auch Chlorwasser, nicht nur um ihre Eßschüsseln hineinzutauchen und dadurch zu desinfizieren, sondern auch um ihre Unterkünfte zu putzen.[351] Nun bestand auch alle 14 Tage die Möglichkeit, Wäsche warm zu waschen.[352]

Seit der Lagererrichtung durften die Gefangenen ab und an zum Rasieren und Haare schneiden zu den „Friseuren" gehen. Den Bunkerinsassen standen allerdings selbst all diese primitiven hygienischen ‚Hilfen' nicht zur Verfügung.

„Entlausung"

Die von den Festgehaltenen täglich mindestens einmal durchgeführte Selbstkontrolle nach Läusen genügte nicht, um des Ungeziefers tatsächlich Herr zu werden. Besonders durch die völlige Überbelegung, die mangelnde Hygiene, die fehlenden Wasch- und Reinigungsmöglichkeiten, die schlechte Unterkunft und Ernährung zählten daher Läuse, Flöhe und Wanzen zu den ständigen, lästigen und gesundheitsschädlichen Begleitern. Wanzenstiche taten die sowjetischen Ärzte dabei einfach als Ernährungsstörung ab. Die Lagerleitung versuchte den Plagen dadurch zu begegnen, daß sie jeden Zug regelmäßig zum Desinfizieren in die Entlausung schickte. Dort wurde gleichzeitig die Kleidung „desinfiziert", das heißt stark erhitzt.

In der Entlausung funktionierten die „Duschen" ähnlich wie bei der ‚normalen' „Waschanlage". Nur wurde das Wasser in alten Benzinfässern erwärmt.[353] Die Desinfektion fand jeweils zugweise, d.h. zu je 50 Personen im Abstand von zehn Tagen oder mehreren Wochen statt.[354] Die Gefangenen zogen sich dazu ganz aus, hängten ihre gesamte Kleidung mit einer eventuell vorhandenen Schlafdecke auf einen mit einer Nummer versehenen Bügel, den sie abgaben. Dann konnten sie sich unter etwas tröpfelndem Wasser naß machen, einseifen und bekamen abschließend noch etwas Wasser zum Abspülen der Seife. Einige mußten eine „übelriechende Chemikalie" verwenden, um ihre Haare zu waschen.[355] Bei einer „Strafentlausung", wenn eine Hygienekontrolle Läuse bei einer Person entdeckt hatte, verdoppelte oder verdreifachte sich die Menge der Desinfektionsmittel. Im nächsten Raum oder bei Sonnenschein auch draußen warteten die Gefangenen dann mitunter über eine Stunde nackt und naß, da sie nichts zum Abtrocknen besaßen; denn die wenigsten trugen bei ihrer plötzlichen Verhaftung Handtücher bei sich. Sie erhielten auch keine während ihres Lageraufenthalts.

Während dieser Wasch- und Wartezeit wurde ihre Kleidung in Heißluftkammern stark erhitzt, manchmal so stark, daß sie ganz verbrannte. Diese regelmäßige Prozedur schadete den Stoffen sehr. Sie verringerte zudem das Ungeziefer kaum. Das Innere der Kleidung schien durch die Hitze eher noch als

Brutstätte zu wirken.[356] Obwohl deshalb vor allem die Kleidung sehr litt und das Warten auf sie ernste Erkältungsrisiken barg, bot diese „Entlausung" den Gefangenen wenigstens eine Gelegenheit, regelmäßig, wenn auch mitunter in Abständen von mehreren Wochen, zu „duschen".

Die „Entlausungsanlage" lag unter dem Lazarett. In einem Winter brannte sie völlig aus. Die Personen, die dort arbeiteten, konnten sich gerade noch retten. Die Kleidung der Jungen, die sich gerade darin aufgehalten hatten, verbrannte jedoch völlig. Splitternackt mußten sie nun durch den Schnee zurück in ihre Unterkünfte laufen, wenn sie nicht das Lazarettpersonal aufgriff und ihnen für eine Nacht Unterschlupf bot.[357] Erst als wegen der zunehmenden Ungezieferplage 14tägliche „Entlausungen" durchgeführt wurden, traten tatsächlich Besserungen ein. Einige Gefangene waren dadurch bis zur Auflösung des Lagers ‚läusefrei'.[358]

Auch das Lazarett unterlag regelmäßig diesen „Entlausungen". Nach einiger Zeit durften die dort Arbeitenden sogar jederzeit daran teilnehmen, wenn sie es wünschten und Plätze bei der Desinfektion frei waren. Auf diese Weise kamen zwar schließlich Läuse und Flöhe um. Doch die Wanzen blieben.[359]

Zimmerreinigung

Obwohl fast alle Erkrankungen und die wachsende Totenzahl neben der mangelhaften Ernährung wohl primär auf solch offensichtlich sanitär-hygienischen Mißständen beruhten, unternahm der NKVD wenig, um sie zu beheben. Die sowjetischen Ärzte kümmerten sich zwar speziell um die „Hygiene" in Küche, Lazarett, bei den „Friseuren" und in den Unterkünften. Eine Ärztin ließ sogar einmal den gesamten Friseurraum ausräumen, weil bei den Männern die Bartflechte ausgebrochen war.[360] Aber keine dieser Maßnahmen beseitigte das Übel wirklich an der Wurzel. Dazu hätten die Lebensumstände insgesamt verbessert werden müssen. So beschränkten sich auch im hygienischen Bereich die meisten

Aktionen auf tatsächlich ineffektive Erfüllung papierener Vorgaben, die dem Wortlaut nach Sauberkeit vortäuschten, sie jedoch angesichts völlig fehlender Rahmenbedingungen in der Realität zur Farce werden ließen.

So legte die sowjetische Lagerleitung besonders großen Wert darauf, daß die Gefangenen Boden und Pritschen sauber hielten. Bereits Generaloberst Serov hatte in seinen „Einstweiligen Verfügungen" vorgeschrieben, stets die „Böden zu wischen". Dies mußten die Gefangenen daher jeden Tag erledigen, während sie selbst, besonders im Winter, teilweise kaum oder wochenlang gar keine Waschmöglichkeit erhielten. Der Hauskommandant des Jugendhauses ordnete sogar an, dreimal täglich die Zimmer feucht auszuwischen[361] und forderte, den Boden mit Backsteinen und Wasser zu bearbeiten, bis die Dielen frisch gehobeltem Holz glichen.[362] Ein Arzt verlangte ebenfalls, daß der Boden so weiß wie die gestrichene Decke sein müsse. Die Gefangenen mußten daraufhin erst mit Glasscherben die restliche Farbe von den Dielen kratzen und sie danach in jedem Zimmer mit Ziegelsteinen und einer Seifenlauge aus Kernseife schrubben, bis sie weiß waren.[363]

Die Zimmer, das Treppenhaus sowie die Toilette im Quarantänehaus hielten die dort Eingelieferten ebenfalls mit Besen, Schrubber und Wischtuch möglichst sauber. Allerdings fehlte auch ihnen jedes Reinigungsmittel, wenn nicht einmal jemand etwas von seiner eigenen, spärlichen Seife opferte.[364] Nur mit kaltem Wasser ließ sich jedoch keine wirkliche Sauberkeit erreichen. Besonders im Winter sorgte diese Feuchtigkeit vielmehr für weitere Erkrankungen. Außerdem spritzte der Desinfektor ab und zu die Räume mit einer unangenehm riechenden Flüssigkeit gegen die Wanzen ab, bis alles, Pritschen und Kleidung, triefte.[365]

Auch im Lazarett herrschten solch unsinnige Reinigungsvorschriften. Selbst hier war der NKVD nicht bereit oder in der Lage, wirksame Desinfektionsmittel zur Verfügung zu stellen oder gar die Behandlungsmöglichkeiten zu verbessern. „Ich mußte also im Lazarett jeden Tag die Räume saubermachen. Dazu wurde ein Berg Sand auf den Fußboden geschüttet, und ich hatte mit einem Mauerstein mühevoll die Farbe von den Dielen abzukratzen. Es gab da eine russische Ärztin, die wir Ringelnatter nannten. Die störte sich an der Farbe. Diese Frau war richtig gehässig. Ich mußte jeden Tag die Fenster putzen und den Fußboden scheuern und dazu noch die Patienten sauberhalten."[366] „Im ganzen Lazarett mußten die Fußböden, die eigentlich gestrichen waren, weiß gescheuert sein. Das machten wir mit umgedrehten Tischen, die dann auch weiß wurden, und Sand. Außerdem mußten die Böden immer frisch gewischt sein, also naß! Wenn plötzlich Kontrolle durch russische Offiziere kam, rief die Hauswache am Eingang des Hauses sehr laut ‹Achtung› und wir rannten und gossen schnell die bereitgestellten Eimer voll Wasser in die Krankenstuben. Dann war alles o.k."[367] Wenn auch das Lazarettpersonal etwas bessere Verpflegung erhielt als die anderen Insassen, so war es doch unverantwortlich, seine Kräfte auf diese Weise zu verbrauchen. Bei der ständigen Überbelegung mit Kranken wären sie für deren Pflege viel wichtiger gewesen.

Dies fast fanatische Festhalten an einem sauberen Boden bzw. die übertriebene und gesundheitsschädliche Anwendung von Desinfektionsmitteln standen in krassem Gegensatz zu den allgemeinen hygienischen Zuständen im Lager. So mußten sich besonders die Frauen, die in Ketschendorf entbanden, mit primitivsten Bedingungen begnügen.[368]

6.5. Beschäftigung muß sein – lebensnotwendiger Kampf gegen Langeweile

Den Alltag in Ketschendorf prägten zweifellos Langeweile und Beschäftigungslosigkeit. Selbst Papierbesitz, um zu schreiben, Gesang, Kartenspielen oder Vortragstätigkeit aus dem Gedächtnis waren streng verboten. Die wenigsten Gefangenen hatten neben den auferlegten Pflichtdiensten noch die Möglichkeit, an Arbeitskommandos teilzunehmen. Sie konnten sich über Tage, Wochen, Monate, ja Jahre nur mit sich selbst, mit dem quälenden Ungeziefer oder mit den Kameraden die Zeit vertreiben. Es war schon schwierig genug, sich mit so vielen, völlig verschiedenen Bewohnern eines Zimmers auf Dauer und ständig auf engstem Raum halbwegs zu verstehen und zu unterhalten. Auch zehrten zusätzlich der ständige Hunger, die Ungewißheit über die eigene und die Zukunft der Angehörigen, bald auch schmerzende Krankheiten und damit die Angst vor dem namenlosen Tod an den strapazierten Nerven. All dies provozierte gereizte Reaktionen. Die aufgezwungene Langeweile stürzte viele Insassen in völlige Verzweiflung, zumal dann, wenn sie zuvor in ihren Berufen nicht nur einen geachteten Platz in der Gesellschaft eingenommen hatten, sondern auch nie zur Ruhe gekommen waren. Dadurch beschleunigte sich noch der Verfall ihrer physischen und geistigen Kräfte, den die mangelnde Ernährung ohnehin begünstigte. Es lag deshalb neben der körperlichen Konstitution und der unterschiedlichen Fähigkeit, mit wenig Kalorien auszukommen, sehr am Einfallsreichtum, der geistigen Beweglichkeit und dem unterschiedlich stark ausgeprägten, eventuell auch geistig-religiös gestärkten Überlebenswillen des Einzelnen, ob er der grausigen Realität wenigstens stundenweise entfliehen und die Lagerzeit, soweit es irgend möglich war, für sich sinnvoll gestalten konnte.

Geistige Ablenkung

Die vorrangige und hauptsächliche Beschäftigung vermutlich aller Gefangenen bestand darin, sich den anderen vorzustellen und die Verhaftungs- sowie die gesamte Lebensgeschichte zu erzählen. Da insbesondere die Jugendlichen in den meisten Fällen noch nicht viel erlebt hatten, mangelte es bald an Gesprächsstoff. Aber es fanden sich immer wieder Personen, die genug Phantasie und Begabung besaßen, um ihre dank-

170

baren Zuhörer zu fesseln und von trüben Gedanken abzu-
lenken. Im Männerlager gab beispielsweise ein Kriminal-
kommissar interessante Begebenheiten aus seinem Berufs-
leben und seinem Kriegseinsatz in Polen und Rußland zum
besten. Auch ein Lehrer ließ durch Erinnerungen an die eigene Schul-, Jugend- und Berufszeit seine Kameraden für kurze
Zeit den Lageralltag vergessen.[369] Jeder, der etwas zu erzählen hatte, fand daher aufmerksame Zuhörer. Reise- oder
Länderschilderungen, Forschungsthemen, Wirtschaftsfragen,
historische oder biologische Zusammenhänge, der Aufbau
eines Betriebs, Nacherzählungen ganzer Bücher, Kinofilme
oder Theaterstücke und vieles andere mehr fesselten die
Gefangenen, forderten und förderten ihre geistige Regsam-
keit und lenkten sie von ihrem tristen Dasein ab. Wohl dem,
der ein solch trainiertes Gedächtnis oder einfach die Gabe
des Fabulierens und der freien Rede besaß. Glücklich durfte
sich derjenige schätzen, mit dem ein solch begabter Redner
das Zimmer teilte und ihn dadurch in den Genuß spannender
Erzählungen brachte. Einige luden daher diese Personen
trotz des Verbots auch in ihre Unterkünfte ein, um sich etwas
Abwechslung zu verschaffen. In einem Zimmer des Jugendhauses saßen zu ähnlichem Zweck die Bewohner tagsüber
dicht gedrängt nebeneinander an der Wand entlang, um sich
zu unterhalten.[370]
Doch das ununterbrochene Beisammensein, das dadurch in
manchen Fällen aufgezwungene Kennenlernen, die fehlende
Möglichkeit, sich wenigstens kurzzeitig einmal zurückzuzie-
hen und allein zu sein, all dies führte nicht nur zu netten,
anregenden Unterhaltungen, sondern oft auch zu gegenseiti-
gem Überdruß und Zank. Besonders schlimm war es, wenn
man sich mit den anderen Zimmergenossen nicht verstand;
denn ein selbständiger Quartierwechsel kam nicht in Frage.
Viele Gruppen sprachen hauptsächlich über Essen[371], da der
starke und permanente Hunger ihre Gedanken und Phanta-
sien fast zwanghaft darauf lenkte. So tauschten die Gefangenen immer wieder Kochrezepte aus oder schwelgten in Er-

innerungen an ‚satte' Zeiten. Manchmal vereinbarten sie dann auch Wettessen. So wetteten einige Jugendliche darum, daß einer von ihnen es nicht schafft, in einer bestimmten Zeit einige Portionen Wassersuppe der anderen aufzuessen, die wegen Ruhr nichts zu sich nehmen konnten. Obwohl der Junge sich, völlig entwöhnt von solch unverhofften Mengen, zwischendurch übergeben mußte, gewann er die Wette, ohne weitere Schäden davonzutragen, während ein andermal einem Wettkandidaten der Magen geplatzt sein soll.[372]

Weitere beliebte Gesprächsthemen lieferten das Zuhause und die Entlassung, auf die die Gefangenen trotz häufiger Enttäuschungen hofften. Sie schmiedeten Zukunftspläne und konnten doch nur selten der quälenden Ungewißheit über ihr Schicksal und dem sie verzehrenden Heimweh entrinnen.

Neben den zahlreichen Gesprächen vertrieben sich einige Insassen mit Kinderspielen die Zeit, da besonders bei einer sehr unterschiedlichen Zimmerbesetzung von charakterlich und hinsichtlich der Erziehung und Bildung völlig verschiedener Personen oft nur wenig gemeinsamer Gesprächsstoff vorhanden war. So erstanden für eine Weile wieder die alten Spiele „Ich sehe was, was du nicht siehst", „Teekesselraten" oder Rätsel, die dem einen oder anderen noch im Gedächtnis hafteten.[373] Doch auch ihr Reiz erschöpfte sich rasch und konnte nicht mehrere Jahre hindurch Geist und Verstand beschäftigen. Andere rezitierten Gedichte. Sie boten so ihren Zimmergenossen die Möglichkeit, sie ebenfalls auswendig zu lernen. So sagten einige Frauen regelmäßig abends Gedichte auf, wenn sich alle schon zum Schlafen hingelegt hatten. Doch als daraus einmal halb zufällig, halb als willkommene Abwechslung und aus Wehmut Gesang erwuchs, unterbrach ihn schon in der zweiten Strophe jäh eine sowjetische Kontrolle, die wegen Verstoßes gegen die Lagerordnung sofort für vier Frauen je zwei Wochen Bunkerstrafe verhängte.[374]

Eine kurze Weile gab es im Lager auch eine Antifa-Bewegung, die sich aus lauter Privilegierten zusammensetzte, und überall versuchte, ihre Leute unterzubringen, um Vorteile daraus zu schlagen und andere zu bespitzeln. Als Kennzeichen trugen die Angehörigen dieser Bewegung einen roten Knopf.[375] Mit den Goldzähnen der Verstorbenen trieben sie Geschäfte bei dem Wachpersonal, das sie allerdings einsperrte, als sie betrügerisch handelten. Damit war diese Bewegung begraben.[376]

Außerdem trafen sich einige Leute von Zeit zu Zeit zu gemeinsamem Gebet, aber ansonsten fehlte anscheinend geistliche Betätigung.[377]

Ungeahnte Fertigkeiten

Es war zwar offiziell verboten, spitze Gegenstände oder Papier zu besitzen, aber einige Gefangene versuchten dennoch, ihrer Lagerzeit durch Bastelarbeiten etwas Abwechslung und ihrem Dahindämmern etwas Sinn zu verschaffen. Sie befeuchteten voller Erfindungsreichtum Wände, um dadurch die Tapete abzulösen. Mit einem Bleistiftstummel, den sie gegen kostbare Brot- und Essensrationen eingetauscht hatten, verwandelten sie die Tapetenstücke in Spielkarten, die allerdings nicht sehr haltbar waren.[378] Von besserer Qualität waren diejenigen aus Dachpappe. Dazu schabten die Festgehaltenen zunächst mit einem Stück Holz den Sand ab und bestrichen die Pappe anschließend mit Schlemmkreide, die sie zuvor mit Seife als Bindemittel vermengten. Wenn sie getrocknet war, konnten sie mit einem spitzgeschabten Draht oder mit einem Nagel gut darauf zeichnen und auf diese Weise auch Karten herstellen.[379] Andere nutzten lackierte Bretter, die sie mitunter auf dem Lagergelände fanden, um für sich gegenseitig mit Aluminiumdraht aus der Lichtleitung Kreuzworträtsel zu entwerfen. Aus solchem Draht fertigten sich die Gefangenen außerdem die noch begehrteren Nähnadeln an, indem sie den Draht mühsam auf Steinen schliffen und mit Stahlnägeln, die sich einige Erfindungsreiche organisiert hatten, Öhre in sie hineinbohrten.[380] Diese Nadeln dienten zum Ausbessern der Kleidung, für die es ja so gut wie keinen Ersatz gab. Außerdem ließen sich mit ihrer Hilfe zum Zeitvertreib beispielsweise aus Stoffresten Beutel nähen oder mit bunten Fäden, die die Gefangenen irgendwo herauszogen und untereinander tauschten, Stickereien anfertigen. Näh- sowie Stricknadeln stellten die Männer auch aus Fahrradspeichen her und warfen sie oftmals gegen einige Stücke Brot zu den Frauen über den Zaun, so daß sich diese ebenfalls mit Handarbeiten beschäftigen konnten. Sie trennten zum Beispiel Kleidung von Verstorbenen auf und machten daraus Pullover und Strümpfe oder aus Hosen Röcke, um die eigene zerschlissene Kleidung dadurch auszubessern oder zu ersetzen.[381]

Kleine Festlichkeiten

An den Geburts- oder Festtagen, die sonst im Kreise der Familie gefeiert worden wären, fiel das Leben und Überleben im Lager besonders schwer. Deshalb versuchten einige Insassen, sich selbst und anderen wenigstens eine kleine, aufmunternde Freude zu bereiten. Für Geburtstage sparten sie sich zum Beispiel ein paar Tage vorher etwas Brot und Zucker ab, um daraus mit etwas Tee für das Geburtstagskind eine sogenannte „Stalintorte" zu ‚backen'.[382] Einige Gefangene überreichten sich gegenseitig auch kleine Geschenke, wie zum Beispiel ein aus Tapetenresten hergestelltes Kartenspiel.[383] Vor den Weihnachtsfesten hoben sich andere etwas Brot auf, sammelten Kienspäne, um Lichter anzuzünden, sowie tannenähnliche Zweige, um sich mit leisem Gesang von Weihnachtsliedern wenigstens etwas aufzumuntern. Das geschenkte Brot rührten sie am nächsten Tag in die Suppe, so daß wenigstens einmal kurzfristig so etwas wie ein Sättigungsgefühl eintrat.[384] Andere fertigten aus Brotrinden „Pfefferkuchen" an, die sie mit einem eingeschmuggelten Messer zu Herzen, Sternen oder Tannenbäumchen formten.[385] Einige modellierten Geschenke wie Broschen oder bunte Teller aus Tapetenresten und Brotrindenpfefferkuchen oder schenkten eine erdachte Geschichte. Mit Hilfe von den selbst angefertigten Strick- und Nähnadeln konnten Gefangene Handschuhe aus aufgetrennten Socken oder unterschiedlich bestickte Stirnbänder aus Bettlaken herstellen, die in dem traurigen Lageralltag eine besondere Überraschung und Freude bedeuteten.[386] Wieder andere bekamen selbstgehäkelte Waschlappen, eine Nagelfeile, einen Schlüpfer oder auch ein Säckchen Zucker als Geschenk.[387]

Das Lazarettpersonal bemühte sich ebenfalls, den in seinen Stationen besonders tristen und leidvollen Alltag etwas aufzuhellen. In einer Küche feierte es Geburtstage, so daß alle, die noch gehen konnten, selbst dorthin zum Gratulieren kamen, die anderen wurden getragen. Das Geburtstagskind hatte aus Brot mit gegorener Marmelade und Zucker eine Torte ‚gezaubert', von der jeder ein kleines Stück essen konnte. Einige Jungen brachten als Geschenk jeweils eine Portion Zucker mit, während ein russischer Arzt, ebenfalls sehr kostbare Gaben, nämlich eine Ration Brot und zwei Heringe, verschenkte.[388]

Auch das Weihnachtsfest 1946 sollte von den Kranken gefeiert werden, von denen manche schon mit einem Bein im Grabe standen. Deshalb sparten die Lazarettangestellten schon wochenlang Brot und Zucker, trotz der zu diesem Zeitpunkt ausgegebenen Hungerrationen. Sie bekamen vom sowjetischen „Provisor" sogar eine Kerze geschenkt, schmückten das Lazarett mit Fichtensträußen, die einige Männer von ihren Außenkommandos mitgebracht hatten, und erzählten Märchen und Geschichten, da Singen auch hier verboten war. Sie konnten Plätzchen und Kuchen aus Brot genießen und hatten zum ersten Mal seit langem genug zu essen.[389] Mit Weihnachtsgeschenken und -grüßen für die Männer mußten die Frauen allerdings sehr vorsichtig sein. Schickten sie sie bereits einige Tage vorher, kamen sie sicher an, doch an Heiligabend selbst kontrollierte das Wachpersonal besonders streng, um alle kleinen Aufmerksamkeiten abzufangen und sowohl Geber als auch Empfänger wegen

Verstoßes gegen die Lagerordnung mit Bunkerhaft zu bestrafen.

„Selbst am Heiligen Abend war das Singen streng verboten. Natürlich ist doch gesungen worden. Ich denke an den Heiligen Abend 1946. In der Küche waren ungefähr 20 Mann beschäftigt. Während die Köche mit dem Rührholz die Grützesuppe rührten, stimmten sie das Lied ‹Stille Nacht› an. Fast allen, die in der Küche waren, liefen während des Singens die Tränen an den Wangen herunter.“[390]

Keine „Kultura“[391]

Im Lager Ketschendorf gab es im Vergleich zu anderen Speziallagern kaum Aktivitäten der auch dort nur verspätet, sporadisch, unzureichend und vor allem für die sowjetischen Wachmannschaften organisierten „Kultura“, an der die geschwächten und kranken Gefangenen ohnehin kaum aktiv teilnehmen konnten. In allen Speziallagern sollte sie wohl von kommunistischem „Humanismus“ und Kulturverbundenheit zeugen und wurde doch angesichts des massenhaften, von der sowjetischen Führung bewußt hingenommenen und damit verantworteten Sterbens und Leidens zur Farce. In den langen Jahren der Totalisolation spielte jedenfalls neben alltäglichem Überlebenskampf gegen Hunger, Krankheit, physische und psychische Verelendung und Tod diese „Kultura“ nur eine denkbar untergeordnete Rolle.[392] Erst kurz vor der Auflösung des Speziallagers Ketschendorf, im Herbst 1946, fand einmal eine Theatervorstellung gefangener Zivilrussen statt. Zwischen dem Lazarett und Haus IV auf dem Küchenplatz stellten sie eine Bühne, vermutlich auf Anhängern, auf und spielten auf russisch „Das Herz hat vier Kammern“.[393] Wenn auch diejenigen Deutschen, die zuschauen durften, nichts von der Aufführung verstanden, so waren sie doch sehr dankbar für die Abwechslung und klatschten häufig Beifall. Der zweite Teil der Vorstellung bestand aus einem Boxkampf, den ein ebenfalls eingesperrter Russe und ein

Argentinier austrugen, die in den vorherigen 14 Tagen etwas mehr zu Essen erhalten hatten. Allerdings gaben sie eine so traurige Figur ab, da sie trotz des besseren Essens zu schwach waren und sich als kraft- und konditionslose Kämpfer schlugen, daß sie dadurch den Gefangenen rasch wieder ihr eigenes, nur kurzzeitig halb verdrängtes Elend verdeutlichten.

Eine eher unfreiwillige Vorstellung lieferte jedoch ein sowjetischer Soldat, der ein Motorrad auf dem Platz hinter dem Zaun des Frauenlagers ausprobierte, auf dem sonst die Gefangenen zwischen den Mahlzeiten herumgingen und -standen. Häufig gab er Vollgas, insbesondere als er bemerkte, daß an den Fenstern der Siedlungshäuser viele Zuschauer standen. Plötzlich sahen diese wie Motorrad und Fahrer immer langsamer und kleiner wurden. Der Soldat hatte im Hochgefühl des Bewunderten nicht auf die ehemalige, ohne jede Abdeckung offengelassene Latrinengrube geachtet. Nur noch mit Mühe konnte er sich aus dem stinkenden Morast retten, der sein Motorrad rasch verschlang. Der eben noch so stolze Fahrer erntete nun zudem noch heftiges Gelächter, wofür es sonst im Lager keine Gelegenheit gab.[394]

Arbeitskommandos

Neben den Tätigkeiten der Lagerprominenz und der Lazarettbetreuung gab es in Ketschendorf nur sehr wenig Arbeitskommandos, so daß nur ein verschwindend geringer Bruchteil der Insassen aus dem Einerlei des Lagerlebens für eine Weile entfliehen und sich das Leben oft auch durch etwas höhere Essensrationen erleichtern konnte. Allerdings ging diese einfache Rechnung nicht immer auf, denn einerseits erhielten die arbeitenden Gefangenen längst nicht immer die erhoffte zusätzliche Ration. Andererseits konnte diese Zusatznahrung die während der Arbeit verbrauchten Kalorien oft nicht ersetzen, so daß zumindest die Nährstoffbilanz am Ende sogar negativ war. Wichtiger waren deshalb andere Möglichkeiten, die sich aus den verschiedenen Arbeitskommandos ergaben, wie zum Beispiel Kontaktaufnahme mit Bekannten außerhalb des Lagerzauns oder Beschaffung zusätzlicher Nahrungsmittel.

Um in ein solches Kommando, das meist für die direkte Lagerversorgung zuständig war, aufgenommen zu werden, mußte entweder der Zugführer oder auch per offiziellem Befehl die Lagerleitung nach geeigneten Personen fragen, oder der Gefangene mußte über persönliche Beziehungen zur Lagerleitung, zum Küchenchef oder zu anderen Gefangenen verfügen, die bereits im Kommando beschäftigt waren und ihn weiterempfehlen konnten. Manchmal genügte im rechten Moment auch die freiwillige Meldung. Manche erhielten daraufhin für ihre Tätigkeit mittags und abends eine extra Portion Essen.[395] Mitunter konnten sie sich auch bei der Arbeit Eßbares abzweigen oder erhielten etwas geschenkt. Falls sie außerhalb des Lagerzauns arbeiteten, standen sie vor dem Problem, die dort organisierten Dinge oder Nahrungsmittel ins Lager hineinzuschmuggeln; denn diese besonders begehrten Arbeitskommandos mußten laut Vorschrift beim Ausrücken aus dem Lager, wenn sie die Schleuse verließen, und bei der Rückkehr genau gefilzt werden und alles abgeben, was sie in den Hosen-, Jacken- oder Manteltaschen mit sich trugen. Mindestens zwei Bewacher sollten sie laut Vorschrift bei ihrer Tätigkeit beaufsichtigen. Der NKVD wollte durch diese Maßnahmen eine Kontaktaufnahme mit Außenstehenden durch vorher geschriebene Zettel oder durch das Einschleusen von Nachrichten oder verbotenen Gegenständen und erst recht eine Flucht verhindern. Trotzdem gelang mitunter eine Verbindung zur Außenwelt, wenn die Posten einmal ein Auge zudrückten oder zu wenig aufpaßten.[396]

Am Anfang hatten einige Insassen, wie geschildert, noch mit der Einrichtung des Lagers zu tun, indem sie „Waschanlagen und Latrinengruben" bauten. Sie errichteten auch unter strenger sowjetischer Bewachung die Zäune.[397] Bei einem solchen Arbeitseinsatz außerhalb des Lagers, bei dem sie einen Zaun ziehen sollten, mußten sie sich von den zahlreichen sowjetischen Wachsoldaten nicht nur Flüche, sondern auch Tritte, Peitschenhiebe und Kolbenstöße gefallen lassen.[398] Ein andermal steckte ein freundlicher Hauptmann den Gefangenen jedoch mehrmals sogar Brot, Zigaretten oder Tabak zu.[399] Ein spezielles Holzkommando fällte im Wald Bäume und hackte Brennholz für die Unterkünfte, die Küche und die sowjetischen Bewacher.[400] Dieses Kommando mußte abends, wenn es zurück ins Lager kam, immer das Lied „Märkische Heide, märkischer Sand" mit allen Strophen singen und dabei um den Appellplatz marschieren. Ein Küchenkommando, das vorwiegend aus gelernten Köchen und deren Helfern bestand, sorgte für die Essensausgabe. Zudem arbeitete noch ein Bäckerkommando außerhalb des Lagers. Es bestand aus 17 Personen, die in der Schleuse gezählt und dann von einem jungen Wachposten übernommen und zur Bäckerei geführt wurden. Diese befand sich in der Vorzone des Lagers, wo auch die sowjetischen Bewacher wohnten, und war nur einfach umzäunt. Die Bäckerei umfaßte einen großen Raum, in dem vier Backöfen mit den zugehörigen Backtrögen, Tischen und Regalen standen. Im Speicherraum lagerten die Brote und kühlten ab. Vor diesen Räumen lag ein besonderes Zimmer für das sowjetische Wachpersonal, das verlangte, aus 100 g Mehl 160 g Brot zu backen, obwohl nur 125 bis 130 g üblich waren. Da die Soldaten streng auf die Einhaltung des Brotgewichts achteten, hatten die Bäcker keine Möglichkeit, sich etwas Mehl abzuzweigen, doch erhielten sie offiziell täglich einige Brote als Zusatzverpflegung.[401]

Wenn es statt Graupen auch einmal Kartoffeln für die Suppe geben sollte, wurde kurzfristig ein Kartoffelschälkommando gebildet, dem oft weibliche russische Gefangene angehörten.[402] Einige Frauen mußten für diese Verpflegung außerhalb des Stacheldrahts, zwischen Autobahn und Lager, ab und zu Kartoffeln hacken.[403] Sie konnten sich dabei Zusatznahrung verschaffen, indem sie die Kartoffeln gleich auf dem

Feld roh aßen. Manchmal schafften sie es auch, einige davon oder sogar eine Rübe ins Lager zu schmuggeln.[404] Als der NKVD besonders für das Lazarett Kiefernnadeln ins Lager schaffen ließ, um den Vitaminmangel zu bekämpfen, sorgten ebenfalls Frauen für deren Aufbereitung. Im Keller eines Hauses streiften sie die Nadeln zunächst von den Zweigen, um sie dann in zwei Zentimeter große Stücke zu schneiden.[405] Der daraus gekochte Tee erreichte nicht nur das Lazarett, sondern das gesamte Lager.

Bereits im August 1945 bildete die Lagerleitung mit acht bis zehn Frauen ein Kommando „Waschküche", das sich um die Kleidung und Wäsche der in den vergangenen drei Monaten Verstorbenen kümmern sollte. Dem angesammelten Kleidungsberg haftete starker Leichengeruch an, den die Frauen mit Waschmittel und Bürsten bekämpften. Seit diesem Zeitpunkt verbrachten sie täglich mehrere Stunden in der „Waschküche", was besonders in der kalten Jahreszeit und mit fast leerem Magen eine sehr anstrengende Arbeit war. Diese Frauen gehörten später bei der Auflösung des Lagers dem Aufräumkommando an.[406]

Eine dauerhafte Arbeit hatte auch das Arbeitskommando, das die Kontrollstreifen zwischen Frauen- und Männerlager oder auch bei den Lageraußenzäunen regelmäßig harkte und von Unkraut freihielt. Außerdem gab es am Stacheldraht zwischen dem Männer- und dem Frauenlager noch ein Wachkommando, das jeglichen Kontakt zwischen den Geschlechtern unterbinden sollte.[407]

Einige Männer arbeiteten auch als sogenannte „Betriebshandwerker". Sie waren für die im Lager anfallenden Reparaturen und Anfertigungen zuständig. Andere betätigten sich als „Friseure" oder in der Entlausung. Einer mußte beispielsweise die Pumpe für den Desinfektionsraum betreiben[408], andere nahmen die Kleidung der Gefangenen in Empfang, erhitzten sie, um Ungeziefer abzutöten, und gaben sie später wieder aus. Eine Gruppe von Klempnern sorgte für die Instandhaltung der Kanalisation zwischen dem Lager und der Gemeinde Ketschendorf.[409] Andere zogen Acker- oder Plattenwagen bei verschiedensten Transporten im Lager.[410] Kurz vor dessen Auflösung verlangten die Bewacher nach Zimmerleuten, die auf dem Abstellgleis außerhalb des Stacheldrahts geschlossene Güterwaggons zum Abtransport der Gefangenen vorbereiteten.[411]

Außerhalb des Lagers bedienten sich die sowjetischen Bewacher in den eigenen Unterkünften des „Spezialkontingents" auch als Reinigungskräfte.[412]

Die wichtigste und gleichzeitig traurigste Arbeit war allerdings die Beerdigung der zahlreichen Toten. In den ersten Monaten gab es eine Stammbesetzung des Kommandos sowie je nach der Totenzahl zusätzliche Träger. Sie wurden aus jedem Zug täglich neu eingeteilt.[413] Da der NKVD für jede Behelfstrage zwei noch halbwegs kräftige Personen benötigte, brauchte er im November/Dezember 1945 schon bis zu 20 Träger täglich. Ab Januar 1946 mußten sie oft schon zweimal am Tag die Leichen wegbringen. Mitunter brachen sie dabei selbst vor Entkräftung zusammen[414] oder stolperten im Dunkeln über die Unebenheiten auf dem Weg.

Wegen der ständig zunehmenden Totenzahl erhielt das Beerdigungskommando anstelle der Tragen schließlich einen Leichen-, später einen ehemaligen Zirkuswagen, dessen Aufbauten abgesägt worden waren. Einem Lagerinsassen, der diese Transporte beobachtete, blieb ein großer Mann mit einem grünen Lodenumhang über den Schultern und einem kleinen grünen Hut auf dem Kopf in Erinnerung, der dem Wagen mit den Toten voranging. Er trug in der Hand einen langen Stab, den er wie einen Krückstock benutzte. Mit langsamem, würdevollem Schritt schien er den Verstorbenen das letzte Geleit zu geben.[415] Wahrscheinlich handelte es sich hier um den Leiter des Beerdigungskommandos, einen ehemaligen, auch „Grünrock" genannten Polizeioffizier. Eines Tages, ungefähr Anfang 1946, untersagte die sowjetische Lagerleitung seinetwegen den weiteren Einsatz des Kommandos, da sie vermutlich erfahren hatte, daß er den Verstorbenen – wahrscheinlich bereits im Leichenbunker – die Goldzähne herausgebrochen hatte.[416] Nachdem der NKVD den Polizeioffizier abgeführt hatte, mußte auch das gesamte bisherige Beerdigungskommando ausgetauscht werden. Die Gefangenen, zwei bis drei ständige und einigen zusätzliche Träger, haben nun den Leichenwagen nur noch bis zur Schleuse gezogen, wo ihn dann die sowjetischen Bewacher in Empfang nahmen.[417] Zu diesem Zeitpunkt wurden die Toten in vier Meter tiefen Gruben begraben.

6.6. Zwischen Leid und Tod – bitterer Alltag

Verzehrendes Heimweh und seelische Qualen

Bereits die Folterungen und Demütigungen in den NKVD-Gefängnissen hatten bei einigen Gefangenen nicht nur erhebliche körperliche, sondern auch schlimme seelische Verletzungen hinterlassen. Die lange Lagerhaft verstärkte deren Folgen noch. Ständig mußten Menschen mit den unterschiedlichsten Charakteren eng zusammengepfercht auf äußerst beschränktem Raum miteinander auskommen. Die bedrückende Ungewißheit über das eigene Schicksal, mangelhafte Ernährung und Kleidung, zermürbende Krankheiten und die ständig vor aller Augen Sterbenden und Toten bedeuteten eine schwere seelische Belastung für jeden einzelnen nach Ketschendorf Verschleppten. Dazu kam die Ungewißheit über das Schicksal der Angehörigen. Viele hatten ihnen keine Nachricht hinterlassen dürfen, als sie verhaftet wurden; oder sie hatten sie nicht informiert, da sie nur mit einer kurzen Vernehmung rechneten. Die Jugendlichen und Kinder sehnten sich voller seelisch aufreibendem Heimweh vor allem nach der Geborgenheit ihres Elternhauses, das sie mitunter vom Lager aus sahen, ohne allerdings dorthin gelangen zu können. „Wir sprachen viel von zu Hause; denn das Heimweh war in unseren Herzen. Abends hörten wir aus der Ferne die Kirchenglocken von Ketschendorf, es war mein Heimatort. Besonders schlimm war es am Heiligabend."[418]

Die Erwachsenen dagegen plagten sich meist mit Sorgen um die zurückgebliebenen Ehepartner und Kinder. „Wer an Frau und Kinder denken muß, hat eine viel größere Belastung, mehr Kummer und Sorgen zu ertragen. Viele ältere Häftlinge zermürbt das und läßt sie kapitulieren und schicksalsergeben sterben."[419] Über jedem hing zudem immer drohend wie ein Damoklesschwert die bange Frage, ob er dieses Lager (und nach der Auflösung von Ketschendorf die folgenden Lager) jemals wieder lebendig verlassen und seine Angehörigen wiedersehen würde. „Nur ab und zu durchbrach ein qualvoll scheinender Seufzer das Schlafgeräusch und ließ erkennen, daß ein noch wachliegender Kamerad die Schwere des Lagerlebens, des Hungers und der seelischen Verkümmerung durchlitt. [...] Niemand blieb davon verschont. Selbst Männer mit größter Widerstandskraft, die auch unter härtesten Verhören nicht zusammengebrochen waren, unterlagen jetzt diesem Schmerz! Wenn dann der Schlaf kam, das Bewußtsein sich löste, blieb die beklemmende Angst und machte sich in bedrückenden Alpträumen bemerkbar!"[420]

Besonders schlimm wirkte sich die Tatsache aus, daß die Verschleppten ihren Urteilsspruch nicht kannten, da ja in Wirklichkeit überhaupt kein solcher erfolgt war. Sie blieben deshalb in ständiger Ungewißheit, ob und wann sie nach Hause entlassen würden oder ob ihnen doch noch die Deportation nach Sibirien drohte. Die immer wieder auftretenden Parolen über die Besserung der Lebensbedingungen im Lager und baldige Entlassungen führten ebenfalls zu starken Depressionen, wenn sie sich nicht erfüllten. Viele klammerten sich in ihrer Schwachheit dennoch mit letzter Kraft an diesen Strohhalm. Infolge der ständigen Enttäuschungen brachten sie schließlich keine weitere Widerstandskraft mehr auf und starben. Statt eine Hilfe zu sein, zermürbten die Lagerparolen dadurch oftmals und vor allem auf Dauer eher die Widerstandskräfte und Hoffnungen der Leidenden.[421]

Besonders schwer zu ertragen waren hinter dem Ketschendorfer Stacheldraht die Weihnachtstage, weil fast alle gewohnt waren, sie gemütlich, zum Teil nur wenige Meter jenseits des Lagerzauns im Familienkreis zu verbringen. „Mein eigener Kummer tritt zurück hinter dem, was die Frauen empfinden, die ihre Familie, ihre Kinder das erste Mal zum Weihnachtsfest allein lassen müssen. Die nicht einmal wissen, wie es ihnen geht, Weihnachten – Fest der Liebe!"[422] Im Jahr 1945 erlebten so oder ähnlich viele das erste Weihnachtsfest im Speziallager. Wenn sie nicht vorher verstarben, wiederholte sich diese seelisch besonders bedrückende Zeit für sie noch einmal hinter Ketschendorfer Stacheldraht, ehe sie verlegt wurden.[423]

Für viele, die der NKVD erst 1950 aus seinen Lagern entließ, sollte sich diese besondere seelische Qual noch dreimal wiederholen. Nur wenige wurzelten so tief im christlichen Glauben, daß ihnen das feste Vertrauen auf Gottes Beistand und die Gewißheit seiner Fürsorge gerade auch an diesen Tagen half, den Verlust familiärer Geborgenheit zu überwinden. Auf besonders eindrückliche Weise erfuhren sie die weihnachtliche Menschwerdung Gottes, seine Zuwendung in tiefster Niedrigkeit hinter Stacheldraht neu.

All diese psychischen Belastungen ließen einige Lagerinsassen kindisch, andere völlig gleichgültig werden, so daß sie sich beispielsweise überhaupt nicht mehr wuschen.[424] Viele verließ ihr Lebensmut wegen der Ausweglosigkeit ihrer Lage. Körperliche Schwäche und ständig nagender Hunger machten sie zu einem denkunfähigen, völlig abgemagerten Skelett.[425]

Das Lazarettpersonal hatte im Unterschied zu dem übrigen „Spezialkontingent" zwar einige Vergünstigungen. Es litt aber trotzdem ebenso unter Hunger und zusätzlich besonders unter der Hilflosigkeit und dem Elend, mit dem seine Arbeit es tagaus tagein konfrontierte. „Gleich am Anfang dieser Zeit mußte ich bei einer Geburt helfen! [...] Dieses Erlebnis hinterläßt – noch heute – einen schockierenden Nachhall in meinen Gedanken. Unsere Erziehung der damaligen Zeit ließ wenig Platz für Aufklärung! Als dann die

Geburt an ihrem Ende angelangt war, packte mir irgendjemand (?) die Nachgeburt auf eine Müllschaufel, und ich mußte diese in die Heizung bringen. Der Kamerad, sicher ein liebender Familienvater, der dort Dienst tat, war fassungslos!"[426] Vor allen Dingen die völlig ausgezehrten, dem Tode nahen Jugendlichen und Männer, die sich nicht mehr helfen konnten, belasteten die Gemüter schwer. Ihr Anblick raubte einigen vom Lazarettpersonal trotz des ständigen Hungers den Appetit. Sie brachten kaum noch einen Bissen herunter. Nachts verfolgten sie Alpträume. Der Anblick der ausgemergelten, mitunter durch die Hitze aufgequollenen und aufgeplatzten Leichen prägte sich den Schwestern und den Leichenträgern tief in ihr Bewußtsein ein. Sie können diese Bilder des Grauens, denen sie hilf- und mittellos gegenüberstanden, nicht vergessen. Sie verfolgen sie bis heute.

Nur nicht ins Lazarett...

Die in Ketschendorf auftretenden Krankheiten standen in unmittelbarem Zusammenhang mit der mangelhaften Ernährung und der fehlenden bzw. völlig unzureichenden Hygiene. Schon die ersten Wochen der schlechten Verpflegung, mitunter auch bereits die Hungerzeit in den NKVD-Gefängnissen, legten den Keim für die folgenden Erkrankungen. Nach einiger Zeit konnte kaum noch ein Körper den physischen und psychischen Strapazen des Lagerlebens widerstehen. Die etwas bessere Ernährung im Sommer 1946 päppelte zusammen mit Licht und Sonne einige wieder auf. Doch konnten sie selbst bei etwas besserem Essen nicht so schnell die völlig aufgebrauchten Reserven wieder aufbauen. Die Kürzung der Rationen im November 1946 traf deshalb bereits unterernährte und geschwächte Menschen, weshalb sie rasch zu solch extremen Todesraten führte. Die Gefangenen hatten beispielsweise nach kurzer Zeit bereits Mühe, die Treppen zu ihren Unterkünften hochzusteigen. Immer wieder wurde ihnen vor Anstrengung schwarz vor Augen. Sie verloren das Bewußtsein[427], brachen zusammen und verletzten sich mitunter schwer bei diesen Stürzen.

Für jedes Haus war ein „Arzt" zuständig, um eine eventuelle Krankheit oder Einweisung ins Lazarett festzustellen. „Sprechstunde" und „Behandlung" fanden in der Schreibstube statt. Ein Schreiber trug die Behandlungsdaten entweder – falls vorhanden – in eine Kladde oder auf ein mit Kalkseife bestrichenes Brett ein. Dem „Arzt" standen allerdings als ‚medizinisches' Gerät nur eine Nagelschere und ein Topf mit Jod zur Verfügung.[428] Er konnte den Betroffenen daher nur eitrige Entzündungen mit einem Desinfektionsmittel abtupfen, eine dreitägige Bettruhe verordnen, sie zu einem neuen Besuch auffordern oder ins Lazarett einweisen.[429] Doch da die schweren Erkrankungen immer mehr zunahmen, wurde eine solche Einweisung immer schwieriger. Die ebenfalls völlig unzureichend ausgestattete Krankenstation war ohnehin schon hoffnungslos überbelegt.

Dr. M. verfügte beispielsweise als Hausarzt bei den Jugendlichen nur über eine Schere und ein Abhörgerät.[430] Doch er leistete den Betroffenen wenigstens moralisch durch ein gutes Wort eine kleine Hilfe, munterte sie etwas auf oder versuchte, sie zu trösten. Ein anderer Arzt, Dr. V., war längst nicht so freundlich und veralberte seine jugendlichen Patienten.[431] Außer diesen beiden Ärzten arbeitete noch ein Erwachsener, A.W., als Sanitäter im Jugendhaus.[432]

Die mangelhaften Lebensbedingungen im Lager führten zu Nachtblindheit.[433] Die Ernährung ließ bei einigen Jugendlichen das Zahnfleisch schwarz werden, so daß es abstarb.[434] Einigen fielen sogar die Zähne aus.[435] Außerdem plagten fast alle wegen des chronischen Eiweiß- und Vitaminmangels eitrige Hautentzündungen. 700 bis 800 Jugendliche waren sogar schwer daran erkrankt.[436] Bei starkem Befall wurden sie von den übrigen getrennt. Die weniger Erkrankten rieben sich ihre Haut mit vergälltem Olivenöl ein und mußten sich nackt hinter einem neu aufgestellten Zaun aufhalten. Nachts banden sie sich die Hände zusammen, um sich nicht ständig zu jucken und wundzukratzen. Die NKVD-Ärztin Kapova sowie der Arzt R., vermutlich ein ehemaliger Generalarzt der Vlasov-Armee, der nun ebenfalls im Speziallager eingesperrt war, kamen fast jeden Tag in das Jugendhaus. Letzterer entwickelte extra für diese schlimme Hauterkrankung eine Salbe. Allerdings enthielt sie zunächst zuviel Schwefel, so daß die Haut seines ersten damit behandelten Patienten verbrannte.[437] Trotzdem schien dieser Arzt maßgeblich für die Erfolge im Kampf gegen die Hautentzündungen verantwortlich zu sein, indem er für die Ausgabe von Seife sorgte.[438] Die sowjetischen Ärzte pinselten mehrmals die Jugendlichen mit einer dünnen Salzsäurelösung ein, die sie nach kurzer Einwirkung abduschen mußten. Nach wenigen Tagen trat offensichtliche Besserung ein, wenn auch noch einige Furunkel etwas weiter juckten.[439] Nachdem die Jugendlichen sich viele Wochen gequält hatten, ging es ihnen im Sommer 1946 durch die Behandlung und die erhöhte Verpflegungsration wieder etwas besser. Allerdings behielten noch lange handflächengroße Narben zurück.

In der jüngeren Generation forderten besonders Ruhr und Tuberkulose im zweiten Jahr des Speziallagers Ketschendorf viele und zunehmend mehr Todesopfer.[440] Die ältere Generation, aus der besonders im ersten Jahr die meisten Todesopfer zu beklagen waren, litt vor allem unter Ödemen, Bauchwassersucht, Wasseransammlungen im Rippenfellraum sowie Gelenkveränderungen. Einige aßen zuviel Salz, das sie gegen Brot tauschten. Im Zusammenspiel mit der Wassersuppe schwemmte es ihren Körper immer weiter auf. An diesen Ödemen starben viele von ihnen, wie beispielsweise eine Frau im Lazarett, der beide Beine geplatzt waren.[441] Viele andere litten ebenfalls unter offenen Beinen. Sie lagen aber nicht im Lazarett, sondern mußten die ständigen Qualen im Lageralltag ertragen. Die meisten gingen daran zugrunde. Außerdem litten sehr viele an Durchfall und Geschwüren.

Besonders der Durchfall schwächte noch zusätzlich die Betroffenen, die ohnehin nur noch aus Haut und Knochen bestanden, und raubte ihnen die letzten Kräfte. Als einige Ärzte beispielsweise einmal einen Leichnam sezierten, stellten sie den restlosen Schwund aller Fettdepots sowie eine starke Rückbildung der meisten inneren Organe fest, die die Unterernährung hervorgerufen hatte.[442] Oft gab es bei Erkrankungen allerdings keinen organischen Befund. Die Ärzte diagnostizierten nur stärkste Abmagerung, auf die körperliche Schwäche und Hilflosigkeit folgten. Die sowjetischen Akten vermerkten dann als Todesursache oft Dystrophie, um damit den Tod durch Verhungern zu umschreiben. Insgesamt findet sich in den systematisch ausgewerteten Sterbelisten dennoch eine erstaunliche Bandbreite an Todesursachen. Selbst wenn es manchmal scheint, als ob die Sanitätsgruppe pauschal bestimmte Eintragungen vornahm, so lassen sich doch mitunter Einzelfalluntersuchungen vermuten.[443] Besonders diejenigen, die womöglich schon an einer Krankheit oder sogar an einem Herzfehler litten, bevor sie ins Lager kamen, konnten unter den extremen hygienisch-sanitären Mißständen jedenfalls kaum überleben.

Da die medizinische Versorgung sowohl außerhalb als auch innerhalb des Lazaretts völlig unzureichend war, versuchten viele Gefangene, sich selbst zu kurieren. Gegen Durchfall besorgten sie beispielsweise für zwei Scheiben Brot etwas Asche von verbrannten Knochen, was sofort half.[444] Andere versuchten, mit Asche von Holzkohle ihren Durchfall zu stoppen, was allerdings nicht immer gelang.[445]

„Ich hatte unter der rechten Achselhöhle ein Schweißdrüsenabszeß erhalten. Da ich Angst hatte, ins Lazarett zu gehen, um mir diesen Schweißdrüsenabszeß behandeln zu lassen, habe ich durch viel Wärme erreicht, daß dieser Abszeß allein aufging."[446] „Ich zählte an mir mehr als 100 Furunkel und 6 Abszesse. Damit zählte ich keineswegs zu den schwererkrankten Ausnahmen, sondern zur großen Zahl der Erkrankten. Meinen linken Unterschenkel rettete ich dabei auf

seltsame Weise. Ein gewaltiges Furunkel wollte nicht auf-
hören sich immer wieder neu zu entzünden. Es bildete sich
wildes Fleisch und dieses griff nach und nach das Schienbein
an. Für die Beseitigung dieses Wildfleisches benutzte ich über
Wochen meine tägliche Zuckerration, von der ich – in Abständen – einige Krümel aufstreute. Als die Entzündung
schließlich nachließ, verstärkte ich meine Heilmethode, indem
ich nun Kochsalz aufstreute, und dies mit verblüffend rascher
Wirkung."[447] Andere griffen zu noch radikaleren Selbsthilfe-
maßnahmen. „Viele meiner Leidensgefährtinnen gurgelten
mit Urin, um die Krankheitskeime abzutöten – und es klappte."[448] Ein weiterer hinter Stacheldraht Erkrankter schaffte es
sogar, seine Rippenfellentzündung allein auszukurieren.[449]
Gerade bei solchen, zum Teil lebensbedrohlichen Krankheiten erwies sich wahre Lagerkameradschaft als rettende Hilfe.
Viele Zimmergenossen stützten und halfen sich so gut es ging
gegenseitig, um eine Verlegung in das Lazarett zu vermeiden;
denn die meisten hatten es als bloße Vorstation zum Leichenbunker erkannt. Selbst bei Typhus fanden sich einige
Gefährten, die aufopfernd pflegten und heilten. „Daß ich am
Leben bin, verdanke ich Frau Kr. Derselbe Arzt, der ihren
Mann nicht retten konnte, verschaffte ihr Chinin."[450] Ein
anderer Gefangener verließ sogar auf eigene Faust das Lazarett, wo er wegen eines vereiterten Fußes lag, da er erfahren
hatte, daß der zuständige Arzt besonders gern amputierte.
Schon diese wenigen Beispiele belegen, daß der NKVD auch
im Speziallager Nr. 5 keine geregelte, ja nicht einmal eine
minimal ausreichende Gesundheitsversorgung gewährlei-
stete. So verwundert es kaum, daß auch das Lazarett eigentlich seinen Namen nicht verdiente.

Krankenstation

Auch wenn der Revisionsbericht vom 27. Oktober 1945 verharmlosend von einem „Krankenhaus" im Lager sprach, so
täuschte er doch wiederum nur eine tatsächlich nicht vorhan-

dene Normalität vor. Bereits knapp ein halbes Jahr nach der Errichtung des Speziallagers Nr. 5 bestand dieses primitive Lazarett laut Bericht aus 350 Kojen, 26 Ärzten und 6 Feldschern, von denen jeweils nur zwei nicht dem „Spezialkontingent" angehörten. Noch nicht einmal sechs Monate nach der ersten Einlieferung Verschleppter war es mit 322 Kranken schon fast völlig belegt. 14 litten an Diphtherie, 5 an Dysenterie, die große Mehrheit an unterschiedlichen, laut Bericht nicht ansteckenden Krankheiten. Die sanitäre Behandlung der Gefangenen, die vermutlich allein die regelmäßige „Entlausung" beinhaltete, verlief der Untersuchungskommission zufolge regelmäßig und nach Plan. Den allgemeinen sanitären Zustand bezeichnete sie daher als gut.

Doch in der Realität stand das völlig unzureichend ausgestattete Lazarettpersonal allen ernsten Erkrankungen mittel- und deshalb weitgehend auch hilflos gegenüber. Allein den Boden im Lazarett regelmäßig feucht zu wischen, rettete kein Menschenleben. Vielmehr verschlimmerte sich wegen mangelhafter Heizmöglichkeiten dadurch manche Krankheit noch. Doch vor allem konnten Ärzte auch in einer ‚nach Plan verlaufenden regelmäßigen Untersuchung' Krankheiten, die aufgrund der mangelhaften Ernährung und Hygiene rasch zunahmen, weder bekämpfen noch heilen, da der NKVD grundlegende Verbesserungen verweigerte. Es fehlten daher nicht nur Instrumente und Medikamente, sondern vor allem verbesserte Lebensbedingungen, erhöhte Nahrungsrationen, effektive Ungezieferbekämpfung und ein gesicherter sanitär-hygienischer Mindeststandard. Aller menschlicher Einsatz und das meist redliche Bemühen von Ärzten und Schwestern blieben deshalb meistens umsonst. Da der NKVD schließlich sogar die Lebensmittelrationen eher noch verminderte als erhöhte, nahmen die größtenteils hungerbedingten (Mangel) Krankheiten ständig zu. Darum benötigte das Lazarett auch laufend weitere Gebäude, um die Kranken unterzubringen. Vor allem in den Hungerperioden der Wintermonate stieg deren Zahl immer stärker an.

190

Im Juni 1946 befanden sich noch ungefähr 600 Kranke auf den Stationen, von denen allerdings innerhalb von drei Wochen nach Verbesserung der Verpflegung 150 wieder entlassen werden konnten. Nach der erneuten Herabsetzung der Ernährungsnorm Anfang November 1946 füllte sich das Lazarett jedoch wieder so schnell, daß die sowjetischen Ärzte nur noch die allerschwersten Fälle aufnahmen und rücksichtslose Entlassungen anordneten.[451] In dieser Zeit nahmen bei den Jugendlichen auch Lungentuberkulose und tuberkulöse Rippenfellerkrankungen drastisch zu, so daß nun auch von ihnen immer mehr dem Tod zum Opfer fielen und unter den Augen des NKVD verstarben.

Zunächst lagen im Lazarett nur die Frauen getrennt von den Männern. Wegen der wachsenden Zahl auch ansteckender Krankheiten wurde bald eine eigene Station für Rose- und eine besonders abgetrennte für Typhuspatienten eingerichtet, die niemand verlassen oder betreten durfte. Das Essen für die an Typhus Erkrankten stellten die „Essenholer" daher bereits an der Schwelle ab.[452] Später, vermutlich 1946, entstand noch ein zusätzliches Lazarett für alle Tuberkulosekranken in Haus IV.[453] Auch ein Zahnarzt übte mit improvisierten Instrumenten seine Tätigkeit aus.[454]. Als das Lazarett bereits überfüllt war, verlegte der NKVD Kranke auch in die neu aufgestellte Lazarettbaracke XX, die in einem Raum auch Geisteskranke unterbrachte. Kurz vor der Auflösung des Lagers im Februar 1947 lagen an Rose und Ruhr Erkrankte allerdings zusammen auf dem blanken Fußboden in einer Lazarettbaracke. Nur noch ein Sanitäter versah dort seinen Dienst, bis auch er abtransportiert wurde und die Gefangenen sich selbst überlassen blieben.[455]

Zuvor hatten genaue Vorschriften diesen Dienst des Lazarettpersonals geregelt. Für die Schwestern begann morgens bereits vor dem Zählappell ihr Arbeitstag, nachdem sie von einer Oberschwester oder der Lagerleiterin in Zweierreihen zum Lazarett geführt worden waren. Um überhaupt im Lazarett arbeiten zu können, mußten sie bei ihrer ‚Einstellung' dem sowjetischen Oberarzt eine „Spritze demonstrieren"[456]. Letzterer übte die Oberaufsicht über die auf den Krankenstationen arbeitenden gefangenen Ärzte aus dem „Spezialkontingent" aus. Die häufigen Kontrollen weiterer sowjetischer Bewacher galten ansonsten ganz nach Vorschrift vor allem den feucht gewischten Fußböden. Die Soldaten ließen jedoch aus Angst vor Ansteckungen beispielsweise die Rosestation bei ihren Rundgängen völlig aus. Dort arbeitete der Stationsarzt Dr. S. aus Baku mit jeweils einer Schwester, einem Sanitäter und einem Hausgehilfen. Auf der Enteritisstation gab es außerdem noch einen Wäscher. Ständig mußte er die Kleidung der Kranken, die ihre Darmfunktionen nicht mehr unter Kontrolle hatten, sowie die Pritschen und Fußböden reinigen.

Ein Stationsarzt, der gegen Durchfall immer nur Kohle verschrieb, entpuppte sich nach einer Weile als Hochstapler, woraufhin er abgelöst wurde. Ein weiterer angeblicher Arzt schien nur Student der Medizin gewesen zu sein.[457] Auch er dürfte sich von seiner Tätigkeit im Lazarett materielle Vorteile erhofft haben. Ein anderer stahl aus einem Schrank Brot, das einer Schwester gehörte.[458] Die anscheinend süchtige sowjetische Ärztin stahl statt dessen oft das ohnehin nur in geringen Mengen vorhandene Morphium.[459]

Da nur im Lazarett Männer und Frauen über einen langen Zeitraum zusammen arbeiteten, obwohl die Lagerordnung eigentlich jeden Kontakt zwischen den Geschlechtern streng verboten hatte, mißtrauten die Bewacher den Angehörigen dieses Arbeitskommandos besonders. Sie durchsuchten deshalb die Schwestern genau, wenn sie von ihrem Tagewerk zurück ins Frauenlager kamen. Falls sie dabei Briefchen oder sonstige Grüße entdeckten, durfte die Überbringerin zwar ihre Tätigkeit fortsetzen, mußte jedoch einige Tage mit halber Verpflegung auskommen, die damit der Bunkerration entsprach. Ließ sich der Briefschreiber ermitteln, so konnte er mit ungefähr 30 Tagen Bunker rechnen.

Kaum verhindern konnte der NKVD allerdings den ebenfalls streng verbotenen Kontakt zwischen Schwestern und Ärzten.

So erwartete eine im Lazarett tätige Frau eines Tages ein Kind von einem russischen Arzt. Eine andere Schwester steckte einen Arzt mit einer Geschlechtskrankheit an. Da dieser noch andere Freundinnen hatte, verbreitete er die Infektion weiter. Schon aus diesen Gründen wurden die Lazarettangestellten von Zeit zu Zeit auf Haut- und Geschlechtskrankheiten untersucht.[460]

Am Ende eines Arbeitstags trafen sich mitunter abends auf Station 1 oder 10 die Schwestern und Sanitäter, um ihr Tagewerk zu besprechen. Der Ruf „Lazarettzug antreten" unterbrach diese gemeinsamen Betrachtungen. Die Frauen mußten in ihre Lagerzone zurückkehren. Immer wieder schlossen sich ihnen an der Hausecke einige Männer an, die auf diese Weise unentdeckt wenigstens ein paar Worte mit ihren Frauen oder deren Bekannten sprechen konnten, bis sie erneut hinter dem Stacheldraht des separaten Lagers verschwanden. Dort liefen daraufhin die übrigen weiblichen Gefangenen zusammen, um den „Lazarettzug" nach neuen Nachrichten und eventuellen Grüßen zu befragen.

Allgegenwärtiger Mangel

Die Kranken blieben über Nacht wieder weitgehend sich selbst überlassen. Sie lagen auf denselben roh zusammen gehauenen Pritschen, die seit 1946 auch im übrigen Lager standen. Allerdings belegten sie die durchweg höchstens zweistöckigen Liegegestelle allein und verfügten nach einigen Monaten, anders als das übrige „Spezialkontingent", sogar über Strohsäcke. Wegen der vielen und rasch zunehmenden Krankheitsfälle lagen aber auch immer wieder einige Gefangene auf dem blanken Fußboden. Sie besaßen, wie ihre noch nicht ,lazarettreifen' Leidensgenossen, keinerlei Wechselwäsche, trugen ihre Kleidung also Tag und Nacht. In den ersten Monaten durften selbst sie sich kein Wasser aus den Hausleitungen zapfen. Ein Arbeitskommando mußte daher jeweils Wasser vom Brunnen holen und in die Badewannen füllen. Dort stand es dann zum Nachspülen für die Toiletten zur Verfügung. Erst ab Sommer 1946 durfte wenigstens die Lazarettbelegschaft das Leitungswasser nutzen.[461]

Pro Station gab es nur eine Toilette. Viele jämmerliche, abgemagerte Gestalten standen deshalb in der Schlange davor und hielten sich mühselig ihre viel zu weiten und vom NKVD der Gürtel oder Träger beraubten Hosen fest.[462]

Die ins Lazarett neu Eingelieferten bekamen am ersten Tag nichts zu essen, was aufgrund ihrer bereits fortgeschrittenen Abmagerung besonders schlimm für sie war. Wenn einmal von den Essensrationen etwas übrig blieb, verteilte das Personal es meist an die Jugendlichen, die es am dringendsten benötigten.[463] Die Suppe war zwar mittags etwas dicker als die des übrigen „Spezialkontingents", und als sogenannte „Diät" gab es sogar hart geröstetes Brot gegen Durchfall. Aber diese geringe Zusatzration konnte die monatelange qualitativ und quantitativ ungenügende Ernährung nicht ausgleichen. Vielmehr hungerten auch die Kranken weiter. Vor allem standen jedoch kaum Medikamente und medizinische Instrumente zur Verfügung, um sie wirklich hilfreich zu behandeln. Der größte Vorteil des Lazarettaufenthalts bestand deshalb darin, während dieser Zeit von den täglichen Zählappellen befreit zu sein. Die Verlegung in diese Krankenbaracken konnte ganz Pfiffige auch mitunter aus oder vor dem Bunker retten, wenn sie glaubhaft genug simulierten und gleichzeitig auf einen gutmütigen Arzt stießen[464], der ihre lebensbewahrende Täuschung gegenüber den sowjetischen Bewachern deckte.

Dafür herrschte allerdings wegen fehlender hygienisch-sanitärer Desinfektions- oder Reinigungsmöglichkeiten im Lazarett eine sehr hohe Ansteckungsgefahr. Die ärztlichen Hilfsmöglichkeiten waren gering. Das Personal konnte sich fast nur bemühen, die Wassersüchtigen vom Trinken abzuhalten, die Durchfallkranken zu säubern oder ihnen zur Toilette zu helfen. Manchmal gelang es, diesen allgegenwärtigen Durchfall mit den primitivsten Mitteln erfolgreich zu bekämpfen. Doch sobald die Betroffenen wieder dem üblichen Lageralltag mit dem entsprechenden Essen ausgesetzt waren, setzte er erneut ein.

Vor allem bemühten sich die Sanitäter und Schwestern daher, Trost zu spenden. Gerade dieser menschlichen Geste kam ungeheure Bedeutung zu in einer ansonsten so trost- und hoffnungslosen Umgebung. Viele nicht nur physisch, sondern auch psychisch völlig heruntergekommenen Männer wollten einfach einmal, oftmals noch ein letztes Mal, über ihre so lange und nun anscheinend endgültig von ihnen getrennten Frauen und Kinder reden.[465] Sie waren dankbar für verständnisvolle, zumal weibliche Zuhörer. Manche Schwestern gingen deshalb auch von Station zu Station, um ihren dankbaren Patienten einige Lieder vorzusingen.[466] Auch ein Sanitäter munterte die Kranken auf, die sich noch einigermaßen selbst helfen konnten. Seine Hilfe brachte manchem Energie und Lebenswillen zurück.[467] Viel mehr als diese geistig-moralische Unterstützung blieb dem Lazarettpersonal auch kaum zu tun übrig. Die Ursachen der Krankheiten konnte es nicht bekämpfen oder gar heilen. Selten gelang es, Schwerkranke vor dem Tod zu bewahren. Auch den Ärzten, die den Puls fühlten oder einen Aderlaß machten, waren die helfenden Hände weitgehend gebunden.[468] An Medikamenten verfügten sie fast nur über Kohle, gekochte Eichenrinde, Saft aus Fichtennadeln und Kaliumpermanganat.[469] Außerdem gab es etwas Glukose, Jod und sehr wenig Schmerzmittel, wie beispielsweise Morphium.[470] Zähne zog ein Arzt mit einer Kneifzange.[471] Von dem Skalpell des einzigen Lagerchirurgen blätterte bereits der Chromschutz ab.[472] Verbandsmaterial und Desinfektions- oder gar Betäubungsmittel gab es so gut wie gar nicht. Kranke lagen daher mit offenen oder notdürftig mit Krepp-Papier abgedeckten Wunden auf ihren Pritschen oder auch auf dem Fußboden.[473] Erst Anfang 1947, als bereits viele Gefangenentransporte das bald danach aufgelöste Lager verließen, lieferte der NKVD eine neue Zahnambulanz und einen Röntgenapparat für das

Lazarett.[474] Viel zu spät trafen damit diese Früchte kommunistischer Plan- und tatsächlicher Mißwirtschaft in Ketschendorf ein. Kaum noch ein Gefangener konnte von ihnen profi-
tieren.

,Operationen'

Statt dessen hatten in den vergangenen zwei Jahren die
behandelnden Ärzte mitunter auf schreckliche Weise impro-
visiert. „Mir wurde im Herbst 1945 ein Zahn gezogen, mit
einer normalen Zange ohne Narkose, auf einem Hocker, festgehalten von zwei Helfern. Später fand ich mich im Krankenrevier wieder."[475] Chirurgische Eingriffe machten mitunter noch rabiatere Methoden nötig. „Im Winter 1945/46
wurde zum Beispiel eine Amputation mit einer Fuchs-
schwanzsäge gemacht."[476] Außerdem mußten Glasscherben
Skalpelle ersetzen. Fehlende Betäubungsmittel ließen solche
überlebensnotwendigen Operationen nur unter höllischen
Qualen zu, die mittelalterlichen Foltermaßnahmen glichen.
„Zu allem Eiter, den Furunkeln am Kopf und dem Gesäß
kam dann ein Riesenabszeß in der linken Leistenbeuge, dessen Oberfläche hart, blaugrün und außerordentlich schmer-
zend war. Dadurch konnte ich schließlich kaum noch laufen.
[...] Mein Selbsterhaltungstrieb war zu dieser Zeit unter dem
Eindruck der körperlichen Beschaffenheit an einem Tief-
punkt angelangt. Wir alle waren geschwächt. An Sterben
dachte damals nicht nur ich. [...] Nackt lag ich auf einem
gewöhnlichen Tisch. Mit einer Schere brachte er [Dr. R., die
Verfasser] mir einen Schnitt in die Leistenbeuge bei. Mein
Schrei muß tierisch gewesen sein. Was heraus kam war viel,
sah fast schwarz aus und roch nicht gut. Nach genauem Hin-
sehen stellte er in den Achselhöhlen noch je einen Schweißdrüsenabszeß fest. Der eine etwas kleiner als der andere. Das
Verfahren der Öffnung aber war das gleiche und die Schere
auch."[477]
Selbst im Lazarett war nach diesen ,Operationen' keine
Nachbehandlung möglich. „Der betroffene Häftling mußte

sich nach dem Schnitt selbst weiter ‹versorgen›. Das hieß, das Exkrement lief am Körper herunter, konnte nur mit Wasser – oder gar nicht, was häufig vorkam – abgewaschen werden, oder wurde von/mit den verfügbaren Stoff-Fetzen abgewischt. Fertig. Die Heilung erfolgte oder erfolgte nicht. Die nächste Infektion jedoch an einem selbst oder am Nachbarn war unausweichlich."[478]

Doch vielen ließen die Schmerzen keine andere Wahl, als sich diesen ‚Operationen' auszusetzen. „Ich wurde 1946 von Eitergeschwüren am ganzen Körper, außer dem Kopf befallen. Es waren furchtbare Schmerzen, ich konnte nicht liegen und sitzen. Täglich mußte ich ins Lazarett in die Ambulanz zur Behandlung, der Schorf wurde abgerissen, der Eiter entfernt und mit Jod ausgepinselt, es war grauenhaft, danach wurde der ganze Körper mit einer blauen Flüssigkeit bestrichen. Von einigen dieser Geschwüre habe ich heute noch Narben."[479] Schlimmer noch als diese dauerhaften, oft bis heute schmerzenden Erinnerungen an die Speziallagerzeit war es, wenn ein Kranker Kurpfuschern in die Hände fiel, die nur medizinische Erfahrungen vorgetäuscht hatten, um im Lazarett besseres Essen zu erhalten.

„R. betätigte sich sehr rigoros chirurgisch. Viele Männer hatten riesengroße Phlegmone, meist an den Beinen, 20 cm lang und länger und breit. R. schnitt alles auf, (Betäubung gab es extrem selten) und setzte von einem anderen Patienten Fliegenmaden darauf, die sollten den Eiter auffressen. Es war furchtbar eklig, alles wimmelte von Maden, aber leider starben die meisten von den Patienten."[480]

Selbst vor schweren operativen Eingriffen schreckten solche menschenverachtenden, ja menschenmordenden Scharlatane nicht zurück. „Darauf erfahre ich einiges über den Medizinstudenten, der ein paar Semester studiert, sich bei den Russen als Arzt ausgegeben und mit einem ‹Operationsbesteck› aus zugerichtetem Blech von Konservendosen einige Blinddarmoperationen durchgeführt hat. Das Ergebnis soll, mit wie ohne Operation, gewesen sein: der Exitus seiner

‹Patienten›. Allerdings hatte es ihm zu einigen zusätzlichen Brotrationen verholfen, ehe die Russen den Schwindel aufdeckten."[481]

Den gelernten Medizinern gelang es dennoch mit viel Geschick, einige Leben zu retten.[482] Längst nicht alle Gefangenen hatten allerdings Glück mit ihrem Behandlungspersonal. Viele verfügten auch nicht über die Konstitution, um die Torturen einer ‚Operation‘ zu überleben.

An der Schwelle des Todes

Auch und gerade im Lazarett blieb daher der Tod ein ständiger Begleiter, der ohnehin fast überall im gesamten Speziallager Ketschendorf gegenwärtig war. Viele Gefangene gingen an ihrer Schwachheit, an dem Elend, in dem sie lebten, langsam, aber unter den katastrophalen Lagerbedingungen unaufhaltsam zugrunde. Jeder rechnete mit seinem eigenen Ende und blieb doch bemüht, diesen Zeitpunkt möglichst hinauszuschieben. „Wir hatten soeben am Tisch mit unserer Suppe in der Konservendose Platz genommen und löffelten sie still in uns hinein, als plötzlich der rechts neben mir sitzende Kamerad lautlos in sich zusammensinkt. Die Konservendose und die Stalinkelle [Löffel, die Verfasser] drohen ihm aus den Händen zu fallen. Sein Kopf schlägt auf der Tischplatte auf. Ein eisiger Schreck durchfährt mich. Intuitiv greife ich nach der Konservendose, nicht um ein Verschütten der Suppe zu verhindern, sondern um sie zu essen, falls mein Nebenmann tot ist, woran ich keinen Zweifel habe. Dann braucht er keine Suppe mehr, jagt mir ein Gedanke durch den Kopf. Mir hilft sie vielleicht zu überleben."[483]

Zäher Überlebenswille half auch manchem, der schwer erkrankt ins Lazarett eingeliefert worden war, dem Tod noch einmal von der Schippe zu springen. „Ein Sani gab mir im hinteren Teil der etwa 20 qm großen Stube auf dem Fußboden einen Platz. Ich überlegte trotz der geschundenen Psyche. Klar war mir zweierlei: Zuerst mußte ich hier auf dem schnellsten Wege raus, um nicht für mich den Weg in die Massengräber zwischen Lagerzaun und Autobahn ganz kurz zu machen. Erst vor 2 Wochen war ich gerade 16 Jahre alt geworden. Zum zweiten brauchte ich einen Platz auf den Pritschen, um nicht getreten zu werden. Es klingt makaber, aber meine Aufmerksamkeit galt dem rechten Nebenmann. Ich hatte bereits genug Erfahrung, um einschätzen zu können, daß sein leises Stöhnen nicht mehr lange dauern würde. Noch war es wahrnehmbar. Ich versuchte deswegen, nach dem Dunkelwerden wach zu bleiben, um den Sanis zuvorzukommen und die Platzfrage selbst zu regeln. Irgendwann war es dann auch soweit, daß der Kamerad neben mir schließlich ausgelitten hatte. Ich tauschte den Platz mit ihm. Der Vorzug der Pritsche konnte ihm ohnehin nichts mehr nützen. Ich hoffte, daß der Tausch nicht auffallen würde, wenn die Sanis früh kamen. Durch den Tod des Nebenmannes kam ich unverhofft zu seinem letzten Brot, das am Kopfende lag, sowie zu seinen Schuhen. Die Schuhe waren von großem Nutzen, weil meine eigenen mir erst bei der letzten Entlausung weggekommen waren und ich immer Angst davor hatte, nur meine selbstgebauten Pantinen an den Füßen zu haben, wenn es einmal auf Transport gehen sollte."[484]

Andere bemerkten gar nicht, wie ihr Körper verfiel. Erst eine sowjetische „Hygiene-Kontrolle" machte sie gerade noch rechtzeitig darauf aufmerksam. „In meinem Körper hatte sich eine ziemliche Menge Wasser angesammelt. Da man sich so gut wie nie auszog und ich sogenannte Überfallhosen trug, ist mir die Sache nicht aufgefallen. Eine angeordnete Läusekontrolle – Läuse, Flöhe, Wanzen waren an der Tagesordnung – war meine Rettung. Denn dabei entdeckte ich die Bescherung. Ich erinnere mich deshalb dieser Angelegenheit so genau, weil das für das weitere Lagerleben und den Überlebenswillen für mich von entscheidender Bedeutung war. Das Bewußtsein, unmittelbar am Abgrund zu stehen, und die

Angst davor, hinabzustürzen, setzten in mir auch Kräfte frei, die letztendlich zum Überwinden dieser lebensgefährlichen Situation führten."[485]

Viele dagegen überlebten die knapp zwei Jahre des Speziallagers Ketschendorf nicht. Ihr Sterben stürzte immer wieder ihre mitgefangenen Leidensgenossen in tiefe Verzweiflung. „Eines Vormittags aber kam er mit der Nachricht, daß unser Freund in der vergangenen Nacht gestorben sei! Obwohl ich insgeheim gewußt [sic!] hatte, daß damit zu rechnen gewesen war, wenn wir nicht rechtzeitig entlassen würden, traf mich die Nachricht wie ein Schock. Eine fast verzweifelte Hoffnung hatte bisher den Glauben an eine Rettung aufrecht erhalten, wollte nicht an das denken, was nun doch eingetroffen war. Diese Hoffnung war zerstört, hatte sich in das eine Wort aufgelöst: ‹Tod›!"[486]

Noch schlimmer und brutaler traf diese Nachricht Ehepartner. Ihr Lebensmut und damit auch ihr Überlebenswille erlitten einen grausamen Schlag. „Frau Kr. erreicht im Badehaus die Nachricht vom Tod ihres Mannes. [...] Ein Durchbruch des Blinddarms wurde verhindert, der Patient überstand die Operation. Am nächsten Tag starb er an einer bakteriellen Infektion."[487]

Längst nicht immer reichte allerdings unter den nicht vorhandenen Diagnose-Möglichkeiten das fachliche Wissen aus, um die Ursache der Schmerzen möglichst rechtzeitig zu erkennen und richtig zu behandeln. „Die eine Schwester kam mit starken Bauchschmerzen ins Lazarett. Es wurde seitens der Ärzte vermutet, sie habe eine Abtreibung an sich vornehmen wollen. Sie bekam Eisbeutel, da es Winter war, gab es genug Eis. Aber die Schmerzen waren unerträglich für sie, bis sie starb. Bei der Obduktion wurde dann festgestellt, daß das arme Ding einen geplatzten Blinddarm mit Bauchfellvereiterung hatte."[488]

Manch einem raubten die Zustände im Lazarett nach dem schon lebensbedrohlichen Lageralltag nun auch den letzten

Rest an Durchhaltewillen. „Es geht nicht mehr, ich will nicht mehr, es hat keinen Zweck!". Der 17jährige Patient im Lazarett hatte sich selbst bereits die Decke über den Kopf gezogen, um einige Stunden später zu sterben.[489] Ein anderer, ebenfalls 17jähriger, dachte dagegen bis zuletzt, noch im Angesicht des Todes, an seine Familie. Er starb mit den Worten: „Schwester, grüßen Sie meine Mutter von mir."

Kindern fehlte im Lazarett besonders die familiäre Geborgenheit und Wärme. Der NKVD hatte sie brutal und unmenschlich früh ihren Eltern entrissen und ließ sie nun hinter Stacheldraht dahinvegetieren und sterben. An eine rechtzeitige Überprüfung ihres Falls und damit an Entlassung dachte er nicht. „Die beiden jüngsten von uns waren zwölf und dreizehn Jahre bei ihrer Verhaftung. Sie wurden gleich nach dem Einmarsch der Russen aufgegriffen und gingen in ihrer Sommerkleidung den Weg nach Ketschendorf. Ich sah sie noch im November fünfundvierzig mit kurzen Hosen. Wenige Wochen später waren beide tot."[490] Sie starben, ohne ihre Eltern wiedergesehen zu haben. „Niemand durfte die Kranken besuchen. Aber ich mußte zu Peter [ein damals ca. 13- oder 14jähriger Junge, die Verfasser]! Er sei sehr krank, hörte ich. Am Heiligabend schaffte ich es! Ich hatte irgendwo für Brot und viele gute Worte einen grünen Tannenzweig besorgt und ein Stümpfchen Licht. Das trug ich nun zu ihm. Als ich den Raum betrat, der von einer müden Lampe kaum beleuchtet wurde, hätte ich ihn fast nicht erkannt. Aber von einer der schmalen Holzpritschen leuchteten mir zwei Augen so voll Freude entgegen, daß nur er es sein konnte. Die Schwester – eine Gefangene wie wir – war hinausgegangen und stand Wache, daß niemand uns überraschen konnte. Nun zündete ich die Kerze an, und als die kranken Jungens mich baten, da sprach ich ihnen die Weihnachtsgeschichte leise vor. Peter hielt die ganze Zeit meine Hand fest umklammert, und als ich endete ‹Friede auf Erden und den Menschen ein Wohlgefallen›, da rollten die Tränen über sein Gesicht. [...] Ich löste meine Hand aus Peters schmalen Fingern, strich ihm

noch einmal über das blonde Haar und schlich davon. Aber
ich fühlte, wie zwei brennende Kinderaugen hinter mir her
sahen und Abschied nahmen. Sein Geschick war bald voll-
endet. [...] Aber irgendwo wartet eine Mutter auf ihr letztes
Kind. Sie wird nie erfahren, wo es blieb."[491]

Tod

Sehr viele Gefangene konnten das Lazarett nicht mehr
lebendig verlassen. Es war für viele Insassen, wenn nicht
sogar für die meisten, keine Station auf dem Weg zum Leben,
sondern der letzte Halt auf der Einbahnstraße in den Tod.
Eine Schwester mußte dort jeweils zusammen mit einem
Sanitäter die Verstorbenen entkleiden, jedes Kleidungsstück,
einschließlich des eventuell vorhandenen Taschentuchs
notieren und dann bei einem weiblichen Sowjetsoldaten darüber Rechenschaft ablegen.[492]

Der letzte Weg ins „Wäldchen"...   (Zeichnung Ulrich Leuschner)

Das Lazarettpersonal trug die nackten Toten währenddessen auf den Dachboden des Hauses neben der Chirurgiestation und ab Herbst 1945 in den Leichenbunker, wo Ratten sie oft anfraßen. Besonders im Sommer ließ die Hitze unter dem Dach die Verstorbenen bis zur Unkenntlichkeit aufquellen und manchmal ihre Haut bereits platzen. Andere Leichname brachen beim Abtransport durch das Beerdigungskommando auf. Während es die Leichen vom Dachboden holte, durfte das Lazarettpersonal die Treppe nicht betreten. Eventuell wollte der NKVD auf diese Weise ein Mitzählen der Todesopfer, aber auch eine Kontaktaufnahme mit den männlichen Gefangenen verhindern. Der letzte Weg der Leichen führte auf der Bahre, später auf dem Wagen zum „Wäldchen". Es passierte auch einmal, daß ein Scheintoter unter den Leichen lag, der gerade noch rechtzeitig auffiel, um nicht lebendig begraben zu werden.[493]

Gleich nach der Einrichtung des Lagers, als die Totenzahl noch sehr gering war, sorgten der deutsche Lagerkommandant und einige Kameraden für ein ordentliches Begräbnis. Zunächst trugen sie ihre verstorbenen Leidensgenossen noch in ihrer Kleidung aus dem Lager und bestatteten sie in später eingeebneten Einzelgräbern.[494] Etwa ab Juni/Juli 1945 wickelten sie sie in Decken oder in schwarzes Papier, da der NKVD befohlen hatte, die Kleidung der Toten aufzubewahren. Nach einigen Wochen starben jedoch immer mehr Menschen. Täglich benötigte die sowjetische Lagerleitung daher schon im November/ Dezember 1945 bis zu 20 Träger, die bald darauf zweimal täglich die Leichen aus dem Lager schafften. Dazu mußten sie sie immer früh morgens und bald zusätzlich auch spät abends vom Dachboden des Lazaretts oder aus dem Leichenbunker holen.

Seit dem Winter 1945/46 hatte die Totenzahl nochmals derart zugenommen, daß das Beerdigungskommando die Leichen nur noch nackt auf den Bahren zum Tor hinausschaffte. Auch der Platz im Leichenbunker reichte bereits ab November 1945 für die täglich dorthin gebrachten Toten nicht mehr aus, so daß sie links und rechts entlang eines schmalen Ganges bis unter die Decke gestapelt lagen, wo das Beerdigungskommando sie in der Dunkelheit ohne Licht ertastete. Von dort trug es die Verstorbenen bis zur Schleuse, um dort, egal bei welchem Wetter, bis zu zwei Stunden warten zu müssen. Schließlich erschienen die Bewacher und trieben das schwer beladene Kommando im Eilschritt zum Wäldchen, das sich in der Nähe des Appellplatzes hinter dem Lagerzaun bis zur Autobahn erstreckte. Der ehemalige Weg zwischen Ketschendorf und Langewahl begrenzte das Gräberfeld. Dort mußten die Gefangenen einen ungefähr zwei Meter tiefen Stichgraben ausheben, in den sie jeweils ungefähr zwei Leichname übereinander legten und mit dem Aushub aus dem Vortrieb des Grabens für den nächsten Tag bedeckten. Sie legten dabei die Leichen in die Gräber und konnten anfangs auch noch ein Gebet sprechen. Andere ließen sie von den Tragen hinabgleiten, wobei je nach der Geschicklichkeit der Träger die Körper mehr oder weniger sanft auf dem Boden des Grabens aufschlugen. Dabei drängelten die sowjetischen Bewacher, schrien und prügelten auf die Arbeitenden ein, wenn etwas nicht klappte. Da stets nur wenige die Gräben ausheben und ihre Leidensgenossen bestatten konnten, waren die übrigen, die auf Befehl der Bewacher in strammer Haltung in der Nähe des Grabens standen, wehrlos den willkürlichen Fausthieben, Schlägen mit dem Gewehrkolben oder mit der Maschinenpistole ausgesetzt.[495] Allerdings haben andere Beteiligte des Beerdigungskommandos die Bewacher als sehr loyal und die Beisetzungen durchaus als pietätvoll in Erinnerung.[496]

Als die Totenzahl immer weiter anstieg, bestattete das Kommando erst zwei bis drei oder vier Personen nun nicht mehr in einem Graben sondern in Grablöchern ungefähr in der Höhe des Lagerzauns. Der winterlich tiefgefrorene Boden erschwerte dabei das Ausheben, so daß kleine und längst nicht mehr so tiefe Massengräber mit bis zu zehn Personen entstanden.[497] Als zum Jahreswechsel 1945/46 auch die zehn

Tragen nicht mehr ausreichten, um die Toten aus dem Lager zu schaffen, erhielt das Beerdigungskommando einen Wagen. Die Leichen boten einen schaurigen Anblick, wenn sie wie Viehkadaver darauf lagen, um von einigen Gefangenen zur Schleuse gezogen zu werden.[498]

Seit diesem Winter lagen die Toten in Massengräbern in mehreren Schichten übereinander, zwischen die das Beerdigungskommando reichlich Chlor streute. Die Gruben waren auf Anweisung einer sowjetischen Ärztin vier Meter tief und mußten von Gefangenen stufenweise ausgehoben werden.

Obwohl der NKVD sich schon in dieser frühen Zeit um Geheimhaltung bemühte und deshalb mit Absicht den Leichentransport während morgendlicher oder abendlicher Dunkelheit angeordnet hatte, blieb das grauenhafte und sich immer häufiger wiederholende Geschehen auch den Bewohnern in der Nähe des Lagers nicht verborgen. „Ich hatte jetzt als 17jähriger einen grausigen Ausblick und das jeden Morgen. Ich sah Männer mit Schaufeln große Löcher graben, [...] dann kam der erste Pferdewagen, ich traute meinen Augen nicht, alles voller Leichen, so wurde dann Wagen für Wagen herunter geworfen, man hörte es klirren. Wissen Sie, wie mir war? Und mit keinem Menschen konnte man sprechen, man konnte das Gesehene nicht verarbeiten (als halbes Kind), ich war manche Morgen wie gelähmt, meine Gefühle mein Inneres ist heute noch so wie damals unvergessen. Und so ging das jeden Morgen dasselbe Schauspiel, nun bin ich ein sehr weicher Mensch, ich weinte Morgen für Morgen, und das hatte auch einen sehr triftigen Grund, denn ich wußte, dort waren so viele unschuldige Jungs drin, die ich alle kannte."[499]

Im Speziallager selbst registrierten die Schreiber der einzelnen Häuser zwar die Verstorbenen und erstatteten der sowjetischen Lagerleitung Meldung, die auch lagerintern zuverlässig weitergeleitet worden zu sein scheint. Bei den Appellen suchten die Wachsoldaten jedenfalls nie namentlich nach Personen, die bereits verstorben waren.[500] Allerdings hörte ein Lagerinsasse sowohl bei der Auflösung Ketschendorfs im Frühjahr 1947 als auch bei seiner Entlassung aus Buchenwald 1950, wie NKVD-Personal Namen von längst verstorbenen Gefangenen aufrief.[501] Dies könnte auf insgesamt doch erhebliche Registraturmängel hindeuten. Mitunter ergaben sie sich aus sehr ähnlichen oder gleichen Nachnamen und dadurch vertauschten Registratur-Kontroll-karten. Gerade bei Verlegungen ging manchmal eine Person mit falschen Akten auf Transport. Bei erneuten Überprüfungen fiel dies mitunter später auf. Doch nicht immer ließ sich für die „Abteilung Speziallager" dann der Weg der Papiere noch zurückverfolgen, so daß sie vermutlich bis zur Lager-liquidation in der dortigen Kartei verblieben.

Unterernährung, mangelnde Hygiene und völlig unzurei-chende medizinische Versorgung, aber auch Hilf- und Hoff-nungslosigkeit sowie drastische Bunkerstrafen ließen schon im ersten Lagerwinter Hunderte und bald Tausende im Elend dahinsiechen und sterben. Keiner hatte seine Angehörigen noch ein letztes Mal sprechen dürfen. Der NKVD ließ ihre Leichen verschwinden, ohne die Familien zu benachrichtigen.

Nackte, namentlich fast durchweg personifizierbare Mindest-zahlen (vgl. die Tabelle in Kapitel 6.3., S. 115 ff.) belegen dank sowjetischer Akten, wieviele Verschleppte das Speziallager Nr. 5 nachweislich nicht überlebten. Noch sind die Forschun-gen zu Zuverlässigkeit und Vollständigkeit der Angaben allerdings nicht abgeschlossen. Deshalb müssen sie als vor-läufig gelten. Über die jahreszeitlich und ernährungsmäßig bedingt auffallend unterschiedlichen, monatlichen Todes-raten wußte die Moskauer Führung Bescheid. Dennoch unter-nahm sie nichts, um sie entscheidend zu senken.

Schon im ersten Monat der Lagerexistenz verstarben einige Lagerinsassen. Die Totenzahlen stiegen je länger das Lager bestand und vor allem im Winter deutlich an. Fast bis zum letzten Tag des Bestehens des Speziallagers nahm das Ster-ben kein Ende. Hunger, Kälte, Krankheiten und Isolation for-derten die numerisch meisten Opfer im Berichtszeitraum vom 28. März bis zum 13. April 1946, als nach den Angaben des NKVD 297 Menschen unter seinen Augen ihr Leben verloren. Dies entsprach einem Tagesdurchschnitt von über 18 Toten. Mit 21 Todesopfern lag diese durchschnittliche alltägliche Sterberate zwischen dem 28. Februar und 13. März 1946 noch höher.

Ganz offensichtlich starben im Winter jeweils bedeutend mehr Gefangene als im Sommer. Die Kälte, die das gleichbleibende Elend noch verschärfte, erklärt diese Tatsache leicht. Die Gefangenen waren ihr weitgehend schutzlos ausgeliefert. Auch enthielt die kärgliche Nahrung in diesen Monaten noch weniger Nährstoffe und Vitamine. Ihren Höhepunkt erreichte die Sterberate jedoch in den Monaten März und April. Während in der Natur wieder erstes Leben erwachte, verlosch mit den ersten wieder wärmenden Sonnenstrahlen bei vielen Ausgezehrten die Lebensflamme für immer. Weniger als ein Jahr Speziallagerhaft hatte dem NKVD genügt, um pro Monat über 500 Menschenleben sehenden Auges zu vernichten und damit überwiegend Deutsche zu töten, ja wegen bewußt unterlassener Hilfeleistung zu ermorden. Damit starben viele Menschen, die nicht einmal wußten, weshalb sie so qualvoll dahinsiechten und aus dem Leben schieden. Überwiegend zählten ältere und jüngere Männer zu den Opfern. Die Frauen konnten dagegen den widrigen Lagerbedingungen besser Widerstand leisten. Insgesamt entfielen auf die über 45jährigen ungefähr 71% der Toten, wobei die über 65jährigen, von denen vermutlich auch erheblich weniger nach Ketschendorf eingeliefert worden waren, nur einen sehr geringen Teil ausmachten. Auf die 35–45jährigen entfielen dagegen ungefähr 20%, auf die 19–35jährigen 3% und auf die Kinder und Jugendlichen noch ungefähr 6% der Verstorbenen. Da bisher keine gesicherten, absoluten Zahlen zu Alter und Anzahl der Lagerinsassen vorliegen, muß offen bleiben, wieviel Personen pro Jahrgang umkamen. Allerdings läßt sich festhalten, daß die 46- bis 65jährigen nicht nur einen großen Anteil der Lagerinsassen ausmachten sondern offensichtlich auf sie prozentual auch die meisten Toten entfielen. Diese Personengruppe umfaßte zusammen mit den 35- bis 45jährigen meistenteils Familienväter, aber auch gleichzeitig diejenigen Deutschen, die in unterschiedlichstem, oft geringem und manchmal größerem Ausmaß die NS-Diktatur hatten stützen können. Da die Jugendlichen nachweislich den größten Teil der bis 35jährigen stellten, erklärt sich weiterhin der niedrige Prozentsatz an Toten, der auf die 19–35jährigen entfiel. Interessanterweise war diese Personengruppe, die sich ja ebenfalls rein altersmäßig aktiv für das NS-System hatte einsetzen können, nur relativ schwach in Ketschendorf vertreten. Ein Grund könnte sein, daß der NKVD ihrer nicht hatte habhaft werden können, weil viele im Krieg gefallen oder in Kriegsgefangenschaft geraten waren. Da statt dessen deutlich mehr Jugendliche verschleppt worden waren, entfielen auf diese Altersgruppe auch mehr Tote.

Nach der zuvor abgedruckten tabellarischen Auflistung aus verschiedenen zeitgenössischen sowjetischen Akten erlitten jedenfalls innerhalb der gesamten Lagerzeit ungefähr 4340 Personen in Ketschendorf den Tod. Diese Zahl muß jedoch als Mindestzahl gelten, da allein bei der Exhumierung der Toten 1952/53 den Umbettungslisten zufolge schon 4499 Leichen aus den ehemaligen Lagergräbern geborgen wurden. Der Suchdienst des DRK konnte zudem aufgrund der Auswertung von Totenlisten und Journalen vorläufig eine ungefähre Anzahl von 4560 Verstorbenen für das Lager Ketschendorf ermitteln. Bei einer aufgrund weiterer NKVD-Unterlagen geschätzten Gesamtbelegung von 10.400 Personen, die das Lager von 1945 bis 1947 durchliefen, bedeutet dies, daß, allein laut sowjetischen Dokumenten, bei 4340 bzw. bei 4560 Toten etwa 42 bzw. 44% aller Insassen des sowjetischen Speziallagers Ketschendorf unter den Haftbedingungen des NKVD in nur zwei Jahren ihr Leben verloren.

Falls die Totenzahl allerdings der in Kapitel 7, S. 213, als möglich bezeichneten Durchgangszahl von 20.000 Personen gegenüber gestellt würde, ergäbe sich nur ein Verhältnis von

22 bzw. 23%. Dies erscheint jedoch im Blick auf die Zeit des Lagerbestehens in den schlimmsten Nachkriegsjahren und auf die Lebensbedingungen sehr unwahrscheinlich; denn für alle fünf Jahre, in denen sowjetische Speziallager in Deutschland bestanden, errechneten selbst sowjetische Dokumente eine Sterberate von rund 35%. Deshalb erscheint es naheliegend, daß die Mehrzahl der bisher nicht in den Registrierungsbüchern nachweisbaren rund 9600 Personen sich nur sehr kurz in Ketschendorf aufhielten – als Durchgangsstation zu weiteren Haftorten – und aus diesem Grund auch nicht viele von ihnen dort verstorben sein können. Zudem versammelte der NKVD/MVD im Speziallager Nr. 5 vermehrt Sowjetbürger. Diese verließen einerseits das Lager ebenfalls relativ bald, andererseits kamen sie mit den Lagerbedingungen in der Regel besser zurecht, so daß von ihnen prozentual weniger verstarben als von den Deutschen.

Es erscheint daher legitim, für Ketschendorf an einer Sterberate von etwa 42 bis 44% festzuhalten. Im Vergleich zu den offiziellen sowjetischen Angaben für die Belegungs- und Totenzahl aller zehn Speziallager in Deutschland von 1945 bis 1950, die auf die obengenannte Sterberate von rund 35% hindeuten, herrschte somit in Ketschendorf eine noch höhere Sterblichkeit. Dies erklärt sich sicherlich maßgeblich dadurch, daß das Speziallager Nr. 5 nur während der schlimmsten Hungerjahre bis 1947 existierte. Auch seine im Blick auf zum Beispiel das Jamlitzer Barackenlager vergleichsweise soliden Gebäude konnten dies für so viele tödliche Leiden nicht mildern.[502] Erst 1948, als die Ketschendorfer längst in andere Speziallager verlegt worden waren, nahm schließlich die Gesamtzahl der sowjetischen Gefangenen in Deutschland ab. Dadurch verbesserten sich die Lagerbedingungen etwas, ohne allerdings je lebenssicherndes Niveau zu erreichen. Die Sterblichkeit ging zwar zurück, hielt aber auch über die offizielle Auflösung der Speziallager 1950 hinaus unter den vom NKVD/MVD Verschleppten und nun formal in deutschen Strafanstalten Einsitzenden an.

In Ketschendorf lag die durchschnittliche Todesrate innerhalb von 13 bis 16 Tagen sowjetischen Angaben zufolge, wie
die Tabelle zeigt, ungefähr täglich bei 18 bis 21 Personen.
Ehemalige Lagerinsassen berichteten demgegenüber von
anfänglich durchschnittlich 3–5 Toten. Im ersten Winterhalb-
jahr 1945/46 seien dann bereits 20 bis 40 Personen[503], im
Frühjahr 1946 gar 50 oder mitunter sogar 100 Menschen pro
Tag verstorben.[504] Ab Mitte Dezember 1946 bis zur Auflösung des Lagers pendelte sich diese Sterberate ihrem
Gedächtnis nach bei etwa 18 bis 25 Toten pro Tag ein.[505]
Jugendliche schätzten dabei die Sterberate unter ihren Alters-
genossen während der Lagerzeit auf 45 bis 50%.[506] Insgesamt
vermuteten Ketschendorfer Lagerinsassen daher zum Teil
erheblich mehr Tote als sich bisher mit NKVD/MVD-Akten
auch namentlich nachweisen lassen. Überlebende kamen auf
ungefähr 5500[507], 6000[508], 8000[509] oder sogar 10.000[510] Personen, die von 1945 bis 1947 in Ketschendorf unter den Augen
des NKVD und damit durchgängig mit Wissen und Duldung
der sowjetischen Staats- und Parteiführung starben. Bis
August 1946 sollen anderen Angaben zufolge bereits 4500[511]
Menschen umgekommen sein. Danach habe der NKVD der
deutschen Lagerverwaltung alle weiteren Aufzeichnungen
verboten. Ein Zeitzeuge berichtete schließlich von 6034 im
Jahr 1952/53 exhumierten Schädeln[512], während die Umbet-
tungsunterlagen nur 4499 Leichen nannten.[513]
Auch auf den Transporten, die Ketschendorf verließen, verstarben noch einige Personen, die die Totenlisten dieses
Lagers allerdings nicht mehr verzeichneten.

Da die sowjetischen Bewacher kein Interesse daran hatten,
daß die deutsche oder gar die internationale Öffentlichkeit
von dieser hohen Sterblichkeit und den Massengräbern
erfuhren, bepflanzten sie die Gräber mit kleinen Bäumen.[514]
Längs der Autobahn steckten sie Fichten- und Tannenbäumchen sowie größere Äste in die Erde, damit der Stichgraben nicht mehr zu sehen wäre. Eine Nachtschwester im

Lazarett traute deshalb eines Tages kaum ihren Augen: „Ja, und dann passierte – irgendwann – etwas Sonderbares! Gegen Morgen sah ich gerne aus dem Fenster und beobachtete den Sonnenaufgang. So war mir die Umgebung vertraut: aber was war das?! – Da war an einer größeren Stelle ein Wald gewachsen, der unter Garantie noch nicht da war! Des Rätsels Lösung?! – Im Lager sprach sich herum, daß eine Kommission des Internationalen Roten Kreuzes erwartet wurde. Man steckte, dicht bei dicht, hohe Kiefern in die Erde auf die Massengräber unserer Toten!"[515] Allerdings verloren die wohl teilweise auch kaum oder gar nicht bewurzelten Stämme nach einigen Wochen ihr grünes Kleid und verdorrten. Möglicherweise tat der Chlor, den das Beerdigungskommando auf die Leichen streute, hier ein übriges.

Derartige Verschleierungsversuche hielten auch nach der Auflösung des Lagers an. Ihrem Wesen nach zeugten sie von einem durchaus vorhandenen Unrechtsbewußtsein des NKWD. Hätte er die Totalisolation im Speziallager Nr. 5 und damit in letzter Konsequenz auch das dortige Massensterben für rechtens und unvermeidbar gehalten, hätte er sich nicht um Verwischung der Spuren bemühen müssen. Doch offensichtlich wußte er um die Fragwürdigkeit und Unrechtmäßigkeit seines Vorgehens. Dennoch änderte die sowjetkommunistische Führung es nicht. Auch nachträglich bat sie Opfer und deren Angehörige nicht um Verzeihung.

Den Toten von Ketschendorf

Wißt ihr, wo unsere Toten liegen?
im „Wäldchen", – unter grauen Hügeln
ruhen sie aus von allem Leid, –
ohne Sarg und ohne Kleid.
Feindliche Hände betteten sie
lieblos in der Morgenfrüh,
ohne Gebet und ohne Geleit
rückten sie in die Ewigkeit.
Warum mußtet ihr von uns gehn?
Seht ihr nicht auch die Sterne stehn
tröstend in ihrer funkelnden Pracht?
Habt ihr nicht auch an die Heimat gedacht?
Die Heimat, – noch in Gram und Not
erwartend neues Morgenrot?
Bald wird der Wind eure Gräber verwehn,
auf denen keine Namen stehn, –
auf denen keine Blume blüht, –
nur letzter Sonnenstrahl verglüht.
Doch wenn wir einst nach Hause gehn,
werdet ihr mitten unter uns stehn,
werden der Heimat gemeinsam wir sagen,
wieviel Leid unser Herz getragen.
Dann mag der Wind eure Gräber verwehn, –
eure Namen in unserem Gedächtnis stehn.
Ihr vieltausend Tote starbt nicht vergebens, –
auch ihr seid Urquell neuen Lebens!

Ketschendorfer Lagergedicht
Verfasser – unbekannt –

der UdSSR (3769), Posen (1978), Schneidemühl (1500), Mühlberg (1190 bzw. 1955) und Sachsenhausen (354–364). In das Speziallager Nr. 5 gelangten die meisten Gefangenen aus Berlin-Hohenschönhausen (1084), gefolgt von Jamlitz (821) sowie Fünfeichen (528).

Die einzelnen Überstellungen erfolgten jeweils auf Befehl der „Abteilung Speziallager". Sie dienten verschiedenen Zwecken. So forderten aus dem Fürstenwalder Lager häufig SMERŠ-Gruppen oder andere NKVD-Organe bereits eingelieferte Gefangene zu weiterer Untersuchung zurück. Dadurch verdeutlichten sie eine wichtige Funktion des Speziallagers, das mit seiner größeren Aufnahmekapazität die operativen Gefängnisse entlastete. Es schien diejenigen Gefangenen aufnehmen und ständig für Nachfragen bereithalten zu müssen, deren Fall die NKVD-Einheiten momentan nicht weiter untersuchten. Generell schienen jedoch die Operativen Gruppen und Sektoren für die weiteren Untersuchungen zuständig zu sein. Die Oper-Gruppen im Lager sammelten dafür mit Hilfe unter anderem deutscher Lagerspitzel weiteres kompromittierendes Material. Bereits am 22. Mai 1945 bat beispielsweise der Leiter der Abteilung Gegenspionage SMERŠ der 33. Armee, Korchmazjan, den Leiter der Abteilung Gegenspionage SMERŠ des Speziallagers Nr. 9, Kapranov, um die Rücksendung von zwei Personen mit ihren persönlichen Akten, da zu ihnen zusätzliches kompromittierendes Material aufgetaucht sei.[517] Ganz ähnlich bat der Leiter der OKR SMERŠ, Karpenko, Major Andreev am 08. Juni 1945 um die Herausgabe des am 25. Mai eingelieferten Marschall Bieberstein, um bei einem Kreuzverhör Gegenüberstellungen durchführen zu können, da sich in der Untersuchung einer Gruppe von Mitarbeitern des Auswärtigen Amts eine Wendung ergeben habe.[518]

Neben diesen SMERŠ-Einheiten setzten auch die Operativen Gruppen des NKVD ihre ‚Ermittlungen' fort, die häufig auf unter Folter erpreßten Namen beruhten. So forderte einer ihrer Leiter am 24. August 1945 von Ketschendorf HJ-

Führer mit ihren Akten zurück, die am 17. August ins Lager überstellt worden waren. Neu aufgetauchte Materialien wiesen sie als ehemalige Angehörige einer „Diversionsgruppe" aus, was weitere Untersuchungen verlange.[519] Auch Zeitzeugen erinnerten sich an solche Rücküberstellungen. Nach sechs Wochen Aufenthalt in Ketschendorf mußte beispielsweise einer von ihnen wieder nach Cottbus ins Gerichtsgefängnis, wo schließlich ein SMT ihn mit drei weiteren Jugendlichen desselben Dorfes wegen angeblicher Werwolfzugehörigkeit zu 15 bzw. zehn Jahren Lagerhaft verurteilte.[520] Genau diese, hauptsächlich in Goebbels Propaganda existierende Partisanentätigkeit, faßte der NKVD unter „Diversant". Bis systematisch vergleichende Namensforschungen klären können, ob und mit welcher Anschuldigung diese rücküberstellten Personen später wieder in Speziallager eingeliefert wurden, kann nur vermutet werden, daß der NKVD speziell nach Gründen für eine Verurteilung gerade dieser jugendlichen Gefangenen suchte.

Diese nachforschenden Rückforderungen hielten auch 1946 an. Svirin, der Leiter der Oper-Gruppe des Kreises Eberswalde, bat beispielsweise am 17. Januar 1946 um eine Anweisung zur Herausgabe einer Person, die die Frankfurter Oper-Gruppe am 23. Oktober 1945 eingeliefert hatte; denn sie werde bei der Verhandlung einer „Gruppensache" für die Untersuchung, damit vermutlich für die Erpressung weiterer Namen, benötigt.[521] Da Svirins Bitte trotz eines falschen Adressaten das richtige Lager erreichte, ist zu vermuten, daß die zentrale Berliner „Abteilung" solche Anforderungen anhand ihrer Gefangenenkartei, die jeweils den aktuellen Stand der Gefangenen enthielt, überprüfte und entsprechend weiterleitete; denn die einzelnen Operativen Gruppen schienen nach der Überstellung ihrer Gefangenen in die Speziallager nicht mehr automatisch über deren Schicksal informiert worden zu sein, wie die Anfrage des Leiters der Cottbuser Kreis-Oper-Gruppe, Oberst Denskevič, belegt. Er verlangte am 10. Juni 1946 die Herausgabe eines am 15. November 1945 eingelieferten „Mitarbeiters der Bestrafungsgendarmerie", da sich eine weitere Untersuchungsnotwendigkeit ergeben habe. Sollte er sich allerdings nicht mehr im Lager befinden, war mitzuteilen, wann und wohin er verlegt worden war.[522] Generell mußte die Ketschendorfer Lagerleitung diesen, zum Teil über die „Abteilung" vermittelten Anforderungen, Folge leisten. Major Andreev handelte sich daher bereits am 27. August 1945 einen scharfen Verweis von Oberst Sviridov ein, da ein Mitarbeiter der Fürstenwalder Operativen Gruppe nicht ins Lager zum Verhör eines Eingesperrten zugelassen worden war. Die Oper-Gruppe sei jedoch zu solchen Aktionen berechtigt, ja die Speziallager hätten ihr sogar auf Wunsch Gefangene mit ihren Akten herauszugeben.[523] Auch Verlegungen zwischen den Lagern durften diesen Zugriff der operativen NKVD-Untersuchungsorgane nicht behindern. So wünschte der Leiter der Operativen Gruppe des NKVD des 16. Bezirks von Berlin am 03. August 1945 von Andreev die Auslieferung einer Person, die am 14. Juli nach Hohenschönhausen eingeliefert worden sei. Für sie habe er nun ernste Belastungsmaterialien erhalten. Da sie sich derzeit nach ihrer Verlegung in Ketschendorf befinden müsse, erbat er ihre Herausgabe zusammen mit ihren Akten. Dazu übersandte er seinen Vertreter nach Fürstenwalde.[524] Auch Verlegungen in Lager, die der NKVD östlich der Oder in den deutschen Ostprovinzen errichtet hatte, boten keinen Schutz vor erneutem Zugriff der operativen Organe. Vielmehr waren auch sie nur ein Teil des großen GULag und anscheinend ebenfalls der Berliner „Abteilung" unterstellt. Oberst Klejmenov informierte zum Beispiel Oberst Sviridov am 20. Dezember 1945 über eine Verfügung Generaloberst Serovs, daß aus dem Lager Landsberg zwei Estinnen und ein Deutscher in das Potsdamer Innere Gefängnis überstellt werden sollten. Die „Abteilung" hatte deshalb darauf zu achten, daß Soldaten sie aus dem nach Weimar (gemeint war wohl Buchenwald), Frankfurt oder Ketschendorf gehenden Transport herausholten und, falls möglich, durch eine Sonderformation, unabhängig von der allgemeinen Überführung des Lagerkontingents, sofort nach Potsdam überstellten. Oberst Sviridov hatte hierfür die nötigen Verfügungen zu erlassen.[525] Tatsächlich gelangten die meisten Landsberger Gefangenen des nun in die SBZ verlegten ostdeutschen Lagers auf den Ettersberg.[526] Doch offenbar hatte der NKVD ursprünglich unter anderem auch Ketschendorf als Zielort in Aussicht genommen.

Diese Rücküberstellungen von Gefangenen, die bereits in ein Speziallager eingeliefert worden waren, an operative NKVD-Organe zu weiteren Verhören führten zu ständigen kleineren Verlegungen. Dadurch verschwanden zahlreiche Personen aus der heute teilweise und bisher einzig überlieferten Rechnungsführung der Speziallager. Ihr weiteres Schicksal verläuft weitgehend im Dunkeln, falls sie der NKVD nicht erneut in diese Lager überstellte. Außer diesen Anforderungen für weitere ‚Ermittlungen' wählte die sowjetische Besatzungsmacht auch Fachkräfte für den eigenen Gebrauch aus den Lagern aus. Leutnant Gorbunov, Chef der Autoreparaturwerkstatt, wandte sich am 04. Dezember 1945 beispielsweise an den Leiter des Berliner Operativen Sektors der SMA, Generalmajor Sidnev, um sich solche Spezialisten als Arbeitskräfte zu sichern. Er bat um die Möglichkeit, sie sich in ausreichender Anzahl in den Lagern Fürstenwalde, Jamlitz und Sachsenhausen auswählen zu dürfen.[527]
Oberst Sviridov von der zentralen Berliner „Abteilung" benötigte ein halbes Jahr später offensichtlich Dolmetscher. Er verlangte am 28. Mai 1946 von Major Andreev, „in das von Ihnen geführte Lager einen Mitarbeiter der SMA des Oper-Sektors von Berlin", nämlich Hauptmann Alekseev mit der Personalausweisnummer 2815 hineinzulassen, um dort unter dem „Spezialkontingent" 18 Personen auszuwählen, die deutsch und russisch sprachen und als Übersetzer gebraucht wurden. Sie waren mit Registratur-Kontrollakten an die zentrale Berliner Stelle zu übergeben. Major Andreev

wies Unterleutnant Konstantinov von der Registraturgruppe tags darauf entsprechend an.[528] Mit der in Ketschendorf geführten Kartei, eventuell ergänzt um zusätzliche Verhöre, ließen sich offensichtlich auch solche Anfragen bearbeiten. Tatsächlich ermittelte der NKVD mit der Lageraufnahme wohl auch Aus- und Berufsbildung seiner Gefangenen, wie nicht zuletzt die gezielten Deportationen Arbeitstauglicher zeigen.

Kleinere Übergabezahlen hängen also teilweise damit zusammen, daß sowjetische Stellen durchaus bestimmte Gruppen (Spezialisten) des „Spezialkontingents" zu Arbeiten in verschiedenen Lagerwerkstätten heranzogen. Andererseits forderten NKVD-Untersuchungsorgane Festgehaltene des Lagers zu weiteren Vernehmungen zurück. Da die tabellarische Aufstellung jedoch meist nur die größeren Transporte erfaßt, kann sie nur über Mindestgrößen verlegter Gefangener Auskunft geben. Es hat darüber hinaus durchaus noch weitere, in der Regel wohl kleinere Verlegungen und Übernahmen gegeben.

Einer der größeren Transporte ereignete sich am 16. April 1946 nach Jamlitz. Der Aufruf, sich zum Abtransport fertig zu machen, kam ganz plötzlich ohne vorherige Ankündigung. Die „Läufer" hetzten durch das Lager, um die namentlich aufgelisteten Gefangenen in den einzelnen Häusern durch die Hauskommandanten[529] auffinden zu lassen. Die gewünschten Personen mußten daraufhin mit ihren Sachen in die Schleuse ausrücken, wo sie die Wachmannschaft filzte, mehrmals zählte und namentlich aufrief. Eine starke Bewachung führte sie nachmittags zu den Gleisen und pferchte sie zu jeweils 50 Gefangenen in die bereitstehenden Viehwaggons. Darin befanden sich links und rechts von der Tür mehrstöckige Pritschen sowie in der Mitte ein Kübel zum Verrichten der Notdurft. Nach dem Schließen der Türen war es stockfinster, da die Wagen weder Fenster noch Luken besaßen. Erst nach einigen Stunden Warterei setzte der Zug sich mit Einbruch der Dunkelheit in Bewegung. Oft blieb er für einige Stunden stehen, bis er nach einem Tag und zwei Nächten schließlich in Jamlitz hielt, wo NKVD-Soldaten die Gefangenen ausluden und in das Lager Nr. 6 brachten. Dieser Transport soll mit schätzungsweise 2000 Gefangenen stattgefunden haben.[530] Vermutlich vermischte sich allerdings im Gedächtnis Betroffener die Verlegung am 16. April 1946 bei der 980 oder 1000 Personen nach Jamlitz gelangten, mit derjenigen, die 576 Gefangene weiter in die UdSSR schickte. Zudem fuhren wohl beide Züge zusammen ab. Doch ein Teil der Waggons gelangte statt nach Jamlitz vermutlich über Frankfurt/Oder und Brest in die Sowjetunion. Bei diesem Transport scheinen beschlagnahmte Wertsachen vorschriftswidrig nicht mitübergeben worden zu sein, wie NKVD-Personal aus dem in den Registratur-Kontrollakten vorliegenden Untersuchungsprotokollen schloß.[531]

Für kleinere Verlegungen setzte der NKVD statt Eisenbahnzügen PKW und LKW ein. Als beispielweise Fürstenwalde am 04. Dezember 1946 insgesamt 199 Gefangene per Autokonvoi an Frankfurt überstellen wollte, verweigerte das Lager Nr. 69 allerdings 134 (vermutlich) Deutschen und zwei Ausländern aus gesundheitlichen Gründen die Aufnahme. Unter den 63 akzeptierten Personen befanden sich 54 gemeine Soldaten.[532] Die offenbar bereits für weitere Deportationen zu geschwächten Personen mußten noch die Rückfahrt erdulden, ehe sie erneut in Ketschendorf eintrafen.

Von den zahlreichen kleineren, aber auch von manchen größeren Transporten aus und nach Ketschendorf oder von den ständigen Neuzugängen bekamen die Lagerinsassen allerdings wenig mit, wenn sie nicht gerade eine ihnen bekannte Person dadurch verloren oder einen neuen Zimmergenossen erhielten. Falls sie überhaupt merkten, daß ein Transport abging, wußten sie noch lange nicht, wohin er gehen würde oder zu welchem Zweck der NKVD ihn angeordnet hatte. Einerseits hoffte so jeder darauf, daß es sich um eine Entlassung handele und das Lager aufgelöst werde. Andererseits fürchteten die Gefangenen jedoch gerade dann, nach Rußland deportiert zu werden; denn Gründe und Ziele der Transporte gab der NKVD nicht bekannt. Über sie ließ sich nur, zum Beispiel bei der Ausrüstung des „Pelzmützentransports", recht begründet spekulieren. Auffallender waren natürlich die großen Verlegungen, vor allem auch die Deportationen der Angehörigen der Vlasov-Truppen.

Zum Ernteeinsatz?

Im Sommer 1945 verlegte der NKVD noch durchgängig Gefangene aus den Lagern auf dem Gebiet der Sowjetischen Besatzungszone Deutschlands in seine Hafteinrichtungen auf dem späteren polnisch verwalteten Territorium der deutschen Ostgebiete. Seine Zielsetzung ist unklar. Möglicherweise entlastete er so einfach die überfüllten westlichen Lager. Vielleicht konzentrierte er jedoch auch bewußt Arbeitskräfte im Osten, die die deutschen Felder noch abernten mußten, ehe die Gebiete auch auf Drängen Stalins unter polnische Verwaltung fielen.

Generalmajor Sidnev, Chef der zentralen Oper-Gruppe des NKVD Berlins, bat jedenfalls am 04. Juni 1945 Generalmajor Černjakov, Chef des Militärverbindungsstabs der 1. Belorussischen Front, um dessen Verfügung zur Bereitstellung von 57 entsprechend ausgestatteten Waggons, die von Fürstenwalde 2000 Personen nach Posen befördern sollten.[533] Schon wenig später forderte Oberst Sviridov nach dieser offensichtlich erfolgreichen logistischen Klärung am 06. Juni, als Chef der „Abteilung Speziallager des NKVD der 1. Belorussischen Front", Oberst Orlov, den Leiter des Lagers Posen auf, sich auf die Übernahme von 2000 Gefangenen aus Fürstenwalde einzurichten.[534] Zu diesem Transport trieben die sowjetischen Bewacher jeweils 50 Gefangene in geschlossene Viehwaggons. Major Andreev, Hauptmann Kiškin, der Chef der Sanitätsabteilung, sowie Leutnant Žarkov, der Chef der Konvoitruppen des 223. Konvoiregiments des NKVD, bescheinigten daraufhin am 12. Juni 1945 im Übergabeakt von 1000 Personen an Posen, daß diese entsprechend der Jahreszeit gekleidet und mit Verpflegung versorgt worden waren. Dem Akt in dreifacher Ausfertigung lag die Liste des „Spezialkontingents", ein Verpflegungszeugnis sowie eine Sanitätsbescheinigung bei.[535] Tatsächlich hatten die Betroffenen jedoch Verpflegung und Wasser nur in sehr unzureichenden Mengen erhalten. Ein- bis zweimal am Tag durften sie nach Abfahrt des Zuges bei einem kurzen Halt austreten, denn Eimer fehlten in den Waggons. Der Transport in das Posener Lager, das im Ausstellungsgelände in der Nähe des Lazarusbahnhofs lag, dauerte insgesamt zwei Tage.[536] Wenig später scheint dann, vielleicht sogar nach der Rückkehr der Waggons mit dem gleichen Zug, der zweite Transport nach Posen abgegangen zu sein. Schon vor Monatsende stand eine weitere Verlegung an.

Oberst Sviridov verlangte am 25. Juni, aus Fürstenwalde etwa 1500 Personen ebenfalls gen Osten nach Schneidemühl zu verlegen, was wohl auch am 30. Juni geschah.[537] Dieses Lager Schneidemühl verlagerte die „Abteilung" später als Nr. 8 nach Torgau/Fort Zinna auf das Gebiet der SBZ.[538] Der Kommandeur der 46. Konvoitruppendivision beschwerte sich jedoch am 07. Juli 1945 beim Chef der damals noch in Fürstenwalde lokalisierten Speziallagerverwaltung, daß nicht für ausreichendes „rollendes Material" gesorgt worden sei. Ihm sei mitgeteilt worden, daß 1500 Personen des „Spezialkontingents" von Fürstenwalde nach Schneidemühl und 2500 aus Werneuchen nach Landsberg verlegt werden sollten. Das 221. Regiment habe daraufhin zwei Konvois eingeteilt, die jedoch nach drei Tagen unverrichteter Dinge aus Berlin zurückkehren mußten. In Zukunft sollten nur begründete Konvoianforderungen gestellt werden, da es unmöglich sei, die Truppen tatenlos an den Stationen warten zu lassen.[539] Es muß offen bleiben, ob der bereits erfolgte Ketschendorfer Transport gemeint war, somit allein Werneuchen keine Gefangenen mehr verlegte oder ob eine weitere Verlegung nach Osten aus dem Speziallager Nr. 5 geplant war. Wenig später verließen jedenfalls erneut 754 Personen Ketschendorf in das damals noch in Frankfurt/Oder befindliche Speziallager Nr. 6. Am 13. Juli 1945 marschierten sie auf der Autobahn nach Frankfurt/Oder[540] und gelangten über diese Zwischenstation am 28. Juli nach Landsberg, während am 21. Juli nochmals 600 Personen Ketschendorf mit dem Ziel Frankfurt verließen.

Deportationen von Sowjetbürgern

Noch weiter nach Osten deportierte der NKVD seine Gefangenen sowjetischer Staatsangehörigkeit. Als Vorbereitung für deren Abtransport legte er bestimmte Sammlungslager fest. Zu ihnen zählten anfänglich auch Ketschendorf und Frankfurt/Oder. Noch am 02. September 1945 hatte Generaloberst Serov daher ausnahmsweise dem Leiter des Operativen Sektors des NKVD auf dem Gebiet Deutschlands, Generalmajor Bežanov, zugestanden, daß die thüringische Provinz die sowjetischen Gefangenen der dortigen Oper-Gruppen in Buchenwald sammeln dürfe, da ihre Gefängnisse von den Lagern Nr. 5 und Nr. 6 zu weit entfernt schienen. Alle anderen Speziallager sollten jedoch ihre Sowjetbürger dorthin überstellen, um den gesammelten Abtransport dieses „Spezialkontingents" sowjetischer Staatsangehörigkeit zu ermöglichen.[541] Oberst Sviridov wies trotz dieses Zugeständnisses an Bežanov, vermutlich auf Moskauer Befehl, auch den Buchenwalder Lagerleiter wenig später an, die Sowjetbürger zu verlegen. Er befahl am 18. September 1945, in Ketschendorf bzw. Frankfurt (Nr. 6) bis zum 28. September das gesamte „Spezialkontingent" sowjetischer Staatsangehörigkeit sowie die Rußlanddeutschen ("sogenannte Russendeutsche") aus allen Lagern sowie aus dem Gefängnis Strelitz zu sammeln, um sie von dort aus in die UdSSR zu deportieren. Die Lager Berlin/Hohenschönhausen, Bautzen, Fünfeichen und das Gefängnis Strelitz sollten die betreffenden Personen an Ketschendorf übergeben, während Mühlberg, Buchenwald, Sachsenhausen und Torgau/Fort Zinna sie rechtzeitig und ausnahmslos an Frankfurt zu überstellen hatten. Nach dieser Abgabe aller Sowjetbürger sollten alle Lager außer Buchenwald, Fürstenwalde und Frankfurt die weitere Aufnahme von ihnen einstellen. Damit behielt das thüringische Lager auf dem Ettersberg eine gewisse Sonderstellung.

Major Andreev und Major Seleznev, die Lagerleiter von Nr. 5 und Nr. 6, hatten entsprechende Vorbereitungen zu treffen, um eine reibungslose Aufnahme, die gesonderte Unterbringung aller dieser Gefangenen in abgetrennten Gebäuden und den anschließenden Abtransport zu gewährleisten. Über die Ausführung dieser Weisung war an die „Abteilung" zu berichten.[542]

Vermutlich Frankfurt erhielt am 26. September 1945 zusätzlich den Befehl, auch alle Polen nach Fürstenwalde zu senden, da das dortige Lager deren Abtransport nach Posen und in die Posener Wojwodschaftssicherheitsverwaltung vorbereite. Er sollte in den Sonderwaggons erfolgen, die auch zur Deportation in die UdSSR bereitgestellt würden.[543]

Oberst Sviridov setzte daraufhin aus gegebenem und bevorstehendem Anlaß am 10. Oktober 1945 die Leiter von Ketschendorf und Frankfurt von der Anweisung des stellvertretenden Volkskommissars für Innere Angelegenheiten, Generaloberst Černyšov, vom 05. Oktober über die Ausrüstung des Transports von „Spezialkontingenten" in den äußersten Norden oder fernen Osten der UdSSR in Kenntnis. Sie sollten die geplante Deportation entsprechend durchführen, Waggons wintergemäß durch aufzustellende Öfen ausstatten, an das Spezialkontingent tragbare Uniformen, Oberbekleidung und intaktes Schuhwerk ausgeben sowie Küchen für die Anfertigung von und Versorgung mit heißer Wegzehrung einrichten. Er schloß warnend, daß für die Transportausstattung und Kontingentversorgung die Leiter *persönlich* verantwortlich seien.[544]

Nachdem er die Versammlung und Ausstattung des sowjetischen „Spezialkontingents" angeordnet hatte, das offenbar zuvor schlechter ausgerüstet gewesen war, kümmerte Oberst Sviridov sich abschließend noch um das rollende Transport-material und entsprechende Wachsoldaten. Vermutlich am 31. Oktober 1945 wies er den Kommandeur des 221. Konvoi-regiments an, Truppen für die Begleitung des „Spezialkontin-gents" aus Frankfurt/Oder in die UdSSR, Station Inta in der Nord-Pečora-Region, in 57 überdachten Waggons bereitzu-stellen und zugleich eine Eskorte für die Begleitung des Kon-tingents von Ketschendorf bis nach Frankfurt zur dortigen Verladung vorzubereiten.[545] Doch möglicherweise verließen die Gefangenen Ketschendorf direkt; denn am 28. November 1945 ging ein Transport mit Angehörigen der Vlasov-Truppen ab. Vermutlich zu diesem Zeitpunkt beobachtete ein Lager-insasse, wie die Wachsoldaten die Unglücklichen wie Tiere in die Waggons prügelten.[546] Nach Gerüchten, die im Lager kur-sierten, sollten sie zu fünf Jahren Straflager in der Sowjet-union verurteilt worden sein.[547]

Schon bald darauf erreichten weitere Sowjetbürger, unter an-derem aus Fünfeichen, Ketschendorf. Trotz des Verbots Sviri-dovs schienen auch andere Speziallager sie weiterhin aufge-nommen zu haben. Etwas später schickte nun auch das nach Jamlitz verlegte Speziallager Nr. 6 am 28. Mai 1946 auf An-weisung der Berliner „Abteilung" eine weitere zehnköpfige Personengruppe sowjetischer Staatsangehörigkeit zur weite-ren Deportation in die UdSSR nach Ketschendorf. Auch die zusätzliche Überstellung von drei Russen am 06. Juni aus Jamlitz, das offensichtlich seit seiner Verlagerung nicht mehr für sie zuständig war, erfolgte aufgrund dieser Anweisung Nr. 00187 (19. März 1946) des Leiters der „Abteilung Spe-ziallager".[548]

Am 03./04. Juni 1946 befahl diese Berliner „Abteilung" dar-aufhin nochmals den sofortigen Abtransport von Bürgern sowjetischer Staatsangehörigkeit aus allen Lagern nach Für-stenwalde, woraufhin Buchenwald, Bautzen und Fünfeichen solche überstellten.[549] Auch aus Sachsenhausen gelangten russische (sogenannte „Weiße") Emigranten, die ihre Heimat nach dem Sieg der Bol'ševiki im Bürgerkrieg nach der Oktoberrevolution verlassen hatten und nun in Deutschland wieder aufgegriffen worden waren, bis Mitte Juni nach Ketschendorf.[550] Von den am 11. Juni 1946 aus Sachsenhausen überstellten 15 Personen nahm Unterleutnant Konstantinov in Ketschendorf allerdings nur 10 auf.[551]

Am 15. Juni 1946 übernahmen daraufhin in Fürstenwalde die 31 Waggons des Transportzuges die versammelten 576 Personen (508 Männer, 68 Frauen) des „Spezialkontingents" sowjetischer Staatsangehörigkeit mit ihren Registratur-Kontrollakten zur Deportation nach Osten. Verpflegung für 15 Tage begleitete sie. Eine sanitäre Untersuchung und Desinfektion der Waggons war erfolgt. Die Ausstattung des Zugs umfaßte das nötige Küchenzubehör sowie die dafür benötigte Brennholzmenge für 20 Tage. Die Gefangenen galten als der Jahreszeit entsprechend gekleidet, Medikamente waren vorhanden. Da ein Arzt fehlte, wurde ein solcher aus dem zu etappierenden „Spezialkontingent" ausgewählt. Nachdem der Zug zusätzlich mit sechs Plattformen, 15 reparierten Fenstergittern, 20 Riegeln an den Ausgangstüren gesichert worden war, stellte der Konvoitruppenleiter keine weiteren Ausrüstungsforderungen mehr an Zug oder Gefangene, so daß der Transport am 16. Juni aufbrach.[552]

Dieser Abtransport blieb vor allem den Frauen in Erinnerung, die ja enger mit den Gefangenen auch anderer Nationalität zusammenlebten als die Männer. Unter den Betroffenen waren neben weiteren Angehörigen der Vlasov-Truppen auch ehemalige Ostarbeiterinnen, die zum Teil mit deutschen Männern verheiratet waren, sowie Emigrantinnen und russische Frauen. Eine Ärztin, die sich darunter befand, klammerte sich aus Verzweiflung an den Stacheldrahtzaun und rief immer wieder: „Ihr kommt noch einmal nach Hause, wir kommen nach Sibirien."[553] Außerdem transportierte der NKVD auch eine ebenfalls völlig verzweifelte, mit einem Deutschen verheiratete Frau mit ihrer zehn- bis zwölfjährigen Tochter ab.[554] Ihr weiteres Schicksal blieb den deutschen Überlebenden des Lagers unbekannt.

Bei der Aufnahme des gesamten Transports am 08. Juli 1946 in Rybinsk hielt der Aktenvordruck fest, daß niemand geflohen, gestorben oder erkrankt sei. Somit seien keine Leichen, dafür aber vier Kinder zusätzlich aufzunehmen. Der Transport galt als unrasiert und verlaust. Eine körperliche Untersuchung ergab 30% Arbeitstaugliche der 2. Kategorie, 60% der 3. Kategorie, 10% Invalide und Hochbetagte. Bis Brest waren die Gefangenen zweimal täglich mit warmem Essen und kochendem Wasser versorgt worden. Danach gab es heißes Wasser nur noch für Kranke und Kinder, obwohl der Zug in Brest und Minsk neu verproviantiert worden war.[555] Selbst die sowjetischen Formulierungen können den schlechten Gesundheitszustand der Verlegten und die ungenügende Versorgung auf dem Transport nur unvollkommen verhüllen. Ständig schienen die operativen NKVD-Organe weitere Sowjetbürger zu verhaften bzw. auch noch zum Jahresende in Speziallager einzuliefern. Deshalb verfügte Oberst Sviridov am 02. Dezember 1946 erneut, sowjetisches „Spezialkontingent" zur weiteren Lagerhaft bzw. anschließenden Deportation in die UdSSR aus Bautzen, Sachsenhausen und dem Torgauer Speziallager Nr. 10 nach Ketschendorf zu senden, was auch am 09. Dezember geschah.[556] Wann sie genau in die UdSSR deportiert wurden, ist unbekannt. Trotz der vorhergehenden Befehle Oberst Sviridovs, alle Sowjetbürger aus Ketschendorf abzutransportieren, lebten jedenfalls dort Russen noch fast bis zur endgültigen Lagerauflösung. Am 17. März 1947 befahl der Leiter der „Abteilung" erneut, sie nach Sachsenhausen zu verlegen.[557] Doch erst im Zuge der völligen Räumung ließ sie die Lagerleitung zum Teil zusammen mit Deutschen am 28. März 1947 abtransportieren. Fürstenwalde und nach dessen Auflösung Sachsenhausen scheinen somit neben dem Durchgangslager Torgau[558] unter anderem als Sammelpunkt für Sowjetbürger gedient zu haben, die der NKVD von hier aus in die UdSSR deportierte.

„Brauchbar für Arbeiten unter Tage"

Doch der NKVD verschickte nicht nur Sowjetbürger in die
UdSSR. Bereits seine Befehle mit der Nr. 0061 bzw. Nr. 0062
vom 06. Februar 1945 hatten die Mobilisierung arbeitstauglicher deutscher Männer zwischen 17 und 50 Jahren sowie
den Abtransport von insgesamt 500.000 von ihnen in die
Belorussische, Ukrainische und Russische Sowjetrepublik
verlangt.[559]
Im November/Dezember 1946 schien daraufhin eine Ärztekommission die Gefangenen untersucht zu haben, die arbeiten wollten. Laut Lager-Parolen sollten die gesündesten in
deutschen Fabriken eingesetzt werden.[560] Der dadurch erhoffte Abtransport aus dem Lager sowie die ersehnte Kontaktaufnahme zu Deutschen außerhalb des Stacheldrahtzauns mag manchen Lagerinsassen bewogen haben, sich zu
melden. Die Tauglichen unter ihnen verlegte der NKVD nach
zwei Wochen in eine von dem übrigen „Spezialkontingent"
abgetrennte Unterkunft und stattete sie mit Unterwäsche,
Rucksack und gefütterten Stiefeln aus. Sie mußten zwar
sämtliche harten Gegenstände, wie zum Beispiel Löffel aus
Metall abgeben, erhielten aber dafür ebensolche aus Holz.[561]
Kurz darauf forderte der MVD-Befehl Nr. 001196 vom
26. Dezember 1946 als Reaktion auf eine streng geheime Verordnung des Ministerrats der UdSSR tatsächlich die Deportation von Arbeitskräften in Betriebe der Kohleindustrie und
zum Bau von Kraftwerken.[562] Die Auswahl der arbeitstauglichen Gefangenen sollte eine Kommission vornehmen, die
eigens dafür aus der UdSSR nach Deutschland abkomman-
diert wurde. Aufnahme und Übergabe der Arbeitskräfte hatte
das Lager Nr. 69 (Frankfurt/Oder) abzuwickeln. Dazu war
dessen Apparat sowie derjenige der Abteilung des MVD für
Angelegenheiten der Kriegsgefangenen unter der Leitung
des Stabs des rückwärtigen Dienstes der sowjetischen Besatzungstruppen in Deutschland heranzuziehen. Die ehemals in
Speziallager Verschleppten und noch Arbeitstauglichen wur-

den somit durch einige Federstriche gleichsam über Nacht zu Kriegsgefangenen, obwohl der Krieg bereits anderthalb Jahre vorbei war.

Bereits am 15. Januar 1947 führte Oberst Sviridov gegenüber Sachsenhausen erklärend aus, daß nach der erfolgten ärztlichen Untersuchung nur arbeitstaugliche Deutsche, nicht jedoch andere Nationalitäten von der Vorbereitung zum Abtransport in die UdSSR betroffen seien. Das „Spezialkontingent" sowjetischer Staatsangehörigkeit unterliege der Deportation aufgrund seiner früheren Anordnungen. Statt in Ketschendorf solle es nun jedoch in Sachsenhausen gesammelt werden. Die bevorstehende Auflösung von Nr. 5 kündigte sich in diesen Worten bereits an. Folgerichtig forderte der Leiter der „Abteilung" auch von Bautzen, alle arbeitsfähigen Deutschen in die UdSSR zu deportieren, die sowjetischen Bürger jedoch nach Sachsenhausen zu schicken.[563]

Oberst Sviridov stützte sich am 18. Januar 1947 explizit auf den MVD-Befehl Nr. 001196, als er anordnete, einen konkreten Plan zur Auswahl und zum Abtransport der Gefangenen aufzustellen. Sie waren nach ihrem physischen Zustand und nach Tauglichkeit zur Untertagearbeit auszuwählen, nach Arbeitstauglichkeit in die Kategorien 1 und 2 einzuteilen sowie entsprechend auszustatten.[564] Nach Sachsenhausen erreichte die Moskauer Kommission auch Ketschendorf. Die Gefangenen mußten sich für die Untersuchung in einer Gruppe von jeweils 20 Personen, die ein „Läufer" abholte, in einer extra zu diesem Zweck leergeräumten Baracke einfinden. Vor einem Tisch, auf dem Akten und Listen lagen, stand eine Ärztin. Neben ihr saß ein NKVD-Oberleutnant mit einem weiblichen Sergeanten, der als Schreiber fungierte. Außerdem stand etwas weiter entfernt davon ein Posten mit einer Maschinenpistole. Die Betroffenen zogen sich nackt aus, stellten sich in einer Reihe auf, um dann, wenn sie namentlich aufgerufen wurden, an den Tisch heranzutreten. Die Ärztin begutachtete die körperliche Verfassung, indem sie jedem als „Kennzeichen echter Sklaverei"[565] in das Gesäß kniff, um festzustellen, wie weit die Abmagerung schon fortgeschritten war. Daraufhin wies sie jeden einer der drei Dystrophie- und damit zugleich Arbeits(un)tauglichkeits-Kategorien zu. Die dritte Kategorie bedeutete die stärkste Abmagerung[566] und ließ die Gefangenen für mögliche Arbeitseinsätze nicht mehr geeignet erscheinen. Diejenigen, die nach dieser Untersuchung als tauglich eingestuft wurden, kamen in eine von den übrigen Lagerinsassen abgetrennte Unterkunft, wo sie auch die entsprechende Winterkleidung erhielten. Die anscheinend bereits Ende 1946 gesondert Untergebrachten untersuchte wohl die gleiche Ärztekommission im Januar erneut. Sie mußten dazu mit ihrem Gepäck an ihr vorbeimarschieren. Wer nicht mehr tauglich schien, wurde wieder aussortiert.[567]

Von den zunächst insgesamt 2030 für die Deportation vorgesehenen Gefangenen blieben nach dieser zweiten „Untersuchung" tatsächlich nur noch 318 Menschen übrig. Von ihnen gehörten nur 79 Personen der 1. und 239 Personen der 2. Arbeitskategorie an.[568] Das offenbarte ihre tatsächliche körperliche Schwäche, doch vor allem auch den miserablen Gesundheitszustand des übrigen „Spezialkontingents"; denn von immerhin zu diesem Zeitpunkt ungefähr 5053 noch lebenden Gefangenen gehörten damit selbst für den NKVD gerade einmal 6,29% überhaupt noch einer arbeitstauglichen Kategorie an.

Ehe nun der Abtransport erfolgte, übernahm das Speziallager Nr. 5 am 25./29. Januar 1947 noch aus Jamlitz 361 von insgesamt 379 abgeschickten Personen, teilweise kranke Gefangene mit deren spärlicher Habe und Wertsachen.[569] Die Ketschendorfer Lagerleitung isolierte auch diese zu deportierenden Arbeitstauglichen und stattete sie ebenfalls mit Winterbekleidung aus.[570] Fieberhaft bemühten sich diese Unglücklichen trotz ihrer abgesonderten Unterbringung und sowjetischer Wachmaßnahmen, Kontakt zu den anderen Lagerinsassen aus ihren Heimatorten aufzunehmen, da sie befürchteten, nie wieder zurückzukehren, und deshalb ihre

Familien auf diese Weise wenigstens noch einmal grüßen lassen wollten.

Der Leiter der „Abteilung Speziallager" befahl schließlich am 30. Januar 1947 nach der abgeschlossenen ‚ärztlichen Lagerrevision' den zuerst begutachteten und nahe beieinanderliegenden Standorten Ketschendorf, Jamlitz und Sachsenhausen, insgesamt 1165 Personen für die Deportation in die UdSSR bereitzustellen[571], von denen ja ein Großteil bereits in Nr. 5 konzentriert war. Am 31. Januar begann daraufhin für die 361 Jamlitzer und 301 Ketschendorfer, insgesamt für 662 Personen, nach einer nächtlichen Verladeaktion die Fahrt über Frankfurt/Oder in die UdSSR. Etwa 50 bis 80 Personen lagen auf Pritschen oder auf dem Boden bei bitterer Kälte in einem Viehwaggon. Sie litten unter quälendem Durst, Hunger und Erfrierungen. Ehe sie nach wochenlanger Fahrt Moskau und schließlich Prokopevsk oder Kemerovo erreichten, sortierte eine Kommission in Brest die Erkrankten aus.[572]

Das Leiden geht weiter

Die folgenden größeren Verlegungen aus Ketschendorf standen bereits im Zeichen der Lagerauflösung; denn schon im Dezember 1946 stellte Oberst Sviridov fest, daß sich in den zehn Speziallagern und Gefängnissen des NKVD 76.055 Personen befanden, die gesamte Aufnahmekapazität jedoch 117.000 Personen umfaßte. Deshalb und weil er keine größeren Zugänge mehr erwartete, schlug er Generaloberst Serov vor, das Speziallager Nr. 8 Torgau zu schließen und erwartete dessen entsprechenden Befehl.[573] Zwar wickelte Ketschendorf daraufhin Ende Januar 1947 mit dem „Pelzmützentransport" noch die Deportation Arbeitsfähiger in die UdSSR ab. Doch schien die Berliner „Abteilung" seit Jahresanfang bereits eine weitere Verringerung ihres Speziallagerbestands ins Auge zu fassen. Sie dachte dabei wohl auch an die Auflösung von Ketschendorf, da es spätestens seit Mitte Januar keine

Sowjetbürger mehr aufnehmen sollte. Fast gleichzeitig verlegte der NKVD anscheinend bereits im Zuge der geplanten Auflösung am 16. Januar fast alle Frauen und die Hälfte der Jugendlichen sowie einige hundert Männer nach Jamlitz. Größere Transporte nach Mühlberg und erneut nach Jamlitz folgten noch im selben Monat.

Allerdings wandte sich Oberst Sviridov erst am 10. Februar 1947 offiziell an Generaloberst Serov mit der Bitte, als weiteres Lager Ketschendorf zu schließen.[574] Zur Begründung führte er an, daß nach der Kategorisierung durch die ärztliche Untersuchungskommission ja noch 5232 Arbeitstaugliche in die UdSSR deportiert würden. Dadurch verblieben in den ihm unterstellten Speziallagern nur noch etwa 69.000 Gefangene, was rund 30.000 freien Plätzen entspräche. Nach der Auflösung des Speziallagers Nr. 5 würden dementsprechend in den verbleibenden Lagern immer noch 20.000 Plätze für Neueinlieferungen zur Verfügung stehen. Zudem erwartete Oberst Sviridov offensichtlich keinen Massenzugang mehr und deutete sogar mögliche Entlassungen an.

Major Andreev sollte nach der Liquidation Ketschendorfs wegen seiner größeren Erfahrung den Lagerleiter des Speziallagers Nr. 2 Buchenwald, Hauptmann Matuskov, ablösen. Serov scheint Sviridovs Bitte entsprochen zu haben. Durch die zahlreichen großen Abtransporte wirkte das Lager auf die wenigen Zurückbleibenden wie das Lazarett- und das Aufräumkommando, bald wie ausgestorben. In der Mitte teilte es nun ein Zaun in zwei Hälften.[575] Die zurückgebliebenen Gefangenen mußten sich irgendwo Essen organisieren und konnten sich nun auch einmal satt essen. Vermutlich am 27. Februar rief der NKVD schließlich auch das Lazarettpersonal zum Abtransport auf. Es konnte ohne Durchsuchung die Schleuse passieren, wurde auf einen LKW verladen und zum Zug gebracht. Am 28. Februar bzw. eventuell am 10. März verließen damit erneut zwei[576] große Transporte Ketschendorf nach Fünfeichen. Kleinere Verlegungen erfolgten noch nach Sachsenhausen, Bautzen und schließlich nach

Buchenwald. Dann war das Speziallager Nr. 5 geräumt und konnte liquidiert werden.[577]

Die Transporte liefen offensichtlich alle ungefähr gleich ab. NKVD-Personal rief die Betroffenen in alphabetischer Ordnung auf, ließ sie vor der Schleuse antreten, wo es sie erneut aufrief und durchsuchte. Ihr Eßgeschirr mußten einige Gefangene vor dem Abtransport auf einen großen Haufen werfen.[578] Unter sehr starker, mitunter noch durch Wachhunde verschärfter Bewachung, liefen sie daraufhin zu den Waggons. Der eisig kalte Winter setzte dabei den unterernährten Gefangenen, die ja oft keine entsprechende Bekleidung besaßen, furchtbar zu. Bei den winterlichen Transporten war es so kalt in den Waggons, daß der Fußboden, auf dem selten etwas Stroh lag, zum Teil mit Eis bedeckt war. Selbst das Brot, das die Gefangenen manchmal noch vor der Abfahrt erhielten, war gefroren. In den Waggons standen nicht immer querlaufende Bänke ohne Lehnen[579] bzw. Bretter, die auf halber Höhe als Plattform angebracht waren.[580] Wenn ein Ofen mit Holz vorhanden war, konnten die Halberfrorenen sich allerdings nur in den seltenen Fällen etwas wärmen, wenn auch Streichhölzer zur Verfügung standen. Doch selbst dann war das wenige Holz rasch verbraucht, so daß die Insassen viele Stunden in den eisigen Waggons aushalten mußten: „Wir konnten uns vor Kälte kaum rühren. Ich saß neben Benjamin. Wir saßen zusammengekauert, weil wir durch das lange Sitzen nicht mehr die gerade Haltung wahren konnten, denn wir waren zu ausgemergelt. Wir waren völlig verzweifelt und hätten vor Kälte weinen mögen, jedoch waren unsere Tränen versiegt. [...] Da ließ mich die Verzweiflung ein Risiko eingehen. Ich legte mich auf den Fußboden neben den inzwischen wieder kalten Ofen und wollte etwas schlafen. Ich mag etwa eine halbe Stunde geschlafen haben, da wachte ich wieder auf und konnte mich kaum noch rühren. Da ich merkte, daß es mein sicherer Tod wäre liegenzubleiben, setzte ich mich wieder auf meinen Platz."[581]

Die Türen der Waggons wurden fest verriegelt, ein Entkommen war unmöglich. Selbst die Luftklappen waren mit Brettern vernagelt, damit niemand ein Stückchen Papier mit Informationen herauswerfen konnte, was dennoch einige versuchten.[582] Mitunter hielt der Zug auf offener Strecke an, damit die Bewacher alle Waggons mit Hämmern abklopfen konnten, um zu sehen, ob sie noch dicht verschlossen waren. Da niemand wußte, wohin und weshalb der Transport erfolgte, verzehrten sich viele in Angst. Sie befürchteten eine Deportation nach Rußland. „Oder geschieht Schlimmeres? Wir hören dumpfe Schläge, das muß auf dem Dach sein – sollen wir an Ort und Stelle umgebracht werden? Nie in meinem Leben (auch später nicht) habe ich eine so unbeschreibliche Angst ausgestanden. Dann doch lieber Sibirien – wie es Maria geweissagt hat und wie es für sie auch zutraf –, Arbeitslager, gleich wo, da wäre immer noch Hoffnung auf Rückkehr."[583] Angesichts der Toten und Sterbenden in den Transportwaggons fragten sich die anderen, wie lange selbst sie es noch aushalten würden. Nicht nur ihre Lage insgesamt war strapaziös und nervenaufreibend, sondern sie erhielten zudem meist viel zu wenig Verpflegung. Besonders dann, wenn sie als anscheinend traditionelle Transportration einen Salzhering erhielten, quälte sie bald furchtbarer Durst. Schlimm waren diese Verlegungen auch für die vielen Kranken, besonders wenn sie an Ruhr litten. Der Kübel zur Erledigung der Notdurft lief mitunter schon fast über, ehe der Zug überhaupt losgefahren war. Wenn die Waggons keine Löcher in den Böden hatten, stanken sie deshalb schon bald unerträglich.

Im einzelnen führten diese größeren Verlegungen des Ketschendorfer „Spezialkontigents" nach Jamlitz, Mühlberg, Fünfeichen, Sachsenhausen und schließlich Buchenwald.

Transporte nach Jamlitz

Der erste Spezialtransportzug erreichte am 14. Januar 1947 um 4 Uhr Ketschendorf, dessen Leitung die nötigen Reparaturen an den Waggons vornehmen mußte. Als tags darauf die 56 Mann starke Konvoitruppe um 18 Uhr anlangte, verlud sie bis zum 16. Januar um 23.30 Uhr 1200 Personen des „Spezialkontingents", darunter 580 Männer, 433 Frauen und 187 Jugendliche für den Abtransport nach Jamlitz.[584] Vor der Abfahrt bekamen die Gefangenen noch eine Suppe und eine größere Brotration sowie Verpflegung für einen Tag, obwohl allein die Verladeaktion soviel Zeit in Anspruch nahm. Die Frauen hatte der NKVD für sie völlig überraschend zusammengeholt und namentlich einzeln für den Transport aufgerufen. Auch das Lazarettpersonal befand sich unter ihnen. Doch als einige von den Schwestern bereits die Schleuse hinter sich gelassen hatten, ordneten die sowjetischen Bewacher plötzlich an, daß der „Lazarettzug" bis zum letzten Tag in Ketschendorf bleiben sollte. Da der NKVD die Schwestern, die bereits auf dem Weg zum Transportzug waren, nicht mehr zurückrief, verblieb nur ein Teil des Lazarettpersonals im Lager.[585]

Die übrigen zu verlegenden Gefangenen riefen die Soldaten in der Schleuse nochmals einzeln namentlich auf und nahmen ihnen sogar bei der anschließenden Durchsuchung zum Teil noch ihr spärliches Besitztum ab. Zu je 50 Personen mußten sie sodann in einen Viehwaggon steigen, in dem auf dem Boden etwas Stroh lag. Ein Ofen mit ein wenig Brennmaterial, eine Trockentoilette bzw. statt dessen ein in den Boden gebohrtes Loch machten die gesamte Einrichtung aus. Nach der Verriegelung der Türen warteten viele stundenlang auf die Abfahrt. Da sich neben den Frauen und Männern auch einige Jugendliche in dem Zug befanden, bezieht sich möglicherweise hierauf die Erinnerung, daß vermutlich der größte Teil von diesen jungen Menschen in Waggons verladen wurde, „die damals bei der grimmigen Kälte von 20 bis 30 Grad unter Null zwei Tage und eine Nacht auf einem Abstellgleis standen. Die Ärmsten haben damals vor Hunger und mehr noch vor Kälte derartig laut geschrien, was jederzeit die in der Nähe wohnende Bevölkerung bestätigen kann".[586]

Erst am 18. Januar traf der Transport in Jamlitz ein. Für die kleinere Verlegung am 29. Januar liegen keine näheren Angaben vor. Der Lagerleiter von Nr. 6 beklagte sich jedenfalls am 12. Februar 1947, daß die aus Ketschendorf übernommene Gefangenengruppe ungenügend mit Kleidung und Schuhwerk versorgt gewesen sei. 187 Personen besäßen schlechte Schuhe, 145 keine Wechselwäsche, 120 keine Bettdecke, auch seien einige an Dystrophie 1. oder 2. Grades sowie an Tbc erkrankt.[587] Derart krank bzw. ungenügend bekleidet hatten sie den mehrtägigen Transport durchstehen müssen.

Transport nach Mühlberg

Direkt nach dem ersten großen Transport nach Jamlitz scheint der Spezialzug des NKVD nach Ketschendorf zurückgekehrt zu sein. Major Andreev teilte Oberst Sviridov mit, daß der Zug zusammen mit der 56köpfigen Konvoitruppe des MVD unter dem Kommando des Majors Krjukov am 20. Januar 1947 wieder im Speziallager Nr. 5 eingetroffen war. Ab 10 Uhr begannen die Begleitsoldaten mit dem Verladen von erneut 1200, diesmal nur männlichen Personen, was einen ganzen Tag bis zum 21. Januar um 10.30 Uhr in Anspruch nahm. Zur Übergabe von Akten und Wertsachen schickte Major Andreev seinen Lagerinspektor Konstantinov mit nach Mühlberg.[588] Am 25. Januar[589] erreichte dieser Transport, für viele also erst nach fünf Tagen, mit insgesamt 1190 Personen sein Ziel. Die Begleitmannschaft notierte neun Verstorbene. Unklar bleibt, ob diese Toten bei der Aufnahme in Mühlberg mitgezählt wurden. Immer noch würde dann eine angeblich in Ketschendorf abgegangene Person fehlen. Laut medizinischer Untersuchung litten 117 unter Dystrophie der 1. Stufe, 232 der 2. Stufe, 674 der 3. Stufe. Auch waren unter anderem 59 Herz-, 15 Magen-, 11 Tbc-, 8 Nerven-, 6 Leberkranke darunter. 16 litten an Alterserschöpfung, 90 waren chirurgisch zu behandeln. Läuse entdeckte die Mühlberger Sanitätsgruppe nicht. Dafür fehlten generell das Eßgeschirr sowie – im frostkalten Winter! – 358

Mäntel, 374 Joppen, 563 Hemden, 642 Unterhosen, 2380 Bettlaken, 154 Bettdecken, 1519 Handtücher, 6 Kopfbedeckungen und 1217 Socken.[590] Diese Aufstellung enthüllt, was die Gefangenen laut MVD-Vorschrift an Bekleidung und anderen Wäschestücken hätten haben müssen, was ihnen aber in Wirklichkeit nie ausgehändigt wurde. Für jeden listete die Akte sogar zwei Bettlaken auf, die offensichtlich allen fehlten, unter anderem auch deshalb, weil das NKVD-Personal sie den wenigen, die so etwas bei der Einlieferung besaßen, gestohlen hatten. Der traurige Einzug der Ketschendorfer blieb den Mühlberger Gefangenen in Erinnerung: „Es liegt Schnee. Am Vormittag werden alle Gefangenen in ihre Baracken beordert. Diese werden verschlossen. Dann zieht durchs Lagertor ein Zug elender Gestalten in das Lager Mühlberg ein. Im Schneegestöber bewegt er sich langsam bis in die Zone 4 und bietet dabei ein Bild des Jammers. Manche Gefangene sind so entkräftet, daß sie sich kaum auf den Beinen halten können oder gar zusammenbrechen. Wie sich später herausstellt, sind viele Gefangene dieses Transports schon auf dem Weg von der Bahn zum Lager hilflos liegengeblieben, so daß man sie einsammeln und ins Lager tragen muß. [...] Viele Neuankömmlinge werden unverzüglich ins Lazarett eingeliefert, die übrigen kommen in Baracken der Zone 4 unter. Deren Zustand ist schlecht. Deshalb waren die meisten bisher nicht belegt. Für die ‹Ketschendorfer› ist dies bitter, denn sie kommen aus einem miserablen Lager mit schlechten Lebensbedingungen und hoher Sterblichkeit in ein ebensolches Lager."[591]

Dieser Bericht läßt vermuten, daß vergleichsweise im Speziallager Nr. 5 tatsächlich noch schlimmere Zustände herrschten als in den anderen Lagern. Deshalb verlegte der NKVD im Januar extrem ausgemergelte Gestalten. Die Transportstrapazen und die Kälte, gegen die sie sich nur mangelhaft schützen konnten, taten ein übriges, um erneut Todesopfer zu fordern. In den Ketschendorfer Akten sind sie allerdings nicht mehr erfaßt.

Transport nach Fünfeichen

Ende Februar schließlich verlegte der NKVD eine größere
Gefangenengruppe direkt nach Norden, nach Fünfeichen.
Die Transportliste vom 28. Februar 1947 weist 1558 Personen
auf, enthält jedoch wegen eines Additionsfehlers tatsächlich
nur 1540 Personen.[592] Die Gefangenen mußten den Zug vermutlich zumindest zum Teil bereits am 25. Februar besteigen,
um dann auf die Abfahrt zu warten. Mit ihnen verließen Ketschendorf wohl auch die letzten Kranken aus dem Lazarett.
Der dort arbeitende Sanitäter war bereits zwei Tage vorher
nicht mehr zu ihnen gekommen, so daß die Ruhr- und Rose-
kranken ohne jegliche Hilfe hatten auskommen müssen. Da
sich viele nicht mehr selbst helfen und ihre Darmfunktionen
nicht mehr kontrollieren konnten, lagen sie bald in ihrem
Kot. Ein furchtbarer Gestank durchdrang den Raum. Einige
erwarteten nur noch apathisch auf dem Boden ihren Tod. An
einem Vormittag holten schließlich eine sowjetische Ärztin,
ein paar Soldaten sowie Lagerinsassen die Kranken aus der
Baracke heraus, luden sie auf LKW und fuhren mit ihnen
zum Bahnhof nach Fürstenwalde. Dort standen ungefähr 20
bis 25 geschlossene Waggons, in einem von ihnen mußten die
Kranken auf doppelstöckigen Pritschen Platz nehmen.[593]
Auf diesem Transport gab es erst am nächsten Morgen einen
Salzhering zu essen, den einige sofort gierig verschlangen, der
aber dann zu unerträglichem Durst führte. Als der Zug einmal hielt und die Waggontür sich öffnete, stürzten einige
Insassen hinaus, um wenigstens etwas Schnee zu ergattern,
wurden aber von Kolbenhieben und Fußtritten der Bewacher
schnell wieder in den Waggon geprügelt. Während der ganzen zwei- bis dreitägigen Fahrt erhielten die Gefangenen
ansonsten nichts zu trinken. Statt dessen gab es einmal eine
Suppe, die Köche mit Helfern in einem Küchenwaggon koch-
ten. In dem gleichen Waggon bewahrte das Wachpersonal des
NKVD die während der Fahrt Verstorbenen auf. Ein Gefangener nutzte die Gelegenheit auf einem der Bahnhöfe,

einen noch im Lager geschriebenen Zettel mit neun Adressen herauszuwerfen, als ihn ein Eisenbahnbediensteter an einer Luke erblickt hatte. Die Wachsoldaten bemerkten allerdings den Vorfall und wollten fünf Leute erschießen, wenn sie ihnen nicht den Täter verrieten. Es geschah aber nichts dergleichen.[594]

Währenddessen quälten sich die Ruhrkranken in ihrem Waggon. Einige waren so schwach, daß sie nicht mehr zum Trockenklo gehen konnten, wodurch es bald in dem abgeschlossenen Waggon fürchterlich stank. Diese Kranken siechten vor sich hin.[595] Auf diesem Transport starben in einem Waggon von 40 Gefangenen bereits zehn Personen, die die Bewacher in Sachsenhausen, wo der Zug einen Tag stand, holten und zusammen mit anderen Kranken, die den unsäglichen Strapazen erlegen waren, in den Schnee legten.[596] Die restlichen kamen nach sechs Tagen am 03. März in Neubrandenburg an. Die letzte Wegstrecke nach Fünfeichen mußten sie zu Fuß zurücklegen. Dieser Fußmarsch vom Bahnhof Neubrandenburg in das Speziallager Nr. 9 führte die teilweise nur sommerlich bekleideten und mitunter schwer kranken Betroffenen durch tiefen Schnee. Die Bewacher trieben sie mit Kolbenstößen an und erschossen diejenigen, die ausscherten oder liegenblieben.[597]

Nach sowjetischen Akten übernahm Fünfeichen erneut am 10. März 1947 1570 Personen aus Ketschendorf, nachdem 25 auf dem Transport bzw. während der Aufnahmeprozedur verstorben waren. Teilweise fehlten die Daktokarten. Es gab 204 Dystrophiker der 1., 162 der 2., 117 der 3. Stufe, bzw. der „Färbung" nach: 266 „Mitarbeiter der Straforgane", 473 „aktive NSDAP-Mitglieder", 32 „Führer von Jugendorganisationen", 696 „Spione und Diversanten" (damit gehörten die meisten Personen zu der wohl am weitesten auslegbaren ‚Färbungskategorie'), 46 „Führer von staatlichen Wirtschaftsorganisationen", 31 „Waffenbesitzer", 4 „Mitglieder des NSKK", 3 des „NSF", 5 des „BDM", 4 der „Frauenschaft", 10 „Terroristen". Selbst die Lagerleitung Fünfeichens vermerkte, daß das „Spezialkontingent" nicht der Jahreszeit gemäß gekleidet gewesen sei, was Demenev, der Chef der Ketschendorfer Registraturgruppe allerdings bestritt.[598]

Transport nach Sachsenhausen

Am 01. März 1947 verließen 345 Personen Ketschendorf in Richtung Sachsenhausen. Sechs von ihnen verstarben auf dem Transport, deren Leichen an Fünfeichen weitergereicht werden sollten, so daß am 03. März noch 339 Personen im Speziallager Nr. 7 eintrafen. Es handelte sich um 301 Männer, 36 Frauen sowie 2 Kinder. Unter den Erwachsenen waren 207 Sowjetbürger sowie 130 deutsche Spezialisten. Der Arbeitstauglichkeit nach wurden die männlichen Erwachsenen in vier Gruppen eingeteilt. Zur 1. zählten 79, zur 2. 30, zur 3. 108, zur 4. 84 Personen. Hinzu kamen die 36 nicht näher kategorisierten arbeitstauglichen Frauen. Nach den sowjetischen Kriterien vom Dezember 1946 galten dem NKVD also nur noch 109 männliche Personen, das heißt weniger als die Hälfte des Transports, als arbeitstauglich, obwohl er mehrheitlich aus Sowjetbürgern bestand, die in der Regel die katastrophalen Lagerbedingungen etwas besser verkrafteten als ihre deutschen Leidensgenossen. Doch auch sie schienen nun am Ende ihres Durchhaltevermögens. Dystrophiker der 1. Stufe gab es 8, der 2. 35, der 3. 55, der 4. 46 sowie 49 mit Wassergeschwulsten, 10 mit Leistenbruch, 11 mit Herzfehler, 5 mit Tbc, 2 mit Syphilis, 1 mit Durchfall sowie eine schwangere Frau. Gleichsam ein Siechentransport erreichte demnach Sachsenhausen. Altersmäßig teilte er sich in die zwei Kinder unter 17 Jahren, 114 17–30jährige, 92 30–40jährige, 98 40–50jährige, 27 50–60jährige, 6 über 60jährige.

Bei der „Färbung" der Gefangenen dieses Transports in die bereits bekannten Schuldkategorien überwogen auch hier mit „Übrigen" bzw. „aktiven Mitglieder der NSDAP" die am wenigsten aussagekräftigen Kategorien.

Den in Sachsenhausen Aufgenommenen fehlten 47 Bettdecken, 306 Bettlaken, 310 Kopfkissen, 115 Handtücher, 105mal warme Kleidung, 208mal Ersatzunterwäsche. 37 von ihnen besaßen defekte, 6 gar keine Schuhe, 2 Personen fehlte die Kopfbedeckung. Schließlich zählte der Übernahmeakt noch auf, wem welche Wertsachen fehlten.[599] Auch hier traf die papierene Vorschrift somit fast durchweg nicht zu, da Bettzeug fast keiner besaß. Im bitterkalten März schickte der NKVD zudem sechs Personen mit bloßen Füßen auf Transport. Fast die Hälfte der Verlegten besaß keine warme Kleidung.

Immer noch hatten jedoch nicht alle Sowjetbürger vorschriftsgemäß Ketschendorf verlassen. Oberst Sviridov bzw. dessen Stellvertreter Kazjulin bemängelten vielmehr am 17. März 1947, daß sich trotz mehrfacher Anweisungen immer noch 32 von ihnen dort aufhielten. Sie sollten nun mit ihren Registratur-Kontrollakten schnellstens in Sachsenhausen eintreffen, da der dortige Lagerleiter Major Kostjuchin ihre Deportation, versorgt mit Lebensmitteln und Medikamenten, in die UdSSR vorzubereiten hatte.[600] Ketschendorf sandte daraufhin am 28. März 1947 auf die Anweisung Oberst Sviridovs vom 17. März schließlich 27 Russen nach Sachsenhausen.

Das Speziallager Nr. 5 war nun bis auf das Aufräumkommando fast leer. Sviridov verlangte deshalb am 22. März 1947 von Major Andreev, dem Lazarett Nr. 104 der SMAD unter anderem 55 Betten aus dem aufzulösenden Lager Fürstenwalde zu übergeben. Alle medizinische Habe sollte er an Sachsenhausen abtreten, nachdem er ein genaues Verzeichnis darüber an die Berliner „Abteilung" geschickt hatte. Major Kostjuchin, Leiter von Sachsenhausen, sollte gleichzeitig den Chef seiner Apotheke nach Ketschendorf schicken, um das betreffende Inventar in Empfang zu nehmen.[601]

Transport nach Buchenwald

Unter den wenigen Gefangenen, die im Speziallager Ketschendorf für Aufräumarbeiten zurückgeblieben waren, befanden sich die Frauen des Wäschekommandos. Sie mußten bis zum Schluß die Wäsche der verstorbenen Gefangenen säubern. Als sich die letzten Lagerinsassen schließlich zum Abmarsch aufgestellt hatten, bemerkten sie, daß noch ein Insasse des Bunkers fehlte. Nachdem die Soldaten diesen geholt hatten, bestiegen alle den letzten von Ketschendorf abgehenden Waggon.[602] Nach zwei Tagen Transport übernahm Buchenwald am 12. Mai 1947 diese letzten 60 Personen aus Ketschendorf, darunter 10 Frauen sowie 6 Sowjetbürger.[603] Obwohl sie jetzt erst das Speziallager Nr. 2 auf dem Ettersberg erreichten, erschien der bisherige Ketschendorfer Lagerleiter Andreev bereits am 24. April als dortiger Nachfolger von Hauptmann Matuskov, der sein Buchenwalder Amt auf Anordnung Sviridovs vom 21. März 1947 an ihn hatte übergeben müssen.[604]

8. Zwischen Hoffen und Warten – Leid der Angehörigen

Kassiber statt Brief

Da die sowjetische Besatzungsmacht bewußt die Angehörigen nicht über den Verbleib der Verschleppten informierte, bemühten sich die Gefangenen nach Möglichkeit selbst, ihnen eine Nachricht zukommen zu lassen, um sie von ihren Sorgen zu befreien und sie zu beruhigen. Damit verstießen sie allerdings auf schwerste Weise gegen die Lagerordnung des NKVD; denn das oberste Ziel der Speziallager war ja die völlige Isolation ihrer Insassen von der Außenwelt. Allerdings wußten oder ahnten doch viele Familien oder Freunde, die entweder direkt in Ketschendorf oder in der Nähe wohnten, sehr bald, daß der Vermißte möglicherweise in diesem von den Sowjets errichteten Lager lebte. Sie erschienen vor seinen Toren oder auf den anliegenden Straßen, um nach ihnen zu forschen. Ihnen kam zugute, daß sich im Speziallager Nr. 5 durchaus einige Personen aus der nächsten Umgebung, zum Teil sogar direkt aus Fürstenwalde und Ketschendorf befanden. Oftmals scheint der NKVD demnach seine Gefangenen aus den Kellergefängnissen direkt in das nächstgelegene Lager eingeliefert zu haben.

Eine Möglichkeit der Kontaktaufnahme von seiten der Gefangenen waren kleine Zettel mit Namen und Adressen der Angehörigen, auf denen die Schreiber ihren Aufenthaltsort bekanntgaben und den Finder baten, ihren Angehörigen Grüße auszurichten. Diese sogenannten „Kassiber" ließen sie beispielsweise während eines Transports, also entweder auf dem Weg zum Lager oder beim Verlassen des Lagers irgendwo unauffällig fallen. Sie hofften darauf, daß aufmerksame Menschen sie finden und weiterleiten würden.[605] Längst nicht alle diese Zettel haben die Verwandten tatsächlich erreicht. Einige Verschleppte schafften es jedoch, sie dadurch zu benachrichtigen. Die Angehörigen erschienen daraufhin vor den Lagertoren und warteten auf eine Gelegenheit, um in das Lager Einblick zu erhalten oder womöglich ihren Verwandten dort zu sehen.[606] Durch Handzeichen oder Winken war besonders von den oberen Räumen einiger Häuser eine Kontaktaufnahme über den Zaun hinweg möglich. Die Angehörigen konnten auf diese Weise ihre verschleppten Familienmitglieder wenigstens einmal aus der Ferne sehen und ihnen zuwinken.[607] Außerdem gelang es einigen durch „Anspiegelung" aus den oberen Stockwerken Kontakt aufzunehmen.[608] Ein Verlobter machte sich gar im Juni 1946 am 21. Geburtstag der verschleppten Braut mit dem Fahrrad auf den Weg und fuhr mit 21 Rosen am Lager vorbei, so daß die Gefangene es sehen konnte. Als ein sowjetischer Major einmal beobachtete, wie eine junge Frau ihren Eltern zuwinkte, unternahm er zwar freundlicherweise nichts dagegen.[609] Aber schließlich bekamen weitere Wachposten in den Türmen Wind von den ‚Begegnungen'. Die Lagerleitung ließ daraufhin in einigen Häusern, beispielsweise XIV und XV, bereits im Sommer 1945, im Frauenlager erst 1946, an den oberen Fenstern Sichtblenden anbringen. Blicke zur Straße waren danach nicht mehr möglich. Die Wachposten forderten außerdem den Freund eines Insassen, der mehrmals versuchte, nahe am Lager vorbeizugehen und dabei einen Blick hinein zu erhaschen, sofort zum Weitergehen auf. Einmal schaffte er es dennoch von der erhöhten Autobahn aus, über den Zaun zu sehen. Mit einem Fernglas konnte er sogar seinen Freund erkennen. Nachdem er dessen Eltern benachrichtigt hatte, scheiterte jedoch ein nochmaliger derartiger Sichtkontakt daran, daß das Wachpersonal ihn entdeckte und mit einem Warnschuß bedachte. Als sogar eine Zwei-Mann-Patrouille auf ihn losging, flüchtete er aus gutem Grund so schnell er konnte.[610] Eine weitere Möglichkeit, den Angehörigen eine Nachricht zukommen zu lassen, hatten die Arbeitskommandos, die außerhalb des Lagers im Einsatz waren. So gelang es dem Holz- und dem Beerdigungskommando einige Male, einem nahe an ihnen vorübergehenden Zivilisten durch kurze Rufe oder Kassiber Informationen zu geben. Auf diese Weise konnte der Onkel einer Gefangenen, der ebenfalls zu den Lagerinsassen gehörte, bereits im Juli 1945 der Mutter den Aufenthaltsort ihrer Tochter mitteilen.[611] Morgens früh, wenn das Beerdigungskommando seinen Dienst tat, begegnete es oft dem Gesellen eines Friseurmeisters. Bis auf ungefähr zehn Meter näherte er sich den Gefangenen. Da sie häufig entgegen der Instruktion Oberst Sviridovs[612] nur ein Wachposten begleitete, konnten sie dem Gesellen durch Zeichen, Zurufe oder weggeworfene Kassiber einige Informationen unter anderem an die Eltern von einigen Jugendlichen weiterreichen.[613]

Die mit Klempnerarbeit Beschäftigten griffen zu einer noch ausgeklügelteren Methode. Sie benutzten für ihre Arbeiten einen Eimer mit doppeltem Boden. Darin bewahrten sie von einigen Gefangenen kurze Nachrichten für deren Angehörigen beim Verlassen oder die Antworten der Familien beim Betreten des Lagers auf. Die Nachrichten der Frauen bekamen die Klempner wahrscheinlich mit Hilfe des Lazarettpersonals. Beim Kontrollieren und Reparieren der Rohrleitungen vom Lager zur Gemeinde Ketschendorf trafen sie auf freie Klempner, die die Nachrichten den Angehörigen brachten oder per Post verschickten. Dieser „Schriftverkehr" endete allerdings sehr plötzlich, als eines Tages der doppelte Boden vor den Augen der Wachposten mitsamt den Briefen auf den Boden fiel. Alle Schreiber wanderten nach peinlichem Verhör für 30 Tage in den Bunker.[614]

Das Bäckerkommando konnte seinerseits solange es in einer freien Bäckerei in Langewahl arbeitete, einige Kassiber und Informationen weitergeben, die von dort die jeweiligen Verwandten erreichten.[615]

Mitunter ergab sich für die Gefangenen auch bei einem Arbeitseinsatz die Gelegenheit, außerhalb des Lagers direkt mit ihren Angehörigen zu sprechen. So erkannte eine gefangene Nichte bei einem Arbeitseinsatz ihre Tante, die sofort deren Eltern informierte. Diese kamen umgehend mit Schnaps für die Wachposten, die auch ein Gespräch erlaubten, außerdem konnten sie sich am nächsten Tag noch einmal außerhalb des Lagers sprechen. Doch dann verrieten neidische Frauen die Betroffene, so daß die Lagerleitung weitere Gespräche unterband.[616]

Eine andere junge Frau marschierte gerade mit ihrem Arbeitskommando zurück ins Lager, als sie ihre Mutter sah. Sie verlor völlig die Fassung und fing laut an zu weinen. Als der Wachsoldat den Grund dafür erfuhr, ließ er die Gruppe anhalten und gab Mutter und Tochter die Möglichkeit, sich kurz zu unterhalten und für den nächsten Tag zu verabreden. Tatsächlich schaffte es die Gefangene, wieder am Arbeitskommando teilnehmen zu dürfen. Kaum hatten die Frauen den Stacheldraht hinter sich gelassen, kam die Schwester der jungen Gefangenen mit einem Kuchen auf sie zu. Der sehr freundliche sowjetische Wachposten führte die Frauen etwas weiter weg, bis sie sich außer Sichtweite der Lagertürme befanden. Alle Teilnehmerinnen des Arbeitskommandos sowie der Wachposten verzehrten daraufhin ein Stück Kuchen. Die Mutter der Gefangenen brachte ihr wie tags zuvor verabredet eine Bluse mit. Die junge Frau zog sie gleich an, damit sie ihr die Bewacher in der Schleuse nicht wieder abnahmen. Das Paar Schuhe, das die Mutter auch mitgebracht hatte, behielt der Posten, um es der Gefangenen nach der Filzung in der Schleuse auszuhändigen. Diese Mutter hatte auch das Glück, den Abtransport der Frauen mitzuerleben, da sie regelmäßig am Lager vorbeikam. So wußte sie wenigstens, daß ihre Tochter noch lebte, als der MVD das Lager auflöste.[617]

Ein andermal erschien die Ehefrau eines Gefangenen vor den Lagertoren. Sie bestach den Posten eines Arbeitskommandos mit Schnaps und anderen Lebensmitteln, so daß nachmittags ihr Mann mit herauskam, um zu arbeiten. Dadurch konnten sich die Eheleute wenigstens einmal kurz unterhalten.[618]

Ein weiterer Angehöriger erfuhr von befreundeten Bediensteten der Eisenbahn, daß ein Transport aus Ketschendorf in Fürstenwalde hielt. Es gelang ihm mit einer geliehenen Eisenbahneruniform die Waggons zu erreichen. Er ‚kontrollierte' sie daraufhin alle mit einem Hammer, um herauszufinden, ob sich auch seine Tochter dort befände. Tatsächlich erkannte er sie durch die Planken der Waggons. Sie unterhielten sich kurz. Der Vater erfuhr später auch, daß der Transport nach Jamlitz gegangen war. Dadurch konnte er einige andere Angehörige über das weitere Schicksal der Vermißten informieren.[619]

Bei diesen Gelegenheiten der Kontaktaufnahme mit den eigenen Angehörigen, konnten die Gefangenen auch Informationen über ihre Lagerkameraden weitergeben, die ihre Verwandten gerne weiterreichten.

Insgesamt blieben allerdings alle diese Gespräche oder Briefkontakte, die zum Teil menschenfreundliche, mitleidige sowjetische Wachsoldaten erst ermöglichten, eine große Ausnahme; denn die meisten Gefangenen und gerade die, deren Verwandte nicht in unmittelbarer Nähe wohnten, hatten keinerlei Gelegenheit, mit ihren Eltern, Ehepartnern, Geschwistern oder Kindern in Kontakt zu treten. Die meisten Familien erfuhren erst viel später, teilweise erst in den neunziger Jahren mit Hilfe des DRK, daß der NKVD ein Speziallager in Ketschendorf errichtet und dorthin ihre Vermißten und so lange vergeblich Gesuchten verschleppt hatte.

Verbleibsgesuche und DDR-Öffentlichkeit

Obwohl also nur die wenigsten Angehörigen genau wußten, wo sich ihre verhafteten Familienmitglieder befanden und obwohl es ihnen noch seltener gelang, sie nach ihrer Einlieferung in die Kellergefängnisse des NKVD bzw. in die Speziallager nochmals zu sehen oder gar zu sprechen, bemühten sich doch fast alle um nähere Aufschlüsse über Verbleib und Schicksal ihrer Lieben.

So bat am 03. November 1945 Frau L. den 1. Vizepräsidenten der Landesverwaltung Thüringens, E. B. (KPD/ SED), um die Befreiung ihres Vaters. Er war als Lehrer aus Düsseldorf nach Nobitz bei Altenburg versetzt und dort verhaftet worden. Angeblich hielt er sich nun in Fürstenwalde bei Berlin auf.[620] All die mit Recht und ernsthaft besorgten Personen standen vor dem fast unlösbaren Problem, überhaupt festzustellen, wer den von ihnen Gesuchten verhaftet, wer für Bitt- und Entlassungsgesuche zuständig war und wo der Verschleppte sich überhaupt befand.

Damit sprach die Ehefrau des Lehrers das Kernproblem an, mit dem der NKVD die Angehörigen rücksichtslos allein ließ. Deutsche Politiker besaßen zwar kaum die Möglichkeit, hier helfend einzugreifen. Doch besonders die deutschen Kommunisten zeigten zudem wenig tröstende Hilfsbereitschaft oder auch nur Verständnis. Im Vergleich zu ihren „bürgerlichen" Kollegen von der LDPD und CDUD speisten sie notvoll drängende Anfragen oft sehr formal, zum Teil ohne jedes Mitgefühl ab. In ihren mit ideologischen Scheuklappen versehenen Augen konnte die Geheimpolizei des ‚großen sozialistischen Bruders' sich nicht irren, somit auch niemanden ohne Grund verhaften.[621]

Beispielsweise übergab am 23. September 1946 ein Elternpaar Ministerialdirektor S. in Potsdam einen Brief, der Jugendliche auflistete, die der NKVD alle aus einem Ort verschleppt hatte. Die Eltern baten, bei der sowjetischen Besatzungsmacht die Gründe für das Verschwinden zu erfahren und die Freilassung zu erbitten. Doch der Ministerialdirektor warnte das Ehepaar nur vor weiteren Nachforschungen. Es solle sich einzig um den eigenen Sohn kümmern. Er fügte allerdings nicht weiterhelfend hinzu, auf welche Weise dies möglich sei. Der Hinweis der besorgten Eltern, daß doch ein schwer vorbestrafter Mann die Verhaftung verfügt habe, führte nur zu der Bemerkung S.'s, daß diese Person bereits aus der SED ausgeschlossen worden sei und bald aus dem Polizeidienst ausscheiden müsse. Die Eltern erhielten jedoch keine Antwort auf ihre Frage, ob die durch diesen Mann veranlaßten Verhaftungen rückgängig gemacht würden. Sie erfuhren nur lapidar, daß ihr Sohn auch vier oder noch mehr Jahre wegbleiben könne.[622]

Ganz anders verhielten sich die Kirchen. Auch ihnen standen keine Eingriffs- und kaum Hilfsmöglichkeiten zur Verfügung. Doch sie bemühten sich ungeachtet dessen ständig um die Verschleppten, um wenigstens seelsorgerischen Zugang in die Lager, Hafterleichterungen, schließlich auch Amnestien zu erreichen. Den Angehörigen vermittelten sie durch ihre möglichst persönlichen Antworten mit Worten des Trostes glaubhaft das Gefühl, sie nicht mit ihrer Not allein zu lassen. Während die protestantische Kirche insgesamt wohl stärker und effektiver im Stillen auf Besserung drängte, scheute die katholische Kirche schon früh vor sehr deutlichen, öffentlichen Worten nicht zurück.

So löste das Oberhaupt der katholischen Kirche in der SBZ, Bischof Konrad Graf von Preysing, mit dem mutigen Hinweis auf das traurige Los der von der Besatzungsmacht ohne jeden Grund verhafteten Jugendlichen in seiner „Pfingstpredigt in der St. Marienkirche" zu Berlin 1947 die Erinnerung Betroffener aus, daß 1945 förmlich Jagd auf 15jährige angebliche Werwölfe in Ostberlin gemacht worden sei. Nach ihrer Gefangennahme, dem Aufenthalt in dumpfen Kellern, nach Verhören unter Folter und schließlich erzwungener Protokollunterzeichnung vegetierten viele hinter Stacheldraht unter schwerster Bewachung bei klitschigem Brot und Wassersuppen dahin.[623]

Die Kirchen wußten von dieser Not, verstanden die Sorgen der Angehörigen und bemühten sich um Hilfe.

Bereits am 05. März 1946 wandte sich Frau L. an die Innere Mission Berlin mit der konkreten Bitte um „Auskunft über einen Sterbefall". Ihr 61jähriger Mann war am 06. Mai 1945 aus der Wohnung heraus verhaftet worden und sollte bereits am 10. Juni 1945 im Lager Ketschendorf/Fürstenwalde verstorben sein, wie ihr im Dezember zurückgekehrte Kameraden berichtet hatten. Da diese die Nachricht auch nur über

Dritte gehört hatten, fehlten der Ehefrau allerdings nähere Informationen, um – wenn auch traurige – Gewißheit zu erhalten. Deshalb war sie an die kirchliche Stelle verwiesen worden. Der Central-Ausschuß für die Innere Mission der Deutschen Evangelischen Kirche in Berlin wandte sich daraufhin am 10. Oktober an Pastor Hoffmann, den Vertreter der Samariteranstalten Fürstenwalde-Spree. Er teilte ihm den Sachverhalt mit und fragte, ob er „Zugang zu dem Lager" habe oder sonst eine Möglichkeit wisse, „hier Näheres feststellen zu lassen". Hoffmann mußte am 15. Oktober 1946 allerdings zu seinem Bedauern mitteilen, daß das Ketschendorfer Lager „hermetisch abgesperrt" sei. Niemand habe Zutritt, weshalb es kaum möglich sein werde, „etwas Näheres zu erfahren oder festzustellen", ob die gesuchte Person verstorben sei. Die Berliner Stelle teilte daraufhin der anfragenden Ehefrau diese traurige und unbefriedigende Information mit.[624]

Frau Z., die selbst mit ihren Söhnen bis 1945 im Konzentrationslager Theresienstadt gesessen hatte, wandte sich am 17. Dezember 1947 an die zentrale Person in der Evangelischen Kirche für solche Verschlepptenfragen, Propst Grüber, in Berlin. Die verzweifelte Mutter suchte ihre Söhne, die bei einer Autopanne auf der Glienicker Brücke vom NKVD verhaftet worden waren. Nach der Haft in Cecilienhof hatten sie anderthalb Jahre in Ketschendorf verbracht, ehe sie im Januar 1947 Müllrose[625] erreichten. Ein weiterer Betroffener bat am 21. Januar 1948 ebenfalls Propst Grüber, sich um Frau von L. zu bemühen, da er dies doch auch in anderen Fällen erfolgreich getan habe. Der Schreiber selbst hatte ihre Spur über das Gefangenenlager Ketschendorf bis Müllrose und Frankfurt/O. verfolgt, „ohne etwas Positives erreicht zu haben".[626]

Insgesamt lassen sich so in deutschen Akten zahlreiche Bitten an verschiedene Personen der deutschen Landesregierungen, besonders jedoch an Propst Grüber als den herausragenden Vertreter der protestantischen Kirche nachweisen.

Doch alle diese Gesuche waren nur äußerst selten von Erfolg gekrönt.

Schon die wenigen Beispiele verdeutlichen zudem, daß die Not und Ungewißheit, die so viele deutsche Familien schlagartig nach dem offiziellen Kriegsende überfallen hatten, zumindest intern für eine gewisse Öffentlichkeit in der sich neu formierenden politischen Landschaft der SBZ sorgten. Auch Parteien sahen sich wegen der zahlreichen Betroffenen gezwungen, sich des Themas anzunehmen, das die sowjetsozialistische Besatzungsmacht direkt belastete. Der NDPD-Kreisverband Hoyerswerda bat beispielsweise noch am 08. März 1951 den Suchdienst für vermißte Deutsche um Hilfe bei der Suche nach dem seit dem 08. Juli 1945 verhafteten staatlichen Revierförster A.. Als ehemaliges NSDAP-Mitglied sei er im Zuge der Potsdamer Beschlüsse von der Sowjetischen Besatzungsmacht interniert worden. Damit übernahm die der SED nahestehende Blockpartei die offizielle Sprachregelung. Laut der Mitteilung von Entlassenen sei der Förster nach der Auflösung Ketschendorfs nach Fünfeichen gelangt. Seine Ehefrau habe jedoch immer noch keine Nachricht erhalten. Der Kreisverband der Partei bat deshalb festzustellen, ob der Mann noch am Leben bzw. warum und aus welchen Gründen er immer noch in Haft sei.[627]

Ein besorgter Angehöriger wandte sich bei der Versammlung der Ortsgruppe der Nationalen Front in Zschieschen mit seinem persönlichen Anliegen an den dortigen Vertreter R.. Am 01. August 1951 leitete er daraufhin seine Bitte schriftlich dem Kreisausschuß in Großenhain zu; denn er suchte nach seinem am 28. September 1945 verhafteten Schwiegervater. Er war vom Flugplatz Großenhain nach Ketschendorf und dort wohl im Juni/Juli 1946 ins Lazarett gekommen.[628] Der Schwiegersohn bat nun verzweifelt um Klärung seines Verbleibs. Auch nach der offiziellen Auflösung der Speziallager im Frühjahr 1950 erfuhren die Familien offenbar nicht einmal ob, wann und wo ihre Angehörigen verstorben waren. Diesbezügliche Versprechen, unter anderem von Staatssekretär

Warnke (SED), hielt die kommunistisch geführte DDR-Regierung nicht ein. Nur die Gefangenen, die in deutsche Haftanstalten überstellt worden waren, jedoch de jure weiterhin sowjetischer Verfügungsgewalt unterstanden, durften teilweise mit erheblicher Verzögerung ab dem Frühsommer 1950 in begrenzter Zahl kurze Nachrichten versenden.

Eltern wandten sich daher oft gleichzeitig auch an kirchliche Stellen. Im Zentralbüro Ost, Abteilung I/4 des Hilfswerks der Evangelischen Kirche hatte der Kreis um Propst Grüber deshalb eine gesonderte Suchkartei aufgebaut. Im Sommer 1949 wandten sich Eltern mit der Bitte um Hilfe beim Auffinden ihres am 29. August 1945 von den Russen abgeholten Sohnes an dieses Büro in Berlin. 1948 zurückgekehrte Lagerkameraden hatten ihnen bestätigt, daß ihr Sohn vom August 1945 bis zum Februar 1946 in Ketschendorf gewesen sei. Mit einer Art Ruhr sei er ins Lazarett eingeliefert worden. Seither fehlte jede Spur. Die Eltern hofften nun, Gewißheit über sein Schicksal erhalten zu können.[629]

Das Hilfswerk der Evangelischen Kirche in Deutschland bemühte sich schließlich auch seelsorgerisch um die Heimkehrer aus Ketschendorf. Kreisfürsorgerin Hannelore Riedel aus Forst/Lausitz berichtete beispielsweise am 22. März 1950 dem Suchdienst bzw. der Kreisstelle der Inneren Mission, daß sie unter anderem Rückkehrer aus Buchenwald aufgesucht hatte, die zuvor das Lager Ketschendorf durchlitten hatten.[630] Die evangelische Kirche sammelte so auch nach der Gründung der DDR weiter Informationen über Verschleppte, um leidvoll betroffenen Familien zu helfen. Ehemalige, aus der DDR-Strafanstalt Untermaßfeld erst im Januar 1954 entlassene Gefangene berichteten deshalb dem Hilfswerk über dort immer noch zurückbehaltene Kameraden, die über Ketschendorf und Sachsenhausen dorthin gelangt waren.[631] Das Hilfswerk nahm auch diese Angaben in seine Suchkartei auf, um bei Nachforschungen, bei der zusätzlichen Lebensmittelversorgung oder bei Amnestiegesuchen helfen zu können.

Todesmitteilungen

Für viele Familien bedeutete die erste Nachricht nach langer Ungewißheit Trauer und tiefen Schmerz; denn einige Entlassene gaben trotz des ihnen meist offiziell auferlegten Redeverbots den Angehörigen Auskunft über Vermißte. In sehr seltenen Fällen konnten sie sogar noch einen Gegenstand des Verstorbenen als letzten Gruß und zugleich als Beleg für die Echtheit ihrer Aussagen überbringen. Dazu hatten die Lagerinsassen, sofern sie nicht aus dem gleichen Ort stammten und sich ohnehin gut kannten, zum Teil versucht, die Adressen ihrer Kameraden auswendig zu lernen, weil sie Papier und Stifte, um die Angaben aufzuschreiben, ja nicht besitzen durften. Sie hatten sich zum Teil jedoch gegenseitig versprochen, im Falle ihrer früheren Rückkehr und vor allem beim Tod des Freundes die Anverwandten zu benachrichtigen. Auf diese Weise erhielten wenigstens einige traurige Gewißheit. Manchmal erfuhren sie so auch nähere Umstände über die letzten Lebenstage und -stunden ihres Familienmitglieds. Wenn Entlassene diese Nachrichten nicht mündlich übermitteln konnten, schrieben sie den nächsten Verwandten, zum Beispiel den Eltern, Ehepartnern oder Geschwistern. Meistens schilderten sie, wie sie den Verstorbenen kennengelernt hatten, wann er in das Lager gekommen war und wie schwierig sich dort das Überleben gestaltet hatte. Manchmal hoben sie auch tröstend den guten Charakter des Verstorbenen besonders hervor. Schließlich schilderten sie den Krankheitsverlauf und, sofern sie genaueres wußten, die Todesumstände. Am Schluß richteten sie der Familie die letzten Grüße und Gedanken des Verstorbenen aus.

Einige Lagerkameraden teilten auf diese Weise ihr Wissen sehr ausführlich mit. Andere berichteten nur unter dem Mantel der größten Verschwiegenheit. Sie wollten anonym bleiben und baten sogar den Empfänger des Briefs, ihn sofort nach dem Lesen zu verbrennen. Zu tief saß die berechtigte Angst vor weiterer Bespitzelung und Benachtei-

253

ligung, ja womöglich erneuter Verhaftung. Einige Briefe enthielten auch Warnungen, sich ja nicht nach dem Lager zu erkundigen oder etwa dorthin zu fahren. Auch aus diesen Worten sprach die große Angst, die die Entlassenen mit sich herumtrugen. Bei Befragungen von Bekannten aus demselben Ort konnte es deshalb geschehen, daß sich der Entlassene verzweifelt weigerte, überhaupt irgendeine Auskunft zu geben.

Doch selbst wenn im günstigsten Fall diese Benachrichtigungen mündlicher oder schriftlicher Art eintrafen, konnten sie doch frühestens nach der Entlassung erfolgen. In der Regel erfuhren die Angehörigen also erst Jahre nach dem eigentlichen Todesdatum, daß sie lange Zeit vergeblich auf ihren Angehörigen gewartet hatten, da der sowjetische MVD erst 1948 die erste größere Entlassungsaktion ermöglichte, unter der sich auch zahlreiche Ketschendorfer befanden. Viele durften gar erst 1950 die Speziallager verlassen. Andere blieben noch bis weit in die 1950er Jahre hinein zwar formal nun in deutschen Haftanstalten, jedoch tatsächlich auch weiterhin in sowjetischer Hand. Eine Familie erhielt deshalb beispielsweise erst 1955 durch das Deutsche Rote Kreuz eine Adresse von einem Lagerkameraden des vermißten Vaters, der seinen Tod bestätigen konnte. Viele Angehörige blieben jedoch weiterhin völlig im Ungewissen. Erst in den siebziger oder achtziger Jahren und vor allem nach 1993 erhielten sie durch das DRK endgültige Gewißheit über den Tod ihrer seit fast 50 Jahren Vermißten; denn in der zentralen Kartei von dessen Suchdienst in München waren über all die Jahre die Informationen zusammengelaufen. Als das Moskauer Staatsarchiv (GARF) endlich nach jahrelangen vergeblichen Bemühungen Teile der NKVD/MVD-Akten zu schicksalsklärenden Zwecken zur Verfügung stellte, machte sich die Berliner Außenstelle des Suchdienstes sofort an die computergestützte Auswertung. Ihr verdankten viele Familien in den folgenden Jahren außer dem Todesdatum auch den vermutlichen Todesort.

Ringen um Todeserklärungen

Amtliche DDR-Stellen hatten die Angehörigen zuvor mit dem nur vermuteten Tod ihrer Vermißten allein gelassen. Bereits 1948 einigten sich die Innenminister der SBZ darauf, Beurkundungen von Sterbefällen in Speziallagern nicht vorzunehmen, ehe nicht die SMAD dies erlaube. Solange die Besatzungsmacht nicht von sich aus die Todesfälle melde und Anweisung zur Beurkundung gebe, sei keine deutsche Stelle berechtigt, Urkunden auszustellen. Auch eidesstattliche Erklärungen Entlassener änderten hieran nichts. Damit machten sie es den ohnehin leidgeprüften Angehörigen unmöglich, unter anderem Ansprüche auf Witwen- oder Waisenrente durchzusetzen. Nur wenige Politiker wagten es, aus dieser Front der offiziellen und sowjethörigen Tabuisierung auszuscheren.

Doch ständige Anfragen hielten das Problem der Todeserklärungen auf der politischen Tagesordnung. So hielt es der thüringische Innenminister W. G. (KPD/SED) im April 1949 „aus politischen Gründen für erforderlich", daß sich auch die SED mit dieser Frage befasse.[632] Doch die Forderung des kommunistischen Politikers, die er bezeichnenderweise allein „aus politischen Gründen" und nicht etwa aus humanitären Bedenken erhob, blieb folgenlose Propaganda. M. F., Präsident der Deutschen Zentralverwaltung für Justiz und sein Stellvertreter E. M. hielten vielmehr noch Ende August 1949 selbst den Umweg über den § 39 des Verschollenheitsgesetzes für nicht gangbar. Die Standesämter sollten auch weiterhin Todesfälle in den sowjetischen Lagern auf deutschem Boden nicht registrieren. Für die Angehörigen seien damit zwar große Härten verbunden, doch gehe es nicht an, mit Hilfe deutscher Gerichte eine Anordnung der Besatzungsmacht zu umgehen. M. F. wollte sich immerhin bei der SMAD-Rechtsabteilung erneut, jedoch offensichtlich erfolglos, um Klärung bemühen.

Folgerichtig teilte die Deutsche Zentralverwaltung für Justiz

H. G., Kommentator beim Berliner Rundfunk, am 23. September 1949 auf dessen Anfrage mit, daß auch aufgrund eidesstattlicher Versicherungen Entlassener keine Eintragung im Sterberegister mehr erfolgen könne. Solange die SMAD von sich aus die Todesfälle nicht melde und damit Anweisung zur Beurkundung gebe, sei keine deutsche Stelle berechtigt, entsprechende Unterlagen auszustellen.[633]

Trotz ständiger Fragen untersagte eine weitere Verfügung am 05. April 1950, Todeserklärungen von Personen vorzunehmen, „die in Lagern, die der sowjetischen Kontrollkommission unterstehen, verschollen sind". Vielmehr werde eine generelle Regelung vom Ministerium des Innern hinsichtlich derjenigen erwartet, die bisher nicht zurückgekehrt seien. Entgegen den Zusagen, zum Beispiel Warnkes, des Staatssekretärs im Innenministerium, noch während der Übergabeaktion die Angehörigen zu benachrichtigen, lehnten DDR-Stellen nun jegliche Schicksalsklärung oder zumindest Linderung des Leids durch Todeserklärungen ab. Auch die eidesstattliche Erklärung von Mitgefangenenen reichte nicht mehr aus. Lokale Amtsgerichte verfielen daher auf den Gedanken, Ehescheidungsklagen zu erheben, die mangels Zustellmöglichkeit dann nach einer gewissen Frist eine Neuheirat ermöglichten, ohne damit allerdings auf Zustimmung ihnen übergeordneter Stellen zu stoßen.[634]

Warnke wies am 16. Juni 1950 daher den DDR-Ministerpräsidenten Grotewohl nochmals auf das Problem der Benachrichtigungen bei Todesfällen hin. Darüber lägen der SKK Namenslisten vor. Doch entgegen ursprünglich gemachter Zusagen würden sie der deutschen Verwaltung nicht zugänglich gemacht, woraus sich sehr große Schwierigkeiten ergäben. Pieck und Grotewohl sollten eine Listenfreigabe für die Regierung erlangen und zusichern, daß nur ein Genosse sie persönlich in Verwahrung nehme, wozu sich Warnke bereit erklärte. So könnten wenigstens alle Anfragen von DDR-Bürgern beantwortet werden. Auch sollten die Begnadigungsmöglichkeiten geprüft werden. Generell müßten die vor dem 08. Mai 1945 noch nicht 17jährigen begnadigt werden. Hier dürfe die SED nicht der NDP oder gar den Kirchen um Bischof Dibelius und Propst Grüber die Initiative überlassen.[635] Damit gab Warnke indirekt zu, wer sich tatsächlich bisher konsequent für die Betroffenen eingesetzt hatte. Zugleich zeugten seine Worte bereits von der klaren Zweiteilung Deutschlands, an der die SED selbst angesichts gemeinsamen Leidens und Leides festhielt. Für bundesdeutsche Anfragen schien sie nicht zuständig sein zu wollen.

Folgerichtig erließ das DDR-Innenministerium am 12. Januar 1951, anstatt sich um Hilfe zu bemühen, sogar eine Rundverfügung, die Gerichten auf dem Gebiet der DDR untersagte, Sterbeurkunden anzuerkennen, die das Standesamt I Berlin-West-Charlottenburg, Duisburgerstraße, ausgestellt hatte, um den Tod von Personen zu beurkunden, die „angeblich in Internierungslagern der Besatzungsmacht verstorben seien und ihren Wohnsitz im Gebiet der Deutschen Demokratischen Republik" hatten. Auch die Sterbefallmeldungen, die das Standesamt an die Gemeindeverwaltungen der letzten Wohnsitze der Verstorbenen versandte, sollten dort nicht anerkannt werden. Während westliche Stellen somit bereit waren, aufgrund von Zeugenaussagen den Tod zu beurkunden, lehnte dies die DDR weiterhin ab. Um jegliches, in diesem Fall für Angehörige hilfreiches Mißverständnis auszuschließen, stellte der Magistrat von Groß-Berlin zudem am 29. Mai 1951 klar, daß Sterbeurkunden seines Standesamts niemals das Wort „Internierungslager" enthielten. Darüber und über das genaue Aussehen der DDR-Urkunden informierte das sächsische MdI im Juni 1951 alle Stadt- und Landkreise. Bereits teilweise aufgrund eidesstattlicher Versicherungen vorgenommene Beurkundungen sollten stillschweigend hingenommen, jedoch keine weiteren mehr ausgestellt werden.[636] Damit war es Angehörigen nicht mehr möglich, unter Vorlage einer solchen, über Umwege beantragten Bescheinigung, den anstehenden Erb- oder Personenstandsfall eintragen zu lassen. Oftmals handelte es sich dabei um Ehefrauen, die erneut heiraten wollten oder für ihre Kinder eine Waisen-, für die Familie eine Sozial- oder für sich eine Witwenrente anstrebten oder auch endlich die quälende Ungewißheit lindern wollten. Andere lebten bereits mit Partnern zusammen, hatten zum Teil gemeinsame Kinder, die jedoch nicht für ehelich erklärt werden konnten, da die Ehe mit dem vermutlich verstorbenen Mann nicht zu scheiden, eine neue somit nicht zu schließen war.

Immer drängendere Anfragen aus der Bevölkerung, aus Kreisen der Justiz (Amtsgerichten, Rechtspflegern, Staatsanwälten, Landgerichtspräsidenten), aber auch von Sozialversicherungsträgern, die im Ernstfall über Rentengewährung zu entscheiden hatten, beantworteten das DDR-Ministerium der Justiz, aber auch Landesbehörden nun mit dem Hinweis auf eine geplante Novelle des Verschollenheitsgesetzes vom 04. Juli 1939; denn die bisherige gesetzliche Wartezeit von zehn Jahren habe in verschiedenen Fällen zu erheblichen Unzuträglichkeiten geführt.[637] Als die Verordnung vom 15. November 1951 es dann erlaubte, alle Personen, die fünf Jahre lang verschollen waren, für tot zu erklären, schien sie damit die Verfügung vom 05. April 1950 endlich außer Kraft zu setzen.

Noch Ende 1951 fand zudem zwecks Regelung der „Interniertenangelegenheiten (Todeserklärungen für verstorbene Internierte)" eine Aussprache im Ministerium des Innern der DDR statt. Eine endgültige Regelung konnte jedoch offensichtlich nicht gefunden werden. Denn der persönliche Referent des DDR-Innenministers fragte noch im Februar 1952 in Schwerin an, „wie sich diese Angelegenheiten bei Ihnen abwickeln, welche Schwierigkeiten auftreten und welche Vorschläge Sie für eine schnelle und den Interessen aller Beteiligten entsprechende Regelung dieser Angelegenheit machen".[638] Mit der im Dezember 1951 erfolgten Absprache im MdI Berlin dürften jedenfalls Vorladungen von Angehörigen Verhafteter zusammenhängen, die bisher nicht wieder aufgetaucht waren. Diejenigen, die nach ihnen suchten, wur-

den im Frühjahr 1952 in die Sprechstunde des sächsischen MdI bestellt. Dabei beharrten die Behörden auf einer mündlichen Vorsprache, schriftliche Auskünfte erteilten sie nicht. Offensichtlich sollten keine zusätzlichen aktenkundigen ‚Beweise‘ für sowjetkommunistische Schuld mehr entstehen. Die Amtsstellen wollten dabei den Angehörigen klarmachen, daß es sich ähnlich wie bei den Wehrmachtsangehörigen um Verschollene handle und daß die Verordnung über die Verlängerung der Verschollenheitsfristen helfen solle, den Angehörigen *vor* dem früher festgelegten gesetzlichen Termin eine Todesurkunde zu beantragen.[639] Im DDR-Innenministerium teilte Herr G. dabei Angehörigen, die auf mehrfache Anfragen keine Auskunft erhalten hatten, lakonisch mit, „wenn Sie nichts hören, ist Ihr Sohn eben tot“.[640]
Am 03. März 1952 empfahl das sächsische Innenministerium schließlich Angehörigen, sich zur Ausstellung einer Todesbescheinigung an das für ihren Wohnsitz zuständige Amtsgericht zu wenden. Dort war ein Antrag auszufüllen und an das Amtsgericht des Verhaftungsortes zu senden, um den Verhafteten für tot erklären zu lassen.[641] Damit konnte zwar einigen Personen geholfen werden, doch viele weigerten sich, ihre Vermißten von sich aus für tot zu erklären. Sie wollten ja viel lieber erfahren, daß sie noch lebten, bzw. zumindest aufgrund amtlicher Unterlagen die Todesnachricht erhalten. Die deutschen Behörden bürdeten somit auch dieses traurige Kapitel den Betroffenen auf, um sie bei ihrer Entscheidung allein zu lassen.

Suchanträge

Konkret gestaltete sich aufgrund der Weigerung sowjetischer und deutscher Kommunisten, durch Freigabe von persönlichen Daten bei der Schicksalsklärung mitzuhelfen, die Suche nach Vermißten oft sehr zeitaufwendig und schwierig.
Eine Ehefrau erhielt zwar beispielsweise schon am 10. Mai 1949 eine Sterbeurkunde, die den Tod für den 17. März 1946

in Ketschendorf, Siedlung Deutsche Kabelwerke, bescheinigte. Kurz darauf teilte ihr allerdings der Landrat, offensichtlich ohne zu wissen, daß eine solche Bescheinigung ergangen war, am 31. Mai 1949 mit, wegen einer Verfügung vom 18. Mai dürften ohne eine allgemeine Anweisung keine Sterbefälle in den Internierungslagern mehr beurkundet werden. Als sich die betroffene Witwe am 26. Juni 1952 erneut an das Standesamt Ketschendorf mit der Bitte wandte, ihr aus steuerlichen Gründen zwei Sterbeurkunden auszustellen, erhielt sie am 07. Juli 1952 plötzlich die lapidare Anwort, der Sterbefall sei beim Standesamt nicht bekannt. Zwischenzeitlich schien demnach auf höheren Befehl der Eintrag vom Mai 1949 wieder gelöscht worden zu sein.

Eine andere Familie ließ sich am 19. Februar 1949 vom „Antifaschistischen Aktions-Ausschuß" bestätigen, daß der von ihr Gesuchte während der NS-Zeit nicht politisch tätig gewesen war. Doch erst die „Kampfgruppe gegen Unmenschlichkeit" (KgU) teilte ihr am 04. November 1949 mit, daß der verhaftete Ehemann bereits 1946 verstorben sei. Relativ rasch erwirkte die Familie schon drei Tage später den Beschluß über die Todeserklärung. Das zuständige Amtsgericht der DDR stellte den Tod für den 30. April 1946 fest.

Wieder andere Angehörige blieben bis 1950 im Ungewissen, als sie ein Gnadengesuch an den Präsidenten der Republik, Wilhelm Pieck, richteten und die mündliche Antwort erhielten: „Die Ermittlungen haben ergeben, daß ihr Gatte unschuldig war und zu Unrecht verhaftet wurde. Leider hatten die Ermittlungen länger gedauert, und in dieser Zeit ist ihr Gatte im Lager verstorben." – Einen Totenschein verweigerten DDR-Behörden der Familie allerdings, weshalb die Kinder auch keine Halbwaisenrente bekamen.[642]

Ein anderer Angehöriger wandte sich erst vier Jahre nach der offiziellen Auflösung der Speziallager am 24. Mai 1954 brieflich an Wilhelm Pieck. Er erhielt die Antwort, der Gesuchte befinde sich nicht in den Haftanstalten der DDR. Zehn Jahre nach Kriegsende bestellte die Familie daher am 18. Mai 1955 aus finanziellen Gründen das Aufgebot, um den Tod feststellen zu lassen. Am 09. Juli 1955 erging der Beschluß über die Todeserklärung, die als Sterbedatum den 31. März 1946 festlegte und damit der Familie erlaubte, Rentenansprüche geltend zu machen.

Wieder andere reichten im Frühjahr 1950 an die „Heimatkartei für die Mark Brandenburg" einen Suchauftrag ein, auf den sie erst am 09. Mai 1955 eine Antwort erhielten. Ein Lagerkamerad hatte zwar den Tod des Gesuchten bestätigt, doch der Sterbeort war unbekannt. Die im Westen für die Belange der Verschleppten eintretende KgU konnte am 28. Juni 1955 nur mitteilen, keine Nachricht vom Verbleib des Gesuchten zu haben. Der Suchantrag laufe jedoch weiter. Sieben Jahre später ließ die Heimatkartei am 12. Januar 1962 den Suchenden wissen, nach einer Mitteilung des DRK sei der Suchantrag erst abgeschlossen, wenn bekannt werde, wo der Gesuchte gestorben sei. Doch am 20. Oktober 1965 traf die ernüchternde Information des DRK ein, auch das sowjetische Rote Kreuz habe nichts gefunden.

Einzelne Angehörige hatten sofort nach der Verhaftung im Polizeipräsidium angefragt. Ein Polizist informierte sie daraufhin heimlich über das Schicksal des Vermißten und warnte zugleich vor weiteren Nachforschungen. 1946/47 gab die Tochter daraufhin einen Suchzettel bei einer Sowjetischen Stelle in Berlin, Luisenstraße, ab. Sie erhielt die mündliche Antwort: „Als Ingenieur ist Dein Vater in der Sowjetunion, und dort geht es ihm glänzend!" Ergänzende Nachfragen beim DRK blieben erfolglos. Im Zuge der ersten großen Entlassungsaktion stellte sich die Ehefrau daher 1948 an Verkehrsknotenpunkte der Bahn, um Entlassenen ein Foto ihres vermißten Mannes in der Hoffnung zu zeigen, daß jemand ihn möglicherweise erkennen und etwas über ihn berichten könne. Dabei hörte sie zum ersten Mal überhaupt von dem Lager Ketschendorf und erfuhr dann, daß der Gesuchte dort bereits kurz vor Weihnachten 1945 verstorben war. Als sie daraufhin versuchte, die Halbwaisenrente zu beantragen, erhielt sie die mündliche, unverschämte Antwort: „Ihr Mann ist doch längst im Westen, hat eine andere Frau und kümmert sich nur nicht mehr um seine Familie!" Erst 1956 aufgrund der Eidesstattlichen Erklärung eines Zeugen konnte der Tod des Vermißten für den 31. März 1946 festgestellt werden.[643] Eine solche Todeserklärung war nun zwar möglich, aber um jegliche Hinweise auf kommunistische Schuld zu verwischen, durfte noch Mitte der fünfziger Jahre der Sterbeort nicht genannt werden, wie ein weiterer Fall belegt. Das Standesamt Lübbenau hatte bereits 1948 verfälschend bemerkt, die gesuchte Person sei am 28. Dezember 1946 in Seese, Kr[eis] Calau verstorben. Laut einer Mitteilung der KgU aus dem Jahre 1950 war der Gesuchte jedoch im Januar 1946 verstorben. Ein Lagerkamerad datierte seinen Tod im gleichen Jahr auf Februar 1946. Drei Jahre später erfolgte daraufhin 1953 der Eintrag ins Familienbuch, daß der Vermißte am 02. Februar 1946 in einem Anhaltelager verstorben sei. Doch schon am 10. März 1955 erläuterte ein Randvermerk im Familienbuch: „Die nebenstehende [...] unzulässigerweise vorgenommene Beurkundung wird aufgrund der Anordnung des Staatssekretariats für Innere Angelegenheiten – Abteilung Bevölkerungspolitik Berlin vom 5.2. und 7.3.1955 gelöscht."[644]

Diese Fälle konkretisieren die zuvor beschriebenen ministeriellen Anordnungen und Absprachen. Sie belegen, wie lange viele Angehörige auf Auskunft warten mußten. Sie dokumentieren zugleich, wie kommunistische Behörden sich um verfälschende Tabuisierung des Geschehenen bemühten.

Benachteiligung der Angehörigen

Doch die Angehörigen waren nicht nur durch diese zum Teil sehr demütigenden Behördengänge belastet. Auch die ständig nagende Ungewißheit quälte sie. Schließlich konnten sie sich dadurch auch nur eingeschränkt der Bewältigung ihrer Gegenwart und vor allem kaum der Gestaltung ihrer Zukunft widmen; denn in ihrem Leben blieb permanent bis zur endgültigen Gewißheit eine oft entscheidende Frage offen. Ein ungeklärtes persönliches Schicksal, mit dem sie sich als Ehepartner, Eltern oder Geschwister verbunden fühlten, belastete ihre Entscheidungen. Doch selbst diese ständige Qual genügte der SED noch nicht als Benachteiligung. Obwohl teilweise Kommunisten aus ideologisch verblendeter Überzeugung, aus willfähriger Unterwürfigkeit gegenüber sowjetischen Forderungen, aus kalter Berechnung oder aus purem Neid durch Denunziation die Familien bereits in großes Unglück gestürzt hatten und als Denunzianten mitverantwortlich für die Todesfälle waren, benachteiligten die neuen Machthaber in der DDR weiterhin die Angehörigen auf besondere Weise. Schikanen, die bis zum Zusammenbruch der DDR anhielten, verdeutlichten einmal mehr, daß im Kommunismus eben einige „gleicher" waren, die auf Kosten der anderen lebten. So war die Ehefrau eines Verschleppten gezwungen, harte Strafarbeiten beim Enttrümmern zu leisten, die Mülltonnen zu weit entfernten Müllgruben zu schleppen, wobei Nachbarn ihren Müll mitunter direkt auf die Betroffene aus dem Fenster kippten. Auch Schwerstarbeiten auf einem Güterbahnhof blieben ihr nicht erspart. Zudem mußte sie hohes Schulgeld für die Tochter zahlen und auch noch gezwungenermaßen ihre eigenen Kohlen, die jeder auf Zuteilung bekam, an Kommunisten herausgeben. Wohnungsdurchsuchungen waren an der Tagesordnung. Wenigstens ein verständnisvoller Funktionär sorgte für die Abschaffung des Schulgelds. Doch auch er konnte die Benachteiligung der Tochter des Vermißten in der Schule nicht ändern. Sie bekam trotz hervorragender Leistungen im Russischunterricht nur eine „Drei minus", wurde trotz ihres guten Abiturzeugnisses an der Berliner Universität abgelehnt mit der Begründung: – „kein Arbeiter- u. Bauernbund, – Vater politisch interniert [zu diesem Zeitpunkt war der Vater bereits über fünf Jahre tot, die Verfasser], – Mutter nicht in der SED und keine Heldin der Arbeit".[645] Außerdem war auch die Bewerberin selbst nicht in der FDJ. Ein Jahr später erhielt sie deshalb wiederum keinen Studienplatz für Medizin oder Naturwissenschaften, woraufhin sie in den Westen flüchtete. Ihre Mutter folgte ihr wenige Jahre später. Auch die Kinder der Verhafteten mußten also nicht nur den Verlust ihres Vaters oder ihrer Mutter, manchmal sogar beider Elternteile verschmerzen, sondern sich auch noch mit zusätzlichen Schikanen und Benachteiligungen der DDR-Behörden und mitunter der Nachbarn auseinandersetzen. Diese waren möglich, weil die Kommunisten in den persönlichen Akten sorgfältig die Einträge über die Verhaftung durch sowjetische Organe fortschrieben. Ihrer blinden Überzeugung nach bedeutete dies ‚Schuld‘. Diese ‚Schuld‘ bestraften sie noch an den Kindern der Verschleppten und damit an den vielen Betroffenen, deren Angehörige die sowjetische Besatzungsmacht verschleppt und deren Tod sie in vielen Fällen zu verantworten hatte. Die SED-Genossen setzten sich jedoch über diese Betroffenheit hinweg und kosteten ihre Macht gegenüber den Schwächeren oft verstärkt durch ideologische Sprüche und Schikanen voll aus.

9. In der Freiheit – unfrei!
Nach der Entlassung

Die Vergangenheit belastete die Gefangenen, die die Speziallager überlebt hatten, noch viel direkter, umfassender und traumatischer als die Angehörigen. Bei der Entlassung, die für die meisten frühestens 1948 die Totalisolation in sowjetischer Hand beendete, verpflichtete sie das MVD-Personal, über ihre Lagerzeit mit niemandem zu sprechen, da sie sonst mit erneuter Bestrafung oder Gefängnisaufenthalt rechnen müßten. „Wer über den Aufenthalt in den Lagern irgend etwas verlauten läßt, ist sofort wieder drin, wir haben unsere Augen und Ohren überall."[646] Damit sollte zum einen die traumatische Haftzeit totgeschwiegen werden, um dem Ansehen des „real existierenden Sozialismus" nicht zu schaden, womit das sowjetische MVD indirekt die Unrechtmäßigkeit seines Tuns zugab. Zum anderen nahm damit die Besatzungsmacht zusammen mit ihren deutschen Helfershelfern, den SED-Genossen, den Entlassenen jede Möglichkeit, ihre Lagerzeit durch Gesprächsaustausch zu verarbeiten, sich die Last des Erlittenen von der Seele zu reden, Anerkennung zu erfahren und dadurch im weiteren Leben besser zurechtzukommen. Viele hätten sicherlich eine offene Aussprache mit anderen oder auch eine psychologische Betreuung gebraucht, um die seelischen Langzeitschäden leichter überwinden zu können. Statt dessen mußten sie auch nach der langen Zeit der Verschleppung weiter still unter deren Folgen leiden. Diese äußerten sich beispielsweise in Angst vor dem Alleinsein und vor dunklen Räumen, in Eßsucht, Depressionen, starkem Mißtrauen gegenüber allen Mitmenschen oder schweren Alpträumen. Auch Lungenschäden und psychosomatische Herz-Magen-Darm-Beschwerden blieben als schwerwiegende Folgen zurück. Damit ähneln die seelischen und körperlichen Schäden des „Spezialkontingents" dem „Überlebenssyndrom" von KZ-Häftlingen.[647] Viele der Betroffenen lebten in ständiger Angst, erneut in kommunistisch-sozialistische Hände zu fallen, nachdem sie schon einmal so lange Zeit total von der Außenwelt isoliert gewesen waren. Tatsächlich mußten diejenigen, die etwas über Lagerkameraden verlauten ließen und dabei erwischt wurden, wieder für mehrere Jahre nun im deutschen Strafvollzug hinter Gitter.[648]

Das Willkürsystem der DDR ließ sie jedoch auch sonst nicht in Frieden schlafen. Manche sprachen deshalb noch nicht einmal mit ihren engsten Angehörigen über die Lagerzeit und suchten ihre Alpträume sogar vor ihren Ehepartnern mit Entschuldigungen abzutun. Diejenigen, die sich dennoch den engsten Angehörigen und Freunden mitteilten, konnten die traumatische Zeit etwas besser hinter sich lassen. Sie brauchten meist mehrere Monate, um körperlich und geistig wieder einigermaßen fit zu werden. Einige konnten erst in den sechziger Jahren gesund geschrieben werden. Fast alle trugen dauerhafte, mehr oder weniger schwere gesundheitliche und/oder seelische Schäden davon, die mit zunehmendem Alter immer deutlicher hervortraten.

Mit dem Überleben der Lagerzeit und der glücklichen Heimkehr war jedenfalls die Leidenszeit vieler Entlassener noch nicht zu Ende. Gleich zu Beginn bekamen die Entlassenen eine Bescheinigung, mit der sie die Bahn zu ihrem Heimatort benutzen konnten, wo sie sich bei der Polizeibehörde melden mußten. Dort wurden sie bewußt verfälschend als „Internierte" und Kriminelle bei der Kriminalpolizei registriert, wo sie sich dann eine Zeitlang jede Woche melden mußten.[649] Dieser Stempel „Internierter" diente den SED-Genossen immer wieder als Vorwand, die Person zu benachteiligen und zu demütigen. In den fünfziger Jahren wurden einige ehemalige Insassen politisch überprüft.[650] Viele ehemalige Lagerinsassen stießen bei ihrem Bemühen, eine neue Arbeitsstelle in der SBZ/DDR zu finden, auf Schwierigkeiten. Sie fanden in dem von ihnen gewünschten Beruf kaum eine Anstellung, da die Arbeitgeber sie als „Internierte" für ungeeignet hielten.[651]

Aus Fünfeichen Entlassene wiesen zwar darauf hin, die sowjetische Lagerleitung habe ihnen mitgeteilt, sie hätten ihre Strafe verbüßt und seien nun freie Bürger, aber das Schweriner Innenministerium lehnte ihre Wiedereinstellung in den Staats- oder Regierungsdienst und ihm nachgeordnete Behörden und Dienststellen des öffentlichen Rechts ab. Es berief sich auf eine Rücksprache bei zuständigen Offizieren der SMA, die eine Beschäftigung allein in Betrieben oder anderen Zweigen der freien Wirtschaft für wünschenswert hielten.[652] Der mecklenburgische Wirtschaftsminister Witte (CDU) protestierte dennoch am 08. Oktober 1948 bei seinem Ministerpräsident dagegen, grundsätzlich alle Entlassenen als aktive Nationalsozialisten anzusehen und ihnen damit die Gewerbeerlaubnis zu verweigern, so wie es der Innenminister des Landes Mecklenburg forderte. Witte berief sich darauf, daß doch nur Personen entlassen würden, denen die Besatzungsmacht keinerlei Verbrechen vorwerfe. Schließlich seien „vielfach seinerzeit Personen nach Neubrandenburg gebracht worden, und zwar lediglich auf Grund von Denunziationen hin, die nicht Mitglied der NSDAP oder einer ihrer Gliederungen waren". Der Innenminister stimmte dem schließlich in einer Klarstellung zu, die allerdings sehr viel stärker betonte, daß in überwiegender Zahl nur Nationalsozialisten in Lager gebracht worden seien. Aus diesem Grunde gedachte er auch, allen Rückkehrern die Gewerbeerlaubnis zu verweigern bzw. sie nun auch von den Ehefrauen einzuziehen, die bisher die Betriebe in Abwesenheit des Ehemannes geführt hatten.[653]

Unschuldsbeteuerungen akzeptierten die deutschen Amtsstellen grundsätzlich nicht. Wie schon bei den Verhaftungen und Schuldkategorien bemühten sich die Kommunisten auch jetzt nicht um individuelle Differenzierung des einzelnen Lebenswegs und Schicksals. Auch versuchten sie erst gar nicht, möglicherweise unschuldig Verhaftete herauszufinden, sondern sie verurteilten pauschal; denn sie wollten sich selbst bzw. ihrer sozialistischen Überzeugung erst gar keine Blöße geben. „Im Sozialismus gibt es das nicht, daß jemand ohne Grund verhaftet war!"[654] Den nicht betroffenen Behörden fiel es außerdem leichter, die Augen vor dem Unrecht zu verschließen, als eigene Fehler oder, noch schlimmer, Mängel und Fehlentscheidungen der Ideologie zuzugestehen. Aus der totalitären Herrschaft des Nationalsozialismus hatten sie nichts gelernt, sondern nur ein totalitäres Mäntelchen mit dem anderen vertauscht. Viele Entlassene flüchteten daher entweder sehr bald nach ihrer Heimkehr oder nach einigen Jahren in den westlichen Teil Deutschlands.

Doch nicht alle fühlten sich in der DDR benachteiligt. Selbst wenn sie in Fragebögen auch das „Internierungslager" als Aufenthaltsort nennen mußten[655] und dadurch andere auf ihre Vergangenheit aufmerksam machten, erwuchsen ihnen daraus keine für sie sichtbaren Behinderungen.

Andere mußten dagegen zwischen Elbe und Oder neben der Benachteiligung in beruflicher Hinsicht auch die mehr oder weniger auffällige Bespitzelung der Staatssicherheit ertragen, die der sowjetische ‚große Bruder' gut geschult hatte.[656] Da auch die Angehörigen wegen der ‚ruchbaren' Vergangenheit eines Familienmitglieds in Schwierigkeiten geraten konnten, bemühten sich einige Überlebende des Lagers, die Zeit ganz zu verdrängen. Vergessen konnten jedoch auch sie die schlimmen Jahre nie, da sie sich immer wieder selbst in Erinnerung riefen, sei es auch ‚nur' in nächtlichen Alpträumen. Zudem wußten die DDR-Amtsstellen sehr genau über diese Vergangenheit Bescheid. Als ein ehemaliger Gefangener beispielsweise der DSF beitreten sollte, rieten ihm die Zuständigen sogar, „man muß doch mal vergessen!"[657] Auch dies zeigte die Oberflächlichkeit oder bewußte Ignoranz gegenüber den Leidenden. Sie waren geschunden, hatten noch nicht einmal die Möglichkeit bekommen, ihre Leidenszeit zu verarbeiten, niemand hatte offiziell ihr Leid überhaupt zur Kenntnis genommen, geschweige denn sich dafür entschuldigt. Aber sie sollten großzügig vergessen, was die Sowjetkommunisten ihnen angetan hatten. Dieser Rat sollte offensichtlich allein den Peinigern, nicht jedoch den Gepeinigten nützen. „Ich wollte diese Zeit vergessen, aber immer wieder sehe ich die Szenen wieder lebendig vor mir. Wie eingebrannt sind manche Erlebnisse, wie das stumme Verlöschen des kleinen Meyer (ungefähr neun Jahre) mit den hilflos traurigen Augen, der Körper eine einzige Schwäre".[658]

All diese Benachteiligungen, Zumutungen und Schikanen trugen dazu bei, daß der Prozeß der Aufarbeitung der eigenen Vergangenheit bei den meisten, vor allem bei denen, die sich bemühten, ihre Haftzeit zu verdrängen und zu verschweigen, bis heute noch nicht abgeschlossen ist. Die Möglichkeit, seit dem Fall der Mauer endlich über alles Erlebte sprechen zu dürfen, empfanden daher viele als Erleichterung; denn die Entlassung aus dem Lager bedeutete für sie nur eine körperliche Befreiung von den grausigen Erlebnissen, jedoch noch lange keine seelische. Andere durchlitten jedoch zuerst mit den wieder aufbrechenden Erinnerungen nochmals die schlimmsten Jahre ihres Lebens. Hier bedeutete es Trost, ehemalige Lagerkameraden zu finden, sich mit ihnen austauschen zu können, festzustellen, daß sie mit ganz ähnlichen Problemen rangen, um dadurch allmählich die innere Ruhe wiederzufinden. Dennoch setzten sich längst nicht alle diesem oft heilsamen Schock aus. Vielmehr versuchten sie, dieses dunkle Kapitel endgültig abzuhaken. Sie wollen sich auch nach dem Ende der DDR nicht mehr daran erinnern.

10. Tote – totgeschwiegen

Insgesamt hatte nur gut die Hälfte der Personen, die das Speziallager Ketschendorf für einen längeren Aufenthalt betreten hatten, es auch wieder lebendig verlassen können. Über 4500 Tote behielt der Lagerboden zurück. Weitere Ketschendorfer verstarben in anderen Speziallagern, in die sie das MVD mit der Auflösung verlegte, oder auch schon auf dem Transport dorthin.

Als Lagerleiter Andreev im Frühjahr 1947 das Speziallager Nr. 5 an den Rat der Gemeinde Ketschendorf übergab, war der dort ehemals vorhandene ‚Friedhof‘ bereits eingeebnet. Er wurde offiziell nicht übergeben. Auch Totenlisten erhielt der Gemeinderat nicht. Seine diesbezüglichen Fragen, die er der Lagerleitung bei der Übergabe stellte, „wurden nicht beantwortet"[659], da das MVD offensichtlich schon während der Auflösung des Ketschendorfer Lagers überlegte, wie es die vielen Grabstätten und damit die zahlreichen Toten vor Außenstehenden verschleiern könnte. Der katholische Bischof Preysing erfuhr bereits am 10. Juli 1947, daß sich in Ketschendorf bis 1946 „anschließend am Lager, in einem kleinen Wäldchen nahe der Autobahn, ein Friedhof mit hunderten von Gräbern" befand. Sie seien jedoch bald dem Erdboden gleichgemacht worden, „damit die in der Nähe wohnende Bevölkerung anscheinend keine weiteren Schlüsse ziehen sollte". Der Informant des Bischofs forderte die Einsetzung einer öffentlichen Kommission, die die immer noch bestehenden Lager Torgau, Neubrandenburg, Oranienburg und Sachsenhausen[660] kontrollieren sollte. Nicht nur die umwohnende Bevölkerung war sich also bewußt, daß die Erde hinter dem Lager zahllose Tote barg.

Diese Tatsache gewann neue Bedeutung, als die Deutsche Verwaltung des Innern am 29. Juli 1948 die Verfügung erließ, alle Gräber außerhalb von Friedhöfen auszuheben und die Toten in den zuständigen Gemeindefriedhöfen beizusetzen. Primär sollte sich diese Vorschrift zweifellos auf die verstreut bestatteten Opfer der letzten Kriegshandlungen in den Wochen und Tagen vor der deutschen Kapitulation beziehen. Doch ungewollt rückten dadurch auch wieder die Massengräber des sowjetischen Speziallagers Nr. 5 in den Blickpunkt amtlichen Interesses. Ein betroffener Vater, K. H., fragte nämlich daraufhin am 11. September 1949 beim Standesamt Ketschendorf an, ob die Gräber der im dortigen Lager verstorbenen Häftlinge gemäß dieser Verfügung ebenfalls umgebettet worden seien. Die lokale Behörde scheute jedoch vor einer Antwort auf dieses auch politisch brisante Thema zurück und übersandte die Anfrage dem Rat des Kreises zur zuständigen Erledigung. Dieser teilte am 13. Oktober 1949 dem Angehörigen H. mit, daß nicht deutlich werde, zu welchem Zweck er die Angaben benötige. Der Rat wolle jedoch bei der Auffindung der Verstorbenen behilflich sein, weshalb er um eine persönliche Vorsprache bat. Das Angebot erfolgte „in der Hoffnung, daß er sich auf dieses Schreiben nicht mehr melden würde".[661] Diesen Gefallen tat der suchende Vater den Behörden jedoch nicht.

Vielmehr wandte er sich am 25. Oktober 1949 erneut an den Rat des Kreises Beeskow-Storkow, Abt. II Inneres, Gemeindeabteilung. Zu der verlangten persönlichen Rücksprache, die weitere aktenkundige Notizen vermieden hätte, sah er sich nicht imstande. Er teilte statt dessen zusätzlich mit, daß sich sein 16jähriger Sohn seit Dezember 1945 in Ketschendorf befunden und dort wohl auch den Tod erlitten hatte. Schon im Vorjahr hatte H. von der Gemeinde Ketschendorf erfahren, daß „keine Aufzeichnungen über die im Lager Verstorbenen beständen". Seine eigenen Nachforschungen waren ebenfalls ergebnislos geblieben. Ihm sei allerdings zu seinem Entsetzen bekannt geworden, daß „die Gräber der Verstorbenen eingeebnet worden sind und daß sogar über diesen Gräbern von den Siedlern Ackerbau betrieben werden soll, eine Pietätlosigkeit, die wohl nicht mehr übertroffen werden kann". Er wollte daher wissen, ob die Anordnung der Deutschen Wirtschaftskommission (DWK) auch im Fall Ketschendorfs durchgeführt worden sei, ob vielleicht im Rat des Kreises Aufzeichnungen über die im Lager Verstorbenen vorlägen, ob sich sein Sohn darunter befinde; denn er beabsichtige, sich diesbezüglich an die DWK oder an das zuständige Ministerium zu wenden.[662] Damit hatte H. die Kreisbehörde um eine derart peinliche Auskunft gebeten, daß sie meinte, die Verantwortung dafür nicht mehr allein tragen zu können. Sie wandte sich deshalb zur politischen Rückendeckung an die übergeordnete Landesbehörde. Der stellvertretende Landrat des Kreises übersandte das Schreiben H.'s am 17. November 1949 mit der Bitte um Entscheidung und Mitteilung, wie er sich in Beantwortung dieser und womöglich weiterer Anfragen verhalten solle, an den Minister des Innern der Landesregierung Brandenburg, dem bezüglich der „Gräber der im Lager Ketschendorf verstorbenen Häftlinge" Vortrag gehalten wurde. Einerseits war dem Rat des Kreises die besagte Verfügung der Deutschen Verwaltung des Innern nicht bekannt. Sie könne andererseits seines Erachtens jedoch nur Gräber von Soldaten und Zivilpersonen betreffen, die in den letzten Kriegstagen umgekommen seien. Deren Gebeine seien bereits im Jahr 1946 auf den Gemeindefriedhof umgebettet worden. H. frage jedoch nun nach den „Verstorbenen des bis Anfang 1947 bestehenden, der sowjetischen Besatzungsmacht unterstellten Lagers in Ketschendorf", das auf seinem Territorium einen eigenen Friedhof besaß, „welcher bei Auflösung des Lagers eingeebnet und dem Rat der Gemeinde Ketschendorf nicht mit übergeben wurde, dem Rat der Gemeinde also offiziell nicht bekannt ist".[663]

Vor dem Hintergrund dieser verzwickten Sachlage, die durch die Einbeziehung der auch weiterhin politisch ausschlaggebenden Besatzungsmacht noch an zusätzlicher Brisanz gewann, sollte die Landesregierung über den weiteren Umgang mit den Toten bzw. mit dem offiziellen Wissen von ihnen entscheiden. Doch das Innenministerium ließ sich Zeit. Am 24. Dezember 1949 mahnte daher der Kreisrat gegenüber dem Innenminister die immer noch ausstehende Antwort sowie die Rücksendung des im Original beigelegten Schreibens von H. an. Die Potsdamer Behörde stellte daraufhin am 30. Dezember fest, daß die Sache beim Referat Standesamtswesen unbekannt und nicht eingegangen sei.[664] Sie übersandte jedoch am 18. Februar 1950 die Eingabe H.'s an das Ministerium des Innern (MdI) der DDR, Hauptabteilung Staatliche Verwaltung, in der Luisenstraße in Berlin und bat um Entscheidung. Ergänzend teilte sie mit, das Lager Ketschendorf sei Anfang 1947 aufgelöst und der Lagerfriedhof eingeebnet worden. Die erwähnte Anordung der Deutschen Verwaltung des Innern (DVdI) habe die Überführung der verstreut liegenden Kriegsopfer auf die örtlichen Gemeindefriedhöfe verfügt.[665] Damit hatte das Problem der Opfer des sowjetischen Speziallagers Nr. 5 die zentrale deutsche Führungsebene in Berlin erreicht. Untergeordnete Instanzen sahen sich offensichtlich außerstande, hier allein eine Lösung zu finden.

Hauptabteilungsleiter M. sandte nach einem Monat Bearbeitungszeit und nach der offiziellen Auflösung der letzten Speziallager jedoch am 14. März 1950 aus der DDR-Behörde die Unterlagen zurück. Er fragte die Hauptabteilung Landes-, Kreis- und Gemeindeverwaltung im Potsdamer Innenministerium, welche Entscheidung denn von Berlin getroffen werden solle. Es handele sich schließlich um eine lokale Angelegenheit, die in den Potsdamer Zuständigkeitsbereich falle. Falls in Ketschendorf tatsächlich ein Lagerfriedhof bestanden habe, dann hätte mit der Auflösung des Lagers eine Umbettung vorgenommen oder das Grabfeld erhalten bleiben müssen. Das Landesministerium sollte nun feststellen, „ob vom Lagerfriedhof Ketschendorf Umbettungen vorgenommen wurden". Die DDR-Stelle könne es sich „nicht vorstellen, daß die Einebnung des Friedhofes erfolgte, ohne die Verstorbenen vorher umzubetten". Zudem sollte Potsdam feststellen, wer die Einebnung angeordnet hatte.[666] Die kommunistische SED-Führung in Berlin versuchte offensichtlich, der brandenburgischen Landesregierung wieder den ‚Schwarzen Peter‘ zuzuschieben.

Auch der Rat des Kreises Fürstenwalde/Spree fragte parallel zu diesen Verhandlungen am 28. Mai 1950 beim Rat der Stadt wegen des Lagerfriedhofs an. Der Bürgermeister von Fürstenwalde schilderte nun nach eingehenden Ermittlungen zu den Gräbern der in Ketschendorf verstorbenen Häftlinge am 21. Juli folgenden Sachstand, der zugleich die Realität des Speziallagers wieder aufleben ließ. Es sei mit einem zweifachen Zaun umfriedet gewesen. Der Beerdigungsplatz habe außerhalb gelegen. Niemand habe ihn betreten dürfen, was die Posten der Wachtürme verhindert hätten. Die Bestattungen Toter seien in Einzel- und Sammelbeisetzungen erfolgt, wonach die Lagerleitung die Grabstellen jeweils eingeebnet habe. Da keine Registrierungen vorgenommen worden seien, könne niemand sagen, wieviel Tote tatsächlich dort lägen. Schon während des Lagerbestehens seien die Kiefern, die das Gräberfeld bewuchsen, als Brennholz geschlagen worden. Nach der Lagerauflösung hätten Unbekannte die restlichen Bäume gefällt. Einzelne Angehörige Verstorbener hätten wohl durch in der Nähe wohnende Anlieger Kenntnis von der Begräbnisstätte erhalten. So entstanden „einzelne kleine Hügel, welche mit Kränzen belegt wurden. Auf Anordnung besonderer Stellen mußten die Hügel wieder eingeebnet und die Kränze entfernt werden“. Damit gab der Bürgermeister zu, daß das Gräberfeld über Ketschendorf/Fürstenwalde hinaus bekannt war und von Angehörigen besucht wurde. „Besondere Stellen“, gemeint waren wohl Vertreter der sowjetischen Besatzungsmacht bzw. deren deutsche Handlanger, bemühten sich allerdings, das vorhandene halböffentliche Interesse zu unterdrücken. Am besten könne hierzu sowie zu den Vorgaben von oben der damalige Dolmetscher und Standesbeamte, P. K., jetziger Leiter des Kreis-Informationsdienstes, genaue Auskunft geben. Offiziell hatte das Lager der Stadt jedenfalls keine Beerdigungsstätte übergeben, so daß die Kommune gar keine Umbettungen vornehmen konnte, da „wir ja auch nicht wissen können, wo diese Verstorbenen eigentlich genau liegen". Dem Bürgermeister gelang es auf diese vorsichtige Weise, ihm vorgeworfene Versäumnisse recht deutlich auf die sowjetische Übergabepraxis abzuwälzen. Er verschwieg abschließend das brennende Problem nicht, das daraus erwachsen war; denn der Rat der Stadt befinde sich nun in der schwierigen Lage, „nach keiner Richtung hin den vielen Anfragen von seiten der Angehörigen der Verstorbenen gerecht werden" zu können, da auf „höhere Anordnung" die Frage eines Beerdigungsplatzes immer verneint werden mußte.[667]

Der Landesbehörde blieb nun keine andere Wahl mehr, als endlich tätig zu werden. In der Hauptabteilung Staatliche Verwaltung des Brandenburgischen MdI entwarf deren Leiter, W. W. (SED), am 15. Februar 1951 einen Bericht über den „angeblichen Lagerfriedhof in Ketschendorf Krs. Fürstenwalde". Nach häufigen Anfragen aus der Bevölkerung, wonach „in dem ehemaligen Gefangenenlager der sowjetischen Truppen in Ketschendorf während des Lageraufenthalts verstorbene Insassen des Lagers dort auch beerdigt sein sollen", hatte er mit seinem Kollegen K. am 06. Februar das Lagergelände besichtigt. Zudem hatte er mit dem Standesbeamten von Fürstenwalde gesprochen, der seinerzeit als solcher beim Rat der Gemeinde Ketschendorf gewirkt hatte. Dieser vermutete ca. 1000 bis 1500 infolge einer Typhus-Epidemie im Lager Verstorbene auf dem Gelände. Möglicherweise war dies eine Falschinformation, die P. K. als Dolmetscher von den Sowjets erhalten hatte. Sie fügte sich in die verfälschend-verharmlosenden Formulierungen des von offiziellen Amtsstellen verfaßten Berichts, der gezielt und vermutlich angesichts der zahlreichen früheren Suchanfragen wider besseres Wissen von einem „Gefangenenlager der sowjetischen Truppen" statt von einem Speziallager des NKVD/MVD sprach. Die auf ein Viertel reduzierte Totenzahl sowie die angeblich epidemische Todesursache unterstrichen nur diese Tendenz.

Entscheidender für die Notwendigkeit, rasch zu handeln, war ohnehin der aktuelle Eindruck, den W.W. bei seiner Begehung gewonnen hatte, weil auf dem unbebauten und landwirtschaftlich nicht genutzten ehemaligen Lagergelände, welches für jedermann zugänglich und von der dicht vorüberführenden Autobahn einzusehen war, von Angehörigen der Verstorbenen aus allen Teilen der DDR, Westberlins und Westdeutschlands, die den Friedhof besuchen wollten, „wahllos Hügel aufgeworfen" wurden, die sie zudem „laufend an Gedenktagen mit Kränzen und Blumen" schmückten. Diese willkürlich aufgeworfenen Grabhügel, insgesamt etwa 60 an der Zahl, seien im Gelände einzeln oder als Sammelgrab vorzufinden. Schon die Erwähnung der Herkunft der Angehörigen und vor allem die Nähe der Autobahn, die ein tabuisierendes Verschweigen erheblich erschwerten, deuteten auf W.W.'s Schlußfolgerung hin, wonach dieser augenblickliche Zustand „das Ansehen unserer antifaschistisch-demokratischen Ordnung auf das Schwerste" schädige. Der Hauptabteilungsleiter schlug deshalb vor, die Leichen zu exhumieren und auf einem nahegelegenen Friedhof beizusetzen, da zudem in absehbarer Zeit damit zu rechnen sei, daß „die teilweise fertiggestellte Wohnsiedlung auch unter Einbeziehung des ehemaligen Lagergeländes erweitert" werde. Eine Identifizierung der Leichen werde wohl kaum mehr möglich sein, da sie vor über drei Jahren bestattet wurden.

Eine diesbezügliche Rücksprache mit dem Innenminister ergab dennoch, daß in „der Angelegenheit vorläufig nichts veranlaßt werden" solle. Der Entwurf W.W.'s landete vorerst in den Akten.[668] Der langwierige, ihm vorausgegangene Schriftverkehr belegt allerdings die Öffentlichkeit, die das Lager gerade mit der Gründung der DDR in deren ersten Jahren besaß, sowie die peinlichen Versuche der Bürokratie, die mißliebige Vergangenheit zu eliminieren. Er sprach zudem bereits das Problem an, daß die ehemalige Kabelwerkssiedlung erweitert werden sollte, um zusätzlichen dringend benötigten Wohnraum zu schaffen. Genau aus diesem Grund mußte das Potsdamer Innenministerium schon bald auf Wollnys Bericht zurückkommen.

Umbettungen nach Halbe[669]

In der Ketschendorfer Siedlung schritten Anfang der fünfziger Jahre auf dem ehemaligen Lagergelände und auch auf dem Lagerfriedhof die Baumaßnahmen voran. Zusätzlich zu den vorhandenen Gebäuden sollten noch einige Wohnblocks entstehen. Die zuständige Baufirma stieß dadurch bereits 1952, ein Jahr nach W.W.'s Begehung, beim Ausheben einer Baugrube auf zahlreiche Gebeine, was ihre Arbeiten zunächst einmal zum Erliegen brachte.
Intern dürfte die Friedhofsfrage vermutlich bis auf höchste DDR-Ebene erneute Diskussionen ausgelöst haben. R. T., der Sonderbeauftragte des Landes, später des Bezirks, für die Umbettungen von 1951 bis 1955, der zugleich Leiter des Zentralfriedhofs von Halbe war, regte in dieser Situation zusammen mit dem dortigen Pfarrer E. T. an, die Exhumierung und Umbettung der Leichenteile nach Halbe durchzuführen.[670] Die bereits mehrfach mit solchen Exhumierungen vor allem von Kriegstoten beauftragte Firma L. sorgte daraufhin zwischen dem 30. Dezember 1952 und dem 04. Oktober 1953 für die Umbettung von 4499[671] Leichen, die nun auf dem Halber Friedhof in 26 Sammelgräbern in den Gräberfeldern IX, X, Reihe 2 und XI, Reihen 2 bis 7 ihre letzte ungestörte Ruhe finden sollten.[672] Zahlreiche Frauen und Männer waren in diesen fast zehn Monaten damit beschäftigt, die Leichenteile auszugraben und in Zementtüten zu verpacken. Ein LKW transportierte sie anschließend zum Zentralfriedhof Halbe.[673] Um möglichst weiteres Aufsehen zu vermeiden, hatte sich von Anfang an auch die SED-Regierung eingeschaltet. Ausgrabung und Abtransport der Toten sowjetischer Speziallagerhaft erfolgten unter strenger Aufsicht des Ministeriums für Staatssicherheit[674], dessen Beteiligung die politische Bri-

sanz der Toten eindrücklich unterstrich.

Die Umbettungsprotokolle vermieden politisch-propagandistisch gezielt jeden Hinweis auf die wahre Identität der Leichen. In den Akten des Halber Friedhofs erschien als Herkunftsort nur die harmlose Formulierung „Deka-Siedlung".[675] Als Beschriftung der neuen Grabstellen wählten die Behörden in der logischen Konsequenz dieser nachträglichen Verfälschung historisch-unangenehmer Wahrheiten für die Ketschendorfer Toten die unverfänglichen Worte: „Unbekannte, April 1945". Erst nach dem Ende der SED-Diktatur und nach dem Fall der Mauer, die Deutschland fast 30 Jahre geteilt hatte, durfte die Grabinschrift 1991 die wahrheitsgemäße und historisch zutreffende Auskunft an Friedhofsbesucher vermitteln: „In 26 Sammelgräbern ruhen hier Opfer des Internierungslagers Ketschendorf 1945–1947 (NKWD-Lager Nr. 5) – Nach Exhumierung umgebettet 1952 – Unvergessen." Insgesamt dürften jedoch auch durch die damalige Umbettungsaktion nicht alle Opfer des Speziallagers exhumiert worden sein. Offenbar ließ die DDR-Regierung nur so viele Leichen ausgraben, daß die Baumaßnahmen ungestört fortgesetzt werden konnten;[676] denn allein zwischen den Zahlenangaben der Umbettungslisten, die von 4499 Toten sprechen, und der dank DRK-Angaben vermuteten namentlich belegbaren Mindestzahl von ungefähr 4560 Verstorbenen klafft eine Differenz von 61 Menschen. Ihre sterblichen Überreste liegen immer noch auf dem zur Gedenkstätte umgewandelten ehemaligen Lagerfriedhof. Anstelle der ursprünglich geplanten und nur teilweise fertiggestellten Wohnhäuser hatte die Baufirma nach den Umbettungen auf einem Teil dieses Geländes und damit auf den ehemaligen Grabstätten Garagen und Kleingärten errichtet. Wo genau auch heute noch diese nicht umgebetteten Opfer der unmenschlichen sowjetischen Speziallagerhaft liegen, ist allerdings umstritten. Vermutlich dürfte es sich um ehemalige Einzelgräber, also um Tote aus der Frühzeit des Lagers handeln. Nicht mehr zu klären ist zudem, um welche Personen es sich handelt, genausowenig wie sich die in Halbe ruhenden Menschen noch namentlich identifizieren lassen.

Auch hier blieb den Überlebenden und den Angehörigen von Lageropfern seit 1990 nur die Möglichkeit, an und zum Teil auf den Gräbern ihrer Toten trauernd zu gedenken, ihnen durch ihre Anwesenheit und Erinnerung wieder ein Gesicht und einen Namen zu verleihen und vor allem durch ihr Zeugnis von den schrecklichen Jahren, denen ihre Leidensgenossen zum Opfer fielen, vor der Wiederholung einer solchen menschenverachtenden kommunistischen Diktatur zu warnen.

Gedenkstein der Gedenkstätte Ketschendorf

Gedenkstätte Ketschendorf mit Gedenkstein und den Symbolkreuzen

Auszug aus einem Lagergedicht auf dem Gelände der Gedenkstätte in Ketschendorf

Gedenkstein für die Toten des Speziallagers Ketschendorf auf dem Waldfriedhof von Halbe

Informationstafel auf den Grabfeldern im Waldfriedhof Halbe,
Grabfelder IX, X, XI

Informationstafel auf den Grabfeldern und kennzeichnende Grabplatte

282

Kennzeichnung auf den Sammelgräbern im Waldfriedhof Halbe mit falschem Sterbedatum und unwahrer Angabe durch DDR-Organe

Erste Gedenkveranstaltung in Ketschendorf am 8. Mai 1990, ca. 2000 Teilnehmer aus Ost und West

11. Erst mußte die Mauer fallen – öffentliches Gedenken

Selbst ein zum Teil summarisch-anonymes Gedenken vor namentlich unbezeichneten Grabstellen, das aber wegen größerer Teilnehmerzahlen halböffentlichen Charakter gehabt hätte und stets mit einem Austausch gemeinsamer trauriger Erinnerungen verbunden gewesen wäre, hatte die kommunistische DDR-Regierung untersagt. Die SED sah dadurch ihr Verhältnis zur sowjetsozialistischen ‚Brudermacht‘ ernsthaft bedroht. Erst als ihre Herrschaft in Deutschland endete, erhielten die Überlebenden des Ketschendorfer Speziallagers überhaupt die Möglichkeit, sich öffentlich an ihre qualvolle Vergangenheit zu erinnern. Den meisten der zur Zeit der „Wende" 1989/90 noch Lebenden hatte das Lager innerhalb von zwei Jahren ihre über den Krieg gerettete, noch halbwegs unbeschwerte Jugend schlagartig beendet und zerstört. Doch mit dem Zusammenbruch kommunistischer Diktatur handelten sie rasch, um die nach über 40 Jahren entstandene Möglichkeit zu nutzen, sich frei und offen zu ihrer Vergangenheit zu bekennen. Sie gründeten bereits im März 1990 die Initiativgruppe Ketschendorf, die seit 1992 als eingetragener Verein mit anerkannter Gemeinnützigkeit wegen der „Förderung der Fürsorge für politisch Verfolgte, Kriegsopfer und Kriegshinterbliebene" wirkt. Ziele und Aufgaben der Initiativgruppe sahen und sehen die Mitglieder darin, die Bevölkerung über das ehemalige Lager zu informieren. Dazu organisieren sie Treffen mit Jugendlichen, in Schulen, mit Lehrern, um durch die Aufklärungsarbeit einige „weiße Flecken" der SED-Geschichte zu beseitigen. Besonders die Gedenkfeiern sollen öffentliches Interesse und damit auch finanzielle Unterstützung wecken, aber auch zur Anerkennung der Überlebenden als politische Häftlinge beitragen, wodurch sie Anspruch auf Entschädigung erhalten, und letztendlich die Rehabilitierung der ehemaligen Insassen in der

Gesellschaft zur Folge haben. Vor allem den älteren Überlebenden half die Initiativgruppe, die sich seit ihrer Gründung erst in den Privatwohnungen der Vorstandsmitglieder, seit 1993 in einer Geschäftsstelle in den Räumen des Stadtmuseums Fürstenwalde traf, noch praktischer bei der Beantragung der Entschädigung oder bei der Anrechnung der Lagerhaftzeit im Zuge der Rentenberechnung. In zahllosen persönlichen Gesprächen, Telefonaten und Briefen hörte sie geduldig die leidvollen Erinnerungen an, ermutigte zu deren oft befreiender Niederschrift und vermittelte Kontaktadressen von Lagerkameraden, die mitunter noch über die letzten Lebenstage eines Verstorbenen Auskunft geben konnten. Zudem half die Gruppe nicht zuletzt dank ihrer Personenkartei und ihres Kontakts zum DRK bei der Suche nach immer noch Vermißten bzw. bei der Beschaffung von Todesmitteilungen. Ebenso hielten die Mitglieder es für ihre Pflicht, gegen das 1. und 2. Unrechtsbereinigungsgesetz zu protestieren. Bei all diesen Tätigkeiten suchten sie ständig den Kontakt zu anderen Opferverbänden, mit denen sie unter dem Dach der „Union der Opferverbände kommunistischer Gewaltherrschaft e. V. (UOKG)" zusammenarbeiten.

Bereits am 08. Mai 1990 und damit nur wenige Monate nach ihrer Gründung konnte die Initiativgruppe das erste öffentliche Gedenken für die Toten zusammen mit der Einweihung der Gedenkstätte auf dem nach den Baumaßnahmen verbliebenen Restgelände des ehemaligen Lagers feiern. An dieser Stätte des Leidens von 1945 bis 1947 ruhen zwar nur noch wenige Opfer im märkischen Sand. Doch für sie und symbolisch für alle Betroffenen errichtete die Initiativgruppe dort mit Landesmitteln und mit Unterstützung durch den Volksbund Deutsche Kriegsgräberfürsorge e.V. (VDK) einen Gedenkhain und stellte am ehemaligen Lagereingang eine Erinnerungstafel an das Speziallager auf. Jährlich führte sie seither dort im April/Mai zur Erinnerung an die Errichtung und Auflösung des sowjetischen Speziallagers Nr. 5 und an die während des Bestehens Verstorbenen eine Gedenkfeier durch. Ebenso fand seither auf dem Friedhof in Halbe, wo die aus Ketschendorf umgebetteten Toten erst 1991 ihre wahrheitsgemäße Gräberinschrift erhalten durften, jährlich eine von der Initiativgruppe organisierte Gedenkfeier statt.

Ihr ehrenamtlich tätiger Vorstand besteht fast ausschließlich aus Überlebenden des Lagers Ketschendorf. Die 1998 etwa 540 Mitglieder rekrutieren sich zur Hälfte aus ehemaligen Lagerinsassen sowie aus Angehörigen von Lageropfern und Freunden aus dem In- und Ausland.

Zusammen bemühten sie sich in den letzten Jahren verstärkt auch um die wissenschaftliche Bearbeitung der Speziallagerzeit. Das vorliegende Buch, aber auch eine Dokumentation des „Pelzmützentransports" vom 31. Januar 1947 sind sichtbare Früchte dieser kontinuierlichen und weitgehend in finanzieller Eigenleistung erbrachten Bemühungen.

Im Jahr 1998, in dem diese Monographie über das Speziallager Ketschendorf in Druck geht, setzt sich die Initiativgruppe zudem dafür ein, in der Kirche Fürstenwalde/Süd eine Gedenktafel anzubringen, die an die Jahre 1945 bis 1947 erinnern soll, da das Glockengeläut dieser Kirche zur Zeit des Lagers den Insassen Mut gemacht hat.

12. Zusammenfassung

Mit Hilfe von sowjetischen Akten und Erlebnisberichten Überlebender ließ sich nach über 50 Jahren die Geschichte des Speziallagers Nr. 5 Ketschendorf/Fürstenwalde von Mai 1945 bis Mai 1947 rekonstruieren.

Gegen Ende des Zweiten Weltkriegs verlangten NKVD-Befehle die Einrichtung von Speziallagern auf deutschem Boden, um unter anderem angebliche Nationalsozialisten festzusetzen. Von Beginn an zeigten die Befehle jedoch eindeutig, daß es zudem darum ging, Arbeitskräfte für die UdSSR zu beschaffen sowie Gegner der Sowjetmacht, unabhängig von ihrer Stellung zum Nationalsozialismus, aus dem Verkehr zu ziehen. Schon die Verhaftungen und die Transportwege zum Lager zeugen von der völlig willkürlichen, menschenverachtenden und demokratischen Rechtsmaßstäben widersprechenden Vorgehensweise des NKVD, der sich dabei auf willfährige deutsche Denunzianten stützen konnte. Ganz offensichtlich suchte er nicht primär nach tatsächlich schuldigen Kriegs- oder Naziverbrechern, sondern inhaftierte pauschal und massenhaft, anscheinend an Quoten orientiert, Personen der untersten Mitläuferebene, hunderte von Jugendlichen sowie sogar offensichtliche Nazigegner und -opfer. Dabei legte er keinerlei Wert auf die Überprüfung der Schuld von Einzelpersonen, sondern zwang sie oft unter schweren Mißhandlungen ‚Geständnisse' zu unterschreiben, die dann die Grundlage für die Lagereinweisung und teilweise für die spätere Verurteilung bildeten. So fanden sich viele völlig Unschuldige in Ketschendorf wieder, während tatsächliche ‚Nazigrößen' in Freiheit blieben.

Das bald auf 17 Häuser angewachsene und streng in einen Männer- und einen Frauenbereich unterteilte, rundum mehrfach eingezäunte und gut bewachte Lager diente der völligen Isolation der Gefangenen von der Außenwelt. Trotzdem versuchten Lagerinsassen mehrfach, aber meist vergeblich zu fliehen. Jegliche sinnvolle, geistreiche Betätigung war ver-

boten. Umerziehung oder politische Aufklärung zwecks Entnazifizierung fanden nicht statt, sondern selbst die harmlose-
sten Vorträge oder Weiterbildungsmaßnahmen, die die Gefangenen eigenständig initiierten, waren streng verboten. Die
Lagerinsassen mußten in völlig überbelegten Massenquartie-
ren jahrelang nur mit der Kleidung auskommen, die sie auf
dem Leib trugen. Sogar Selbstverständlichkeiten wie Toilettenpapier, Damenbinden, Waschmittel und Zahnbürsten
standen ihnen nicht zur Verfügung.

Die sowjetischen und die von ihnen eingesetzten deutschen
Bewacher sorgten für strikten Gehorsam, den sie teilweise
durch Bunkerstrafen erzwangen, die oft den Tod brachten.
Diese deutsche Lagerpolizei bestand vorwiegend aus ehemaligen Polizeioffizieren, die schon unter dem Nationalsozialismus Erfahrung im Umgang mit Untergebenen gesammelt
hatten und wohl eben deshalb auch der Sowjetmacht als willkommene Gehilfen galten. Anstatt gerade diesen besonders
‚aktiven‘ Nationalsozialisten die Verwerflichkeit von Macht-
mißbrauch deutlich zu machen, ermöglichte der NKVD
ihnen durch Privilegierung in Ketschendorf das Überleben.

Unter den rund 10.400 registrierten Lagerinsassen befanden
sich überwiegend Deutsche, aber auch andere, meist sowjetische, Nationalitäten. Über das Schicksal der Ausländer, die
ungefähr 10% der Belegschaft ausmachten, liegen jedoch so
gut wie keine Informationen vor. Insgesamt lebten durchweg
nicht verurteilte Vertreter verschiedenster Bevölkerungsschichten und Altersgruppen im Lager. Es handelte sich vor
allem um über 45jährige, ungefähr 1500 männliche Jugendliche und um etwa 500 Mädchen und Frauen. Sie fielen unter
die vom NKVD bereits im Frühjahr 1945 festgelegten
Schuldkategorien. Über tatsächlich rechtsstaatlich bewiesene
Schuld Einzelner liegen jedoch bisher keine Unterlagen vor.
Schuldige lassen sich allerdings einerseits unter den KZ-Aufseherinnen vermuten, an die sich Überlebende erinnern.
Andererseits dürften auch die Angehörigen der deutschen
Lagerleitung dazugehören, die der NKVD dennoch privile-

gierte. Diese Personengruppen stellten im Lager jedoch nur eine kleine Minderheit. Bis zum Beweis des Gegenteils muß deshalb davon ausgegangen werden, daß das Gros der Lagerinsassen, das die untersten Funktionen in der NS-Hierarchie wahrgenommen hatte, nicht in solchem Maß persönliche Schuld auf sich geladen hatte, um seine mehrjährige Totalisolation oder gar seinen Tod hinter Stacheldraht zu rechtfertigen. Die Jugendlichen sowie die NS-Gegner und -Opfer entziehen sich schließlich jeder Frage nach mehr oder weniger berechtigter Bestrafung von Schuld. Insgesamt diente somit das Speziallager Ketschendorf nicht zur Entnazifizierung. Der NKVD/MVD nutzte es vielmehr genauso als Terrorinstrument zur Durchsetzung und Sicherung kommunistischer Herrschaft wie seine übrigen Lager in der Sowjetunion und in anderen von der Roten Armee „befreiten" Ländern.

Der Lageralltag bestand vorwiegend aus Warten auf die Ausgabe des kärglichen Essens, aus Appellen und der Suche nach Ungeziefer. Nur Erzählungen oder phantasievolle, offiziell nicht erlaubte Handarbeiten, die zu Festtagen wertvolle Geschenke darstellten, durchbrachen die zermürbende Monotonie. Arbeit galt den Gefangenen daher als willkommene Abwechslung und als Möglichkeit, zusätzliche Nahrung zu erhalten. Die meisten Insassen blieben allerdings der erzwungenen Untätigkeit ausgeliefert. Der ständig quälende Hunger zehrte die Körper völlig aus. Zusammen mit der mangelhaften Hygiene führte er zu zahlreichen Krankheiten, so daß viele Insassen verstarben, obwohl die NKVD-Vorschriften auf dem Papier ausreichende Essensrationen vorsahen.

Das verzehrende Heimweh und die quälende Ungewißheit über das eigene Los und das Schicksal der Angehörigen begleiteten die Gefangenen auf Schritt und Tritt. Ihnen fehlten schon bald körperliche und seelische Kräfte, um Erkrankungen, Infektionen und dem grauenhaften Alltag zu widerstehen. Viele versuchten, soweit es ging, sich selbst von Krankheiten zu heilen, da sie Angst vor dem Lazarett hatten, wo der Tod fast vorprogrammiert war. In der überfüllten

Krankenstation fehlte so gut wie jede Möglichkeit, um wirklich zu helfen: es mangelte an Desinfektions- und Betäubungsmitteln, an Arztbesteck und Verbandsmaterial. Ruhr, Tuberkulose, Rose, Furunkulose, Krätze und vieles andere mehr verschonten kaum einen der geschwächten Insassen; denn alle, bis auf die privilegierte Lagerleitung, litten wegen Mangelernährung unter stärkster Abmagerung. Diese war somit oft die eigentliche Todesursache. Nur wenige konnten im Lazarett wieder aufgepäppelt werden und überlebten. Die Sterbeziffern erhöhten sich entsprechend den verringerten Essensrationen sowie in den Kälteperioden drastisch. Da der NKVD keinerlei Hilfe leistete, obwohl er ständig die Totenzahlen notierte und auch über die Ursachen informiert war, starben vor seinen Augen und damit durch seine Einwirkung, nach seinen eigenen Angaben ungefähr 42% aller Insassen. Die meisten anderen behielten ihr Leben lang körperliche und seelische Schäden zurück, sofern sie nicht noch in einem anderen Speziallager umkamen.

Die Auflösung Ketschendorfs im Frühjahr 1947 brachte nicht die ersehnte Entlassung, sondern der MVD verlegte seine Gefangenen entweder als Arbeitstaugliche in die UdSSR, wobei er sie plötzlich zu Kriegsgefangenen umregistrierte, oder sie kamen in andere Speziallager. Doch nicht nur die Insassen litten unter der langjährigen Lagerzeit, sondern auch ihre Angehörigen. Trotz der strengen Isolation gab es zwar von beiden Seiten, mitunter auch erfolgreiche, Versuche der Kontaktaufnahme. Aber viele wußten gar nicht, was mit ihren verschleppten Familienmitgliedern geschehen war, wo sie sich aufhielten oder ob sie noch lebten. Wenn sie auch nach den Entlassungen 1948 und 1950 nicht mehr heimkehrten, setzte sich der Leidensweg der Angehörigen mit der Suche nach Nachrichten über ihren Verbleib und mit dem Ringen um Todeserklärungen fort. Manchmal war wenigstens ein Bekannter des Verstorbenen, der die Lager überlebt hatte, bereit, der Familie Auskunft über den Tod des Vermißten zu geben. Die DDR-Behörden halfen demgegenüber den

Angehörigen nicht, sondern legten ihnen bei der Suche noch Steine in den Weg, da sie sie als politische Feinde diffamierten und entsprechend benachteiligten. Viele ehemalige Insassen mußten nach ihrer Entlassung ähnliche Benachteiligungen vor allem in beruflicher Hinsicht sowie mehr oder weniger offensichtliche Bespitzelung in Kauf nehmen.

Die Toten des Lagers existierten offiziell für die DDR-Behörden nicht. Als eine Baufirma in Ketschendorf auf zahlreiche Gebeine stieß, mußten sie unter Verschweigen ihrer tatsächlichen Herkunft umgebettet werden, da ihre Gräber, deren Blumenschmuck die Volkspolizei immer wieder entfernt hatte, allzu deutlich das wahre grausame Gesicht der kommunistischen Diktatur offenbarten. Deren Handlanger stellten sich ihren eigenen Verbrechen nicht, sondern verboten auch noch unter strengster Strafandrohung jedem Überlebenden das Geringste über die Lagerzeit verlauten zu lassen. Damit nahmen sie den oftmals seelisch traumatisierten Geschundenen jede Möglichkeit, das erlittene Schicksal zu verarbeiten. Erst nach der Wende 1989/90 durften die Überlebenden in der DDR sich in öffentlichen Gedenkfeiern auf dem Territorium des ehemaligen Lagers zu ihrem Leidensweg als einem Teil ihrer Vergangenheit bekennen. Die seit März 1990 tätige Initiativgruppe Ketschendorf, die diese Zusammenkünfte ermöglichte, gewann rasch zahlreiche Mitglieder, die dankbar waren, endlich offen über das ihnen zugefügte Leid sprechen zu dürfen. Für die meisten Insassen des Speziallagers Nr. 5 Ketschendorf/Fürstenwalde kam diese Wende jedoch zu spät.

13. Anmerkungen

[1] Vgl. zum überragenden Einfluß der SMAD in der SBZ: Creuzberger 1996: Die sowjetische Besatzungsmacht.

[2] Vgl. zur vorherigen Verwendung Serovs u.a. in Polen, der ab Juni 1945 vom NKVD-Bevollmächtigten der 1. Belorussischen Front zum stellvertretenden Obersten Chef der SMAD mit der Zuständigkeit für Fragen der Zivilverwaltung aufstieg und damit als Leiter der NKVD-Sektoren der SMAD und gleichzeitiger Stellvertreter Berijas gleichsam zum Geheimdienstchef der SBZ wurde: Kilian 1993: Die „Mühlberg-Akten", S. 1141f.

[3] Vgl. Kilian 1997: Stalins Prophylaxe, S. 534 und S. 543f.; Petrov 1998: Die Apparate, S. 143–146.

[4] Vgl. grundlegend zum GULag-System: Stettner 1996: „Archipel GULag".

[5] Vgl. hierzu Fricke 1979: Politik, S. 69f.

[6] Vgl. Ritscher, 1993: Zur Herausbildung, S. 723–735; Kilian 1997: Stalins Prophylaxe, S. 537–544; Lipinsky 1998: Mobilität, S. 224–226.

[7] Vgl. jedoch als negatives Beispiel für das Festhalten an dieser relativierend-verharmlosenden Ausdrucksweise: Morré 1997: Speziallager, [v.a. die Einleitung, S. 9–23].

[8] Vgl. als Beispiele für die unserer Meinung nach in diese Richtung zielenden Ausführungen: Prieß/Erler 1995: Internierte; Prieß 1997: Ketschendorf – Speziallager Nr. 5; Prieß 1998: Das Speziallager.

[9] Vgl. zu dieser Tendenz im speziell deutschen Problem des Gedenkens an die Opfer beider Diktaturen: Lipinsky 1998: Gedenken; Lipinsky 1998: Zwei Diktaturen.

[10] Ganz abgesehen von der ethischen Einstellung zur Hinrichtung von Straftätern können im Fall der Speziallager nur Einzelanalysen, zum Beispiel mit Akten des Berlin Document Center und mühsame, meist lokale Recherchen über 50 Jahre nach dem Ende der NS-Diktatur noch jeweils persönliche Schuld ermitteln. Solange diese nicht konkret erwiesen ist – und bisher fehlen hier jegliche Zahlen –, muß jedoch pauschal die Unschuldsvermutung gelten, die zudem viele Indizien bestätigen.

[11] Vgl. zu verhafteten und mitunter verurteilten Jugendlichen: Prieß 1997: Erschossen.

[12] Vgl. zur Gegenüberstellung westlicher Internierungslager und sowjetischer Speziallager Lipinsky 1995: Sowjetische Speziallager in Deutschland; bzw. u.a. mit einigen begrifflichen Unschärfen: Niethammer 1998: Alliierte Internierungslager.

[13] Just 1952: Die sowjetischen Konzentrationslager; vgl. Finn 1989: Die politischen Häftlinge; Dr. N.N. [1950a]; Dr. N.N. [1950b]; Ermisch [1956]; Müller [1964], Nattke [1964].

[14] Fricke 1979: Politik (mit zahlreichen Zeugenberichten); Lipinsky 1996: Ketschendorf/Fürstenwalde (mit zahlreichen weiteren Aktenbelegen); Prieß 1997: Ketschendorf – Speziallager Nr. 5; Prieß 1998: Das Speziallager.

[15] Fischer 1992: Zum Schweigen; Hartenstein 1992: ... und nachts; Klemke 1995: Geiseln: der Autor berichtet von einigen Ereignissen im Jahr 1947, da seiner Meinung nach das Lager erst im Herbst 1947 aufgelöst wurde. Dies steht im Widerspruch zu den vorliegenden sowjetischen Akten und zu den Erinnerungen anderer Überlebender. Die Moskauer Untersuchungskommission sowie den Abtransport der Arbeitstauglichen setzt Klemke einige Wochen später an, als der eigentliche Transport stattfand. Auch geht er nicht auf die offensichtlichen Abtransporte der Jugendlichen und Frauen im Januar 1947 und vieler Männer und des Lazaretts im Februar 1947 ein. Da das Lager auch nach deutschen Dokumenten der Gemeinde Ketschendorf bereits im Frühjahr 1947 übergeben wurde, müssen daher vermutlich die von Klemke für 1947 geschilderten Ereignisse entweder ein Jahr vorher oder in einem anderen Lager stattgefunden haben; Völkner 1997: überlebt (kann nicht für die gesamte Lagerzeit als repräsentativ gelten, da der Autor nur drei Monate, Dezember 1946 bis Februar 1947, in Ketschendorf verbrachte); Jank 1998: Die längsten Jahre.

[16] GARF, f. 9409, op. 1, d. 590–640; hinzu kommen einige Akteneinheiten, die im Findbuch an anderer Stelle aufgelistet werden, sich dennoch (teilweise) auf Nr. 5 beziehen, z. B. ebd., d. 17 (Abgänge seit dem 28.9.1946); vgl. zur Arbeit der Lagerverwaltung und speziell der Registraturgruppen: Fischer/Lipinsky 1997: Die Sowjetischen Speziallager, S. 38–40; vgl. Lipinsky 1996: Ketschendorf/Fürstenwalde, S.357f.

[17] Vgl.zum Kenntnisstand vor der beginnenden Öffnung sowjetischer Archive: Merz 1987: Kalter Krieg, S.49f., 63–66, 85–103 bzw. Finn 1989: Die politischen Häftlinge, S.15–75, zu den

geschätzten Zahlen besonders S.41–51; zu ersten Darstellungen mit sowjetischem Aktenmaterial vgl. die Übersicht in: Lipinsky 1997: Verlegungen; Vgl. zu Namenslisten, die Entlassene z.b. dem Hilfswerk der EKD übermittelten: Archiv des Diakonischen Werks der EKD, Berlin, Zentralbüro Berliner Stelle, 1232; Kirchliche Archive enthalten hierzu weitere verwendbare Aufstellungen Verstorbener in Fürstenwalde/Ketschendorf, vgl. ADW, ZBB, 1226: Liste (mit zum Teil unvollständigen Angaben) vom 9.9.1949 über 43 Tote mit Name, Jahr (manchmal Grund) der Verhaftung, Anschrift der Angehörigen; ebd., 1227: Liste zu Verstorbenen des Jahres 1945.

[18] Vgl. als ersten, maßgeblich auf der sowjetischen Aktenbasis erarbeiteten und die derzeitigen, zum Teil recht unterschiedlichen Interpretationsstandpunkte generell zu den sowjetischen Speziallagern widerspiegelnden Sammelband: Mironenko 1998: Sowjetische Speziallager, Bd.1; Vgl. als erste Übersetzungen sowjetischer Befehlsakten: Ritscher 1993: Zur Herausbildung; Agde 1994: Sachsenhausen, S. 45–64; Kilian 1993: Einzuweisen, S. 225–231; Kilian 1994: „Brauchbar für Arbeiten", S. 209–213; Kilian 1997: Stalins Prophylaxe, S. 539f.;

[19] GARF: f. 9401, op. 12, d. 178, l. 44–48.

[20] GARF: f. 9401, op. 12, d. 178, l. 40.

[21] GARF: f. 9401, op. 12, d. 178, l. 36.

[22] GARF: f. 9401, op. 12, d. 178, l. 34 und 34ob.

[23] GARF: f. 9401, op. 12, d. 178, l. 30–32; am gleichen Tag scheint eine Direktive (?) Nr. 198 über die teilweise Änderung des NKVD-Befehls Nr. 0016 ergangen zu sein, die später – als „Befehl" – für einige operative Gruppen die Einlieferungsgrundlage nach Ketschendorf darstellte.

[24] Vgl. jedoch GARF: f. 9409, op. 1, d. 488, l. 11: spätestens ab dem 24.10.1945 sollten die vorgenannten Gruppen ebenfalls als „Spezialkontingent" in die Speziallager aufgenommen werden.

[25] GARF: f. 9401, op. 12, d. 178, l. 52–53.

[26] GARF: f. 9401, op. 12, d. 178, l. 18–27.

[27] Vgl. Lipinsky 1996: Ketschendorf/Fürstenwalde, S. 360f..

[28] GARF: f. 9409, op. 1, d. 1, l. 12: der stellvertretende Leiter der UKR SMERŠ Sidnev teilte am 23.06. dem Leiter der GUVS NKVD UdSSR mit, daß im Zusammenhang mit dem Befehl 00461 bei dem NKVD-Bevollmächtigten der 1. Belorussischen Front 8 Speziallager errichtet worden seien. Er bat für deren „Abteilung" um eine Verfügung für die Versorgung mit Lebensmittelrationen für das Lagerpersonal.

[29] Vgl. Lipinsky 1996: Ketschendorf/Fürstenwalde, S. 359.

[30] GARF: f. 9409, op. 1, d. 1, l. 6; vgl. Lipinsky 1996: Ketschendorf/Fürstenwalde, S. 360; vgl. GARF: f. 9409, op. 1, d. 1, l. 12: der stellvertretende Leiter der UKR SMERŠ Sidnev sprach am 23.06. von der „Abteilung zur Führung der Speziallager der 1. Belorussischen Front, Stadt Fürstenwalde.

[31] GARF: f. 9401, op. 12, d. 178, l. 10–12.

[32] Vgl. GARF: f. 9409, op. 1, d. 350, l. 1: am 07.07.1945 befand sich die „Abteilung" offensichtlich noch in Fürstenwalde.

[33] GARF: f. 9409, op. 1, d. 38, l. 17; vgl. Lipinsky 1996: Ketschendorf/Fürstenwalde, S. 360.

[34] GARF: f. 9409, op. 1, d. 140, l. 10f.

[35] GARF: f. 9409, op. 1, d. 140, l. 17–24, hier nur l. 17.

[36] Vgl. jedoch zur geringen Zahl von Aburteilungen in Mühlberg: Kilian 1993: Die „Mühlberg-Akten", S. 1145.

[37] Vgl. zu Gesamtverhaftungszahlen: Lipinsky 1995: Sowjetische Speziallager, S. 36–40.

[38] Vgl. insgesamt dazu: Fricke 1979: Politik, S. 56–68.

[39] Bericht Schulz.

[40] Hartenstein 1992: …und nachts, S. 30 (Bericht Nickel); Brief Kr.; Bericht Hilscher, Marschhausen, Migotti, K., Kl., Kobel, Pollack, Sprecher; Klemke 1995: Geiseln; S.34, Völkner 1997: Überlebt, S. 49.

[41] Vgl. Bericht Pollack.

[42] Hartenstein 1992: … und nachts, S. 32f. (Bericht Fischer).

[43] Vgl. Bericht Brüning.

[44] Fischer 1992: Zum Schweigen, S. 133.

[45] Vgl. Bericht Kobel, Roch; Völkner 1997: Überlebt, S. 41.

[46] Brief Menschig.

47 Völkner 1997: Überlebt, S. 9.
48 GARF: f. 9409, op. 1, d. 322, l. 10 bzw. d. 649, l. 20.
49 GARF: f. 9409, op. 1, d. 506, l. 25; vgl. d. 488, l. 7: zur Anweisung Sviridovs vom 28.08.1949
50 Bericht Jänike.
51 Bericht Nikel.
52 Bericht Walter.
53 Bericht Nitze.
54 Bericht: Eysen, Lachmann.
55 Fischer 1992: Zum Schweigen, S. 18; Bericht Marschhausen, K.
56 Brief Kr.
57 Bericht Nitze.
58 Völkner 1997: Überlebt, S. 21.
59 Bericht Kl.
60 Bericht Nattke [1964].
61 Bericht Nitze.
62 Bericht Jänike.
63 Fischer 1992: Zum Schweigen, S. 18.
64 Hartenstein 1992: …und nachts, S. 33 (Bericht Fischer).
65 Klemke 1995: Geiseln, S. 45.
66 Völkner 1997: Überlebt, S. 50.
67 Bericht Nitze.
68 Bericht Migotti.
69 Bericht Jänike, Nitze.
70 Bescheinigung des Antifaschistischen Aktions-Ausschusses Strausberg vom 19.02.1949;
Beschluß des Amtsgerichts Strausberg vom 07.11.1949.
71 Bericht Wurscher.
72 Bericht Rothe.
73 Bericht Spey.
74 Bericht Kl.
75 Bericht M.
76 Klonovsky/v. Flocken 1991: Stalins Lager, S. 54f. (Bericht Noack).
77 Klemke 1995: Geiseln, S. 30f., S. 54–57.
78 Völkner 1997: Überlebt, S. 11, S. 34–38, S. 76–84, S. 89–92.
79 Klonovsky/v. Flocken 1991: Stalins Lager, S. 54–56. (Bericht Noack).
80 Hartenstein 1992: …und nachts, S. 32f. (Bericht Fischer).
81 GARF: f. 9409, op. 1, d. 1, l. 11: Einlieferungslisten vermutlich für das Ketschendorfer Lager
ab Oktober 1945; d. 643, l. 25–28: Liste eingelieferter Rotarmisten „in das Speziallager Nr. 9
der Stadt Fürstenwalde“; d. 326, l. 111: Liste „ehemaliger Angehöriger der Roten Armee
und deutscher Bürger, die in das Speziallager des NKVD Nr. 9 Fürstenwalde verschickt
werden sollen“; d. 643, l. 63: Liste der Deutschen, die in das „Speziallager des NKVD Nr. 9
(Fürstenwalde)“ gelangten.
82 GARF: f. 9409, op. 1, d. 590, l. 167: „Speziallager Nr. 43 des NKVD der UdSSR“; ebd., l. 199:
„Lager für Kriegsgefangene, Stadt Fürstenwalde“.
83 GARF: f. 9409, op. 1, d. 643, l. 25–28; vgl. auch d. 5: vermutlich mit weiteren Einlieferungslisten der SMERŠ der 47. Armee; d. 596: Einlieferung aus dem SMERŠ-Lager Nr. 226; ebd.,
l. 7: aus dem SMERŠ-Lager Nr. 211; vgl. auch d. 598: Festgenommene durch Potsdamer
NKVD-Stellen.
84 GARF: f. 9409, op. 1, d. 591, l. 55.
85 GARF: f. 9409, op. 1, d. 590.
86 GARF: f. 9409, op. 1, d. 617, l. 10.
87 GARF: f. 9409, op. 1., d. 590.
88 GARF: f. 9409, op. 1, d. 596, l. 7; vgl. d. 604, l. 34: zu einer Liste mit ehemaligen Kriegsgefangenen.
89 GARF: f. 9409, op. 1, d. 625, l. 10.
90 GARF: f. 9409, op. 1, d. 140, l. 12–16.
91 GARF: f. 9409, op. 1, d. 140, l. 17–24.
92 Aufzeichnung Wilke.
93 Bericht Nattke über Familie L.

[94] Bericht Hoffmann, Marschhausen.

[95] Bericht Roch.

[96] Bericht Dr. N.N. [1950b].

[97] Bericht Nehls.

[98] Bericht Schulz.

[99] GARF: f. 9409, op. 1, d. 124, l. 97.

[100] GARF: f. 9401, op. 12, d. 178, l. 48.

[101] GARF: f. 9409, op. 1, d. 263, l. 34.

[102] Vgl. GARF: f. 9409, op. 1, d. 623, l. 39 sowie d. 637, l. 133 sowie d. 640, l. 23; Lipinsky 1996: Ketschendorf/Fürstenwalde, S. 365; Prieß: Das Speziallager 1998, S. 354; nötig bleibt die Freigabe des Fonds im GARF mit den Personalakten der NKVD-Mitarbeiter, um zu gesicherten Aussagen zu gelangen.

[103] Nicht wie in Lipinsky: Ketschendorf 1996, S. 365 fälschlich Domov.

[104] GARF: f. 9409, op. 1, d. 322, l. 24: Schreiben Sviridovs an den Leiter von Lager Nr. 7.

[105] Vgl. zu Verlegungs- und Übergabelisten: Lipinsky 1996: Ketschendorf/Fürstenwalde, S. 361.

[106] GARF: f. 9409, op. 1, d. 649, l. 99: Schreiben an den Leiter von Lager Nr. 6.

[107] Völkner 1997: Überlebt, S. 93.

[108] Bericht Dittner, Hoffmann, Marschhausen, Müller [1964].

[109] Bericht Schulze.

[110] Bericht Noack.

[111] Bericht Nitze.

[112] Bericht Müller [1964].

[113] Klemke 1995: Geiseln, S. 58.

[114] Fischer 1992: Zum Schweigen, S. 52f.

[115] Hartenstein 1992: ...und nachts, S. 116 (Bericht Nickel).

[116] Bericht Rösner.

[117] Bericht Marschhausen; vgl. Bericht Bürger: zu späteren Überprüfungen der Personalien unter Abnahme der Fingerabdrücke.

[118] Vgl. Klemke 1995: Geiseln, S. 60: Zu etwas anders, schärfer formulierten Vorschriften der Lagerordnung.

[119] Bericht Nehls, Rauh.

[120] Bericht Bürger, Eysen.

[121] Bericht Rothe.

[122] Bericht Noack.

[123] GARF: f. 9409, op. 1, d. 133, l. 32f.

[124] GARF: f. 9409, op. 1, d. 133, l. 14–17.

[125] Fischer 1992: Zum Schweigen, S. 49: Haus VII im Frauenlager.

[126] Fischer 1992: Zum Schweigen, S. 56: Haus XV; eine besondere Wache vor der Tür verwehrte den übrigen Gefangenen jeden Zugang zu diesen Räumlichkeiten.

[127] Bericht Petras.

[128] Bericht Noack.

[129] Bericht Große.

[130] Bericht Große, Nehls, Noack, Senger.

[131] Bericht Hoffmann.

[132] Bericht Nattke.

[133] Klemke 1995: Geiseln, S. 111: in Haus IV wurde eine Tuberkulosestation eingerichtet; vgl. jedoch Völkner 1997: Überlebt, S. 134: Haus IV war noch bis Januar 1947 Gefangenenunterkunft.

[134] Bericht Gliesche.

[135] Bericht Große.

[136] Völkner 1997: Überlebt S. 95.

[137] Vgl. auch GARF: f. 9409, op. 1, d. 133, l. 14 bzw. d. 132, l. 104.

[138] Bericht Schulze.

[139] Völkner 1997: Überlebt, S. 124.

[140] EZA: 2/84/311/1: Bericht des Dekans Friedrich Ronneberger vom 7.02.1950.

[141] Bericht Gliesche.

[142] Bericht Walter.

[143] Bericht Petras.

[144] Klemke 1995: Geiseln, S. 99.
[145] Bericht Nehls, Schulze.
[146] Bericht Marschhausen.
[147] Bericht Müller [1964].
[148] Völkner 1997: Überlebt, S. 124.
[149] Bericht Dittner.
[150] Bericht Müller [1964].
[151] Klemke 1995: Geiseln, S. 110.
[152] Bericht Schulz.
[153] Bericht Rauh.
[154] Bericht Schulze.
[155] Bericht Müller [1964].
[156] GARF: f. 9409, op. 1, d. 2, l. 13; vgl. zur Gründung der „Abteilung Speziallager" Fischer/ Lipinsky 1994: Die Sowjetischen Speziallager, S.50.
[157] GARF: f. 9409, op. 1, d. 133, l. 14f., l. 17.
[158] GARF: f. 9409, op. 1, d. 1, l. 84; vgl. d. 145, l. 240 bzw. d. 149, l. 33: dies Regiment schien auch für die Bewachung der Verlegungstransporte und spezieller, mindestens bis 1947 bestehender Transportzüge zuständig zu sein.
[159] GARF: f. 9409, op. 1, d. 144, l. 24.
[160] GARF: f. 9409, op. 1, d. 131, l. 5f.
[161] Vgl. Völkner 1997: Überlebt, S. 118f.
[162] Bericht Nitze.
[163] Bericht Nattke [1964], Senger.
[164] Klonovsky/v.Flocken 1991: Stalins Lager, S. 69 (Bericht Noack).
[165] Bericht Nehls.
[166] Klemke 1995: Geiseln, S. 85–87.
[167] Völkner 1997: Überlebt, S. 139.
[168] Fischer 1992: Zum Schweigen, S. 124.
[169] Hartenstein 1992: ... und nachts, S. 107 (Bericht Roch).
[170] Fischer 1992: Zum Schweigen, S. 54–56.
[171] Bericht Schulz: Spätherbst 1945, vgl. jedoch Fischer 1992: Zum Schweigen, S. 54: Spätsommer 1946.
[172] Vgl. jedoch: Hartenstein 1992: ... und nachts, S. 106 sowie Bericht Boenke: zur gegenteiligen Meinung.
[173] GARF: f. 9409, op. 1, d. 140, l. 28–30, hier l. 28.
[174] Bericht Gill.
[175] Vgl. Klemke 1995: Geiseln, S. 137f.
[176] Bericht Pollack.
[177] Vgl. jedoch Fischer 1992: Zum Schweigen, S. 122: hält fälschlicherweise Ka. für den sowjetischen Lagerkommandanten und Lomov für dessen Vertreter.
[178] Klonovsky/v.Flocken 1991: Stalins Lager, S. 69 (Bericht Noack).
[179] Hartenstein 1992: ... und nachts, S. 105.
[180] Klonovsky/v.Flocken 1991: Stalins Lager, S. 69 (Bericht Noack).
[181] Bericht Nehls.
[182] Hartenstein 1992: ... und nachts, S. 105.
[183] Klemke 1995: Geiseln, S. 131.
[184] Bericht Marschhausen.
[185] Fischer 1992: Zum Schweigen, S. 53f.
[186] Klemke 1995: Geiseln, S. 114.
[187] Vgl. jedoch Bericht Pollack: Dr. S. (vermutlich in Haus I) scheint tatsächlich ein ausgebildeter Arzt gewesen zu sein.
[188] Völkner 1997: Überlebt, S. 112: Die Melder erhielten 100 g Brot pro Tag als Zusatzverpflegung.
[189] Bericht Nehls.
[190] Vgl. Völkner 1997: Überlebt, S. 122.
[191] Vgl. jedoch Aussage Fiedler: Kn. erlaubte den Kranken, sich bei den Zählappellen erst beim Erscheinen der sowjetischen Bewacher hinten in die Reihen zu stellen und als erste wieder abzutreten.

[192] Bericht Nattke [1964].
[193] Fischer 1992: Zum Schweigen, S. 126.
[194] Bericht Nattke [1964].
[195] Fischer 1992: Zum Schweigen, S. 125.
[196] Bericht Jänike.
[197] Klemke 1995: Geiseln, S. 129.
[198] Bericht Marschhausen, Müller [1964].
[199] Klemke 1995: Geiseln, S. 116: Haus XI.
[200] Vgl. jedoch Klemke 1995: Geiseln, S. 116: zwei Tage nur morgens Brot sowie mittags und abends nur Wasser und nur jeden dritten Tag zwei Mahlzeiten Wassersuppe.
[201] Bericht Boenke.
[202] Bericht Nattke [1964].
[203] Hartenstein 1992: ... und nachts, S. 122 (Bericht Jenrich).
[204] Bericht Marschhausen.
[205] Bericht Jänike.
[206] Völkner 1997: Überlebt, S. 111–114.
[207] Bericht Nehls, Rösner.
[208] Bericht Nitze, Reeke.
[209] Bericht Nehls: erwähnt allerdings hinter der Bretterwand noch vier weitere Stacheldrahtzäune, deren äußerster 200 m von der Bretterwand entfernt gestanden haben soll.
[210] GARF: f. 9409, op. 1, d. 131, l. 107f; vgl. Lipinsky 1996: Ketschendorf/Fürstenwalde, S. 369.
[211] Die ehemaligen Insassen sprechen von 15 bis 20 Metern Abstand zum Zaun; eventuell wurde die Latrine nach diesem ersten Fluchtversuch also gezielt verlegt.
[212] Vgl. jedoch die Schreibung Jatmanov in GARF: f. 9409, op. 1, d. 131, l. 108.
[213] Vgl. jedoch in anderen Akten die Schreibung: Kazjulin.
[214] Vgl. jedoch Bericht Nattke: Sch. habe ihn erwischt.
[215] Vgl. jedoch Bericht Nattke: 263 Tage (nach Gesprächen mit einem Überlebenden).
[216] Bericht Eysen: M.G. sei vorzeitig aus dem Bunker ins Lazarett entlassen worden und habe dort unter strenger Bewachung gestanden, weshalb niemand mehr mit ihm sprechen konnte; M.G. starb am 07.08.1946.
[217] Vgl. insgesamt Bericht Noack: (u.a. 246 Tage Bunker nach Gesprächen mit ...).
[218] Völkner 1997: Überlebt, S. 107–109.
[219] Bericht Jänike.
[220] GARF: f. 9409, op. 1, d. 131, l. 57.
[221] Bericht Jänike.
[222] Bericht Nehls.
[223] Vgl. zu den Registrierungsbüchern: Lipinsky 1996: Ketschendorf/Fürstenwalde, S. 362; vgl. als Erläuterung der hohen zentralvergebenen Registrierungsnummern die Gesamtverhaftungs- und -belegungszahlen in: Lipinsky 1995: Sowjetische Speziallager in Deutschland, S. 37–40; vgl. zu vor Öffnung der sowjetischen Archive bekannten Zahlen: ADW, ZBB, 1232: das Hilfswerk der Evangelischen Kirche verfügte bereits im Juli 1948 über Informationen, die als durchschnittliche Belegungszahlen zwischen 5000 und 9500 Personen angaben. Die KgU vermutete, gestützt allein auf Aussagen Überlebender, im Frühjahr 1950 für Ketschendorf als Durchgangslager für Internierte bis zur Auflösung eine Belegung mit 19850 Personen, von denen 7590 verstorben seien; vgl. Finn 1989: Die politischen Häftlinge, S. 45: schätzt bei einer Durchschnittsbelegung von 6200 Personen für Ketschendorf 5300 Tote.
[224] Vgl. Lipinsky 1996: Ketschendorf/Fürstenwalde, S. 362–365; der Dank der Verfasser gilt Frau Hovannesjan von der Berliner Suchdienststelle des DRK für ihre kontrollierende Mithilfe.
[225] GARF: f. 9409, op. 1, d. 603.
[226] GARF: f. 9409, op. 1, d. 137: nennt 110 Tote seit dem 16.11.1945.
[227] GARF: f. 9409, op. 1, d. 134: Zahl der Zentralstatistik der „Abteilung".
[228] GARF: f. 9409, op. 1, d. 143: Zahl der Zentralstatistik der „Abteilung".
[229] GARF: f. 9409, op. 1, d. 655.
[230] GARF: f. 9409, op. 1, d. 146: am 31.12.1946: 5069 Personen (Zahl der Zentralstatistik der „Abteilung").
[231] In den sowjetischen Akten gilt „Jude" (evrej) als Nationalität.
[232] GARF: f. 9409, op. 1, d. 635, l. 24f.; vgl. jedoch d. 636, l. 1.

[233] GARF: f. 9409, op. 1, d. 17, l. 167–225: die Verlegungsliste beziffert 1195, enthält jedoch tatsächlich nur 1190 Personen.
[234] GARF: f. 9409, op. 1, d. 143: Zahl der Zentralstatistik der „Abteilung".
[235] GARF: f. 9409, op. 1, d. 17, l. 114–164: die Verlegungsliste beziffert 1558, enthält jedoch tatsächlich nur 1540 Personen; vgl. jedoch d. 640 bzw. d. 682: 1570 Personen.
[236] GARF: f. 9409, op. 1, d. 17, l. 206–217: 327 oder 328 Personen; vgl. jedoch d. 640 bzw. d. 389: 337 Personen.
[237] GARF: f. 9409, op. 1, d. 21: vermutlich ein falsches Datum für den Transport vom Januar.
[238] Vgl. zu ähnlichen Vorgängen in anderen Speziallagern: Lipinsky 1998: Mobilität, S.226f.
[239] Vgl. jedoch GARF: f. 9409, op. 1, d. 593, l. 3: schon am 14.06.1945 verlangte Sviridov in einer mündlichen Verfügung eine Namensliste des polnischen „Spezialkontingents", das sich demnach bereits im Ketschendorfer Lager befand.
[240] GARF: f. 9409, op. 1, d. 139, l. 99.
[241] Vgl. Lipinsky 1996: Ketschendorf/Fürstenwalde, S. 366.
[242] GARF: f. 9409, op. 1, d. 622, l. 2.
[243] Perser und Iraner sind in der Liste getrennt aufgeführt.
[244] GARF: f. 9409, op. 1, d. 146, l. 5.
[245] Bericht Nattke [1964], Roch.
[246] Bericht Noack.
[247] Bericht Schulz; Hartenstein 1992: ... und nachts, S. 37 (Bericht Fischer).
[248] Bericht Pollack.
[249] Vgl. zu ähnlichen Umregistrierungen am Beispiel des Speziallagers Bautzen, die zusätzlich auf die Fragwürdigkeit der NKVD-Kategorien verweisen: Lipinsky 1998: Häftlingsstruktur, S. 500–503.
[250] GARF: f. 9409, op. 1, d. 143, l. 50.
[251] Vgl. jedoch Prieß 1998: Das Speziallager, S. 355, zählt fälschlicherweise 23 Kreisorganisationsleiter auf.
[252] Bericht Marschhausen.
[253] Vgl. Lipinsky 1998: Mobilität, S. 226.
[254] GARF: f. 9409, op. 1, d. 488, l. 11; vgl. Kilian 1997: Stalins Prophylaxe, S. 546.
[255] Bericht Dittner, Rösner.
[256] Vgl. Lipinsky 1998: Gedenken zwischen Hitler, S. 10–12; Lipinsky 1998: Zwei Diktaturen, S. 455 und S. 457f.
[257] Bericht Marschhausen, Roch, Dittner, Völkner 1997: Überlebt, S. 106.
[258] Fischer 1992: Zum Schweigen, S. 31.
[259] Bericht Graue.
[260] Fischer 1992: Zum Schweigen, S. 136.
[261] GARF: f. 9409, op. 1, d. 147, l. 91.
[262] GARF: f. 9409, op. 1, d. 147, l. 90.
[263] Aus der Gegend um Fürstenwalde dürften keine Bergleute eingeliefert worden sein. Wahrscheinlich benutzte der NKVD diese Berufsbezeichnung einfach für alle Personen, die ihm für den Bergbau tauglich schienen.
[264] GARF: f. 9409, op. 1, d. 147, l. 92.
[265] Vgl. Lipinsky 1996: Ketschendorf/Fürstenwalde, S. 376; Lipinsky 1998: Mobilität, S. 230f.
[266] Kilian 1994: „Brauchbar für Arbeiten".
[267] Lipinsky 1998: Häftlingsstruktur, S. 505.
[268] Vgl. Klonovsky/v.Flocken 1991: Stalins Lager, S. 52.
[269] Bericht Petras, Nehls.
[270] Bericht Marschhausen, Schulz.
[271] Bericht Graue, Noack, Puck, Fachmann, Hilscher, Marschhausen.
[272] Fischer 1992: Zum Schweigen, S. 123.
[273] Bericht Jänike.
[274] Völkner 1997: Überlebt, S. 97f.
[275] Bericht Dittner.
[276] Fischer 1992: Zum Schweigen, S. 123.
[277] Bericht Marschhausen.
[278] Klemke 1995: Geiseln, S. 114.
[279] Bericht Gliesche, Nattke [1964].

[280] Fischer 1992, Zum Schweigen, S. 125 sowie Bericht Dittner, Nattke [1964].

[281] Völkner 1997: Überlebt, S. 133f.

[282] Bericht Nehls.

[283] Völkner 1997: Überlebt, S. 135.

[284] Bericht Nattke [1964], Walter.

[285] Bericht Rösner, Nattke [1964], Jänike, Walter.

[286] Bericht Gliesche.

[287] Klemke 1995: Geiseln, S. 97.

[288] Klemke 1995: Geiseln, S. 97.

[289] Bericht Nattke [1964].

[290] Bericht Dittner.

[291] Bericht Schulz.

[292] Bericht Marschhausen.

[293] GARF: f. 9409, op. 1, d. 278, l. 73: das Original vom 31.03.1945 liegt nicht vor, wird aber auf diesem undatierten Aktenblatt zitiert; vgl. auch d. 278, l. 33: die Norm vom 31.03. bildet eine Anlage zu einem Schreiben von Oberst Sviridov an Major Nikitin, den Leiter des Speziallagers Nr. 8, vom 09.07.1946; Jeske 1998: Versorgung, S. 196: geht ohne weiteren Beleg davon aus, daß diese Norm auch für das „Spezialkontingent" galt und datiert sie fälschlich auf den 31.05.1945.

[294] Petrov 1998: Die Apparate, S. 144.

[295] GARF: f. 9409, op. 1, d. 278, l. 21.

[296] Vgl. Jeske 1998: Versorgung, S. 196: berücksichtigt allerdings diese Juni-Norm, die sie zitiert, nicht und geht deshalb erst von einer Veränderung der Norm im September 1945 aus.

[297] GARF: f. 9409, op. 1, d. 278, l. 91: undatierter Auszug, der diese Norm enthält; vgl. d. 278, l. 34: dieselbe Norm vom Juni bildet eine Anlage zu einem Schreiben von Oberst Sviridov an Major Nikitin, den Leiter des Lagers Nr. 8, vom 09.07.1946, in dem als letztes Datum der Normveränderung der Befehl des Chefs der rückwärtigen Roten Armee Nr. 0196 vom 06.09.1945 angeben wird; Jeske 1998: Versorgung, S. 196: scheint allein diese Veränderung vom September, die sich ausdrücklich wieder nur auf Kriegsgefangene bezieht, zu berücksichtigen, um von veränderten Normen auch für das „Spezialkontingent" zu sprechen. Möglicherweise paßte der Septemberbefehl jedoch nur die Versorgung der Kriegsgefangenen an die im Juni erstmals verabschiedete Norm des „Spezialkontingents" an; vgl. GARF: f. 9401, op. 12, d. 184, l. 247: Der Befehl Nr. 0156 zur Versorgungsordnung der „Internierten" verlangte am 14.06. nochmals, die Normen für die Lebensmittel- und sächliche Versorgung der Kriegsgefangenen auf die „Interniertenkontingente" in den Lagern des NKVD des Systems GUPVI, auf die Kontingente der zeitweilig in Überprüfungs-Filtrationslagern des NKVD und auf die Kontingente der im NKVD-Lager des GULag-Systems Befindlichen auszudehnen.

[298] Bericht Dr. N.N. [1950a].

[299] Diese und folgende Kalorienberechnungen beruhen auf dem Bericht von Dr. N.N. [1950a].

[300] Bericht Dr. N. N. [1950a].

[301] Vgl. Jeske 1998: Versorgung, S. 197f.: Die Versorgungsrationen wurden pauschal für ein Jahr bzw. ein Quartal im voraus zugeteilt. Die laufenden Neuzugänge führten daher zwangsweise zu alltäglichen Kürzungen bei den ausgegebenen Nahrungsmitteln.

[302] Bericht Rösner.

[303] Vgl. Jeske 1998: Versorgung, S. 196.

[304] Jeske 1998: Versorgung, S. 195.

[305] Vgl. GARF: f. 9401, op. 10, d. 181, l. 230–233: Normen (mit Korrekturen) für Gesunde, Kranke, Arbeitende, Jugendliche, Schwangere und Kleinkinder; vgl. auch d. 278, l. 50: Sondernorm für Kranke bzw. d. 278, l. 65f.: Serov wies Sviridov am 31.10.1945 auf erhöhte Normen für Gefängnisse hin.

[306] Bericht Dr. N.N. [1950a]; andere Lagerinsassen berichten jedoch nichts von Marmelade.

[307] Bericht Müller [1964], Fischer 1992: Zum Schweigen, S. 62.

[308] EZA: 2/84/311/1.

[309] GARF: f. 9409, op. 1, d. 133, l. 17.

[310] Vgl. Lipinsky 1996: Ketschendorf/Fürstenwalde, S. 368: zur Verpflegung von „Spezialkontingent" in Gefängnissen durch das Speziallager Nr. 5.

311 GARF: f. 9409, op. 1, d. 278, l. 51.
312 GARF: f. 9409, op. 1, d. 278, l. 1.
313 Bericht Müller [1964].
314 GARF: f. 9409, op. 1,d. 294, l. 21; vgl. Jeske 1998: Versorgung, S. 205.
315 Fischer 1992: Zum Schweigen, S. 72.
316 Bericht Nehls.
317 Bericht Marschhausen.
318 Bericht Dr. N.N. [1950a].
319 GARF: f. 9409, op. 1, d. 278, l. 47.
320 GARF: f. 9409, op. 1, d. 278, l. 41.
321 GARF: f. 9409, op. 1, d. 278, l. 11f.
322 GARF: f. 9409, op. 1, d. 278, l. 62: Schreiben vom 04.11.1946 an alle Lagerleiter; d. 278, l. 2: Schreiben an den Leiter von Nr. 2, Hauptmann Matuskov; d. 278, l. 3: Schreiben an den Leiter von Nr. 9, Oberstleutnant Šmejs.
323 GARF: f. 9409, op. 1, d. 278, l. 9; vgl. d. 278, l. 5 und l. 7: Soldaten werden nicht extra erwähnt.
324 Vgl. Völkner 1997: Überlebt, S. 99f. und S. 102.
325 Völkner 1997: Überlebt, S. 129.
326 Klemke 1995: Geiseln, S. 150.
327 Bericht Jänike.
328 Bericht Marschhausen.
329 Fischer 1992: Zum Schweigen, S. 72.
330 Fischer 1992: Zum Schweigen, S. 44 und S. 55.
331 Bericht Schulz.
332 Bericht Zöllner.
333 Vgl. Klemke 1995: Geiseln, S. 148.
334 GARF: f. 9409, op. 1, d. 294, l. 3f.
335 Bericht Schulze.
336 Bericht Müller [1964].
337 Bericht Schulze.
338 Völkner 1997: Überlebt, S. 99.
339 Bericht Schulze.
340 Bericht Müller [1964].
341 Bericht Jänike.
342 Völkner 1997: Überlebt, S. 97.
343 Bericht Noack.
344 Bericht Nehls.
345 Bericht Senger, Petras.
346 Bericht Petras.
347 Bericht Nattke [1964].
348 Vgl. Völkner 1997: Überlebt, S. 116.
349 Fischer 1992: Zum Schweigen, S. 35: zum Verbot, in den Häusern zu waschen.
350 Klonovsky/v.Flocken 1991: Stalins Lager, S. 65 (Bericht Noack).
351 Bericht Müller [1964], Nattke [1964].
352 Bericht Nattke [1964]; vgl. jedoch Bericht Dr. N.N. [1950b]: wöchentlich gab es einmal die Gelegenheit, einen Bottich heißes Wasser zum Waschen der Wäsche zu bekommen.
353 Bericht Dr. N.N. [1950b].
354 Vgl. jedoch Fischer 1992: Zum Schweigen, S. 124: jede Woche. Das scheint bei der Größe des Lagers ein unwahrscheinlich kurzer Abstand zu sein.
355 Fischer 1992: Zum Schweigen, S. 124.
356 Bericht Jänike.
357 Bericht Boenke, Eysen.
358 Bericht Nattke [1964]; vgl. jedoch Klonovsky/v.Flocken 1991: Stalins Lager, S. 65 (Bericht Noack): die Kopf- und Filzläuse verloren sich nie.
359 Bericht Boenke.
360 Bericht Bürger.
361 Bericht Nehls.
362 Klonovsky/v.Flocken 1991: Stalins Lager, S. 65 (Bericht Noack).
363 Bericht Nattke [1964].

364 Völkner 1997: Überlebt, S. 115f.
365 Klemke 1995: Geiseln, S. 110f.
366 Hartenstein 1992: … und nachts, S. 107 (Bericht Roch).
367 Bericht Ihlenfeld.
368 Vgl. Fischer 1992: Zum Schweigen, S. 43.
369 Völkner 1997: Überlebt, S. 125 und S. 140.
370 Bericht Nehls.
371 Bericht Große, Nehls.
372 Bericht Jänike.
373 Fischer 1992: Zum Schweigen, S. 34.
374 Fischer 1992: Zum Schweigen, S. 37–39.
375 Bericht Pollack.
376 Bericht Nattke [1964].
377 Bericht Müller [1964].
378 Bericht Große, Nehls, Schwartz.
379 Bericht Nehls.
380 Bericht Nattke [1964], Schwartz.
381 Bericht Marschhausen, Schulz.
382 Bericht Jänike.
383 Fischer 1992: Zum Schweigen, S. 34.
384 Bericht Nehls.
385 Fischer 1992: Zum Schweigen, S. 64.
386 Fischer 1992: Zum Schweigen, S. 62 und S. 64.
387 Bericht Boenke.
388 Bericht Boenke.
389 Bericht Boenke.
390 Bericht Müller [1964].
391 Vgl. die zu Unrecht verhältnismäßig ausführliche Erwähnung dieser „Kultura" in Prieß 1997: Ketschendorf – Speziallager Nr. 5, S. 48, bzw. Prieß 1998: Das Speziallager, S. 358.
392 Vgl. Lipinsky 1998: Zwei Diktaturen, S. 455.
393 Bericht Jänike; vgl. jedoch Klemke 1995: Geiseln, S. 151f.: berichtet nur für 1947 von mehreren Vorstellungen der „Kultura", obwohl in diesem Jahr das Lager bereits aufgelöst worden sein dürfte.
394 Bericht Jänike.
395 Klemke 1995: Geiseln, S. 121.
396 Bericht Rösner, Schulz, Nehls.
397 Bericht Nattke [1964], Nehls.
398 Bericht Nehls.
399 Vgl. Klemke 1995: Geiseln, S. 118–127.
400 Bericht Dittner.
401 Bericht Gill.
402 Bericht Dittner.
403 Bericht Schulz.
404 Fischer 1992: Zum Schweigen, S. 160.
405 Fischer 1992: Zum Schweigen, S. 72.
406 Bericht Lachmann.
407 Bericht Dittner.
408 Bericht Hoffmann.
409 Bericht Schulz.
410 Bericht Jänike.
411 Bericht Jänike.
412 Bericht Gliesche; vgl. Klemke 1995: Geiseln, S. 127.
413 Bericht Schulze, Nattke [1964].
414 Bericht Müller [1964].
415 Bericht Jänike.
416 Bericht Rösner.
417 Vgl. jedoch Völkner 1997: Überlebt, S. 137: noch Ende 1946 wurden Mitarbeiter für das Totenkommando gesucht, aber wegen fehlender Russischkenntnisse abgelehnt.

…bt, S. 104.

…eln, S. 99f.

…n Schweigen, S. 159.

…am Schweigen, S. 61.

…1997: Überlebt, S. 115.

…ller [1964].

…ehls.

…Eysen.

…nt Jänike.

428 …icht Reeke.

429 Bericht Pollack.

430 Bericht Nattke.

431 Bericht Nehls.

432 Bericht Lehmann.

433 Bericht Marschhausen.

434 Bericht Jänike.

435 Bericht Nattke [1964].

436 Bericht Dr. N.N. [1950a], Müller [1964].

437 Bericht Jänike.

438 Bericht Pollack.

439 Bericht von Poncet.

440 Bericht Jänike, Dr. N.N. [1950a].

441 Bericht Boenke.

442 Bericht Dr. N.N. [1950a].

443 Dem DRK-Suchdienst liegen die systematisch ausgewerteten bisher zugänglichen Journale und Totenlisten vor.

444 Bericht Hannemann.

445 Völkner 1997: Überlebt, S. 146.

446 Bericht Rösner.

447 Bericht von Poncet.

448 Hartenstein 1992: … und nachts, S. 90 (Bericht Brüning).

449 Bericht Nehls.

450 Fischer 1992: Zum Schweigen, S. 144f.

451 Bericht Dr. N.N. [1950a].

452 Bericht Boenke.

453 Klemke 1995: Geiseln, S. 111.

454 Bericht Müller [1964].

455 Völkner 1997: Überlebt, S. 146–148.

456 Bericht Boenke.

457 Bericht Ihlenfeld, Völkner 1997: Überlebt, S. 136.

458 Bericht Boenke.

459 Bericht Ihlenfeld.

460 Bericht Boenke.

461 Bericht Müller [1964].

462 Hartenstein 1992: … und nachts, S. 89f. (Bericht Brüning).

463 Bericht Boenke.

464 Bericht Noack.

465 Hartenstein 1992: … und nachts, S. 93 (Bericht Roch)

466 Bericht Boenke, Graue; Hartenstein 1992: … und nachts, S. 94 (Bericht Roch).

467 Bericht von Poncet.

468 Hartenstein 1992: … und nachts, S. 92f. (Bericht Roch)

469 Bericht Boenke, Ihlenfeld, Marschhausen.

470 Vgl. Nattke [1964]: erst 1946 stellte der NKVD in beschränktem Umfang Medikamente und Arztbesteck, Diätkost, Decken und Strohsäcke zur Verfügung.

471 Bericht Marschhausen.

472 Bericht von Poncet.

473 Bericht Müller [1964].

[474] Bericht Boenke.
[475] Bericht S.
[476] Bericht Nattke [1964].
[477] Boll 1997: Beobachtungen, S. 161 (Bericht Noack).
[478] Bericht von Poncet.
[479] Bericht Schulz.
[480] Bericht Ihlenfeld.
[481] Völkner 1997: Überlebt, S. 136.
[482] Vgl. Klemke 1995: Geiseln, S. 142–145.
[483] Völkner 1997: Überlebt, S. 126.
[484] Klonovsky/v.Flocken 1991: Stalins Lager, S. 62 (Bericht Noack); vgl. Boll 1997: Beobach-tungen, S. 162 (Bericht Noack).
[485] Klonovsky/v.Flocken 1991: Stalins Lager, S. 71 (Bericht Wächter).
[486] Klemke 1995: Geiseln, S. 145.
[487] Fischer 1992: Zum Schweigen, S. 141.
[488] Bericht Boenke.
[489] Bericht Boenke.
[490] Klonovsky/v.Flocken 1991: Stalins Lager, S. 69 (Bericht Noack).
[491] Bericht Graue.
[492] Bericht Eysen.
[493] Preissinger 1991: Todesfabriken, S. 91 (Bericht Noack).
[494] Bericht Dr. N.N. [1950b], Rösner.
[495] Bericht Schulze.
[496] Bericht Rösner.
[497] Bericht Rösner.
[498] Bericht Müller [1964], Rösner.
[499] Brief Kr.
[500] Bericht Noack.
[501] Bericht Nattke [1964]; vgl. Lipinsky 1997: Das sowjetische Speziallager Nr. 2, S. 101: zu ‹Namenlosen›, für die bei der Auflösung Buchenwalds 1950 keine Akte vorlag. Eventuell liegt hierin eine Erklärung für den Aufruf bereits Verstorbener, für die der NKVD offen-sichtlich noch eine Akte führte. Mit diesen falschen Akten könnten z.B. die bei genauerer Überprüfung nun ‹Namenlosen› eingeliefert worden sein.
[502] Vgl. zu einem ansatzweisen Vergleich der unterschiedlichen Infrastruktur in den Spezial-lagern: Lipinsky [1997]: Gefängnisse.
[503] Bericht Gliesche.
[504] Bericht Müller [1964].
[505] Bericht Dr. N.N. [1950a].
[506] Bericht Dittner, Klonovsky/v.Flocken 1991: Stalins Lager, S. 70 (Bericht Wächter).
[507] Bericht Bürger.
[508] Bericht Grasnick, Brief Noack an Stadt- und Kreismuseum Neubrandenburg.
[509] Bericht Gliesche.
[510] Klemke 1995: Geiseln, S.152.
[511] Sopade Informationsdienst. Denkschriften 28 vom 01. bis 03.06.1950, zitiert nach Prieß/Erler 1995: Internierte, S. 152.
[512] Bericht B: Mitteilung eines an der Exhumierung beteiligten Arbeiters.
[513] Vgl. jedoch Mückler/Hinderlich 1995: Halbe, S. 43: 4414 sowie Prieß/Erler 1995: Internierte, S. 145: mehr als 4500.
[514] Bericht Schulze, Schwartz.
[515] Bericht Eysen.
[516] Vgl. als erstmaligen Abdruck der Zahlentabelle: Lipinsky 1996: Ketschendorf/Fürsten-walde, S. 373–375; vgl. als synoptische Übersicht aller bisher bekannten Verlegungen zwi-schen den Speziallagern: Lipinsky 1997: Verlegungen, S. 46–51.
[517] GARF: f. 9409, op. 1, d. 591, l. 115: da Andreev die Verlegungsliste unterzeichnete, war wohl trotz anderer Lagernummer Ketschendorf gemeint, wo also ebenfalls eine SMERŠ-Abtei-lung bestand. Da Hauptmann Kapranov später als Mitarbeiter der „Abteilung Spezial-lager" geführt wird, könnte die Anforderung sich jedoch auch an diese richten, die bis Anfang Juli 1945 noch in Fürstenwalde ansässig war.

518 GARF: f. 9409, op. 1, d. 592, l. 107.
519 GARF: f. 9409, op. 1, d. 599, l. 137.
520 Bericht W.
521 GARF: f. 9409, op. 1, d. 613, l. 31: die Bitte richtete er fälschlich an den Leiter von Nr. 7 (Fürstenwalde).
522 GARF: f. 9409, op. 1, d. 623, l. 46.
523 GARF: f. 9409, op. 1, d. 322, l. 31; vgl. d. 488, l. 6.
524 GARF: f. 9409, op. 1, d. 598, l. 233.
525 GARF: f. 9409, op. 1, d. 139, l. 33.
526 Vgl. Lipinsky 1997: Das sowjetische Speziallager Nr. 2, S. 81.
527 GARF: f. 9409, op. 1, d. 139, l. 1.
528 GARF: f. 9409, op. 1, d. 622, l. 72.
529 Bericht Schulze: im Original steht allerdings „Hausbeauftragten".
530 Bericht Schulze.
531 GARF: f. 9409, op. 1, d. 619, l. 73a bzw. l. 77: Wertsachenlisten; vgl. d. 145, l. 229: ursprünglich war am 02.04. geplant, statt der am 16.04. verlegten 1000 Personen, 1250 Ketschendorfer nach Jamlitz zu schicken.
532 GARF: f. 9409, op. 1, d. 634, l. 26.
533 GARF: f. 9409, op. 1, d. 139, l. 85.
534 GARF: f. 9409, op. 1, d. 139, l. 84 (Posen wird hier mit Nr. 1 statt der sonst üblichen Nr. 2 bezeichnet).
535 GARF: f. 9409, op. 1, d. 593, l. 15; vgl. HStA Weimar, Minpräs. 534, Bl. 234a: der Direktor der Deutschen Erdöl-AG Mineralölwerke Rositz sei am 13.08.1945 von der GPU zum Verhör abgeholt worden, am 22.09. vom Fliegerhorst Leinawald b/Altenburg nach Ketschendorf und von dort am 14.12.1945 nach Posen, Lazarusvorstadt, verlegt worden.
536 Bericht Dr. N.N. [1950b].
537 GARF: f. 9409, op. 1, d. 139, l. 77: vgl. seinen Befehl vom 24.07., 1500 Personen aus Nr. 3 in Nr. 5 zu verlegen, was am 29.07. mit 1084 auch geschah, bzw. seine Anordnung vom 29.07.1945, aus Ketschendorf 700 Gefangene nach Nr. 6 zu verlegen, ein Transport, der sich bisher nicht aktenmäßig nachweisen läßt.
538 Lipinsky 1998: Speziallager Torgau, S. 150f.; Pampel 1998: Die sowjetischen Speziallager, S. 413.
539 GARF: f. 9409, op. 1, d. 139, l. 102.
540 Bericht Puck: 1200 Personen sind am 25.07. weiterverlegt worden.
541 GARF: f. 9409, op. 1, d. 488, l. 8.
542 GARF: f. 9409, op. 1, d. 649, l. 42 bzw. d. 139, l. 68; vgl. d. 1, l. 45: Befehl Sviridovs Nr. 0284, der hier Fünfeichen an dessen sofortige Ausführung erinnert; vgl. zur anschließenden Deportation über Torgau: Lipinsky 1998: Speziallager Torgau, S. 160f.
543 GARF: f. 9409, op. 1, d. 649, l. 43.
544 GARF: f. 9409, op. 1, d. 139, l. 60.
545 GARF: f. 9409, op. 1, d. 139, l. 55.
546 Bericht Nattke.
547 Bericht Schulze.
548 GARF: f. 9409, op. 1, d. 599 bzw. d. 622, l. 4 bzw. l.12.
549 GARF: f. 9409, op. 1, d. 282: Nachweis auf einer im Zuge der Auflösung erstellten Dokumentenliste mit Datum vom 04.06.1946; vgl. d. 622.
550 GARF: f. 9409, op. 1, d. 358, l. 99.
551 GARF: f. 9409, op. 1, d. 358, l. 98.
552 GARF: f. 9409, op. 1, d. 623, l. 39.
553 Bericht Marschhausen.
554 Bericht Marschhausen, Schulz.
555 GARF: f. 9409, op. 1, d. 623, l. 43: der Aufnahmeakt trägt fälschlich das Datum vom 08.06.1946.
556 GARF: f. 9409, op. 1, d. 634, l. 12: Verfügung 1532/6: zu Bautzen; vgl. d. 355, l. 36: zu Sachsenhausen; d. 722, l. 53: zu Torgau; Kilian 1993: Die „Mühlberg-Akten", S. 1154: Ende 1946 hatte auch Mühlberg die letzten beiden sowjetischen Festgehaltenen an Ketschendorf übergeben.
557 GARF: f. 9409, op. 1, d. 642, l. 5.

558 Lipinsky 1998: Speziallager Torgau, S. 160f.; Pampel 1998: Die sowjetischen Speziallager, S. 420–425.
559 GARF: f. 9401, op. 12, d. 178, l. 40 bzw. l. 36.
560 Bericht Müller [1964], Norenz, vgl. Baumann.
561 Bericht Müller [1964].
562 Vgl. Kilian 1994: „Brauchbar für Arbeiten", S. 207–213 bzw. Kilian 1993: Die „Mühlberg-Akten", S. 1151f.: wegen des schlechten Gesundheitszustands der Deutschen kamen erheblich weniger Personen als die gewünschten 27.500 zusammen; bzw. Kilian 1997: Stalins Prophylaxe, S. 558–560.
563 GARF: f. 9409, op. 1, d. 388, l. 1 bzw. d. 548, l. 1: Anweisung Sviridovs an Bautzen.
564 GARF: f. 9409, op. 1, d. 469, l. 3: u.a. zur Reihenfolge der Lagerbegutachtung.
565 Scholmer 1954: Die Toten, S. 80.
566 Völkner 1997: Überlebt, S. 142.
567 Bericht Müller [1964].
568 GARF: f. 9409, op. 1, d. 150, l. 11: Bericht Major Andreevs vom 19.01.1947.
569 GARF: f. 9409, op. 1, d. 637.
570 Bericht Marschhausen.
571 GARF: f. 9409, op. 1, d. 139 bzw. d. 150.
572 Vgl. Bericht Müller [1964] bzw. das unveröffentlichte, im Archiv der Initiativgruppe vorliegende Manuskript zum „Pelzmützentransport"; vgl. GARF: f. 9409, op. 1, d. 401, l. 50: zur weiteren Sammlung von Spezialisten.
573 GARF: f. 9409, op. 1, d. 133, l. 42.
574 GARF: f. 9409, op. 1, d. 133, l. 41.
575 Bericht Boenke.
576 Die Lagerinsassen berichten einstimmig nur von einem Transport nach Fünfeichen.
577 Vgl. jedoch Klemke 1995: Geiseln, S. 152: Ketschendorf wurde erst im Herbst 1947 aufgelöst.
578 Bericht Nitze.
579 Bericht Nehls.
580 Fischer 1992: Zum Schweigen, S. 96.
581 Bericht Nehls.
582 Bericht Bürger.
583 Fischer 1992: Zum Schweigen, S. 96.
584 GARF: f. 9409, op. 1, d. 637, l. 133 bzw. l. 12ff.: Namenslisten.
585 Bericht Boenke.
586 Diözesanarchiv Berlin V 16–5: der Berichterstatter vermutete, daß die Kinder nach Torgau, Fünfeichen und Sachsenhausen verstreut wurden.
587 GARF: f. 9409, op. 1, d. 637, l. 139: welcher Transport hier genau gemeint war, ist unklar.
588 GARF: f. 9409, op. 1, d. 637, l. 83: Bericht Andreevs vom 24.01.1947.
589 Vgl. jedoch Kilian 1993: Einzuweisen, S. 132: 24.01.1947.
590 GARF: f. 9409, op. 1, d. 637, l. 12: auf der handschriftlichen Verlegungsliste wurden 1195 Namen aufgeführt, von denen 5 Namen rot durchgestrichen bzw. einige mit Häkchen versehen waren; vgl. ebd., l. 84: Übernahmeakt vom 25.01.1947: bei der Übernahme fehlten die Akten für 2 Personen; 72 waren statt in der Zentralregistratur nur über Karten registriert worden; vgl. ebd., l. 167–205: Verlegung vom 21.01.1947 nach Mühlberg mit Angaben zu Namen, Geburtsjahr, Nationalität, Aktennummer, „Färbung", ausdrücklich der Nummer der persönlichen Akte sowie der „Art des Verbrechens". Die Liste weist 1195 Namen aus, enthält jedoch de facto nur 1190 Personen. Angekündigt waren 1200 zu verlegende Gefangene.
591 Kilian 1993: Einzuweisen, S. 132.
592 GARF: f. 9409, op. 1, d. 17, l. 114–164; vgl. ebd., l. 206–217: Etappierungsliste nach Sachsenhausen enthält 327 statt 328 Personen; vgl. Lipinsky 1996: Ketschendorf/Fürstenwalde, S. 382.
593 Völkner 1997: Überlebt, S. 148–156.
594 Bericht Jänike.
595 Völkner 1997: Überlebt, S. 157.
596 Bericht Grasnick: vermutlich meint er diesen, von ihm nicht mit einem Datum bezeichneten Transport; Völkner 1997: Überlebt, S. 163.

597 Bericht Grasnick.

598 GARF: f. 9409, op. 1, d. 640, l. 26.

599 GARF: f. 9409, op. 1, d. 640, l. 23f.: Akt vom 03.03.1947; vgl. Lipinsky 1996: Ketschendorf/Fürstenwalde, S. 380f. (u.a. zur „Färbung").

600 GARF: f. 9409, op. 1, d. 497, l. 9; ebd., d. 656, l. 49.

601 GARF: f. 9409, op. 1, d. 298, l. 9–11.

602 Bericht Lachmann.

603 GARF: f. 9409, op. 1, d. 642, l. 9.

604 GARF: f. 9409, op. 1, d. 469, l. 21; vgl. d. 497, l. 12: mindestens bis zum 18.03. wirkte Matuskov noch als Lagerleiter von Buchenwald; vgl. d. 259, l. 135ff. zur Aktenübersendung nach Liquidation der „Abteilung" 1950 bzw. d. 280 mit Dokumenten zur Auflösung von Nr. 5 wie Akten der Registraturabteilung sowie Inventarlisten bzw. d. 285 mit der Auflistung der zu vernichtenden Dokumente.

605 Bericht Bürger, Jänike, Rösner.

606 Bericht Rösner.

607 Bericht Marschhausen, Rösner.

608 Bericht Gliesche.

609 Hartenstein 1992: … und nachts, S. 115 (Bericht Jenrich).

610 Bericht B.

611 Bericht Schulz.

612 GARF: f. 9409, op. 1, d. 140, l. 28.

613 Bericht Rösner.

614 Bericht Schulz.

615 Bericht Gliesche, Schulz.

616 Bericht Schulz.

617 Bericht Marschhausen.

618 Bericht Walter.

619 Bericht Schulz.

620 HStA Weimar, MdI 217, Bl. 30.

621 Vgl. insgesamt zu dem sehr unterschiedlichen Einsatz von Kirchen, Parteien, Politikern für die vom NKVD Verschleppten: Lipinsky [1997]: Gefängnisse.

622 Bericht Walter.

623 Diözesanarchiv Berlin V 16–5: Bericht von H. an den Katholischen Bischof von Berlin Preysing vom 10.07.1947.

624 ADW, CA/O, 272

625 ADW, ZBB, 145; statt Müllrose bei Frankfurt/O, das bisher nicht als Lagerstandort bekannt ist, war hier sicherlich Jamlitz/Lieberose gemeint.

626 ADW, ZBB, 145.

627 HStA Dresden, MdI 124.

628 HStA Dresden, MdI 127.

629 ADW, ZBB, 293: Brief B's vom 20.07.1949.

630 ADW, ZBB, 287: u.a. Listen mit Personen, die in Ketschendorf vom 13.09.1945 bis zum Mai 1947 oder 02.10.1945 bis 16.02.1947 gefangen waren und über Jamlitz nach Buchenwald gelangten, bzw. zum Aufenthalt einer Frau vom 06.08.1945 bis 16.01.1947 in Ketschendorf mit anschließender Verlegung über Jamlitz, Mühlberg nach Buchenwald; ebd., 1227: neueste Liste der Heimkehrer vom 04.03.1950 (u.a. eine Person, die sowjetische Organe vom 02.-09.08.1945 in Forst, bis zum 25.08. in Cottbus, bis zum 21.01.1946 in Ketschendorf, dann in Mühlberg und Buchenwald festgehalten hatten).

631 ADW, ZBB, 2053a: Bericht vom 16.01.1954.

632 HStA Weimar, Land Thüringen, MdI, Nr. 228, Bl. 16 und Bl. 18.

633 BAPotsdam, P-1, 0623, Fasz. II -767/49, Bl. 8; HStA Dresden, LRS, MdJ, 54, Bl. 129: das Berliner MdJ hielt auch am 31.01.1950 daran fest, eine Todeserklärung nach § 39 sei nicht möglich, da dies eine Umgehung der Anordnung der Innenverwaltung bedeuten würde; vgl. ausführlicher zum Ringen um Todeserklärungen: Lipinsky [1997]: Gefängnisse.

634 LHA Schwerin, Ministerpräsidium HA Justiz , Nr. 880.

635 ZPA, NL90/440, Bl. 86f.

636 LHA Schwerin, Ministerpräsidium, HA Justiz, Nr. 880; HStA Dresden, LRS, MdI, Nr. 1933: Rundverfügung des MdI Potsdam vom 14.09.1950.

[637] Vgl. auch HStA Dresden, LRS, Ministerpräsident, Nr. 338, Bl.61; vgl. HStA Dresden, LRS, MdJ, Nr. 348: das Drängen auf Regelung hielt z.B. durch das Amtsgericht Leipzig, dem zahlreiche Aufgebotsverfahren vorlagen, noch am 27.02.1951 an.

[638] LHA Schwerin, Ministerpräsidium, Nr. 293; HStA Dresden, LRS, MdI, Nr. 126.

[639] HStA Dresden, LRS, MdI, Nr. 126 bzw. Nr. 127.

[640] HStA Dresden, LRS, MdI, Nr. 127: Beschwerdebrief an Pieck vom 24.01.1952.

[641] HStA Dresden, LRS, MdI, Nr. 127.

[642] Bericht Wurscher.

[643] Bericht Gruoner.

[644] Anlagen Dänschel.

[645] Bericht Gruoner.

[646] Bericht Dittner.

[647] Lukas 1994: Psychische und physische Folgen, S. 49.

[648] Fischer 1997: Von der Last, S. 47.

[649] Bericht Rösner.

[650] Landesarchiv Potsdam, MdI – Bestand 2 LDVP, Bd. 201/ Bl. 152.

[651] Hartenstein 1992: ... und nachts, S. 184 (Bericht Pischke) und S. 186 (Bericht Fischer).

[652] LHA Schwerin, Ministerpräsidium, Nr. 219.

[653] LHA Schwerin, MdI 1945–1952, Nr. 20.

[654] Welt am Sonntag, 21.06.1996, S. 92: Bericht eines Insassen.

[655] Bericht Große.

[656] Hartenstein 1992: ... und nachts, S. 190f. (Bericht Fischer-Kupfer) und S. 222 (Bericht Horn); Fischer 1992: Zum Schweigen, S. 194ff.

[657] Bericht Rothe.

[658] Bericht Hilscher.

[659] Brandenburg. LHA, Ld.Br.Rep. 203, Nr. 799, Bl. 17.

[660] Diözesanarchiv Berlin V 16–5: der Briefschreiber vermutete also fälschlich jeweils in Oranienburg und Sachsenhausen ein Lager.

[661] Brandenburg. LHA, Ld.Br.Rep. 203, Nr. 799, Bl. 1.

[662] Brandenburg. LHA, Ld.Br.Rep. 203, Nr. 799, Bl. 2: H. nahm fälschlich an, die DWK, die z.T. in Doppelzuständigkeit mit der DVdI tätig war, habe die Umbettungsverfügung erlassen.

[663] Brandenburg. LHA, Ld.Br.Rep. 203, Nr. 799, Bl. 1.

[664] Brandenburg. LHA, Ld.Br.Rep. 203, Nr. 799, Bl. 4.

[665] Brandenburg. LHA, Ld.Br.Rep. 203, Nr. 799, Bl. 5.

[666] Brandenburg. LHA, Ld.Br.Rep. 203, Nr. 799, Bl. 6.

[667] Brandenburg. LHA, Ld.Br.Rep. 203, Nr. 799, Bl. 13.

[668] Brandenburg. LHA, Ld.Br.Rep. 203, Nr. 799, Bl. 17.

[669] Vgl. Preissinger 1991: Todesfabriken, S. 79: ein Fuhrunternehmer habe im Auftrag der sowjetischen Lagerleitung sargähnliche Kisten nach Halbe transportiert. Der Friedhof dort wurde jedoch erst 1951 angelegt, der Transport kann demnach erst 1951/52 stattgefunden haben, dann jedoch nicht mehr im Auftrag der sowjetischen Lagerleitung.

[670] Mückler/Hinderlich 1995: Halbe, S. 42.

[671] Liste der Umbettungen von der Firma Löffler, vom VDK an Initiativgruppe übergeben; vgl. jedoch Mückler/Hinderlich 1995: Halbe, S. 43: 4414 Tote wurden umgebettet.

[672] Vgl.: Prieß/Erler 1995: Internierte, S. 154; vgl. jedoch: Mückler/Hinderlich 1995: Halbe, S. 43: Grabfeld IX in 320 Grabstellen.

[673] Bericht Ermisch [1956].

[674] Prieß/Erler 1995: Internierte, S. 154; Bericht B.

[675] Mückler/Hinderlich 1995: Halbe, S. 43.

[676] Brief Wilke an Noack; vgl. Mückler/Hinderlich 1995: Halbe, S. 43 sowie Prieß/Erler 1995: Internierte, S. 155.

14. Anhang

Abkürzungen und Erläuterungen

č – lies: tsch
š – lies: sch
v – lies: w
ž – lies: wie das zweite **g** in Gara**g**e

0 – Geheim
00 – Streng geheim
AChO – Administrativno-chozjajstvennyj otdel (Verwaltungs- und Wirtschaftsabteilung)
ADW – Archiv des Diakonischen Werkes der EKD e.V., Berlin
BAPotsdam – Bundesarchiv Potsdam
BDM – Bund Deutscher Mädel
Bl. – Blatt (als Bezeichnung der kleinsten Akteneinheit)
Brandenburg. LHA – Brandenburgisches Landeshauptarchiv Potsdam
CDU(D) – Christlich-Demokratische Union (Deutschlands)
Čekisty – ursprünglich Angehörige der Čeka (Črezvyčajnaja komissija – Außerordentliche Kommission), später gebraucht für Angehörige der GPU und des NKVD
d. – delo (Akte; Bestandseinheit in russischen Archiven)
DDR – Deutsche Demokratische Republik
Deka – Deutsche Kabelwerke
DJV – Deutsche Zentralverwaltung für Justiz
DRK – Deutsches Rotes Kreuz
DSF – Deutsch-Sowjetische Freundschaft
DVdI – Deutsche Verwaltung des Innern
DWK – Deutsche Wirtschaftskommission
EKD – Evangelische Kirche in Deutschland
EZA – Evangelisches Zentralarchiv in Berlin
f. – fond (Bestand; Einheit in russischen Archiven)
FDGB – Freier Deutscher Gewerkschaftsbund
FDJ – Freie Deutsche Jugend
g – Gramm
GARF – Gosudarstvennyj archiv Rossijskoj Federacii (Staatsarchiv der Russischen Föderation, Moskau)
Gestapo – Geheime Staatspolizei
GPU – Gosudarstvennoe Politupravlenie (Staatliche politische Verwaltung) [Vorläufer des NKVD]
GSOVG – Gruppa sovetskich okkupacionnych vojsk v Germanii (Gruppe der Sowjetischen Besatzungstruppen in Deutschland)
GULag – Glavnoe upravlenie ispravitel'no-trudovych lagerej (Hauptverwaltung der Besserungs- und Arbeitslager)
GUPVI – Glavnoe upravlenie po delam voennoplennych i internirovannych (Hauptverwaltung für Angelegenheiten von Kriegsgefangenen und Internierten)
GUVS – Glavnoe upravlenie voennogo snabženija (Hauptverwaltung der Militärversorgung)
HA – Hauptabteilung
HJ – Hitlerjugend
HStA Dresden – Sächsisches Hauptstaatsarchiv Dresden
HStA Weimar – Thüringisches Hauptstaatsarchiv Weimar
karascho – russisch: chorošo (gut, okay)
KgU – Kampfgruppe gegen Unmenschlichkeit
KPZ – Kamera predvaritel'nogo zaklučenija (Zelle für Untersuchungshaft); möglicherweise die offizielle NKVD-Bezeichnung für die sogenannten „GPU-Keller" z.B. der Oper-Sektoren
KZ – Konzentrationslager
l. – list (Blatt; als Bezeichnung der kleinsten Akteneinheit in russischen Archiven)
LDP(D) – Liberal-Demokratische Partei (Deutschlands)

308

LHASA – Landeshauptarchiv Sachsen-Anhalt, Magdeburg
LHASchwerin – Mecklenburgisches Landeshauptarchiv Schwerin
LRS – Landesregierung Sachsen
MdI – Ministerium des Innern
MdJ – Ministerium der Justiz
MGB – Ministerstvo gosudarstvennoj bezopasnosti (Ministerium für Staatssicherheit)
MVD – Ministerstvo vnutrennych del (Ministerium für Innere Angelegenheiten)
MVS – Ministerstvo voennych sil (Ministerium der Streitkräfte)
NDP(D) – National-Demokratische Partei (Deutschlands)
NKGB – Narodnyj komissariat gosudarstvennoj bezopasnosti (Volkskommissariat für Staatssicherheit)
NKVD – Narodnyj komissariat vnutrennych del (Volkskommissariat für Innere Angelegenheiten)
NL – Nachlaß
NS – Nationalsozialismus; nationalsozialistisch
NSDAP – Nationalsozialistische Deutsche Arbeiterpartei
NSF – Nationalsozialistische Frauenschaft
NSKK – Nationalsozialistisches Kraftfahrkorps
OKR – Otdel kontrrazvedki (Abteilung der Spionageabwehr)
op. – opis' (Verzeichnis; Bestandseinheit in russischen Archiven)
Oper-Gruppe – Operative Gruppe [lokale Untersuchungseinheit des NKVD]
Oper-Sektor – Operativer Sektor [der Operativen Gruppe übergeordnete NKVD-Einheit]
RSFSR – Rossijskaja Sovetskaja Federativnaja Socialističeskaja Respublik (Russische Sozialistische Föderative Sowjetrepublik)
SA – Sturmabteilung
SBZ – Sowjetische Besatzungszone [Deutschlands]
SD – Sicherheitsdienst
SED – Sozialistische Einheitspartei Deutschlands
SKK – Sowjetische Kontrollkommission
SMA – Sowjetische Militäradministration [auf Länder- und Provinzialebene]
SMAD – Sowjetische Militäradministration in Deutschland [auf der zentralen Ebene mit Sitz in Berlin-Karlshorst]
SMERŠ – Smert' Špionam (Tod den Spionen) [besondere Aufklärungseinheit der sowjetischen Armee]
SMT – Sowjetisches Militärtribunal
SS – Sturmstaffel
SSR – Sovetskaja Socialističeskaja Respublika (Sozialistische Sowjetrepublik)
tschekistisch – siehe Čekisty
UdSSR – Union der Sozialistischen Sowjetrepubliken
UKR – Upravlenie kontrrazvedki (Verwaltung der Spionageabwehr)
UOKG – Union der Opferverbände kommunistischer Gewaltherrschaft e.V.
UPS – Upravlenie prodovol'stvennym snabženiem (Verwaltung für Lebensmittelversorgung)
VDK – Volksbund Deutsche Kriegsgräberfürsorge e.V.
vgl. – vergleiche
VVN – Vereinigung der Verfolgten des Naziregimes
ZBB – Zentralbüro Berliner Stelle [Aktenbestand im ADW]
ZPA – Zentrales Parteiarchiv, Berlin [heute: Stiftung Archiv der Parteien und Massenorganisationen der DDR im Bundesarchiv/SAPMO-Barch, Berlin]

Archivalien

ADW, CA/O, 272; ZBB, 77, 145, 287, 293, 1226f., 1232, 2053a.

BAPotsdam, O-1, 39740/1; P-1, 0622, Fasz. II (3)-622/49; P-1, 0623, Fasz. II-767/49.

Brandenburg. LHA Potsdam, LdBrRep. 203, Nr. 799.

Diözesanarchiv Berlin V 16–5.
EZA, 2/84/311/1.

GARF, f. 9401, op. 10, d. 181.

GARF, f. 9401, op. 12, d. 178, d. 198.

GARF, f. 9409, op. 1, d. 1–2, d. 6, d.17, d. 38, d.124, d. 129, d. 131–134, d.139–140, d. 143–147, d. 149–150, d. 219, d. 240, d. 259, d. 263, d. 278, d. 280, d. 282, d. 285, d. 294, d. 298, d. 322, d. 326, d. 350, d. 355, d. 358, d. 379–380, d. 388–389, d. 401, d. 469, d. 488, d. 497, d. 506, d. 509, d. 548, d. 590–640, d. 642–643, d. 649, d. 655–656. d. 682.

HStA Dresden, LRS, MdI Nr. 123, Nr. 126–127, Nr. 1933; LRS, MdJ Nr. 52, Nr. 54, Nr. 345, Nr. 347–348, Nr. 423; MdI Nr. 124, 127; Ministerpräsident, Nr. 338.

HStA Weimar, Land Thüringen MdI Nr. 217, 225, 227–228; Minpräs. Nr. 534;

Konsistorium der Evangelischen Kirche in Berlin-Brandenburg, 322, K23, Bd. II, 1947–1948.

Landesarchiv Potsdam, MdI – Bestand 2 LDVP, Bd. 201/ Bl. 152.

LHASA Magdeburg, K Ministerpräsident, Nr. 468/1.

LHA Schwerin, HA Justiz, Nr. 880; Ministerium des Innern 1945–1952, Nr. 20; Ministerpräsidium, Nr. 219, Nr. 293.

ZPA, NL 90/440.

Unveröffentlichte, bereits gesetzte Manuskripte des Bundesarchivs Koblenz (Belegexemplare im Besitz der Verfasser):
Ermisch 1956
Müller 1964
Dr. N.N. 1950a
Dr. N.N. 1950b
Nattke 1964

Literatur

Agde, Günter: Sachsenhausen bei Berlin, Speziallager Nr. 7 (1945–1950). Kassiber, Dokumente und Studien, Berlin 1994.

Boll, Friedhelm: Beobachtungen aus lebensgeschichtlichen Interviews mit Verfolgten des Nationalsozialismus und mit Verfolgten der SBZ/frühen DDR, in: „Die Vergangenheit läßt uns nicht los...". Haftbedingungen politischer Gefangener in der SBZ/DDR und deren gesundheitliche Folgen (Hrsgg.: Gedenkstätte für die Opfer politischer Gewalt, Moritzplatz, Magdeburg u.a.), 1997, S. 145–164.

Creuzberger, Stefan: Die sowjetische Besatzungsmacht und das politische System der SBZ, Weimar/Köln/Wien 1996.

Finn, Gerhard: Die politischen Häftlinge in der Sowjetzone 1945–1959, Köln 1989 [Nachdruck der Ausg. Pfaffenhofen 1960].

Fischer, Alexander/Lipinsky, Jan: Die sowjetischen Speziallager Buchenwald und Fünfeichen – Erkenntnisse aus sowjetrussischen Archiven, in: Deutsche Studien 31, 1994, 121, S. 37–56.

Fischer, Ursula: Von der Last des Schweigens, Berlin 1997.
Fischer, Ursula: Zum Schweigen verurteilt. Denunziert – verhaftet – interniert 1945–1948, Berlin 1992.

Fricke, Karl Wilhelm: Politik und Justiz in der DDR. Zur Geschichte der politischen Verfolgung 1945–1968. Bericht und Dokumentation, Köln 1979.

Hartenstein, Elfi: ...und nachts Kartoffeln schälen. Verfolgt, verschwiegen, verdrängt. Frauen berichten aus Nachkriegslagern. Annäherung an ein Kapitel DDR-Vergangenheit, Berg 1992.

Jank, Alfred: Die längsten Jahre. Zwei Brüder in sowjetischen Speziallagern, Weilheim i. OB 1998.

Jeske, Natalja: Versorgung, Krankheit, Tod in den Speziallagern, in: Mironenko, Sergej/Niethammer, Lutz/von Plato, Alexander (Hrsgg.): Sowjetische Speziallager in Deutschland 1945 bis 1950, Bd. I: Studien und Berichte, Berlin 1998, S. 189–223.

Just, Hermann: Die sowjetischen Konzentrationslager auf deutschem Boden 1945–1950, o.O. 1952.

Kilian, Achim: „Brauchbar für Arbeiten unter Tage". Der MWD-Befehl Nr. 001196 – 1946, in: Jahrbuch für Historische Kommunismusforschung 1994, S. 206–213.
Kilian, Achim: Einzuweisen zur völligen Isolierung. NKWD-Speziallager Mühlberg/Elbe 1945–1948, 2., erw. Auflage Leipzig 1993.
Kilian, Achim: Die „Mühlberg-Akten" im Zusammenhang mit dem System der Speziallager des NKWD der UdSSR, in: Deutschland Archiv. Zeitschrift für das vereinigte Deutschland, 26, 1993, 10, S.1138–1158.
Kilian Achim: Stalins Prophylaxe. Maßnahmen der sowjetischen Sicherheitsorgane im besetzten Deutschland, in: Deutschland Archiv. Zeitschrift für das vereinigte Deutschland, 30, 1997, 4, S.531–564.

Klemke, Helmut: Geiseln der Rache. Zehn Jahre in mitteldeutschen Todeslagern. Erlebnis und Bericht, Berg 1995.

Klonovsky, Michael/von Flocken, Jan: Stalins Lager in Deutschland 1945–1950. Dokumentation. Zeugenberichte, 2. Auflage Berlin/Frankfurt a.M. 1991.

Lipinsky, Jan: Gedenken zwischen Hitler und Stalin – Problembelastete Erinnerung an die sowjetischen Speziallager

Buchenwald und Sachsenhausen, in: Der Stacheldraht. Für Freiheit, Recht und Demokratie, 1998, 2, S.10–12.

Lipinsky, Jan: Gefängnisse und Lager in der SBZ/DDR als Stätten des Terrors im kommunistischen Herrschaftssystem. Expertise für die Enquête-Kommission „Überwindung und Folgen der SED-Diktatur im Prozeß der deutschen Einheit" des Deutschen Bundestages, unveröff. Manuskript Bonn [1997].

Lipinsky, Jan: Häftlingsstruktur im Speziallager Bautzen aus sowjetischer Sicht, in: Mironenko, Sergej/Niethammer, Lutz/von Plato, Alexander (Hrsgg.): Sowjetische Speziallager in Deutschland 1945 bis 1950, Bd. I: Studien und Berichte, Berlin 1998, S.497–509.

Lipinsky, Jan: Ketschendorf/Fürstenwalde – Ein sowjetisches Speziallager seit 1945 im Überblick, in: Deutsche Studien, 33, 1996, 131, S. 357–394.

Lipinsky, Jan: Mobilität zwischen den Lagern, in: Mironenko, Sergej/ Niethammer, Lutz/von Plato, Alexander (Hrsgg.): Sowjetische Speziallager in Deutschland 1945 bis 1950, Bd. I: Studien und Berichte, Berlin 1998, S. 224–240.

Lipinsky, Jan: Sowjetische Speziallager in Deutschland 1945–1950 – ein Beispiel für alliierte Internierungspraxis oder für sowjetisches GULag-System, in: Kaff, Brigitte (Hrsg.): „Gefährliche politische Gegner". Widerstand und Verfolgung in der sowjetischen Zone/DDR, Düsseldorf 1995, S.27–42.

Lipinsky, Jan: Das sowjetische Speziallager Nr.2: Buchenwald 1945–1950, in: Historisch-Politische Mitteilungen. Archiv für Christlich-Demokratische Politik, 4, 1997, S.73–103.

Lipinsky, Jan: Speziallager Torgau. Verwaltung im Spiegel sowjetischer Akten, in: Haase, Norbert/Oleschinski, Brigitte (Hrsgg.): Das Torgau-Tabu: Wehrmachtstrafsystem, NKWD-Speziallager, DDR-Strafvollzug, 2. Auflage Leipzig 1998, S.146–164.

Lipinsky, Jan: Verlegungen und Tod innerhalb sowjetischer Speziallager in Deutschland (1945–1950). Zahlen zur

Bestandsgröße aus sowjetrussischen Akten, in: Deutsche Studien, 34, 1997, 133/134, S.36–64.

Lipinsky, Jan: Zwei Diktaturen – (k)ein Gedenken?, in: Deutschland Archiv. Zeitschrift für das vereinigte Deutschland, 31, 1998, 3, S. 454–458.

Lukas, Ricarda: Psychische und physische Folgen stalinistischer Haft, in: Zur medizinischen, psychologischen und politischen Beurteilung von Haftfolgeschäden nach 1945 in Deutschland. Fortbildungsveranstaltung am 26. Oktober 1994 in Magdeburg, S. 45–51.

Merz, Kai-Uwe: Kalter Krieg als antikommunistischer Widerstand. Die Kampfgruppe gegen Unmenschlichkeit 1948–1959, München 1987.

Mironenko, Sergej/Niethammer, Lutz/von Plato, Alexander (Hrsgg.): Sowjetische Speziallager in Deutschland 1945 bis 1950, Bd. I: Studien und Berichte, Berlin 1998.

Morré, Jörg: Speziallager des NKVD. Sowjetische Internierungslager in Brandenburg 1945–1950. Mit Beiträgen von Gabriele Camphausen, Annette Kaminsky, Lutz Prieß, Andreas Weigelt (hrsgg. von der Brandenburgischen Landeszentrale für politische Bildung und der Stiftung Brandenburgische Gedenkstätten/Gedenkstätte und Museum Sachsenhausen), Potsdam 1997.

Mückler, Jörg/Hinderlich, Richard: Halbe – Bericht über einen Friedhof, Woltersdorf/Schleuse 1995.

Niethammer, Lutz: Alliierte Internierungslager in Deutschland nach 1945. Vergleich und offene Fragen, in: Mironenko, Sergej/Niethammer, Lutz/von Plato, Alexander (Hrsgg.): Sowjetische Speziallager in Deutschland 1945 bis 1950, Bd. I: Studien und Berichte, Berlin 1998, S. 97–116.

Pampel, Bert: Die sowjetischen Speziallager Nr.8 und Nr.10 in Torgau 1945–1948, in: Mironenko, Sergej/Niethammer, Lutz/von Plato, Alexander (Hrsgg.): Sowjetische Speziallager in Deutschland 1945 bis 1950, Bd. I: Studien und Berichte, Berlin 1998, S.411–425.

Petrov, Nikita: Die Apparate des NKVD/MVD und des MGB in Deutschland (1945–1953). Eine historische Skizze, in: Mironenko, Sergej/Niethammer, Lutz/von Plato, Alexander (Hrsgg.): Sowjetische Speziallager in Deutschland 1945 bis 1950, Bd. I: Studien und Berichte, Berlin 1998, S. 143–157.

Preissinger, Adrian (Hrsg.): Todesfabriken der Kommunisten. Von Sachsenhausen bis Buchenwald, Berg am See 1991.

Prieß, Benno: Erschossen im Morgengrauen. Verhaftet, gefoltert, verurteilt, erschossen. Werwolf-Schicksale mitteldeutscher Jugendlicher, Calw 1997.

Prieß, Lutz/Erler, Peter: Internierte aus Ketschendorf, in: Pietsch, Herbert/Potratz, Rainer/Stark, Meinhard (Hrsgg.): Nun hängen die Schreie mir an ... Halbe. Ein Friedhof und seine Toten., Berlin 1995, S. 145–157.

Prieß, Lutz: Ketschendorf – Speziallager Nr.5 (April 1945 – Februar 1947), in: Morré, Jörg: Speziallager des NKVD. Sowjetische Internierungslager in Brandenburg 1945–1950. Mit Beiträgen von Gabriele Camphausen, Annette Kaminsky, Lutz Prieß, Andreas Weigelt (hrsgg. von der Brandenburgischen Landeszentrale für politische Bildung und der Stiftung Brandenburgische Gedenkstätten/Gedenkstätte und Museum Sachsenhausen), Potsdam 1997, S.43–49.
Prieß, Lutz: Das Speziallager des NKVD Nr. 5 Ketschendorf, in: Mironenko, Sergej/ Niethammer, Lutz/ von Plato, Alexander (Hrsgg.): Sowjetische Speziallager in Deutschland

1945–1950, Bd. I: Studien und Berichte, Berlin 1998, S. 353–363.

Ritscher, Bodo: Zur Herausbildung und Organisation des Systems von Speziallagern des NKVD der UdSSR in der sowjetischen Besatzungszone Deutschlands im Jahre 1945, in: Deutschland Archiv. Zeitschrift für das vereinigte Deutschland, 26, 1993, 6, S.723–735.

Scholmer, Joseph: Die Toten kehren zurück. Bericht eines Arztes aus Workuta, Köln/Berlin 1954.

Stettner, Ralf: „Archipel GULag": Stalins Zwangslager – Terrorinstrument und Wirtschaftsgigant. Entstehung, Organisation und Funktion des sowjetischen Lagersystems 1928–1956, Paderborn/München/Wien 1996

Völkner, Dieter: Überlebt. Mein Weg durch Stalins Kerker und Schweigelager, Leverkusen 1997.

Welt am Sonntag, 21.06.1996, S. 92.

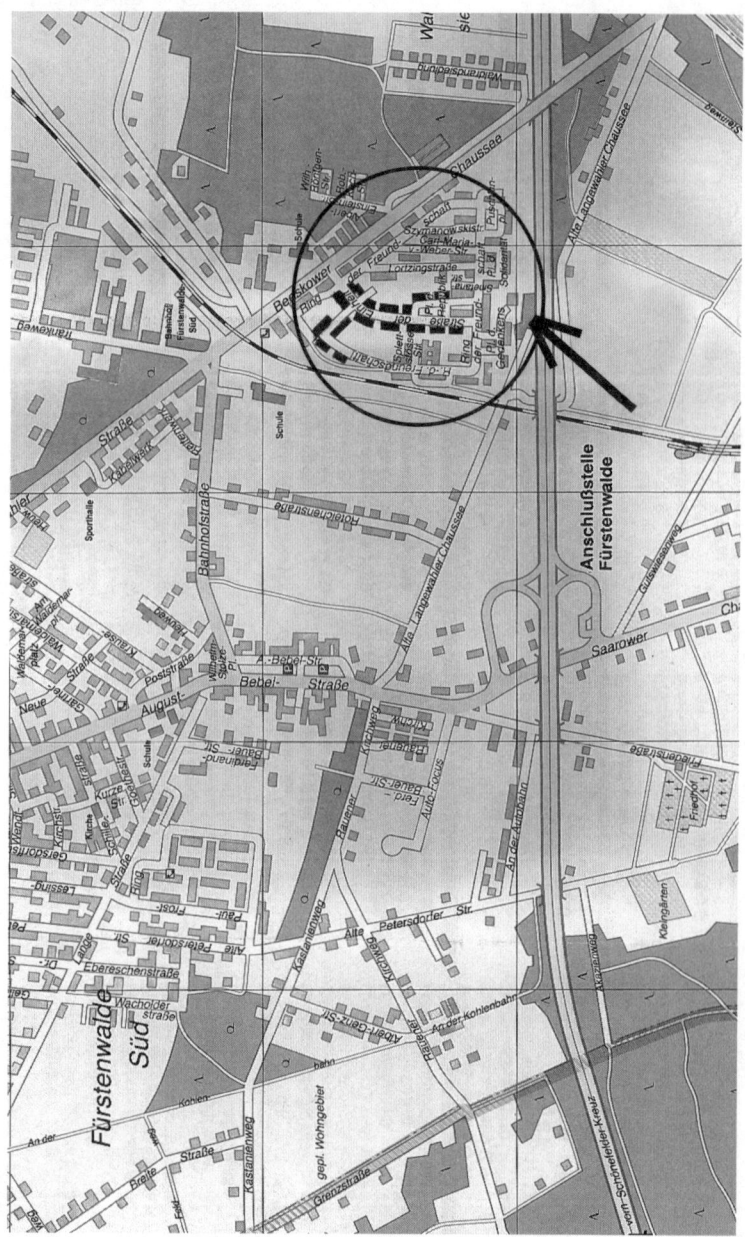

Lageplan Speziallager Nr. 5 Ketschendorf/Fürstenwalde und (Pfeil) der Gedenkstätte

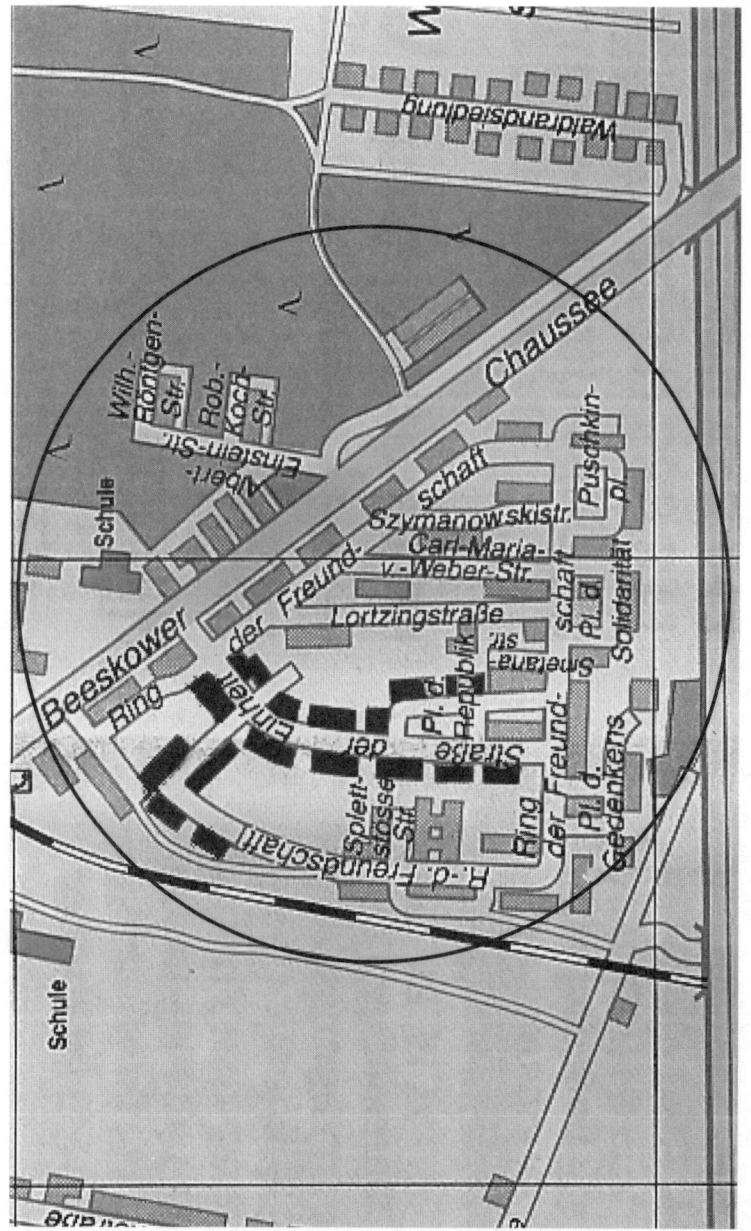

Vergrößerung des Lageplans des Speziallagers Nr. 5 Ketschendorf/Fürstenwalde

319